长三角·娄东文化研究文库

总 编 辑　杨庆存
主　　 编　许建平
常务副主编　朱丽霞
副 主 编　姚大勇　张玉梅

长三角·娄东文化研究文库

张溥研究

陆岩军 著

上海三联书店

教育部人文社会科学研究青年基金项目资助
上海交通大学太仓娄东文化研究院基金项目

长三角·娄东文化研究文库

前　言

中国文化是世界文化的重要组成部分，并对人类文明的发展做出和正在做出伟大贡献。但无论是就国内对中国文化精髓的研究还是世界对于中国文化的认知都还有较大空间，至于中国文化传承体系，至今尚未完全建构起来。而中国文化的传承体系通常说来包括三个层面，一是由文化的创造者（先圣先哲）们所遗传下来的文字所表达的形而上的文化观念层面；二是由广大国民所创造和传承下来的民间信仰、生活习俗和生活形态的民间文化层面；三是处于二者之间的由士大夫阶层所创造和传承下来的士文化层面。

士文化是中国文化的主体。以往对于士文化的研究存在两大倾向，即注重于作家作品的个性与时代性特征而更重要的存在形态——地域性——关注相对不足；与之相联系由上及下的演绎多于由下而上的归纳。而近些年来，由于国家对文化研究、特别以文化研究为基础的文化产业的重视，倡导文化强国，使得各地方政府努力发掘地域性的文化资源，以求文化富邦强市，从而促进了地域文化研究。且这种地域文化的兴起往往由文化资源发掘（文献整理）始，而扩及文人个性、家族个性、地域个性和民族个性，形成由下及上的归纳走向，从而逐渐丰富和深化着中国文化的研究，使中国文化研究走向空前的兴盛。

然而，这种地域文化研究的兴起，在很长时间处于地方政府和高校等研究机构各自为政的现象。地方政府拥有丰富文化资源却研究力量和水平不足；高校拥有强大学术力量却缺乏充分的地域性资源，在一定程度上影响了研究的深入。于是高校与地方政府的合作，便成为取长补短、有效地推进地域文化发掘、研究的必然趋势。太仓市政府与上海交通大学合力共建上海交通大学太仓娄东文化研究院，正是基于时代的这一需求和未来发展趋势而创建的。

长三角文化是长江三角洲平原上所形成的文化，长三角平原即古代的吴越之地，今之沪、江、浙二省一市。它是中国最大的城市群，也是世界五大城市群之一，是中国经济社会最发达的地区，创造了世界经济发展史上的一大奇迹，故而日益受到全世界瞩目。这一迅速崛起的城市群有其发展的历史必然性，至少自南朝以降，它就是古代中国的粮食重镇、经济重镇、文化重镇、人才聚集地，近世以来中西文化交流的前沿。长三角文化很值得人们加以系统深入地研究，发掘其文化的深层内涵与本质特征，这对于长三角社会今后发展至关重要。

娄东有广义狭义之分，广义指苏州市娄门以东，包括苏州市区、昆山、松江、太仓、嘉定、宝山区域,狭义指娄江之东南。娄江出太湖,穿苏州娄门而东,经吴县、苏州、昆山、太仓,由浏河入海,是太湖入海的主水道。古代昆山称娄县,其东面太仓历来称娄东。本丛书所言娄东,指以太仓为中心的包括昆山、嘉定、宝山在内的城市群与文化集群,在长三角文化发展中有着举足轻重的地位。仅明末清初,就有文坛领袖王世贞,政坛首辅王锡爵,复社领袖张溥、张采,玉雕大师陆子冈,大画家仇十洲,娄东琴派创始人徐上瀛,娄东篆刻派创始人汪关,清初娄东诗派创始人吴伟业,娄东画派领袖王时敏、王原祁、王鉴,经学大家毕沅,昆曲创始人魏良辅(居住于太仓)等,成为娄东文化的生长点、江南文化的发散地,从而使这座小城竟然在明末清初约半个世纪里成为了中国文化界关注的中心,对中国的文学、史学、政治、艺术曾产生重要影响。且这里又是郑和下西洋的始发地,在海上丝绸之路中有着不可取代的地位。显然,娄东文化研究成为长三角文化研究的重要组成部分。

鉴于此,上海交通大学太仓娄东文化研究院,以上海交通大学古代典籍与中国文化研究中心师资力量为基础,组织全国相关学术力量,系统地开展以太仓为中心的娄东文化研究,为长三角文化的发掘和研究奠定基石。该项研究初步预设为以下六项内容:

1.《太仓文化与一路一带》(发掘太仓文化在一路一带文化传播、形成和发展过程中的历史作用和功绩、彰显太仓文化的特殊地位)。

2.《娄东文化研究文库》(由研究娄东文化的论著构成,如《王世贞研究文库》《复社研究文库》《娄东名人传纪文库》等)。

3.《太仓全书》(由太仓名人著述构成,如《王世贞全集》、《张溥全集》、《王锡爵全集》等)。

4.《娄东名人别集及稀见善本书文库》(编辑娄东名人较有影响和接受度的别集和世界稀见善本、孤本书,如《艺苑卮言》《首辅传》《七录斋近集》等)。

5.《太仓文化数据库》(囊括太仓古今文化的文献资源与研究太仓文化的学术成果)。

6.《太仓文化创意体系》(意在提高太仓文化产业产值在全市 GDP 中的比例、对太仓文化个性做顶层设计的文化创意体系和文化产业设计项目集成)。

通过以上六项内容的研究,意在将太仓发展融入上海发展圈,**奠定太仓"一点三区"的独特地位(海上丝绸之路起始点;娄东文化生长、发散区;德资企业聚集区;上海世界大都市与江苏经济大省交汇区)**。为太仓文化强市战略,提供学术支撑。探索通过地域文化研究丰富和深化中国文化传承体系研究,以及通过高校科研力量与地方政府合作,寻找实现文化强市和文化强国战略的学术途径和研究模式。

许建平

2016 年 4 月 15 日

图 1-1 张溥塑像(张溥故居门前)

图 1-2 张溥苏州石刻像
（见《沧浪亭五百名贤像》）

图 1-3 张溥故居(太仓市城厢镇新华西路 57 号)

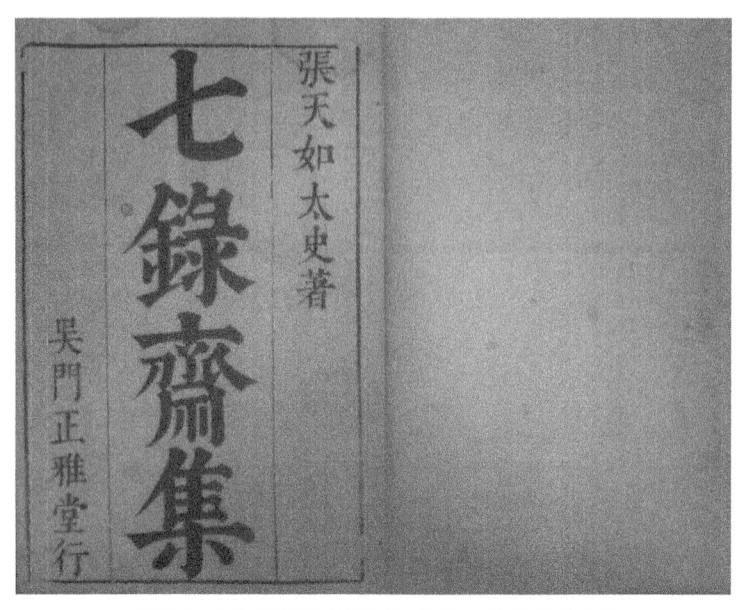

图 2-1 《七录斋近集》书影(复旦大学馆藏善本)

图 2-2 《七录斋近集》书影(复旦大学馆藏善本)

图 3-1 《七录斋诗文合集》书影

图 3-2 《历代名臣奏议》书影
（复旦大学馆藏善本）

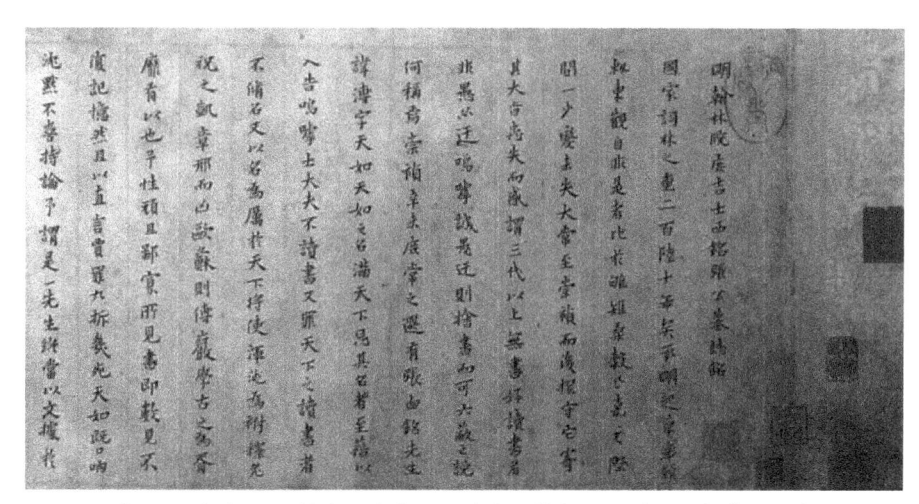

图 3-3 黄道周《明翰林院庶吉士西铭张公墓志铭》局部（故宫博物院藏）

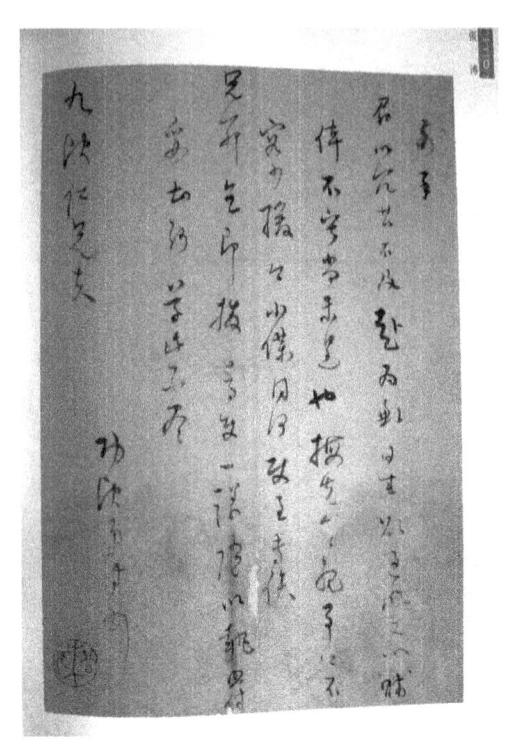

图 4-1　张溥手迹(来自《上海图书馆藏明代尺牍》)

图 4-2　张溥手迹(来自《钱镜塘藏明代名人尺牍》)

目 录

绪论 ……………………………………………………………… (1)
  一、对明代诗文研究的思考 ……………………………………… (1)
  二、张溥研究综述 ………………………………………………… (6)
  三、张溥生活的时代 ……………………………………………… (20)

第一章　张溥生平考述 ………………………………………… (26)
  一、家居读书时期(23岁前) ……………………………………… (26)
  二、创举应社及复社时期(23—29岁) …………………………… (39)
  三、中举及在翰林院时期(30—31岁) …………………………… (68)
  四、弃官家居时期(32—40岁) …………………………………… (77)

第二章　张溥交游初考 ………………………………………… (104)
  一、"娄东二张"交游考述 ………………………………………… (104)
  二、与吴伟业交游考述 …………………………………………… (115)
  三、与陈子龙交游考述 …………………………………………… (123)
  四、与钱谦益交游考述 …………………………………………… (135)

第三章　张溥思想探析 ………………………………………… (142)
  一、人生观、价值观、伦理观 ……………………………………… (146)
  二、社会、政治思想 ……………………………………………… (155)
  三、学术思想 ……………………………………………………… (162)
  四、文学思想 ……………………………………………………… (180)

第四章　张溥散文述论 ………………………………………… (209)
  一、散文分类研究 ………………………………………………… (209)
  二、散文艺术特点分析 …………………………………………… (253)

第五章　张溥诗歌论析 ………………………………………… (261)
  一、诗歌分类赏析 ………………………………………………… (263)
  二、诗歌艺术特点管窥 …………………………………………… (276)

第六章　张溥的影响和意义 …………………………………………（281）
　　一、社会活动方面 ……………………………………………（282）
　　二、政治斗争方面 ……………………………………………（285）
　　三、学术方面 …………………………………………………（287）
　　四、文学及文集整理方面 ……………………………………（288）
结语 ……………………………………………………………………（292）
附录 ……………………………………………………………………（299）
　　附一　张溥著述考证与提要 …………………………………（299）
　　附二　张溥著作禁毁调查 ……………………………………（330）
　　附三　张溥年谱简编 …………………………………………（333）
　　附四　序跋·诗文集评 ………………………………………（356）
参考文献 ………………………………………………………………（380）
后记 ……………………………………………………………………（390）

绪 论

一、对明代诗文研究的思考

当下，明代诗文的研究方法日益丰富，研究领域也日趋多元。然而，在方法与领域多元化的现状下，明代诗文研究仍在较大程度上受到两个巨大因素的影响或制约。

其一是受到传统史学著作的影响。其影响表现为两点：第一，文学史的模式。中国古代文学史研究的一般模式受到传统史学著作的影响极大，其著作的架构通常由作家论、作品论甚至是主要作家的主要作品论构成，这种模式与史传的影响密不可分。第二，作家的朝代归属。文学史著作在处理身历不同朝代的作家的朝代归属问题时，一般是以史学著作的归属为标准。如钱谦益（1582—1664）、吴伟业（1609—1672）被划属为清代作家，在明代文学中几乎不提，这显然是受到《明史》、《清史稿》的影响。而实际上，钱谦益在明代已生活了63年，在清代仅生活了20年。吴伟业在明代生活了36年，在清代生活了28年。所以，这样的朝代归属，在历史方面有无合理性姑且不论，但在文学上显然是极不合理的，不仅忽略了一段文学创作历程的存在，而且造成了对晚明文学的割裂和抹杀。这种史学著作根据人物卒年断代的惯常做法，又进一步使"四库馆臣对明代文学史的整体评价有明显贬低的倾向，在涉及明代文学的上限和下限问题上则用'掐头去尾'的做法，即由元入明的不少作家被纳入元代，由明入清的作家则多被纳入清代，由此客观上削弱了明代文学的真实厚度"。[①]

其二是受到清人尤其是《四库全书总目》等评价的影响。时至今日，我们对明代诗文的研究基本上仍建立在《四库全书总目》、《明史·文苑传》、《列朝诗集小传》、《静志居诗话》、《明诗纪事》等评价体系、评价标准或结论上。尽管现代研究者在多方面做了诸多努力和突破，但似在整体上多少仍在这一由清人建立的评价体

[①] 何宗美、刘敬《明代文学还原研究——以〈四库总目〉明人别集提要为中心》，人民出版社2014年，第2页。

系中打转①。毋庸讳言,清人的评价未必完全正确,但却是建立在阅读大量明人文集的基础上得出的评价。② 换言之,"《总目》对明代文学的批评不是局部的,它通过数以千计的别集条目形成了对明代文学评价的整体观念体系"。③ 而今人撰写的各类文学史、散文史、诗歌史之中所涉及的明代作家数量以及阅读明集数量远未达到清人的相关数量。因此,若欲在明代文学研究上有所突破,首先就应该在研究视域上和清人持平甚至超过他们,然后在全面关照的基础上运用现代科学的研究方法和评价体系做出实事求是的评价。诚然,这是个人力量在短期内所无法胜任的。但是完全可以借助学会、研究团体等以群体合作治学的方式来有计划地完成。

与之相应,明代文学研究在如上两个因素的制约下,表现出两个明显的不足。其一,由于文学史著作的基本模式是主要作家的主要作品论,故其所绘出的明代文学地图只能是粗线条的、简略的。固然它可能反映了明代文学的主要方向,但这种粗线条绘出的文学地图,显然与实际的明代文学地图有着相当的差距,这中间其实还有许多空白点,需要现代研究者进一步补画出来④。其二,在《四库全书总目》等的评价视野和标准下,必然存在着视野禁区、盲点和评价错位的现象,如部分被禁毁的明人著述被排出其视野,而成为评价禁区和盲点。出于抑明扬清、贬汉褒满的政治需要,在官方意识(如乾隆皇帝颁布上谕,明确要求:

---

① 如关于李梦阳的评价,几乎是对《四库全书总目·空同集》的演绎:"梦阳为户部郎中时,疏劾刘瑾,遘祸几危,气节本震动一世。又倡言复古,使天下毋读唐以后书,持论甚高,足以竦当代之耳目。故学者翕然从之,文体一变。厥后摹拟剽贼,日就窠臼。论者追原其始,归狱梦阳,其受诟厉亦最深。考明自洪武以来,运当开国,多昌明博大之音。成化以后,安享太平,多台阁雍容之作。愈久愈弊,陈陈相因,遂至呻缓冗沓,千篇一律。梦阳振起痿痹,使天下复知有古书,不可谓之无功,而盛气矜心,矫枉过直。……平心而论,其诗才力富健,实足以笼罩一时。而古体必汉魏,近体必盛唐,句拟字摹,食古不化,亦往往有之。所谓武库之兵,利钝杂陈者也。其文则故作聱牙,以艰深文其浅易。"

② 按,经统计,这几部著述论及明集人数分别为:《四库全书总目》别集类约1100家,《明史·文苑传》约150家,《列朝诗集小传》约1900家,《明诗综》约3400家,《明诗纪事》约4000家。吴格《明人别集经眼叙录序》(徐永明、赵素文《明人别集经眼叙录》,浙江古籍出版社2013年):"现存明人诗文集总量,据最新完成之《中国古籍总目》著录,明集著者在三千人以上,其诗集、文集、诗文合集、选集等各类文本逾七千种,所存不同版本则近万种。"

③ 何宗美《前言》,何宗美、刘敬《明代文学还原研究——以〈四库总目〉明人别集提要为中心》,人民出版社2014年,第3页。

④ 近年来的研究在这方面做了较多的拓展和发掘。如对王彦泓的发现和研究,耿传友《一个被文学史遗忘的重要作家——王次回及其诗歌研究》,复旦大学2005年博士论文。

"第其中有明季诸人书集,词意抵触本朝者,自当在销毁之列。"①)掌控下的清人对明人尤其是晚明文人的作品动辄予以贬斥,而造成了与史实和文学事实相差极大的评价错位。② 同时,随着时代的变迁,现代研究者的评价标准已与清人的评价标准发生了很大的差异,由于所持标准不同,其所选定的对象及对其评价自然不尽相同,也会出现评价错位的现象。③ 如对于文学和文学家的界定,今人已与清人有很大的不同,在清人眼中的史学家、政治家、学者并无碍于我们亦将之视为文学家。因此,如何评价学者型、政治家型作家的作品,也将成为现代明代文学研究中必然要思考的一个问题。

针对以上问题,笔者在研究中产生如下思考:对于明代文学研究的对象能否更加细化全面一些?能否让更多的明代作家进入现代研究者的视野?仅仅选择几个大的坐标点的文学史研究方法能否在文学研究的深度和广度上取得更大的突破?

自上世纪末以来,越来越多的学者呼吁要重视和加强明清诗文的研究,希望能够改变一下明代文学研究偏重于小说、戏曲的研究格局。④ 这种改变是很有必要的,⑤但只有全面深入地展开对明代文学的研究才有可能对已有评价体系和研究格局产生新的突破。换言之,只有通过全面清理式的阅读和研究,才有可

---

① 纪昀等《四库全书总目》卷首,中华书局1997年,第5页。

② 如翻开《四库全书总目》,对晚明文人的贬斥随处可见。如论张溥《历代史论二编》:"议论凡近,而笔力尤弱,殊为不称其名。"清姚觐元编、孙殿起辑《清代禁毁书目(补遗)·清代禁书知见录》:"《七录斋集》六本。查《七录斋集》,系明庶吉士张溥撰。溥颇负才名,而交通声气,为周延儒营求复相,人品不足取。诗文俱有违悖处,应请销毁。"

③ 张晖《元明清近代诗文研究的现状及其可能性》(《文学遗产》2013年第4期):"元明清近代诗文的经典化过程还没有得到充分的展开,就已经遭逢世变。人的艺术感觉、审美都已受到西方的影响,与古人有了较大的区别甚至是质变。"

④ 参阅吴承学、曹虹、蒋寅《一个期待关注的学术领域——明清诗文研究》,《世纪之交的对话——古典文学研究的回顾与展望》,上海古籍出版社2000年。邓绍基等《20世纪中国文学研究·明代文学研究》,北京出版社2001年,第4页。郭英德《明清文学讲演录》,广西师大出版社2005年,第30—35页。

⑤ 曹虹先生指出:"古典文学研究应该有一个整体观,应该在中国文学通史(包括现代文学史)大背景中研究明清诗文。文学史研究是环环相扣的,任何环节研究的薄弱,都会影响其他研究环节。轻视明清诗文研究,所影响的不仅是它本身,更涉及到对于整个中国文学史的认识。……不夸大地说,明清诗文研究的落后状况,其实已经制约了对其他领域的进一步研究。如果明清诗文研究能全面深入,那就是其他领域研究新的生长点。"见吴承学、曹虹、蒋寅《一个期待关注的学术领域——明清诗文研究》。

能发现更多有价值的学术增长点,才能进一步突破原先的文学地图,而有望绘出更为详细的文学新地图来。① 倘若我们总是将视线局限在以往所绘出的几个文学坐标点上来回炒冷饭,可能很难有大的突破。

明代诗文正具备这种重绘地图的条件和必要。其一,明代距离现代较近,保留下来的材料极其丰富,可谓浩如烟海,具有极大的挖掘空间,特别是《四库禁毁书丛刊》、《四库存目丛书》、《续修四库全书》、《四库未收书辑刊》的相继出版及各大图书馆的规范整理和使用,为深入研究提供了基本条件②。其二,明代诗文的作家、作品评价体系、评价标准及定位,基本上是由《四库全书总目》、《明史·文苑传》、《列朝诗集小传》、《静志居诗话》、《明诗纪事》等所划定的。这种划定有其历史依据和合理性,但亦有其不合理和局限之处。更重要的是,这种定位并未经过较长历史时段的陶炼而趋于定型。换言之,明代文学的结论和定位仍处于一种动态传递中,需要现代研究者利用在资料和理论等方面的优势做出新的判断和评价。③ 其三,明

---

① 杨义先生提出了"重绘中国文学的完整地图"的学理性命题。主要指的是将汉族文学和少数民族文学纳入中国文学的研究视域中。(见《重绘中国文学地图——杨义学术演讲集·前言》,中国社会科学出版社2003年)本文主要指的是对明代文学尽可能详尽的涵盖和研究。

② 谢国桢先生在三十多年前(1981年)即对此予以热切展望:"学问之道,本是后来居上。目前开展明、清的研究已提到日程上来,后起之秀,方兴未艾,占有大量资料,写出有分量的新著,尚有待于来者。"见谢国桢《明清之际党社运动考》之《中华书局重印本前言》,上海世纪出版集团2006年版,第2页。

③ 何宗美先生对此有深入的探讨:"明代文学研究不可忽视这样几个基本事实:首先一点是,自中明以后在思潮和流派影响下文学观念和文学批评日趋纷纭复杂,当时的人们在看待文学问题时常常出现各执一端、莫衷一是的情形,这种情形不仅增加了后世研究者把握真相、客观评价的难度,而且即使身处当时的人们也往往无所适从,也就是说中明以后的文学总以某种多样性、复杂性的面目出现在那一时代。同时,明中后期文学观念、文学批评的活跃和纷争,使原本并不是那么复杂的明前期文学的接受和评价问题也变得多元化、复杂化,这是因为中后期观念向前期文学批评的投射所致。第二个事实则是,满清王朝,代明而兴,不仅结束了朱明政权近三百年的统治,而且就明代文学方面来说也打断了它的发展历程,又因清朝政治上的反明、诬明,使明代文学进入清代以后所遭遇的批评缺乏客观公正的生态环境。可以说,清代的明代文学批评往往是带着某种偏见甚至不乏错误的批评。另一个事实是,继清之后并没有一个历史时期来得及对明代几百年文学史作一番全面的正本清源的梳理和评价,即使在现代学术背景下,对于明代文学的评价仍然只能是夹杂着自明以来各个时期遗存下来的不同声音,其中尤以明代文学批评自身的声音和清代的明代文学批评声音为最突出,有时则杂糅一体,莫辨谁为。"见何宗美《前言》,何宗美、刘敬《明代文学还原研究——以〈四库总目〉明人别集提要为中心》,人民出版社2014年,第2—3页。

代文学尚缺乏全面的研究,有很多的空白点。① 总之,资料的丰富性、定位的未稳定性、研究的空阙性为明代文学尤其是晚明文学重新绘出更详明文学地图提供了条件和理论依据。

当然,明代诗文浩如烟海的材料也是一把双刃剑。一方面,由于这些庞大材料的限制,个人无法全部通观详阅,因而在评价体系和坐标点选取上不得不较多地依赖于前人已有的观点。另一方面,正由于这些材料的存在,也才有可能作出全面细化的研究。作为明代文学的研究者,对此虽不能至而实向往之。同时,期待更多的古代文学研究者能加入到明清文学研究中来,逐步克服个人力量有限的制约,依靠众多研究者的共同努力,从而逐步地建立起细致全面的评价体系和坐标点,为明代文学绘出更详明准确的地图来。

正是基于如上考虑,我选取晚明士人张溥作为研究对象。

张溥是一位在明末影响巨大而在清代和现代多少受到冷落的士人,是一个具有较大研究价值的研究对象。

张溥的研究价值主要表现在三个方面。其一,张溥是明代复社著名领袖和活动家。一般说来,复社是晚明史学和文学中一个绕不过去的点,而张溥则又是复社的核心点。复社曾统辖约十七家文社,成员上万人,几遍全国,其大型社集有十余次,其成员进入政治体系中者甚多,故其在当时声震朝野,影响极大。这种情形其实是与张溥突出的组织领导和活动能力密不可分的。因之,张溥研究是复社研究的核心点,通过此点,可以连接起晚明其他重要士人(如钱谦益、黄道周、陈子龙、吴伟业、夏允彝、夏完淳、张采、黄宗羲、周钟、杨彝、顾梦麟、徐汧、杨廷枢等)而上升至群体研究,进而达到对晚明社会的进一步审视。其二,张溥是明代著名学者。张溥著述达百余种,三千余卷,经、史、子、集均有,尤长于经、史。张溥倡导实用之学,主张尊经复古,主张调和汉学和宋学,组织众人合作治经,这

---

① 吴承学:"明清诗文尚缺乏全面的研究,有很多空白点。现有的结论大都只是一种印象,而这种印象又多来自前人的论断,因此现在就断言其价值和地位的高低未免太早。"见吴承学、曹虹、蒋寅《一个期待关注的学术领域——明清诗文研究》,第204页。周明初《走出冷落的明清诗文研究——近十年来明清诗文研究述评》(《文学遗产》2011年第6期):"明清时期的重要诗文作家和批评家,除了极少数几位已经有了较充分的研究外,大多数作家的研究并不充分,其中不少重要作家甚至是文坛领袖级人物如高启、何景明、王慎中、唐顺之、谭元春、陈继儒、张溥、归庄、侯方域、魏禧、汪琬、施闰章、厉鹗、查慎行、杭世骏、汪中等等还没有专门性的研究著作(包括新编的年谱类著作)出现,更不要说地位次一等的更多的作家。"

些对于清代学术均产生了较大的影响,在某种意义上来说,张溥实为清代实学奠基人之一。[①] 其三,张溥是明代著名文学家。张溥曾编选过《汉魏六朝百三家集》并为每一家撰写题词,其题词具有高度的文学史价值和文学价值。张溥文集《七录斋集》现存主要有《七录斋集》六卷《论略》一卷、《七录斋诗文合集》十六卷、《七录斋文集论略》二卷《续刻》六卷《别集》二卷、《七录斋近集》十六卷,凡四十九卷,其中文四十四卷凡八百十一篇,诗歌五卷凡八百七十四首。对于一位英年早逝(享年四十岁)的士人来说,这一作品数量是较为可观的。张溥的散文和诗歌具有较高的文学价值,体现了从前后七子向清代文学过渡的特点和价值。《明史·文苑传序》将之作为明代文学最后一个发展阶段的代表作家之一,是很有道理的。张溥诚为"有明一代,文士卓卓表见者"。[②] 综合这三点来看,张溥的确具有较大的研究价值,是晚明文学中一个不可忽视的研究点。

然而,因其文集在乾隆时被列为禁书,经过多次焚毁,加之《四库全书总目》对其评价也较低,故张溥在清代的影响似乎并不大。与之相应,张溥的研究现状也较为沉寂。到目前为止,研究专著阙如。主要研究成果为一部年谱,一部作品注释,二篇博士论文,四篇硕士论文,十余篇较有深度之单篇论文,以及研究复社者对张溥不同程度的涉及。而诸多中国古代文学史、散文史、诗歌史、批评史著作除极个别者外,对张溥大多一笔掠过,鲜有深入研究。这种研究现状的落后与张溥本人的影响和价值形成了较大的反差。因此,展开对张溥的全面研究显得很有必要。

下面就张溥研究的主要材料及研究现状具体综述如下。

二、张溥研究综述

张溥(1602—1641),初字乾初,后字天如,号西铭,南直隶苏州太仓(今太仓市)人。一生历经万历、泰昌、天启、崇祯四朝。崇祯三年举人,四年进士,选庶吉士,一年后告归,不复仕出。张溥是晚明复社著名领袖、社会活动家、学者、文学家,在明末党社、学术及文学活动中颇有影响。但是,由于明末复社党争问题及

---

① 参何宗美《明末清初文人结社研究》,南开大学出版社2003年,第206页。
② 张廷玉等《明史》卷二八五《文苑传序》(中华书局1974年,第7308页):"至启、祯时,钱谦益、艾南英准北宋之矩矱,张溥、陈子龙撷东汉之芳华,又一变矣。有明一代,文士卓卓表见者,其源流大抵如此。"

清代敕修《四库全书》时将其文集(即《七录斋集》)及大部分著述列为禁书等社会政治原因的干扰,以及由此带来的著作散佚等文献方面的限制,使得长期以来张溥研究较为沉寂。因此,对张溥的全面研究显得很有必要。在阅读张溥全部文集及其他相关材料的基础上,本文对张溥生平、交游、思想、著述、散文、诗歌、影响和意义予以全面考察,力图对其社会活动的意义及诗文成就给出较为客观的评价和定位,以期填补相关研究空白,进一步推进晚明文学的研究。

(一)研究的主要资料①

从现代学术研究的角度出发,我们将明清两代关于张溥的记载和评论材料视之为张溥研究的基础材料。

明清两代,有关张溥的记载和评论资料既丰富又颇为零散,可以大致归为以下几类:

1. 张溥著述类

张溥著述(含编选)颇富,《明史》本传称达三千余卷。目前可知的有:

经部十六种,即《易经注疏大全合纂》六十四卷首一卷《周易系辞注疏大全合纂》四卷、《书经注疏大全合纂》五十九卷/三十四卷、《诗经注疏大全合纂》三十四卷、《礼记注疏大全合纂》、《春秋注疏大全合纂》、《朱订瀛洲渡周易》八卷、《四书注疏大全合纂》三十六卷、《春秋三书》三十一卷、《四书尊注大全》二十卷、《新刻易经娜嬛》四卷首一卷、《四书考备》十二卷、《张天如先生汇订四书人物名物经文合考》十二卷、《张太史家传四书印》十三卷《四书字句辩疑》一卷《初学文式》一卷、《十三经诂释》、《张天如先生校正孝经忠经小学》三种、《太史张天如详节春秋纲目左传句解》六卷。

史部十四种,即《通鉴纪事本末》二百三十九卷、《宋史纪事本末》一百九卷、《元史纪事本末》二十七卷、《历代史论一编》四卷《二编》十卷、《历代名臣奏议》三百二十卷、《南史》八十卷、《南北史同异》、《合锓纲鉴通纪今古合录注断论策题旨大全》二十卷卷首一卷、《史记珍抄》五卷、《历代文典》、《历代文乘》、《崇祯文典》、《皇明经济书》二十二卷、《国表社目》。

子部二种,即《七录斋类书》五百余卷、《新刻张天如太史评释孔圣家语》五卷。

---

① 此部分叙述模式主要参阅何宗美《明末清初文人结社研究·绪论》。

集部二十二种，即《张太史七录斋初集》七卷（又名《七录斋集》六卷《论略》一卷）、《七录斋文集·论略》二卷《续刻》六卷《别集》二卷、《七录斋诗文合集》十六卷、《七录斋近集》十六卷、《七录斋诗稿》三卷、《张天如诗》一卷、《汉魏六朝一百三家集》一百一十八卷、《汉魏六朝百三家集题辞》一卷、《古文选删》五十二卷、《程墨表经》、《国表》、《增补举要录》、《七录斋评选皇明易会》、《七录斋评选易会四编》、《张太史评选秦汉文范》十三卷、《分类补注李太白诗》二十五卷《分类编次李太白文》五卷、《玉尺堂辑宋大家颖滨苏文澜》一卷《苏文汇》四卷《苏老泉文》一卷、《新刻谭友夏合集》（卷四张溥评点）。

2. 史著类

主要有万斯同《明史稿》、张廷玉《明史》、谈迁《国榷》、谷应泰《明史纪事本末》、龙文彬《明会要》、夏燮《明通鉴》、《明实录》、赵翼《廿二史札记》等。

3. 复社史料类

主要有吴应箕《东林本末》、《熹朝忠节死臣列传》、《复社姓氏前后编》、陆世仪《复社纪略》、吴伟业《复社纪事》、杨彝《复社事实》、黄煜《碧血录》、计东《上太仓吴祭酒书》、杜登春《社事始末》、蒋平阶《东林始末》、吴山嘉《复社姓氏传略》、计六奇《明季北略》、黄宗羲《汰存录纪辨》、王士禛《复社姓氏录》、章学诚《湖北通志稿·复社名士传》等。

4. 交游者诗文集类

其中重要者有张采《知畏堂集》、钱谦益《钱牧斋全集》、吴伟业《吴梅村全集》、陈子龙《陈忠裕公全集》、艾南英《天佣子集》、黄道周《漳浦全集》、孙淳《梅绾居存草》、夏完淳《夏完淳集》、计东《改亭文集》、张鉴《冬青馆集》、史惇《恸余杂记》、陈际泰《已吾集》、《太乙山房文集》、陆圻《从同集》、周同谷《霜猿集》、吴应箕《楼山堂全集》、陈贞慧《山阳录》、谭元春《新刻谭友夏合集附旨斋诗草》、沈承《即山集》、罗万藻《此观堂集》、黄宗羲《黄宗羲全集》、顾炎武《顾亭林诗文集》、周之夔《弃草诗集文集弃草二集》、黎遂球《莲须阁集》、刘城《峄桐文集诗集》、董说《丰草庵前集》、归庄《归庄集》等。

5. 笔记杂纂类

主要有王家祯《研堂见闻杂录》、温睿临《南疆逸史》、邹漪《启祯野乘》、文秉《烈皇小识》、徐鼒《小腆纪传》、朱长祚《玉镜新谭》、钮琇《觚賸》、顾公燮《消夏闲记摘抄》、吴翌凤《镫窗丛录》、王应奎《柳南随笔续笔》、陈去病《五石脂》等。

6. 诗文总集及诗文评类

其中重要者如钱谦益《列朝诗集》、朱彝尊《明诗综》、陈田《明诗纪事》、陈子龙《明经世文编》、《皇明诗选》、黄宗羲《明文海》、陈济生《天启崇祯两朝遗诗》、王夫之《明诗评选》、沈德潜《明诗别裁集》、王宝仁《娄水文征》、邵廷烈《娄东杂著》、朱隗《明诗平论二集》、永瑢等《四库全书总目》等。

7. 地方志类

主要有桑悦《太仓州志》(弘治)、张采《太仓州志》(崇祯)、王昶《直隶太仓州志》(嘉庆)、王祖畬《太仓州志》(民国)。

(二)百年研究概况①

明清学者对张溥的记载材料,已略见上述。现主要回顾上世纪至本世纪初的张溥研究状况。

张溥为晚明复社及文坛的关键人物,颇具研究价值。然而,由于张溥英年早逝,殁后门绪式微,又值明清易代之际,清廷严禁结社,于明末结社者痛加贬斥,敕修《四库全书》时将张溥文集及大部分著述列为禁书,由此带来的文献方面的制约,使得长期以来张溥研究较为沉寂。近百余年来,张溥研究相关专著仅二种:一为年谱,即蒋逸雪《张溥年谱》(商务印书馆1946年,齐鲁书社1982年又出修订本);一为作品注释,即殷孟伦《汉魏六朝百三家集题辞注》(人民文学出版社1960年)。二书首创之功,自不可没,然限于当时条件,仅参阅张溥少部文集,大部文集尚未寓目。此外,另有单篇论文近80篇,硕士论文4篇,博士论文2篇。其中单篇论文及硕士论文参阅张溥文集较为有限,难免有以偏概全之憾,两篇博士论文全面参阅张溥文集,②立论依据较为充分,标志着张溥研究进入一个新的阶段。

从研究时段来看,百年张溥研究可大致分为四个阶段:

第一阶段(1900—1960)为张溥研究的肇始阶段,有专著2部(蒋逸雪《张溥年谱》、殷孟伦《汉魏六朝百三家集题辞注》),单篇论文6篇,其中3篇论及张溥的政治活动,3篇为《五人墓碑记》读后感。此阶段的三部文学史即钱基博《明代文学》(商务印书馆1933年)、宋佩韦《明文学史》(上海书店影印本商务印书馆

---

① 参见陆岩军《百年来张溥研究综述》,《重庆邮电大学学报》2012年第2期。
② 陆岩军《张溥研究》,复旦大学2008年;莫真宝《张溥文学思想研究》,首都师大2008年。

1934年版)、游国恩主编《中国文学史》(人民文学出版社1960年)对张溥也有简单分析,或抑或扬,相映成趣。①

第二阶段(1961—1977)为张溥研究的停滞阶段,成果寥寥无几。国内仅有1篇论文,论及《五人墓碑记》。海外汉学家中日本宫崎市定对张溥给予了一定关注,于1974年撰写了《张溥与其时代——明末一乡绅的生涯》。②

第三阶段(1978—1988)为张溥研究的重起阶段,有单篇论文21篇,全部讨论《五人墓碑记》。

第四阶段(1989—2014)为张溥研究的全面开展阶段,有诗文集整理本1部,单篇论文42篇,硕士论文4篇,博士论文2篇,尤其是二十一世纪初,张溥研究在数量和质量上都有了一定的提升。这主要表现在一些中青年学者、研究生的文章和学位论文上(6篇学位论文完成于2004—2013年),他们分别从生平、社会活动、经世思想、诗文作品、文学思想、文学批评、八股文编选、方法论等方面对张溥展开了多维度的研究。从总的趋势看,二十一世纪的张溥研究渐渐摆脱了单从政治活动角度来审视张溥的狭小视域,而逐渐转向政治、社会活动、史学、学术思想、文学创作、文学批评、八股文编选、心理学、教育学等多维度的审视,反映了学界对张溥的进一步重视,标志着张溥研究的全面开展。

(三)百年研究分类综述

从研究内容来看,百年张溥研究主要分为六个方面:作品整理及资料收集、年谱编撰及系年考证、社会活动及生平研究、思想研究、文学作品研究、史学研究。

---

① 钱基博《明代文学》第一章《文·总论》中认为"钱谦益、艾南英准北宋之矩矱;张溥、陈子龙撷东汉之芳华,旗鼓相当,亦斐有文",此见实本《明史·文苑传序》。在《张溥、陈子龙》一节中又对张溥作了简单的评论,实又据拾四库提要之见,认为张溥之文"笔力凡近"、"堆垛襞积,捃摭古语"、"意涉于晦"等,基本持否定意见。宋佩韦《明文学史》之《明末的散文家》一节中指出明末的散文家"只有一艾南英稍可称述,其次要推张溥","其(艾南英)作品遂多带时文气息,倒不如张溥比较亢爽"。并举《五人墓碑记》予以说明。又在《明末诗人》一节中指出"张溥的诗文,名高一时",并举《送侯豫瞻北上》,认为"亦颇工稳可诵"。相比而见,宋佩韦结合具体作品所作的分析更为切实一些,对张溥也较为推扬。

② 初出《东洋史研究》1974年33卷3号。后收入《亚洲史研究》五(东洋史研究丛刊之四至五,同朋舍出版,1978年)、《宫崎市定全集》13卷(岩波书店,1992年)。

1. 作品整理及资料收集

张溥英年早逝，然著述宏富，《明史·文苑传》云达"三千余卷"，友人徐汧《春秋三书序》云其"著书百种"①。《明史·艺文志》录列九种。今人许培基、叶瑞宝主编《江苏艺文志（苏州卷第二分卷）》复统计为：经部八种，史部十三种，子部一种，集部十六种。②

然而，由于清廷敕修《四库全书》时将张溥文集及大部分著述列为禁书，故其文集散落各地，迄今尚无汇集本，其诗文集整理本2015年方出版。③ 1935年，殷孟伦始为张溥《汉魏六朝百三家集题辞》作注，后于1960年出版。殷氏该书重在注释典故、文义，而于版本留意甚少，底本选择未佳，不是以最早的明崇祯刻本和同时之《七录斋近集》为底本，而是以清光绪乙卯信述堂翻刻本为底本，故文字多有出入。即便如此，殷氏整理的《题辞》仅占张溥文集的小部，其文集的大部仍亟待整理。此后，台湾《清代禁毁书丛刊》第一辑（伟文图书出版社1977）、《明代论著丛刊》第三辑（伟文图书出版社1977）及大陆《四库禁毁书丛刊》（北京出版社1998）、《续修四库全书》（上海古籍出版社1995）先后影印出版张溥文集二种，即《七录斋论略》、《七录斋诗文合集》。然此二种影印文集仍无法满足研究者的需求。其一，未经校勘整理，与其他版本互有出入，使用殊为不便；其二，不够全面，张溥更重要之文集尚藏于相关图书馆，亟待整理出版。如复旦馆藏善本张溥《七录斋近集》十六卷，系明崇祯十五年刻本，为张溥最后且最有价值文集，可谓其文集之冠。天一阁藏善本《七录斋文集论略》二卷《续刻》六卷《别集》二卷（简称《七录斋续集》，下同），明末刊本，有四十九篇新出。经多方搜检，初定《七录斋近集》为海内孤本，《七录斋续集》为国内孤本（一藏于日本尊经阁文库），颇具保护和研究价值。近年，曾肖整理点校《七录斋合集》，将张溥现存四种诗文集分类编纂，重新编次，含诗歌五卷、古文二十卷、题词二卷、论略二卷、馆课一卷、史论七卷。

此外，在资料收集整理方面，赵九歌于上世纪五十年代末校读李白诗时，得见张溥李诗手批，爱而抄录，间加按语，后以《李白诗张溥手批未刊稿》（上下）（《北京第二外国语学院学报》1996年4—5期）发表，文中辑录张溥批语数百条，为研究张溥的诗学观及政治思想提供了难得的材料。1997年，《明诗话全编》第

---

① 徐汧《春秋三书序》，张溥《春秋三书》卷首，四库全书存目丛书本。
② 许培基、叶瑞宝《江苏艺文志（苏州卷第二分卷）》，江苏人民出版社1996年，第1587页。
③ 张溥撰，曾肖点校《七录斋合集》，齐鲁书社2015年。

十册收录由孙肃纂辑的张溥诗话144则①,辑自《汉魏六朝百三家集题辞》、《七录斋诗文合集》、《七录斋集论略》,对于了解张溥的文学思想颇有助益,但未从《七录斋近集》、《七录斋续集》中辑录,不免阙憾。2005年,《中华大典·文学典·明清文学分典》分综论、分论、传记、纪事、著录、艺文等类首次对张溥相关资料进行了分类收录②,为张溥研究提供了一定材料和文献来源,其功甚巨。但由于受到不录专论等体例及篇幅的限制,其所收录的张溥相关资料(20则)也仅是冰山一角,更多的材料尚待研究者进一步挖掘。

2. 年谱编撰及系年考证

年谱编撰方面,蒋逸雪先生《张溥年谱》为首创,乃有感于时局艰难的寄托之作,具有强烈的感情倾向。是谱为蒋氏于甲戌(1934)秋至丙子(1936)秋在太仓授课之暇,征诸掌故,访之古籍而作。是谱多以年系事,少数以月日系之。每年下多则十余条,少则一条,全书三万余字。此亦二十世纪唯一之张溥年谱,可代表二十世纪张溥研究尤其是在年谱编撰方面的最高成就。然是谱亦有不尽完美之处:如编制过于简洁,部分文集尚未寓目(如《七录斋集论略》、《七录斋续集》),系年作品较少。1982年,蒋逸雪先生完成《张溥年谱》修订版,约九万字,是初版的二倍多,新增《附录·复社姓氏考订》(约五万字),在陆世仪、吴应箕、吴铭道、吴山嘉、章学诚考订复社成员的基础上,重新考订复社成员有姓氏里籍可考者共3025人,藉此"以见复社当日声气之广"、"党社成员之众,而又班班可考,殆无有逾于复社者矣。"③

此外,柯昌礼的硕士论文《〈汉魏六朝百三家集题辞〉中的人物批评》(上海师范大学2006年)附录《〈张溥年谱〉补正》,于每年下补充时代大事,张溥事迹则主要转录自蒋逸雪《张溥年谱》。笔者博士论文《张溥研究》亦附录《张溥年谱简编》,在蒋逸雪《张溥年谱》的基础上考订补阙,在行实、作品系年方面用力尤多。另有4篇文章对一些重要时间点进行了考订。如段熙仲《〈五人墓碑记〉疑年考实——兼述〈五人墓碑记〉拓本读后感》(《南京师院学报》(社科版)1963年第1期)、陈晓东《〈五人墓碑记〉中又一时间错谬问题》(《铁道师院学报》1992年第3期)对五人墓的修建时间及文中的"丁卯"进行了考订。黄家龙、王于飞《吴伟业

---

① 吴文治《明诗话全编》,凤凰出版社1997年,第10288—10314页。
② 吴志达《中华大典·文学典·明清文学分典》,凤凰出版社2005年。
③ 蒋逸雪《张溥年谱》,齐鲁书社1982年,第63页,第129页。

行实考二则》(《南京师大文学院学报》2004年3期)对吴伟业投师张溥的时间进行考证。张余《〈张溥年谱〉补正》(《江苏教育学院学报(社会科学版)》2009年第03期)对张溥养子张忱的卒年、《先考虚宇府君行状》、《哀溥少君兼感忱儿赋痛》的系年重新考订,对张溥生女张在贞和养女王静纨的材料亦略作补述。上述考证结论可备一说。

3. 社会活动及生平研究

作为复社领袖,张溥自是复社研究中无法回避的人物,所以诸多研究复社及晚明文人社团的论著都不同程度地涉及到张溥的社会活动及生平。如容肇祖《述复社》(《北大国学周刊》1915年11月第1卷第7号。第1卷第8号,1925年第12号。)、谢国桢《明末清初的学风》(商务印书馆1934年)、《明清之际党社运动考》(商务印书馆1934年)、王耘庄《东林与复社》(开明书店1935年)、朱倓《明季社党研究》(商务印书馆1945年)、郭绍虞《明代的文人集团》(《文艺复兴》上卷,1948年9月)、《明代文人结社年表》(《东南日报·文史》第五十五、五十六期,1947年)、胡秋原《复社及其人物》(学术出版社1968年)、刘莞莞《复社与晚明文风》(台湾政治大学1985年)、(韩)李京圭《明代文人结社运动之研究:以复社为主》(台湾中国文化大学博士论文1989年)、(日)小野和子《明季党社考》(京都:同朋社1996年)郭英德《中国古代文人集团与文学风貌》(北京师范大学出版社1998年)、何宗美《明末清初文人结社研究》(南开大学出版社2003年)、曾肖《复社与文学新探》(南京大学博士论文2005年)、王恩俊《复社研究》(辽宁大学博士论文2007年;修改后出版,名为《复社与明末清初政治学术流变》,辽宁人民出版社2013年)、丁国祥《复社研究》(凤凰出版社2011年)。一些大型通史著作也较深入地论述了张溥生平。如白寿彝主编《中国通史》第九卷明时期第三十四章第一节专论张溥,对其生平记载较详。①

此外,专门论及张溥复社活动及生平的文章及学位论文有十余篇,如吴景贤《宋明学生运动两大领袖——陈东与张溥》(《学风》1936年7—8期)、崇贤《明季政治运动的领袖:张溥》(《江苏文献》1942年1期)、容肇祖《明末复社领袖张溥》(《读书与出版》第3卷第5号,1948年5月)、日本宫崎市定《张溥与其时代——明末一乡绅的生涯》(《东洋史研究》1974年33卷3号)、毛佩琦《复社领袖张溥》

---

① 白寿彝《中国通史》,上海人民出版社1999年,第1752—1760页。

(《人物》1987年第1期)、岳歧《明代复社领袖张溥》(《文史知识》1989年第6期)、符冰、柯勤《复社领袖张溥》(《苏州教育学院学报》1992年第2期)、方良《评晚明社会活动家张溥》(《江南大学学报》2003年2期)、翁宏霖《复社领袖张溥及其经世思想研究》(台湾成功大学2006年)、张正耀《横经虎观集诸儒——明末文学家张溥的社会活动》(《古典文学知识》2007年5期)、笔者《张溥研究》(2008)、莫真宝《张溥文学思想研究》(2008)都不同程度地研究了张溥的社会活动与生平。

4. 思想研究

学界对张溥的经世思想、文学思想、学术思想、教育思想亦进行了研究。这一方面，虽然研究论著不多，但研究较为深入。

经世思想研究方面，张显清先生《张溥及其复社"兴复古学，务为有用"的经世思想》较早全面地探讨了张溥的经世思想，从经学、史学、社会政治的角度分析了张溥的经世思想。① 分析平实允当，然于张溥文集仅参阅《七录斋诗文合集》。2006年，台湾大学翁宏霖的硕士论文《复社领袖张溥及其经世思想研究》第四章研究了张溥经世思想，指出张溥的经世思想包含明君忠臣当有的道德规范和勇于直谏的勇气、民生经济改革、军事布署和排除内忧外患的方法、时风与文风的改革塑造、人才学举用等诸方面，进而分析张溥经世思想的困境及未受后人关注的原因，所论较为细致深入。

文学思想研究方面，前期研究大多以《汉魏六朝百三家集题辞》为考察对象来解析张溥的文学思想，如钟涛《张溥文学思想管窥》(《青海民族学院学报(社科版)》1994年2期)、李江峰《从〈汉魏六朝百三家集题辞〉看张溥的文学思想》(《唐都学刊》2006年1期)、柯昌礼《〈汉魏六朝百三家集题辞〉中的人物批评》(上海师范大学2006硕士论文)、刘政《〈四库全书总目〉质疑一则——由〈汉魏六朝百三家集〉编纂体例看张溥的文学思想》(《平原大学学报》2008年3期)俱以《汉魏六朝百三家集题辞》为考察对象，不同程度地阐释了张溥的文学思想。从个案研究的角度来看，这种研究很有益处，但问题是判断一个作家的文学思想是一件复杂的工作，既要通观其全集，又要参观其时代背景及他人评价，诚非易事。仅依据其小部作品，似难以全面阐释其文学思想。此后，有二篇学位论文对张溥

---

① 陈鼓应《明清实学思潮史》，齐鲁书社1989年。

的文学思想展开专题研究,一为邵清风的硕士论文《论张溥的文学思想及其成因》(浙江大学 2004 年),以明代文学复古思潮为参照,从社会因素、个人因素及文学思潮的发展等三个方面分析了张溥文学思想的成因。一为莫真宝博士论文《张溥文学思想研究》,以文学思想为中心视点,重点对张溥的文学观、学术活动与文学思想的关系、文学思想在创作中的表现展开研究,试图论证张溥在明清之际学术思想与文学思想转变过程中的作用,所论较为深入。其中的部分观点,后以《论张溥对前后七子文学思想的扬弃》(《求索》2008 年第 3 期)发表,指出张溥对前后七子文学思想的扬弃。笔者博士论文《张溥研究》亦有一章从著作观、诗学思想、古文思想对张溥的文学思想进行了探析,指出张溥持复古与致用的文学观,强调文学的现实性,注重人品与文品,主张诗本性情,文以载道。

此外,袁震宇、刘明今《中国文学批评通史·明代卷》(上海古籍出版社 1996 年)较深入地评析了张溥的文学主张和诗文批评,归纳出其主要主张是:尊经复古、所论重人品重实践、以时文为古文。孙立《明末清初诗论研究》(广东高等教育出版社 2011 年)指出张溥的文学思想以兴复古学为核心,其在《汉魏六朝百三家集题辞》所表现出的由作家的身世运命研究文学现象的方法,对人品决定文品现象的描述,以及古与今的结合与相离的辩证关系的论述等,都是非常有价值的诗学理论。何宗美《复社的文学思想初探——以钱、张、吴、陈等为对象》(《中国文学研究》2004 年 2 期)着眼于复社整体的文学思想,多处涉及张溥,从渊源、宗旨、创作等方面深度论析了张溥的文学思想,开源溯流,鞭辟入里。

学术思想研究方面,学界较少涉及,目前主要是两篇博士论文对张溥的学术思想有一定的分析。莫真宝《张溥文学思想研究》从"读经者辑儒家、读史者辨世代、读古者通典实、读今者专本朝"等四个方面论述其学术思想的主要内容。笔者《张溥研究》从总的学术观、复古思想、经学思想、史学思想、佛道观等方面对其学术思想予以剖析。

教育思想研究方面,陈朝晖《论明末复社领袖张溥的教育思想》(《教育评论》2011 年第 6 期)指出:张溥提出"务为有用"的教育主张,呼吁培养经世致用的人才;抨击八股取士制度,提倡"兴复古学",主张汉唐注疏与宋元义理之学并重;提出五经分治的教育教学方法,倡导了返经正学的学术风气,对明清之际的学术转向和清朝经学的发达起到了重要作用。可以看出,论者所谓的教育思想,其实更趋近于学术思想。

5. 文学作品研究

作品研究方面,呈现出对极个别作品研究较为细致深入,而在整体上较为粗略的态势,对张溥作品的整体研究亟需加强。

张溥作品中,《五人墓碑记》受到研究者关注最多,呈现一枝独秀的局面。究其原因,乃是《五人墓碑记》被选入《古文观止》及近现代诸多作品选而引起普遍关注,同时《五人墓碑记》表彰的不畏权贵、勇于反抗、舍生取义的精神和"匹夫之有重于社稷"的人本主义思想引起人们的共鸣,尤其在特定历史年代(如抗日时期、文革后)被弘扬和强调。因此,诸多对《五人墓碑记》的解读文章体现了为政治服务的倾向,赋予了《五人墓碑记》更多的政治意义。此外,朱永平《析张溥〈惜行〉》(《名作欣赏》1989 年 2 期)对张溥《惜行》诗进行了赏析,稍稍拓展了人们对张溥作品的认识,于充满政治意味的《五人墓碑记》之外,看到了张溥作品文学性的一面。这种尝试引导人们进一步关注张溥的其他作品。

对张溥作品的整体研究方面,在二十世纪大多是粗线条的概述,以诸多文学史、文学批评史、散文史著作为代表,主要有钱基博《明代文学》、宋佩韦《明文学史》、游国恩主编《中国文学史》、吴志达《明清文学史》、郭预衡主编《中国古代文学史长编》、郭预衡《中国散文史》、赵景云等《中国明代文学史》、袁震宇、刘明今《中国文学批评通史·明代卷》等。此期的一些明代诗歌、散文研究论著也较概括地论析了张溥的诗歌和散文,如廖可斌《明代文学复古运动研究》有《张溥》一小节,指出张溥古文中较值得注意的是表彰东林人物或事件的作品,语言力求简古,构成一种劲健凝重的格调,其文章亦有拟古痕迹,倾心于两汉诸家。其散文的主要缺点是结构笔调缺少变化,文采不足。① 李圣华《晚明诗歌研究》有一小节专论张溥的诗歌,认为其诗"以'适远'为宗,不屑雕琢语言"、"古健、奇奥"。② 周寅宾《明清散文史》有一小节专论张溥的散文,简要分析了张溥的散文思想和风格,指出"张溥没有陷在前后七子的圈子里,他已前进了一大步"。③ 这些论述较为深入,远出于一般概论之上。

此外,笔者的博士论文《张溥研究》对张溥的全部诗文进行了关照,对其散文和诗歌进行了较细致的分类研究。

---

① 廖可斌《明代文学复古运动研究》,上海古籍出版社 1994 年,第 393—395 页。
② 李圣华《晚明诗歌研究》,人民文学出版社 2002 年,第 310 页。
③ 周寅宾《明清散文史》,湖南人民出版社 2004 年,第 174 页。

6. 史学研究

张溥为晚明史家,其史学代表作为《历代史论》,清范光宙《史评》对此评价颇高。① 张溥持有宏大的史学整理计划,总括历代,编撰《历代文典》、《历代文乘》二书。《历代文典》为编年体,收录历代有关国家治乱之文,并予分析评论;《历代文乘》体同《文选》,以类系文,范围极广,选取极严。这两部大书,一纵一横,经纬相成。从《正雅堂古今书目》来看②,这两部大书均已刊印出版。今未见。

李焯然指出:"明朝的史学,是中国史学发展史上比较不受后人注意的片段。"③学界对张溥史学的研究亦不例外。由于张溥史著流传未广及囿于清人之见等原因,学界对张溥史学的研究成果不多,大多数史学史论著对张溥极少提及。单篇论文方面,目前仅有方良《试评张溥的史学研究》(《常熟高专学报》2001年5期)对张溥的史学观念、治史态度及史学研究方法作了简要评述,指出张溥"史为政用的史学研究、积极有为的治史态度、求同存异的史学研究方法都体现出其独特的风格"。但该文依据的史论材料仅为《宋元纪事本末论正》,显然不尽全面。

此外,还有一些论著附带论及张溥的史学成就。如张显清《张溥及其复社"兴复古学,务为有用"的经世思想》(陈鼓应等主编《明清实学思潮史》,齐鲁书社1989年)有一节论及张溥的史学,指出在明代史学史上,张溥起到了承前启后的作用。华世銧《评〈元史纪事本末〉》(《贵州师范大学》1997年第1期)指出张溥的史论大多客观、公正、中肯而合乎实际,肯定其史论价值。

(四)张溥研究展望

黄霖先生在总结上世纪末二十年中明代文学研究时指出:"晚明文学的研究不但是这二十年来明代文学研究的热点,而且也是整个中国古代文学研究的一个热点。"④然而在这种热点下,晚明文学的研究并未呈现齐头并进的态势,除一

---

① 明范光宙《史评·凡例》(《四库全书存目丛书》史部281册):史学自司马公而下,班范蔚兴,欧苏炎起,洎夫李氏之《藏书》、张西铭之《史论》、钟景陵之《史怀》,以至陈仲醇之《古论大观》,夙称善本。
② 《历代史论二编》目录下有《正雅堂古今书目》,见四库全书存目丛书史部289册,第142—143页。
③ 李焯然《明代史学研究的几点与反思》,李焯然《明清研究:现状的探讨与方法的反思》,香港教育图书公司2006年,第75页。
④ 黄霖《上世纪末二十年中明代文学研究的特点与反思》,李焯然《明清研究:现状的探讨与方法的反思》,香港教育图书公司2006年,第59页。

些热点作家、流派外,更多的作家、流派仍需要大力的挖掘,张溥即属于后者。百年来张溥研究所取得的成果仅代表着张溥研究的逐渐展开,印证了逐渐"走出冷落的明清诗文研究"的总体现状①。基于张溥的研究价值及研究现状,笔者认为未来的张溥研究可从如下五个方面予以展开:

第一,对基础文献的全面整理。

近年来,明代文学研究者对明代文学文献学愈加重视,认为文献整理的不足制约了明代文学研究的全面展开。刘跃进先生指出:"明代文学基本文献的整理还有待加强,明代诗文的别集还缺乏系统的整理,总集的研究也处于相对停顿的状态"。左东岭先生亦指出:"明代文学文献整理工作目前仍然是古代文学文献研究中最薄弱的一个环节。"②吴格先生亦指出:"现存明人诗文集,是明代文献之重要组成部分,多年来虽引人注目,但在资源调查及资料建设方面,较之明以前各代诗文集整理现状,尚存大量空白,事钜功繁,亟需有志者长年积累,逐步推进。"③有鉴于此,目前在已陆续出版《全宋文》、《全宋诗》、《全元文》、《全元诗》等宋元两代大型全集后,明代文献的整理也加快了步调,近期,沈乃文先生主编《明别集丛刊》(共五辑,2013年已出第一辑100册)将遴选出约二千种明人诗文集汇编影印出版,占现存全部明代作者及其别集的三分之二强,基本涵盖了明代重要作者的重要别集。④ 凭借《明别集丛刊》和四库系列丛书等有利文献条件,未来张溥研究首要的任务正是基本文献的全面整理,这主要包括张溥文集的整理、张溥年谱的重新编撰、相关评论资料的集录等。这些基础工作需要张溥研究者来共同完成。

笔者现正主持国家社科基金一般项目"张溥《七录斋集》四种校笺"(项目号:14BZW088),对张溥四种诗文集进行全面整理校笺,以张溥四种诗文集为

---

① 周明初《走出冷落的明清诗文研究:近十年来明清诗文研究述评》,《文学遗产》2011年第6期。

② 刘尊举《中国明代文学学会(筹)第八届年会会议综述》,《文学遗产》网络版,2012年第1期。

③ 吴格《明人别集经眼叙录序》,徐永明、赵素文《明人别集经眼叙录》,浙江古籍出版社2013年。

④ 欧阳慧娟《黄山书社传世"明"作500卷〈明别集丛刊〉陆续出版》2013-09-18,http://www.press-mart.com/ArticleInfo——view——2jtdt——0419c0e7-139b-4c02-825c-dfdf65578eab.shtml。

底本,校以各大馆藏及已影印出版的张溥文集版本,详列校记,对文章写作背景、意图、牵涉的人物、史实加以适度笺疏,以便于理解原文,对其诗文进行审慎系年,并广泛搜集张溥佚文,旨在为张溥研究提供一个接近原貌、利用方便、较为全面可靠的文本。在此基础上,拟进一步编撰《张溥年谱长编》和撰写《张溥评传》。

第二,对张溥著述的全面解读。

此前的张溥研究,大多仅涉及张溥的部分作品而鲜及全部著述,缺乏对张溥的整体关照。这与文献的制约有很大关系。随着基本文献的全面整理,对张溥著述(经史子集)的全面解读将逐步展开。未来的张溥研究有望在著述的全面解读方面取得新的进展。

第三,对张溥复社活动的最大还原。

此前的张溥研究有两个不尽完美之处:研究复社者,其重心自然在复社整体而不是张溥;而研究张溥者,大多仅涉及张溥的部分作品而鲜及全部著述,更鲜及从复社的整体来观照张溥。未来的张溥研究应以张溥为中心,以复社运动及晚明整个社会为其背景,以其全部文集及时人、后世相关论述为资料依据,宏观审视与微观考索并举,以期在最大程度上还原张溥的复社活动,揭示张溥作为复社领袖在学术思想和社会活动方面的影响和意义。

第四,对张溥的文学特点、文学成就及文学史地位的论析。

随着对张溥文集的全面研究,以及学界对晚明文人的整体研究,对晚明文坛的整体关照,未来的张溥研究应在张溥的文学特点、文学成就及文学史地位方面取得新的进展。

第五,对张溥与清初学术关系的深入考证。

何宗美先生认为张溥"兴复古学、务为有用的学术思想,精研经史、宏大广博的学术建构,钞录纂辑、考辨得失的学术方法,成为清初学术的基本特点和总体精神","从某种意义说,张溥及其复社诸学者实为清代实学之奠基人。"[①]这种对张溥学术思想的总体定位颇具只眼,但要进一步坐实这种判断,还须结合张溥全部著述来深入考证,并要从明末清初的整个学术背景下来审视,这中间其实还有很多的研究工作可做。

---

① 何宗美《明末清初文人结社研究》,南开大学出版社2003年,第206页。

总之,正如蒋寅先生所言:"选择明清诗文作为研究课题,就意味着要准备打持久战。"① 未来的张溥研究若要不断走向深入取得突破,仍需研究者齐心合力杜绝急功近利之风,以沉潜务实的学风打持久战。

三、张溥生活的时代

张溥生活于万历三十年至崇祯十四年,即万历后期、泰昌、天启、崇祯时期,这是一个社会日趋动乱、吏治腐败、边患四起、赋税暴增、民众不堪重负纷纷起义的时代,也是正直文人士大夫与阉党权奸斗争日趋激烈的时代,也是文士纷纷结社并通过社团力量实现其现实利益和干预朝政的时代。这一时期,文学也逐渐由为艺术而艺术转向为人生而艺术、为社会而艺术,深刻反映社会现实的作品更多地出现在这一时期的文学中,这些作品中所寓含的悲壮慷慨、情感真挚强烈的风格成为明末文学的主导风格。

在政治方面,这一时代所出现的政治急弊,令人倍感震惊和沉痛。长达四十八年的万历朝,是明代最长的一个朝代,也被认为是明王朝的衰亡之端。清赵翼云:"明之亡,不亡于崇祯,而亡于万历。"② 万历朝的政治是典型的有始无终。在万历前期,明神宗朱翊钧尚幼,实际上摄政者是内阁首辅张居正。③ 少年神宗对张居正敬重备至,言听计从,将"中外大柄悉以委之",张居正亦"慨然以天下为己任",④ 进行了雷厉风行的改革,推行新政,其为政"大约以尊主权、课吏实、明赏罚、一号令,万里之外,朝下而夕奉行,如疾雷迅风,无所不披靡"。⑤ 他首先从整顿吏治、革新政治、培养人才等方面进行政治体制改革,进而又从清丈田粮与推广一条鞭法等方面进行了财政经济改革,取得了良好的效果,一度出现了中兴的迹象。⑥ 然而,好景不长,万历十年张居正卒后,久受其约束的神宗开始亲政,手中的权力一下膨胀起来,对张居正的态度也完全转变,由敬重备至而变为厌恶之

---

① 吴承学、曹虹、蒋寅《一个期待关注的学术领域:明清诗文研究三人谈》,《文学遗产》1999 年第 4 期。
② 赵翼著,王树民校证《廿二史札记校证》,中华书局 1984 年,第 797 页。
③ 樊树志《晚明史》,复旦大学出版社 2003 年,第 204 页。
④ 张廷玉《明史》卷二一三《张居正传》,中华书局 1974 年,第 5645 页。
⑤ 王世贞《嘉靖以来首辅传》卷七《张居正传》,《四库全书》本。
⑥ 樊树志《晚明史》,复旦大学出版社 2003 年,第 243—310 页。

极,于是在万历十二年下旨查抄张府,考掠其家人,①几至于对张居正开棺戮尸。② 这时的神宗越发独断专行,酒色财气,四病俱全。在万历十五年"立储"一事上,神宗又与朝臣意见相左,这成为了此后万历荒怠、不理朝政长达三十余年的导火线。黄仁宇指出:

> 追溯皇位继承问题的发生,以及一连串使皇帝感到大为不快的问题的出现,那么1587年丁亥,亦即万历十五年,可以作为一条界线。……这一年表面上并无重大的动荡,但是对本朝的历史却有它特别重要之处。……(这一年)实际上我们的大明帝国却已经走到了它发展的尽头。③

在随后的怠政期间,所发生长达数年的"争国本"、万历二十六年(1598)的"妖书案"、万历四十三年(1615)的"梃击案"都充分证明了万历朝的堕落和无可救药,也不可避免地留下了严重的后遗症。万历中,首辅叶向高上疏直陈时势:

> 今天下必乱必危之道,盖有数端,而灾伤、寇盗、物怪、人妖不与焉。廊庙空虚,一也;上下否隔,二也;士大夫好胜喜争,三也;多藏厚积,必有悖出之衅,四也;风声习气日趋日下,莫可挽回,五也。非陛下奋然振作,简任老成,布列朝署,取积年废弛政事一举新之,恐宗社之忧,不在敌国外患,而即在庙堂之上也。④

万历二十五年五月,吕坤上疏直陈天下安危,亦云:"窃见元旦以来,天气昏黄,日光黯淡,占者以为乱征。今天下之势,乱象已形,而乱势未动;天下之人,乱心已萌,而乱人未倡。"⑤其言沉痛,句句中的。

张溥就出生于万历朝后期(万历三十年)。万历四十八年,神宗崩。皇太子朱常洛即位,是为光宗。在位仅一月,便发生"红丸案",龙驭上天了。九月,皇长

---

① 谈迁《国榷》,中华书局1958年,第4476页。
② 《明神宗实录》卷一五二,万历十二年八月壬子。
③ 黄仁宇《万历十五年》,中华书局2007年,第219页。
④ 张廷玉等《明史》卷二四〇《叶向高传》,中华书局1974年,第6234页。
⑤ 张廷玉等《明史》卷二二六《吕坤传》,中华书局1974年,第5937页。

子朱由校即位,是为熹宗。熹宗即位时仅十六岁,"好走马,又好小戏,好盖房屋",①对朝政却没有丝毫的兴趣,于是魏忠贤勾结客氏,渐渐大权独揽。此时,"熹宗真如一个木雕泥塑的人,任着魏忠贤摆弄"。② 魏忠贤于是大力培植党羽,遂有"五虎"、"五彪"、"十狗"、"十孩儿"、"四十孙"之号。③ 同时,又有一帮无耻官僚谄媚讨好魏忠贤,为其建造生祠,仅"在短短一年中一共建造了魏忠贤生祠四十处"。④ 在声势极隆之时,魏忠贤开始大肆屠杀东林党人和朝中正直官员,先后发生了"六君子之狱"、"七君子之狱",又炮制《三朝要典》、《东林点将录》、《东林党人榜》,制造舆论。所谓的东林党,"主要是一些在野或下野的士大夫组成,朝中也有不少官员激赏和支持他们的做法,与之遥相呼应,因此影响力甚大","东林党人提倡经世致用的实学,他们通过议论朝政、针砭时弊来鼓舞士气,并通过实际的行动参与当时的政治"。⑤ 东林党人先后通过"争国本"、反税监、与宦官魏忠贤斗争来维护社稷安全、打击宵小丑类。在魏阉制造的一系列恐怖案中,东林党人表现出不畏权势、视死如归的气概。这在一些正直文士的作品中有较多的反映。因此,可以说"明代的政治败坏于万历、天启两朝之手,群小当政,暗无天日"。⑥ 天启七年(1627)八月,朱由校卒,弟朱由检嗣位,是为思宗。即位后,迅速逐除魏忠贤,并斩客氏全家于市。之后,又诏定逆案,⑦并为周顺昌、高攀龙等东林士人平反。⑧ 一时正气上升,形势一度好转,崇祯新政让人们看到了希望。但是,"阉党的余孽仍然潜伏在中间,并没有完全地除掉",⑨这也就留下了后患。同时,崇祯本人作为一位藩王入继大统,其本身也有着明显的缺点:

> 他不是没有聪明睿智的精神,但缺乏兼容并包的态度;有察人之明,而

---

① 李逊之《三朝野纪》卷二《天启朝》,续修四库全书本。
② 谢国桢《明清之际党社运动考》,上海书店出版社2006年,第50页。
③ 张廷玉等《明史》卷三〇五《魏忠贤传》,中华书局1974年,第7822页。
④ 樊树志《晚明史》,复旦大学出版社2003年,第699页。
⑤ 林存光、侯长安《儒家政治文化:与权力对话》,山东教育出版社2011年,第197—199页。
⑥ 谢国桢《明清之际党社运动考》,上海书店出版社2006年,第50页。
⑦ 《崇祯长编》卷一七,崇祯二年正月丁丑。
⑧ 谈迁《国榷》,中华书局1958年,第5427页。
⑨ 谢国桢《明清之际党社运动考》,上海书店出版社2006年,第55页。

没有用人的手段。他只养成了一种刚愎自用、猜忌无常的性格。他天天怕大臣植党,而党反在他猜忌下养成了。一般骨鲠的老臣自然是多得罪而去,一般无耻的下流即可以趁着毅宗猜忌的脾气,装成谨愿自守、庸懦无能的样子来取媚于崇祯,而背着人的时候却贿赂公行,无所不为,因此时局大坏,一败而不可收拾。崇祯朝的朝政和天启朝实得其反,而他们的失败是一样的。①

崇祯朝的政治在初期出现了新政的一丝曙光后,旋即踏着前朝的步子走上了老路,最终在内困外患中黯然灭亡。

这一时期的内乱和边患亦逐渐加剧,令统治者分外头疼,最终亦为之而亡。天启初设置了税监,肆意盘剥;崇祯时又加派"三饷",可谓"穷民待尽于催科",②于是不堪忍受者屡屡起来反抗。如万历三十年(1602)三月,云南腾越民变,反抗税监孙隆。九月,江西景德镇万余名瓷工起义,烧厂房、税署,殴打税监潘相,击毙潘相爪牙陆太守。万历三十四年(1606)三月,云南民变,指挥贺世勋率冤民万余人,杀税监杨荣及其党二百余人。万历三十六年(1608)六月,锦州、松山兵变,反对税监高淮。七月,郴州矿工起事。万历四十二年(1614)五月,福建税使高寀,怙恶苛暴并通倭,造船入海贸易,不给商民贷款,激起民变。万历四十四年(1616)三月,贵州苗民起事。四月,河南饥民起事。九月,山东饥民纷纷起事。天启六年(1626)八月,陕西民因官吏贪暴,纷起反抗,攻入四川。崇祯元年,十一月,陕西以连年荒歉,官吏暴虐,饥民纷纷起义,白水王二倡导于先,府谷人王嘉胤、宣川王左挂、安塞高迎祥、汉南王大梁先后响应,高迎祥称闯王,王大梁称大梁王。崇祯三年(1630)六月,义军王嘉胤部破府谷,延安柳树涧人张献忠以米脂十八寨应之,自称八大王。此后,高迎祥、李自成、张献忠逐渐壮大势力,与官军展开顽强斗争,最终于崇祯十七年(1644)李自成攻入北京,崇祯在煤山自缢。在频频的内乱中,东北边患也屡屡告急,后金一次次的入侵,使得明廷顾头顾不了尾。万历四十六年(1618)三月,后金可汗努尔哈赤以"七大恨"誓师告天,起兵反明。③ 此后,后金不断入侵,直至崇祯十七年在吴三桂的配合下入关进京,夺取

---

① 同上,第56页。
② 张廷玉等《明史》卷二四五《李应升传》,中华书局1974年,第6364页。
③ 参阅吴文治《中国文学史大事年表》,黄山书社1993年。

政权。在这几十年间,明廷不断地应付着内忧外患的局面,在抚与剿、和与战中不断徘徊,在将士任命上,或用人弗善,或用人而疑,丧失了一次次良好战机,最终为清所代。

总之,天启至崇祯朝,是明代社会动乱、政治腐败日趋严重、不可救药的时期。朱孟阳先生将万历朝、泰昌朝与天启朝、崇祯朝分别概括为"有始无终"、"内忧外患"、"回天乏术"是较为准确的。① 朱东润先生亦指出:"岂但是熹宗,上而不问国事的神宗,胡涂弩弱的光宗,下而喜怒无常的思宗,哪一个不是亡国之君?"②

另外,"明代文士为砥砺文章,求取功名,故尊师交友,结社成风,而江浙一代尤甚。"③晚明文士结社更是蔚然成风。据何宗美先生统计,仅天启、崇祯时期出现的文人结社就有129个之多。④ 明人结社之风兴起,有多方面的原因:在政治方面,或是在社会稳定、经济繁荣时,通过结社以宴游雅集;或是社会动乱时,通过结社以干预时政。同时,结社也是明代经济的产物。在文化因素方面,首先科举促进了文人结社以揣摩时风,其次书院讲学也促进了文人结社,再次城市文化也促进了文人结社。值得注意的是,在晚明时,复杂的党争对文人结社产生了深远的影响,并使结社由非政治性的文社逐渐演变为浓郁政治性的社团,从而使结社的宗旨、组织原则、活动方式、规模都发生了很大的变化,由党争而发展为社争。⑤ 不难看到,明代中后期风起云涌的党社运动,成为明末政治文化生活中的一个重要特征和新的因素。⑥

明代中后期之所以出现诸多社团,甚至像复社这样的全国性的社团联合体,还有一个最重要的原因,就是在明代高度集权的政治体制和文化政策下,士人一旦得隽,即可获得相应的特权,而无权无势者即投其门下。清顾公燮《消夏闲记摘抄》卷上云:

---

① 朱孟阳《细说明代十六朝》,京华出版社2005年。
② 朱东润《陈子龙及其时代》,东方出版中心1999年,第25页。
③ 范培松主编《插图本苏州文学通史》(第二册),江苏教育出版社,第622页。
④ 何宗美《明末清初文人结社研究》,南开大学出版社2003年,第69页。
⑤ 何宗美《明末清初文人结社研究》,南开大学出版社2003年,第52—146页。
⑥ 林存光、侯长安《儒家政治文化:与权力对话》,山东教育出版社2011年,第199页。

> 明季缙绅，威权赫奕，凡中式者，报录人多持短棍，从门打入厅堂，窗户尽毁，谓之改换门庭。工匠随行，立刻修整，永为主顾。有通谱者、招婿者、投拜门生者，乘其急需，不惜千金之赠，以为长城焉。尤重师生年谊，平昔稍有睚眦，即嘱巡抚访拿，甚至门下之人，遇有司对簿，将刑，豪奴上禀，主人呼唤，立即扶出，有司无可如何。其他细事，虽理曲者，亦可以一帖弭之。①

这很形象地说明了"趋炎附势的风气，已在全社会蔓延"。这种风气表现在社会层面上，即为结社；表现在文学层面上，即为"文学创作或文学理论形成的集团性和规模性"。与以往时代不同，明代文人具有很强的趋同性和集团性。文人结社至后期，"对政治的热情代替了作诗论文的传统"。② 于是，文社就由文学性、学术性的团体演变为政治性的团体。

张溥就出生在这样一个时代里，上述的时代特点制约、影响着他的生活，而反过来他也在一定程度上试图改变并影响着他所生活的时代，而在明末的历史上留下了鲜明的痕迹。

---

① 顾公燮《消夏闲记摘抄》卷上《明季缙绅之横》，见《涵芬楼秘笈》第二集，第5页。
② 参阅陈伯海等主编，朱易安《中国诗学史》（明代卷），鹭江出版社2002年，第6—180页。

第一章　张溥生平考述

张溥初字乾度，后字天如，号西铭①，私谥仁学先生，明南直隶太仓人（今江苏太仓市）。少嗜学，所读书皆抄录七遍，熟记后，即焚之，故其斋名"七录斋"。天启初，与同里张采共学齐名，并称"娄东二张"。天启四年，与张采等创立应社。崇祯元年，与孙淳等创立复社，集郡中名士相与复古学。崇祯二年，召开尹山大会，统合大江南北十七文社于复社，"复社之名振天下"②，声势震动朝野，遂引权贵侧目。崇祯三年中举，召开金陵大会。四年释褐，选翰林院庶吉士。因性格刚直，在官场备受倾轧，于五年冬乞假还乡，不复仕出。六年，召开虎丘大会，参会者逾两千，盛况空前。七年起至十年，备受时相温体仁及其授意下温育仁、周之夔、陆文声、张汉儒等奸小接连攻讦，处境极危。十年，温体仁罢，处境稍转，复社诸人聚会于虎丘。十三年，又受到托名徐怀丹所作《复社十大罪檄》激烈攻击。同年，好友黄道周下狱，急其难，欲倾身家以图解。十四年，与诸人谋，使周延儒复相。同年五月，心力憔悴，撒手人寰。殁后，犹受到蔡奕琛攻讦，张采上疏申明，周延儒、刘熙祚、姜埰等又从中予以推扬，事遂得解。崇祯诏征其遗著，上三千余卷。

张溥生平大致分为四个阶段：家居读书时期（23岁前），创举应社及复社时期（23—29岁），中举及在翰林院时期（29—31岁），弃官家居时期（32—40岁）。

一、家居读书时期（23岁前）

出生与家世

明神宗万历三十年三月二十三日（1602年5月14日），张溥出生在一个普通士绅家庭。

而此时在明帝国内部，由宫女所生的皇长子朱常洛的命运也发生了转机。在前一年十月十五日，明朝廷举行皇太子册立仪式，朱常洛在历经十五年漫长曲折的争国本、册立东宫之争等宫廷纷争后终于被册立为太子。此年二月十三日，

---

① 张采《知畏堂文存》卷八《庶常天如张公行状》。
② 张采《知畏堂文存》卷八《庶常天如张公行状》。

皇太子朱常洛举行婚礼。

张溥世系大致如下：①

曾祖张鲸。

祖父张仲，号筠泉，以长子官，赠资政大夫工部尚书，娶于方氏，生三子：张辅之，张相之，张翼之。②

大伯张辅之，字尔赞，号容宇，万历十四年进士。历任兵科给事，时神宗深居禁内，辅之疏请帝讲学、视朝。前后上四十余疏，论及征倭、镇压播州杨应龙叛乱等，皆当时大事。天启时，官至南京工部尚书，以魏忠贤擅权，乞归。③ 生四子：张洪、张灏、张深、张沆。

二伯张相之，号襄宇，英年病殁，④无子，惟有三女。后五月，其妻高氏复殁。⑤

父张翼之，字尔漠，号虚宇，为太学生。⑥ 娶陆氏，陆氏无子，"未几患弱疾亡"。后娶同邑大儒潘先生女潘氏，又纳侧室叶氏、汪氏、金氏三人。共生十子：长子张质先，昆山邑庠生；次子张泳，字幼涛，州增广生；三子张潍，字孝白，州庠生；四子张京应，字公硕，州廪生；五子张涟，字漪若，太学生；六子张源，字来宗，州庠生；七子张浚，字禹疏，癸酉副榜，州增广生；八子张溥，辛未会魁，翰林院庶吉士；九子张樽，字子厚，州庠生；十子张王治，字无近，号救庵，后出继于父执王昆湖，庚午副榜，选贡，官刑科给事中。⑦ 其中张源、张浚、张王治为潘氏所生；张

---

① 参阅蒋逸雪《张溥年谱》，张溥《七录斋诗文合集·古文近稿》卷六《先考虚宇府君行状》，张采《庶常天如张公行状》（见《知畏堂文存》卷八），吴伟业《清河家法述》（《吴梅村全集》，上海古籍出版社1990年，第609页）。按，蒋逸雪曾寓目《太仓张氏家乘》，其所列张溥世系当据此，可惜蒋氏已归道山，其收藏之书大多捐送，此书亦不知下落，诚为大憾。此处所列世系主要依据蒋氏，而补其简略处。

② 张采《知畏堂文存》卷八《庶常天如张公行状》，四库禁毁书丛刊本。

③ 《康熙江南通志》卷一四五"张辅之"（第2442页）。又见张㧑之等主编《中国历代人名大辞典》，上海古籍出版社1999年，第1294页。

④ 按：蒋逸雪《张溥年谱》云："次相之，夭。"

⑤ 《七录斋诗文合集·古文近稿》卷六《先考虚宇府君行状》。

⑥ 陆世仪《复社纪略》卷一，见《东林本末》（外七种），北京古籍出版社2002年，第202页。

⑦ 张王治曾出继给其父好友。吴伟业《张母潘孺人暨金孺人墓志铭》："府君以执友王公无子，命以己子子之，即救庵也。"又《七录斋集论略》卷六《祭王昆湖文》："呜呼！先君子之交公也，世为邻也，亦世为友也。"又云："公无子，抚某之幼弟以为子。"

质先、张京应为叶氏所生；张泳、张濯、张涟、张樽为汪氏所生；张溥为金氏所生。再加上堂兄张洪、张灏，张溥在门内排行第十。

张溥娶昆山大理正卿王公孙汝皋女王氏①，纳侧室董氏。初，收养亡友沈承遗孤，起名张忱，为其聘张采之女，后夭。又抚一外家侄女，许字张采长子张于临。王氏生一子，一年后夭。又生一女，后由张采做主许字嘉定太学生侯岐曾孙侯檠。张溥殁后，其妾生一遗腹女，寻夭。钱谦益、张采等人将其次兄张泳之幼子立为后嗣，钱谦益名其永锡，字式似。② 此子未能继承张溥遗风，为人诟笑。③ 张永锡聘华乾龙女④，生二子：张玉璇、张玉衡。⑤ 限于资料，其后世系流传不详。但据唐文治《张天如先生遗像记》，1933年间尚有张溥十世孙张亮孙在世。⑥ 今询之当地人，则不知其人矣。

张溥先世贫，至其祖父时始振，后家产一分为三，三子各得其一。⑦ 分家后张溥父仍有较好的经济条件，屡屡"施仁行义，急人之穷"，数次捐金施舍，"三族之戚赖以举火者三十余人"⑧。

"塌蒲屦儿何能为"：家庭隐痛与少年屈辱

张溥父生于嘉靖丙辰（1556）四月三日，卒于万历丁巳（1617）四月四日，享年六十二。张溥父"力于孝弟"，乐善好施，然久试不第，困顿不堪，仅为一太学生⑨，一生"开口而笑者或四、三年尔"。而张溥大伯张辅之却官位显赫，官至南

---

① 见《七录斋诗文合集·古文近稿》卷六《先考虚宇府君行状》。
② 钱谦益《嗣说》，见《七录斋近集》卷首。
③ 夏完淳《狱中上母书》："淳死之后，新妇遗腹得雄，便以为家门之幸；如其不然，万勿置后。会稽大望，至今而零极矣。节义文章，如我父子者几人哉！立一不肖后如西铭先生，为人所诟笑，何如不立之为愈耶？"见夏完淳著，白坚笺校《夏完淳集笺校》，上海古籍1991年，第414页。
④ 张采《知畏堂文存》卷八《庶常天如张公行状》，四库禁毁书丛刊本。
⑤ 《历代名臣奏议》卷首题识，复旦大学图书馆藏。
⑥ 唐文治《张天如先生遗像记》："癸酉仲秋，同乡张君亮孙属表弟黄君玉儒为介，乞题其十世祖天如先生遗像。"见王桐荪等选注《唐文治文选》，上海交通大学出版社2005年，第387页。
⑦ 《七录斋诗文合集·古文近稿》卷六《先考虚宇府君行状》："王父（张仲）先世贫，及身稍振，有市廛一区，秔田三顷，析而为三，先人（张翼之）业不及中人"。
⑧ 《七录斋诗文合集·古文近稿》卷六《先考虚宇府君行状》。
⑨ 陆世仪《复社纪略》卷一，见《东林本末》（外七种），北京古籍出版社2002年，第202页。

京工部尚书,然于家族尽力甚少。张溥父虽年最幼,而成家早于张辅之,于家族操持甚多,将家族治理得井井有条,张溥云"先君视宗族有加礼,婚嫁丧葬必代费,岁时给粟肉,量人口为盈缩,冬夏衣履各有节。"①张溥二伯张相之病殁后,其三位幼女亦由张溥父抚养并操办出嫁。②

在大家庭中,张溥父对其长兄张辅之处处忍让。如张溥父买了一块墓地,张辅之听说此墓风水好,便欲据为己有,张溥父便拱手相让。又如张溥父买了几块肥沃田地,张辅之也很想要,于是张溥父又无偿相让。再如张溥父曾费千金造一宅,后张辅之想要,于是又拱手相让。又如张辅之欲广墓地,张溥父则慷慨割邻地五十亩予之。总之,是"万方期适司空意"。③

即便如此,张溥父仍"失欢于其兄",张辅之家奴陈鹏、过昆等亦仗势欺辱张溥父子。陆世仪《复社纪略》卷二云:

> 张溥之父翼之失欢于其兄大司空辅之。辅之有仆陈鹏、过昆,又从而构之。鹏善笔札,主人章奏书牍,皆出其手;昆长于聚敛,司空宠之甚。因此内外家政,事无大小,必由两人。翼之以主分临之,两人益恚,至刺翼之,司空不觉也。④

长兄有纵奴之嫌,幼弟无驳斥之力,张溥父对此只好忍气吞声。先是,里中某人向张溥父借钱以治生产,张溥父与张辅之各借予五百金,后张辅之催要时,某人推脱无力偿还,又怕再次索要,于是勾结张辅之家奴,在张辅之面前诋毁张溥父,盖说张溥父独吞了这笔钱。又,陆某有贫瘠下田五十亩无法售出,于是强请张溥父之好友帮助以高价出售,买家知道吃亏后,欲要起讼,但有券书在,只好无可奈何。里中某人遂与张辅之家奴勾结势力之徒,欲借此要挟张溥父以得利。张溥父从容拒之。于是势力之徒转向州大夫诬告张溥父。州大夫察明真相后杖笞诬告者,势力之徒便转而怨咎某人与张辅之家奴。某人与家奴不甘就此罢休,谋划只有起大讼才可得手。于是,又买通善于起讼者三四十人,共同诬告张溥

---

① 《七录斋诗文合集·古文近稿》卷六《先考虚宇府君行状》。
② 同上。
③ 同上。
④ 陆世仪《复社纪略》卷二,见《东林本末》(外七种),北京古籍出版社2002年,第245页。

父。州大夫于是让这些人依次说出张溥父的模样,结果很多人竟根本不认识张溥父。于是又依法治之。众无赖受挫后,依然不肯罢手,谋上书台宪,必欲告倒张溥父而后止。于是,讼事持续多年,张溥一家也整天提心吊胆。最后,张溥父无奈只好给众无赖一些钱以消灾了事。显然,这一系列告讦的主使者即里中某人与张辅之的两个家奴。而张辅之听信家奴谗言,逐渐疏远张溥父,对于家奴欺凌张溥父亦置若罔闻。张溥嫡母潘氏对此实在看不下去,曾在张辅之妇前讽喻张辅之疏亲而宠奴。吴伟业《张母潘孺人暨金孺人墓志铭》云:"府君之兄司空公夙友爱,而为左右所慿间,孺人从容告其姒妇曰:'娣之与姒以何亲?'曰:'以兄弟亲也。''然则第奴舍客,以视兄弟诚有间矣。他人以疏亲,独不能使亲亲,此吾夫妇过也。'司空闻之泣。"①张溥后来回忆这些事时,万分痛慨:"嗟乎!人生百惧,水火疾厄,可以祈禳息也;盗贼之来,可藉兵卫也。先君之逢不若,将胡为乎?内无以见原于骨肉,外无以自避于恶人。"②

在这样一个家庭大环境中,张溥由于庶出,更遭受到伯父家奴的欺辱。陆世仪《复社纪略》卷一云:

> 翼之子十人,(张)溥以婢出,不为宗党所重,辅之家人遇之尤无礼。尝造事倾陷于翼之。溥洒血书壁,曰:"不报仇奴,非人子也!"奴闻而笑曰:"塌蒲屦儿何能为!"③

面对家奴无休止的欺凌和兄长的纵容,张溥父忍辱负重,惟寄望于子弟能出人头地,故对其子教育日严,"日延师傅躬教,挞以望子有成"、"晚年困顿,益锐身教子,一宅不能容,则分二宅,馆给惧礼不至,日往来简束其间,督诸子读书,夜漏不尽不入内。"④《张露生师稿》复云:"先子年高,晚岁重困,望儿子成学甚亟。"⑤盖欲"借爵位气势""拔于祸患"。⑥

---

① 吴伟业著,李学颖校点,《吴梅村全集》,上海古籍出版社1990年,第980页。
② 《七录斋诗文合集·古文近稿》卷六《先考虚宇府君行状》。
③ 陆世仪《复社纪略》卷一,见《东林本末》(外七种),北京古籍出版社2002年,第202页。
④ 同上。
⑤ 《七录斋诗文合集·古文近稿》卷三《张露生师稿》。
⑥ 《七录斋诗文合集·古文近稿》卷六《先考虚宇府君行状》。

张溥父虽尽量息事宁人,处处忍让,而辅之家奴却欺凌不止,张溥父最终病郁而亡:

> 二奴恙间不已,先君病中辄惊悸,初犹指画语言,既剧,绝不发口。呜呼! 先君非病瘖也,竟以丁巳之四月四日殒矣。①

而当其遭受摧辱饮恨而逝时,张溥兄弟虽多,但弱小无势,"大者二十余岁,少者仅八九岁,无一人奋声激昂"。这一切深深地留在张溥的记忆中,少年张溥饱尝人世炎凉与残酷,也激发了他疾恶如仇、奋起反抗的性格。

"聊用强记,奈何留滞心路":少年嗜学

张溥少时,聪慧嗜学。

六岁时,张溥从蒙师刘振溪学②,日可诵读数千言。其父倍加喜爱:

> 公六七岁,奇慧,不逐童戏,兄弟中间童戏,独正目视,亡预。晨佩管带,从师受读,日可受数千言。暮反,揖虚宇公所,或呼问:"今日何书?"琅琅诵不休,虚宇公绝怜爱。③

十一岁时,张溥又受学于张露生,聪慧特出,获"黄童"之誉,其父颇为高兴。《张露生师稿》云:"予年十一,从先生学文字,时粗解把笔,先生谓为可教,时称述于先子。先子时当忧患,内郁郁不自聊。时向先生索观予文,听先生赞言,辄内喜。"张采《庶常天如张公行状》复云:"我(张溥)自遇露生张师,始获'黄童'誉,师生亦佩知己哉!"④

此时,张溥见诸兄长习举子业,于是又开始偷偷学习举子业,苦于无钱买书,其母金氏则以纺麻换钱,多予相助。张采《庶常天如张公行状》云:

---

① 《七录斋诗文合集·古文近稿》卷六《先考虚宇府君行状》。
② 蒋逸雪《张溥年谱》,齐鲁书社1982年,第4页。
③ 张采《知畏堂文存》卷八《庶常天如张公行状》,四库禁毁书丛刊本。
④ 同上。

> 数岁见兄行习举子业，即私习举子业，甚欲通古今文，苦不得买书钱。……则金孺人蘩蕗绩衽佐。公日夜取成书断章手录。……方私习举子业且一年，已成章，当年师犹未知。

张溥的聪慧好学也得到了嫡母潘孺人的鼓励赞赏。吴伟业《张母潘孺人暨金孺人墓志铭》云：

> 府君晚岁不怿，思诸子以文墨自奋，（潘）孺人设家塾，宿膏火，穷日并夜，述遗语以勖勉他诸孤。奇西铭之才，独怜爱之，命诸兄与之齿，曰："若无易此子为也。"①

随着年岁渐长，在目睹家庭间的种种隐痛、遭受大伯家奴的欺辱后，在父亲的鼓励下，张溥日益发愤苦读，亟欲以功名拯救其父于屈辱之中。《复社纪略》卷一云：

> （二奴）尝造事倾陷于翼之。溥洒血书壁，曰："不报仇奴，非人子也！"奴闻而笑曰："塌蒲屦儿何能为！"溥饮泣，乃刻苦读书，无分昼夜。尝雪夜已就寝，复兴，露顶坐向晓，因病魈。②

在此情况下，张溥少年时期读书异常勤苦，其"七录七焚"的佳话流传至今：

> 溥幼嗜学，所读书必手钞，钞已，朗诵一过，即焚之，又钞，如是者六七，始已。或问："何勤苦乃尔？"曰："聊用强记，何留滞心目为！"用是，右手提管处，指掌咸成茧，数日辄割去。冬月手皲，日沃汤数次。其勤学若是，后名读书之斋曰"七录"，以此也。③

以上所述当转录自张采《庶常天如张公行状》：

---

① 吴伟业著，李学颖校点，《吴梅村全集》，上海古籍出版社1990年，第980页。
② 陆世仪《复社纪略》卷一，见《东林本末》（外七种），北京古籍出版社2002年，第202页。
③ 万斯同《明史》卷二八六《张溥传》，续修四库全书本。

其后同采读书时,将所录本篇篇投火,复日夜手录,及十日或半月,同采高吟一过,又复投火。采问曷存斯。曰:"聊用强记,奈何留滞心路!"……用是,右手握管处,大指及掌心咸成茧,五六日须割去。冬月且皲,日数沃盥。其勤学殆天性。①

显然,张溥的刻苦攻读,既出于父亲的严格要求,更是其强烈的自觉行为。"盖有非常之功,必待非常之人"。张溥的少年好学为其日后获得文名、组织复社、博得功名奠定了良好的基础。

少年丧父,出居西郭

万历四十五年(1617)四月四日,张溥父病亡。张溥时年十六岁。② 是年,比张溥年长六岁的张采亦丧父。③

少年丧父对张溥的影响是巨大而持久的。《张受先稿序》云:"余与受先少同失怙,时一念及,泪下如流水,对言著志,期以修身读书,上答罔极。"④《张伯母赝封序》亦云:"溥与受先同为少子,未成人皆失怙,惟母氏之依,动静与俱,每讽愿为人兄之言,则潸然如雨矣。"⑤《寿沈养仁年伯序》复云:

> 余少失父,悲不及侍。常设想象,令余父假以长年至今日,亲见诸子成立,少者皆壮,四方贤者轩骑过从,分庭列豆,时出鲜旨,讽论道义,既以诗歌,意必愉愉称善,或可忘老。⑥

张溥丧父后,兄弟各分家产。张溥离开所居尊楼⑦,奉其母金氏出居城西郊

---

① 张采《知畏堂文存》卷八。
② 按:张溥丧父之时,一云其十六岁,一云其十五岁。十五岁说者,如《七录斋近集·续离骚序》:"余小子十五而无父,风雨飞蓬,鸟鼠不若。"张采《庶常天如张公行状》:"十五岁丧父。"十六岁说者,《七录斋诗文合集·古文近稿》卷六《先考虚宇府君行状》:"先君生于嘉靖丙辰之四月三日,殁于万历丁巳之四月四日,享年六十有二。"此处当以《先考虚宇府君行状》为准。
③ 张采《知畏堂文存》卷八《庶常天如张公行状》。
④ 《七录斋诗文合集·古文存稿》卷四《张受先稿序》。
⑤ 《七录斋集论略》卷五《张伯母赝封序》。
⑥ 《七录斋诗文合集·近稿》卷一《寿沈养仁年伯序》。
⑦ 张采《知畏堂文存》卷八《庶常天如张公行状》。

一陋室①,题室名"七录斋",愈加奋力向学。张采《庶常天如张公行状》云:"十五岁丧父,同金母出居西郭,颜一陋室曰'七录斋',益读经史诸书无厌。"母子二人相依为命,渐渐自立,张溥常出游求学。《张伯母膺封序》云:"乃我母周旋艰难,渐以自立。……溥智之治生,时以饔飧累母氏间,有远游,定省常节,多所阙如。"

志为大儒,二张相会

在太仓城西郊七录斋读书的孤寂岁月中,张溥首先结识了好友赵晟。张溥兄弟均与赵晟交好,张王治从其受学,后赵晟长期设馆于张溥兄家。《赵荆璞先生六十序》云:

> 予复依旧业之在郭外者以出,于是始交翁之子方旭(赵晟)。予兄弟时尚少,不应世务,亦无所谓四方之友相为往来,故多以余之友为友。而予当时之友惟一方旭,故予兄弟当时之友自方旭外,亦他无所闻焉。予性又畏独,既离兄弟,隔宅之悲,悄怳于怀。方旭时过慰劳,骨肉之欢,若复近之。是以意抱周悁,虽风雨之晨,未或暂舍。予尝语于同人曰:"天下之友,有与予共寒暖饥饱者,方旭是也。"予弟治十三岁即能为高文,有五经之遗烈,推其渊源,则留方旭教之。……方旭有三子,行名神伶。其长者从方旭读书于予兄之家,年及十二,备涉经史。予弟兄亦欣然以子视之。是以数年以来,方旭未尝馆于他人之家,而予兄弟亦无不主方旭者,石之与兰,视其久而已矣。予兄弟与方旭之交之谓也。②

三年后,张溥又结识了比他年长七岁的好友同里南郭张采。张采,字受先,戊辰会魁,官临川知县,与张溥共学齐名,并称"娄东二张"。《明史》有传,附张溥传下。《复社纪略》卷一云:"时三吴文社,人人自炫,溥一不之省,独与张采订交。"二人关系契密,"相爱敬,不啻家兄弟"③,前后相交二十二年,生死不渝。这一年正是万历四十八年(1620),张溥十九岁。④ 同年,张溥又"补博士弟子,声闻

---

① 张采《天如合稿序》:"所谓七录斋者,旧槛垩壁,非有完美。"
② 《七录斋集论略》卷四《赵荆璞先生六十序》。
③ 张采《知畏堂文存》卷九《天如合稿序》,四库禁毁书丛刊本。
④ 张采《知畏堂文存》卷九《祭天如兄文》:"忆弟交兄,始庚申。"

籍甚,交一时名贤,志为大儒。"①张溥崭露头角,从此进入公众视野,逐步成为"名满天下"的风云人物。

这一年对于大明王朝来说,也是权力更替组合极具变化的一年。七月二十一日,明神宗朱翊钧驾崩。八月一日,太子朱常洛即位,是为光宗。这位由宫女所生一直不为神宗喜欢,且被郑贵妃视为阻碍其子即位而备受排斥打击的皇长子,在经历争国本、三王并封、册立太子之争、妖书案、梃击案等宫廷大事件后,终于艰难地登上了皇帝宝座。然而荣光的表面并未改变他仍然生活在神宗和郑贵妃阴影中的实质,结果郑贵妃进献的八位美女及御医李可灼的两粒红丸药便轻易地使即位刚满一月的光宗朱常洛毙命了。其后,在经过"移宫案"后,九月初六日,朱由校即位,是为熹宗,改明年为天启元年。朱由校封其乳母客氏为奉圣夫人,宦官魏忠贤与之交通,权倾中外。魏忠贤专制时代就此开始。

在泰昌、天启之际的政治巨变中,朝廷与民间都充斥着太多的感慨,"泰昌、天启之际,弓剑痛深,山谷饮泣,凡为臣子,昼夜尽伤。"②

此期,张溥走出太仓,扩大交往,广觅同道,先后结交顾梦麟、杨彝、孙淳、周锺、周铨、杨廷枢、何南春、徐汧、朱隗、吴昌时、王启荣、夏允彝、陈子龙等时贤,成为日后创立应社和复社的重要力量。天启元年(1621),张溥与邑人顾梦麟交游。③《寿顾岫云先生七十叙》云:"麟士约茆凤里,室仅盈丈,题曰织帘,粪除洁清,花木四植。余每登临其堂,旬日忘返。"④顾梦麟(1585—1653),字麟士,崇祯副贡生,时称织帘先生。后来,张溥与顾梦麟共同成为应社创始人。张溥又结识了杨廷枢、徐汧、夏允彝、陈子龙等人。吴伟业《复社纪事》云:"初,先生起里中,诸老生颇共笑其业以为怪。一时同志,苏州曰杨维斗廷枢、曰徐九一汧、松江曰夏彝仲允彝、曰陈卧子子龙,而同里最亲善曰张受先采。"在此期,张溥又结识了管士琬。

天启三年(1623),张溥邀张采、管士琬至七录斋共读,三位青年均是万历四十五年失祜者,同病相怜,相互激励。一年后,管士琬有事先离去。⑤ 而二张继

---

① 张采《知畏堂文存》卷八《庶常天如张公行状》,四库禁毁书丛刊本。
② 《七录斋诗文合集·存稿》卷二《徐同伯泰披先生七十双寿序》。
③ 按:蒋逸雪系为此年,但不知何据。姑暂从之。
④ 《七录斋近集》卷五《寿顾岫云先生七十叙》。
⑤ 《七录斋集论略》卷二《张受先稿再序》。

续在七录斋共读,直至天启七年(1627),前后凡五年。在五年的共读时光中,二张建立了深厚的友谊,扩展了学识,砥砺了志向,扩大了交游。彼时二人皆为诸生,白天各赴学校,晚上则聚首七录斋,探讨学问,激励志气。对于这五年的共学情景,张溥和张采的数篇文章都有生动之记载。兹摘录数则,以见大概:

> 六年以前,风雨寒暑,予与受先、君售同之。逾年而君售别去,一室之内,出入依倚,惟两人耳。每至夜分角谈,称论道义。
>
> ——张溥《张受先稿再序》

> 受先与余六年同晨夕,盖其人文信之矣。……余两人起止不离书卷,而闲说时有不废,顾所说者,其亦志也。尝观往者之为,是非难详,各退而思以身处,有得即陈其本指,以听稽定,于可不可之间,断断如也。又多设为不必然之事,以求臣子之忠厚烦难而贵于有济,朝之食,夕之食,当其时而有辞焉。靡碎之物,猥杂之论,不敢放废于古人也。然余言之而不大尽,受先则甚焉。余间有作,谐少近于失经,受先即容辞俱危,不容再措小辨。临事之际,受先有气敢往,排捍在前,复善以礼颜相开,担夫孺子,必谕之,晓晓然使得疏明。而余多敛不即发,恒私自意念,彼必能先见也。
>
> ——张溥《张受先稿序》

> 凡五年中,兄每辰出,夜分或过子刻入。两人形影相依,声息相接,乐善规过,互推畏友,时设疑难,必尔我畅怀,归于大理。金母从窗户窥听,每称:"二子不但勤学,乃从未见惰容嬉色。"
>
> ——张采《祭张天如文》

> 公延余读书七录斋,公晨出,夜分入,两人扃户下帷。公上自皇古,下迄今兹,凡治乱兴废,贤愚是否,亡不殚厥理要。此如行舟,公自系帆,置余作相风,舟行不干相风,辄时占顾。以故两人深相得,不能顷步离,隔三日即信使相望。……公同余读书时,见公解粽设饧,误渍墨,口辅尽黑,余笑,公终不觉。夜深灯尽,窗照如白日,疑天造明,视庭中,则雪深一尺。
>
> ——张采《庶常天如张公行状》

二人既有上述之切磋互勉之乐,又因少同失怙,不免同病相怜。张溥云:"余与受先少同失怙,时一念及,泪下如流水,对言著志,期以修身读书,上答罔极。

而幽魂未安,百身莫赎,流连慰切,悦养惟一母氏尔。"①

五年共学中,两人"倡呼绝学,辨经术,立史绪"②,研经治史,切磋琢磨,相得甚欢,声名鹊起,遂有"娄东二张"之称。万斯同《明史·张溥传》云:"及为诸生,召同里张采共学,益肆力经史,名藉甚,时号'娄东二张'。③

这一时期,张溥也愈得时人推重。如天启元年春夏,同邑王家颖、何南春、蔡申诸子立社,专请张溥写社约。此社并不专为时艺,而是复古尊经,这与张溥的兴趣和志向是吻合的,故得到了张溥的支持。自此年后,娄地文风益加趋古。《曹穋发稿序》云:

> 然辛酉(1621)之春夏,处卿(王家颖)、梅先(何南春)、伯引(蔡申)诸子立社,约予为文,穋发同焉。一社又皆业《易》《四书》经文,无不共题。穋发每发一义,必开疆宇,予心识之。行卷诸文,半属社业,乐而玩之,有如旧识。盖吾娄之人性素强立不肯下,虽古道衰绝之时,犹有屏弃时艺,独为伟作,不欲因人喜怒者,穋发其尤也。辛酉(1621)以后,吾娄风益趋古。④

金沙访周,更尚经史

张溥、张采重尚名节气概,陆世仪《复社纪略》卷一云:"(张)溥矜重名,(张)采尚节概,言论丰采,目光射人,相砥濯自砺。"二张所处之娄东,在乡贤王锡爵"昌大其事"及王世贞、王世懋兄弟"岳岳儒林间"⑤"克大其猷"之后⑥,竟"文事不起"⑦,文风渐趋卑弱,"盖吾郡之不文者,类多治容服,好戏谑,而无廉耻之思。见人之美则深刺忌,以肆其恶"⑧。二张遂以共振娄风为己任,不顾里人讥嘲。⑨据陆世仪《复社纪略》云张溥采取矫枉过正之法,即取法于唐樊宗师、宋刘几的艰

---

① 《七录斋诗文合集·存稿》卷四《张受先稿序》。
② 张采《知畏堂文存》卷三《治娄文事序》。
③ 万斯同《明史》卷二八六,续修四库全书本。
④ 《七录斋集续刻》卷三《曹穋发稿序》,天一阁藏。
⑤ 《七录斋诗文合集·近稿》卷一《王文肃课孙稿序》。
⑥ 《七录斋集论略》卷四《徐母王太君五十序》。
⑦ 张采《知畏堂文存》卷三《治娄文事序》。
⑧ 《七录斋集论略》卷一《徐朱二子合刻序》。
⑨ 《七录斋集续刻》卷二《吴骏公稿再序》,天一阁藏。

深晦涩文风，拟以艰深拯救卑俗，但这种方法在岁试中却屡行不通。

而在天启初期，海内文社最著名者，一为豫章派，即江西临川陈际泰、罗万藻、章世纯、艾南英，号称"章罗陈艾"。一为莱阳派，即山东莱阳宋玫等父子兄弟，声势不广，但科第最显。一为金沙周钟。① 而周钟时有超过豫章之势，陆世仪《复社纪略》卷一云："（周钟）《房选华锋》出，时尚一新，天下竞称之。由是向日推豫章者，相率而推金沙矣。"周钟此时又主盟匡社，"先是，贵池吴应箕与吴门徐君和鸣时合七郡十三子之文为匡社，行世已久。至是，共推金沙主盟。"②

故在天启三年（1623）冬，二张便前去向周钟求教，与之连续辩难一昼夜，最终为之所折服，欣然与之结盟。回来后，张溥放弃学习樊宗师、刘几，而转向专攻经史，在岁试中一举夺冠。③《房稿表经序》又云：

> 当夫时文一趋，士人之志日以荒下。诸子之说，耳目不近，未知天下之有书，作书之有其人，况乎五经之极深也。自介生于酉戌（1621—1622）之文，倡用其说，而四方始改形易虑，乐于道古。然倡者之意反且复之，主于接识人伦，正以圣人之事，而先使之就将高明，易于遵道遵路，顾无若其知之者寡也。没美而为之，得失之际，或有甚焉。要之古学，则已立矣。历乎子丑（1624—1625），百家竞兴，予与受先闭一室之内，静目祛练，以为德言之途，久变极反，继此而王者，其惟六经乎。是以志获同方，去介生之居五百里，而动静语言，若与之应。④

---

① 参廖可斌《明代文学复古运动研究》，上海古籍出版社1994年，第353页。
② 《复社纪略》卷一，见《东林本末》（外七种），北京古籍出版社2002年，第201页。
③ 《复社纪略》卷一云："时娄文卑靡，两人有志振起之。溥矫枉过正，取法樊宗师、刘知几，岁试乃踬。闻周介生倡教金沙，负笈造谒之，三人一见，相得甚欢，辩难亘昼夜，订盟乃别。溥归，尽弃所学，更尚经史，试乃冠军。"按：日本学者井上进通过版本校订认为刘知几当作刘几，作刘知几的话，意思不通。小野和子《明季党社考》（李庆等译，上海古籍出版社2006，第240页）："当时，他（张溥）对当地流行的文社并不太关心，张采被作为馆宾招来，学习从时代来讲比较新的樊宗师、刘几的文章。唐樊宗师，南阳人，用被称为涩体的晦涩文体，但这种文章《全唐文》仅留下一篇，宋刘几也与他同样，是喜欢用难解的语句写文章的人物。张溥不断取他们之文作范文，想救当时文章的卑俗，张溥的文章中所能看到的某种晦涩性，恐怕是来自他这样的学问经历。"
④ 《七录斋集论略》卷二《房稿表经序》。

按，此说于理未周，似有夸大之嫌。综合万斯同《明史稿·张溥传》中二张在结交周钟前已"肆力经史"的记载和张溥自述"历乎子丑(1624—1625)，百家竞兴，予与受先闭一室之内，静目祛练，以为德言之途，久变极反，继此而王者，其惟六经乎。是以志获同方，去介生之居五百里，而动静语言，若与之应"①的情况来看，金沙访周，实际标志着二张走出太仓，扩大交往，觅得同道，经过观点的碰撞切磋，达成了共识，从而进一步激发了张溥继续钻研经史的决心，这对张溥以后的治学和文风产生了深远的影响，其学术以经史名家而文风带有浓重的史论、经学气与这次会晤不无关系。这种改变当是二张自觉主动的行为，周钟是其志同道合者，而非说服者。此后三人"相励考古"②，日有获益。

此次会晤使张溥、周钟等人达成了研治经史的共识，坚定了用经史来改易文风的决心。但时风流靡已久，不易一下改变，张溥与周钟的选稿，在最初即遭到乡人的讥笑。《潘殿虎稿序》云："余与受先、介生、维斗勤勤恳恳，形之选咏，乡之人犹怪之。"③这正说明时文对当时文风的影响已根深蒂固，亟待打破这种局面。

在此年前后，张溥、张采与周钟兄弟及同邑诸子来往密切。天启四年(1624)秋，诸人夜游秦淮。《吴澹人别言序》云："曩者甲子(1624)之秋，予与澹人、介生、简臣、受先、实君、梅先偕予兄禹疏并饮秦淮舟中。是时月白天迥，诸兄弟引觞道怀，澹人指画当世之务，永夜不寐，一坐快所欲闻。"④

二、创举应社及复社时期(23—29岁)

创举应社，分主五经

天启四年冬，张溥、张采聚会于常熟杨彝凤基园，好友顾梦麟亦正馆于杨家⑤。此时杨、顾二人已有相当影响，"行为士宗，学名经师"⑥，门人众多，时称"杨顾"⑦，

---

① 《七录斋集论略》卷二《房稿表经序》。
② 《七录斋集论略》卷二《行卷大小山序》。
③ 《七录斋集论略》卷三《潘殿虎稿序》。
④ 《七录斋集续刻》卷二《吴澹人别言序》，天一阁藏。
⑤ 顾梦麟《诗经说约序》："余少贫，废学，逮壮乃同子常讲诵一室。"见顾梦麟《诗经说约》，续修四库全书本。
⑥ 《七录斋集续刻》卷一《房书定本序》，天一阁藏。
⑦ 汪琬《尧峰文钞》卷三四《杨顾两先生传》，四部丛刊初编本。又见吴伟业《顾母陈孺人八十序》，《吴梅村全集》第808页。

张溥目之为"天下之人"①。汪琬《杨顾两先生传》云:"明万历天启之末,士为时文者,喜倡新说,畔违传注。两先生慨然思振其弊,相与讲说辨难,力明先儒之学。远近受经称门下弟子者,尝不下数百人。"②可见杨彝、顾梦麟二人经营社事已有一定规模,③所以二张前去汇合,这与二张访周颇类似。按,二张与杨顾交情颇深。张采后与杨彝结为儿女亲家,其女嫁于杨彝之子杨静。杨静殁后,张采作《杨静传略》。④ 于是二张、杨顾相约共举应社,以年龄推杨彝为长,创应社于苏,张溥为之订立盟词。⑤ 张采《杨子常四书稿序》云:

> 甲子冬,始与张天如同过唐市,问子常庐,请见。唐市者,虞山北野镇,去娄可七十里,子常所居地也。子常方与麟士同业,宾主叙述如平生,因遂定应社约。约之词曰:毋或不孝弟,犯乃黜。穷且守,守道古处,在官有名节。毋或坠,坠共谏,不听乃黜。洁清以将,日慎一日。叙年子常长,登坛申约,诸兄弟曰诺。⑥

这反映出张溥在吴地士人群体中已颇具影响,成为该群体核心人物。

应社是在匡社之基础上成立的,周钟出力较大。陆世仪《复社纪略》卷一云:

> 先是,贵池吴应箕与吴门徐君和鸣时合七郡十三子之文为匡社,行世已久。至是,共推金沙主盟。介生乃益扩而广之,上江之徽、宁、池、太及淮阳、庐、凤与越之宁、绍、金、衢诸名士,咸以文邮致焉。因名其社为应社,与莱阳宋氏、侯城方氏、楚黄梅氏遥相应和。于是应社之名,闻于天下。

应社又本于拂水山房社。计东《上吴祭酒书》亦云:"应社之本于拂水山房、浙中读书社之本于小筑,各二十余年矣。"朱倓《明季南应社考》云:"拂水山房倡

---

① 《七录斋集论略》卷一《杨顾二子近言序》。
② 汪琬《尧峰文钞》卷三四,《四部丛刊初编》本。
③ 计东《改亭文集·上太仓吴祭酒书一》:"子常、麟士,经营社事最深。"见续修四库全书本。
④ 张采《知畏堂文存》卷六《杨静传略》。
⑤ 朱彝尊《静志居诗话》,人民文学出版社1990年,第652页。
⑥ 张采《知畏堂集文存》卷二《杨子常四书稿序》。

于瞿纯仁,其同社皆常熟人,继之者许士柔、孙朝肃亦常熟人。承其遗风,乃与上海范文若、华亭冯明玠、昆山王璿如,仍用旧址,相结为社。此二十余年中,拂水文社之见于记载者仅此九人。应社始于天启甲子(四年,1624),亦倡于常熟。"①

应社最初成员有十一人,而太学生孙淳为之奔走,出力较大。朱彝尊《静志居诗话》云:

> 文社始天启甲子,合吴郡、金沙、檇李仅十有一人:张溥天如、张采来章、杨廷枢维斗、杨彝子常、顾梦麟麟士、朱隗云子、王启荣惠常、周铨简臣、周钟介生、吴昌时来之、钱枋彦林,分主五经文字之选。而效奔走以襄厥事者,嘉兴府学生孙淳孟朴也,是曰应社。②

应社的成立也是对当时社会政治的一种积极反应。天启四年六月,左副都御史杨涟劾魏忠贤二十四大罪,被责,群臣激愤。黄尊素抗疏继之。七月,工部郎中万燝上疏弹劾魏忠贤,被廷杖,四日后卒。十月,吏部尚书赵南星、左都御史高攀龙被罢。十一月,吏部侍郎陈于廷、副都御史杨涟、佥都御史左光斗被削籍。至此,"朝宁之上,善类摈斥一空",③东林势衰,天下权柄归于魏阉一党。④ 在这样一种背景下,应社以"守道""名节"相期许而成立,多多少少体现了关注时势、反对权阉的意图。日本学者小野和子指出:

> 杨涟对魏忠贤的弹劾是如何地激动了人心,……然而,这弹劾文不仅被完全无视,相反,加上种种缘由,东林党人被一个个从政界葬送。这消息恐怕肯定使当时的人们,特别是血气方刚年轻人咬牙切齿地懊恨。应社的成立正好是在这年,在这样的状况下可以认为,必须给魏忠贤的恐怖政治打上休止符的悲痛决心,以应社的集结这样的形式表现了出来。⑤

---

① 见谢国桢《明清之际党社运动考》,上海书店出版社2006年,第112页。
② 朱彝尊《静志居诗话》,第649页。又计东《上太仓吴祭酒书一》云:"孟朴但为应社五经征文之人尔。"
③ 张廷玉等《明史》卷二四三《高攀龙传》,中华书局1974年,第6312页。
④ 参柯昌礼《〈张溥年谱〉补正》,见柯昌礼《〈汉魏六朝百三家集题辞中〉的人物批评》,硕士论文,曹旭指导,上海师范大学2006年。
⑤ 小野和子《明季党社考》,上海古籍出版社2006年,第235页。

应社的命名有特定的含意。应,义本《周官》。《广应社再序》云:"是以社名之立,义本《周官》,而今之文士,取以为号。择而后交,在久不渝,四海之大,有同并之风焉,斯又王道之所存也。"①应,又寓有龙德之气和应龙之象。《广应社序》复云:"应之为名,有龙德焉。……友之为义,备五伦之道焉。……来之、彦林之有斯举也,与古应矣。故为略应龙之说而告之以声气之正,是乃社之本称近而之远者也。"②应,又有同人相应之义,由此上升,还有与古人相应之意。

在《周易》中有同人之卦,位于否卦之后。同人之卦《彖传》云:"同人于野,亨。利涉大川,乾行也。文明以健,中正而应,君子正也。唯君子为能通天下之志。"③否卦《彖传》云:"否之匪人,不利,君子贞。大往小来。则是天地不交而万物不通也,上下不交而天下无邦也。内阴而外阳,内柔而外刚,内小人而外君子。小人道长,君子道消也。"④可见,应社发起者在"应"上是寄予着深刻含义的。小野和子指出:"可以认为,应社的人们,是意识到,当作为跨越前卦'否'的'同人',而定了应社之名的,这里可看到该结社隐藏着的意图。他们期待着'推其同而及人,四海之大无不达'(《同言序》)。从应社到广应社,再到复社,其组织范围逐渐扩大到全国,从应社成立意图来看,也是极其自然的方向。"⑤

当然"应"也与杨彝的别庄应亭不无关系。顾湄《顾梦麟墓志铭》云:"(杨彝)与三吴名士为文社。就所居之园名应亭。因曰应社。"⑥

张溥集中有《娄东应社序》⑦,为应社成立的序言。其主张有:

第一,忌标榜,毋空谈。其云:"所患者标榜盛而意见生,空谈冗而实事鲜。夫以心胜人,终日不言而日见其益;以口胜人,终日角人以言而日见其损。"

第二,文取同源,进退随时。其云:"文字之出,势不一辙,要取同原而止。或昔之所造,而今以为非;或今之所造,逾时而即悔其失。学人之见日新无疆,安在其有定指乎?时进时退者贤人也,无进无退者圣人也。今天下安有无进无退之人哉!亦于时进时退之间,慎其所造而已矣。"

---

① 《七录斋集论略》卷一《广应社再序》。
② 《七录斋集论略》卷一《广应社序》。
③ 黄寿祺《周易译注》,上海古籍出版社2004年,第114页。
④ 同上,第106页。
⑤ 小野和子《明季党社考》,上海古籍出版社2006年,第237页。
⑥ 倪赐《唐市征献录》,归庄《归庄集》年谱所引,中华书局1962年,第530页。
⑦ 《七录斋集续刻》卷一《娄东应社序》,天一阁藏。

第三，朋友之道，切磋琢磨。其云："是故朋友之道出相扬美，入相削行。苟有过而不告，是谄友也；不面告而退有后言，是危友也。"

第四，安以宽大，勉以免过。其云："安者性宽大而不轻见人之过，持论忠厚而不乐于暴人之短，有道之所准也，下此弗几矣。然而犹可勉也，一言之欲发，或不近道，忍之且勿发也。能忍数言焉，后之失言者寡矣。一事之欲动，或不近道，忍之且勿动也。能忍数事焉，后之失事者寡矣。"

第五，读书修身，要道弘德。其云："夫盛者非无因而盛，衰者非无因而衰。有志于盛者，必期于后之必不可衰，而后盛可以长保。必不可衰者何？前所谓读书修身概之矣。读书则稽古不遑，务折群言，以要大道，而无暇攻人之瑕，往往时勤而气静，意广而辞让；修身则监前观后，夙夜考引。在我无有余之意而在人无不足之形，故往往以辩则劣，以默则长。凡人乐于议物，拾人之片言微文以为谈资者，皆于读书修身未之有闻也，而其原实起于无志。"

第六，谨小慎微，惧过防祸。其云："兹者之役，正色义声，既相厉于远大矣。近小之见，不容更以相限。然或者以高阔之举止，而生疏之心起；以纵适之闲谈，而雌黄之号作。发者意不必然，而伺间者借以为端，则极盛之时已伏将衰之渐，有社之扰不如无社之安也。溥少自攻苦，近益惧过，闻人称人之善则体轻，闻人道人之非则内刺。蚤夜惕息，良友是勤。"

第七，原则与总旨。其云："上不愧怍于圣贤，中不愧于父母，下不负于一身。凡在吾党者，长幼顺齿，学问强力，岂独教一国哉！通之天下可也。"

应社宗旨在于尊经复古，这也是有感于当时士风而提出来的。当时时文大兴，士鲜实学，《答周勒卣书》云："当今经业埋颓，士鲜实学，世所号为魁然者，咸取径时体，掇其不伦之辞，自名诡特。此种实未梦见诸子，何有六经？"又云："尝观泝斯道，吾吴落落。自震川先生后，尚未有继，昌盛明业，事在吾党，应社诸人便不宜自薄也。"① 士人为应举之故，乐于沉溺时文，而经学荒芜，《房稿表经序》亦云："当夫时文一趋，士人之志日以荒下，诸子之说，耳目不近。未知天下之有其书，作书之有其人，况乎五经极深也。"② 时文弊端已日渐严重，壅塞了研治经学之途，必须要通过倡导经学来加以改革，《易文观通序》复云："圣贤之路绝而不

---

① 《七录斋集论略》卷五《答周勒卣书》。
② 《七录斋集论略》卷二《房稿表经序》。

通,皆由时文之道壅之也。乐于为时者,禁其聪明之于便近,毕其生平之能以应有司,经文之不显于世,则相与苟为利而已。"①于是应社成员仿习前代,分主五经,其中张溥和朱隗主《易》;杨彝与顾梦麟主《诗》;杨廷枢、吴昌时、钱栴主《书》;周铨与周钟主《春秋》;张采与王启荣主《礼》。②当然,这种改革仅是改善学风而已,并未突破应举的目的。因四书五经是明代科举的主要考察内容,所以应社诸人倡导尊经复古、分主五经,其主要目的是想提高时文的品格和以文会友加强学养而已。《复社纪略》卷一论文社之兴起云:"令甲以科目取人,而制义始重。士既重于此,咸思厚自濯磨,以求副功令。因共尊师取友,多者数十人,少者数人,谓之文社,即以文会友,以友辅仁之遗则也。好修之士,以是为学问之地;驰骛之徒,亦以是为功名之门,所从来远矣。"即点出文社成立的最初目的是"求副功名"、"以文会友",也即《国表序》所云"应制之途、同人之义出其中矣"之意③。

当然,应社并不以此画地为牢,他们在厚自濯磨以求功名之目的外,亦有期复古学拯救世道人心的儒家传统理想。《诗经应社序》云:

> 然而此数人者,未尝一日忘乎古人也。慨时文之盛兴,虑圣教之将绝,则各取所习之经,列其大义,聚前者之说,求其是以训乎俗。苟或道里之远,难于质析,则假之制义,通其问难。于是专家之书,各有其本,而匡救近失,先著于制义之辨,以示易见。若此诗义之行,则子常、麟士为之端也。④

即指出应社因鉴于社会风气凋敝,"风俗之不古也,士子为甚",⑤在知识界时文大兴而经学渐衰,士子满足于揣摩临摹时文而经学荒疏。故应社从两方面来加以改进:做人要求诚厚,言实一致;作文要学习前贤诸经,取其大义,匡救近失,针砭时弊。而其救弊之媒介,有时亦通过制义,以经义行于时文,含有改良时文之意。当然,他们对于时文本身并不太感兴趣,《房书艺志序》云:"予素不乐观

---

① 《七录斋集论略》卷二《易文观通序》。
② 《七录斋诗文合集·五经征文序》云:"应社之始立也,所以志于尊经复古者,盖其志也。是以《五经》之选,义各有托,子常、麟士主《诗经》;维斗、来之、彦林主《书》;简臣、介生主《春秋》;受先、惠常主《礼》;溥与云子则主《易》,振振然白其意于天下。"
③ 《七录斋集论略》卷三《国表序》。
④ 《七录斋集论略》卷二《诗经应社序》。
⑤ 《七录斋诗文合集·论略》卷一《正风俗议》。

时文,近益畏之,间以文质难者,读未尽三四义,辄欠伸欲睡。"蒋逸雪先生云:"当知社固以文会友,然张氏所重,则在彼而不在此。"①其言甚是。

应社建立之初,张溥主张严于纳人,注重文实一致。《刘伯宗稿序》云:"予之务察于应社也,与道吉(万应隆)、伯宗(刘城)、眉生(沈寿民)、昆铜(沈士柱)论之详矣。宁俭与人之数,而无受其多;宁舒其时以得其所以为人,而无伤于亟。……以文及实,以实及文,皆以为可予也。"②《寄杨维斗兼示同社》复云:"立社惟严观大海,知人不易惜高星。"③此后规模日渐扩大,遂有应社十三子之称。④嗣后应社又有江南、江北、河北之分,二张与周钟、杨廷枢等人主持江南应社;万应隆、刘城、沈寿民等主持江北应社;张溥与杨伯祥游京师时,又与从游者数十人结河北应社。⑤后来随着声望日隆,人员益多。于是在吴昌时、钱栴的建议下,张溥、周钟等顺应形势发展,转主广大,匡社也加入应社,于是天启七年成立广应社⑥,一时声名闻于天下。《广应社再序》云:"是故介生发扬其大,而予复兢兢焉。盖即来之(吴昌时)、彦林(钱栴)推广之意而加详之,所以明有亲也。"⑦朱彝尊《静志居诗话》复云:"当其(应社)始,取友尚隘,而来之、彦林等谋推大之,迄于四海,于是有广应社。"⑧应社至此由"吴中社事之雄"⑨而成为闻名天下的大社,与江西陈际泰、罗万藻、章世纯等组织的豫章大社和山东宋玫兄弟组织的莱阳社鼎足而

---

① 《七录斋诗文合集·近稿》卷一《房书艺志序》。
② 《七录斋集论略》卷一《刘伯宗稿序》。又,《诗经应社序》:"是故先与乎其人,后与乎其文,为人之道,有一不及于正者,则辞之而不敢就。既与其人,而文或有未至者,则必申之以正,因其材之所命而乐其有成,是以邪辟之意无所形之于文,而四方之欲交此数人者,尝观其文而即知其人之无伪,则定社之大指也。"
③ 《七录斋诗文合集·诗稿》卷一《寄杨维斗兼示同社》。
④ 计东《上吴祭酒书》:"娄东有应社十子,吴郡有应社十三子。"又王应奎《柳南随笔》卷三云:"而太仓自二张外,在社中者又有八人,为应社十子;吴门自维斗外,在社中者又有十二人,为应社十三子。"见王应奎《柳南随笔续笔》,上海古籍书店1983年,第51页。
⑤ 见《七录斋集论略》卷一《刘伯宗稿序》、计东《上吴祭酒书》、《七录斋诗文合集·江北应社序》。又,谢国桢《明清之际党社运动考》(上海书店出版社2006年,第115页)认为:"应社可分为三部分,第一是江南的应社,第二是江北的应社,第三是河北的应社。……要是仅分南北二类还不能包括应社的完备。"
⑥ 参廖可斌《明代文学复古运动研究》,上海古籍出版社1994年,第353页。
⑦ 《七录斋集论略》卷一《广应社再序》。
⑧ 朱彝尊《静志居诗话》,人民文学出版社1990年,第649页。
⑨ 蒋逸雪《张溥年谱》,齐鲁书社1982年,第10页。

立。至此,张溥在吴地名望日高。吴伟业云:"当是时天如师以古学振东南,海内能文家闻其风者靡然而至。"①从吴伟业此时投师张溥,亦可侧证其影响。在应社的组织和引领下,兴复古学逐渐成为了主导思潮。②

"逆珰势灼滔天":东林诸君子遇难

天启五年(1625),魏忠贤肆意报复弹劾者,捕中书舍人汪文言下狱,命自诬及诬杨涟等受前辽东经略熊廷弼贿,汪文言拒之,备受五毒而死。镇抚司许显纯手作供词上奏,于是斩熊廷弼,传首九边,严旨追赃。又捕杨涟、太仆少卿周朝瑞、左佥都御史左光斗、陕西按察副使顾大章、河南道御史袁化中、吏科给事中魏大中等,下镇抚司狱,累累跪阶前,裸体窘辱,不再宿复加拷掠,众不能堪,皆荷枷平卧堂下,一一诬服。复行追赃,三日一比,先后拷死。③ 史称"六君子之狱"。吴梅村《清忠谱序》云:"先朝有国二百八十余年,其间被寺人祸者凡三。王振、刘瑾专恣于前,魏忠贤擅窃于后,驯致流毒天下,而国家遂亡。然振、瑾之专,势皆岌岌,所以危而复安者,以众贤聚于朝廷,其一二大臣及内外大吏尚未敢显为阉寺私人也。至魏忠贤之擅则不然,上自宰辅禁近,下暨省会重臣,非阉私人莫参要选。时倾险之士思逞志于正直者,亦愿为之爪牙,供其走噬,甚至自负阿父养子而不惜,而东林之难作矣。故自辛酉至丁卯七年之中,在朝诸贤无不遭其坑戮,而国家之气以不振。"④概言之,"国家之事,糜烂至此"⑤,"斯时之天下,一昏暗鬼魅之天下也"。⑥

张溥为此作《祭魏廓园先生文》(约崇祯元年十二月作)祭奠魏大中。文中充满对忠臣义士的赞扬和惋惜,对逆臣贼子的怒斥,对正邪相战的感慨:

> 当时众正在朝,事幸可为,黾勉同心,义不敢后。及一阴渐长,君子道衰,举国呼号,犹惧弗及。苟有退者,孰遏其流?至于击之不胜,避之不可,不得已而以死继之。古之忠臣义士,放逐流离,殒身社稷者,皆繇是也。何

---

① 吴伟业《志衍传》,《吴梅村全集》,上海古籍出版社1990年,第1052页。
② 小野和子《明季党社考》(上海古籍出版社2006年,第239页):"在应社成立的天启四、五年间,那(复兴经学)已成了主导性的风潮。"
③ 柏杨《中国历史年表》,湖南出版社2006年,第672页。
④ 吴伟业《清忠谱序》,《吴梅村全集》,上海古籍出版社1990年,第1215页。
⑤ 左光斗狱中叹语。见马叙伦《啸天卢搜幽访奇录》(《景印国粹学报旧刊全集》第二十五期,台湾商务印书馆1974年,第3143页)。
⑥ 卢文弨《碧血录·题辞》,见《东林本末》(外七种),北京古籍出版社2002年,第94页。

独疑于今日哉！且正人蒙祸，身备五毒，而奸邪幸保首领，犹擅国家之利，穷声势之娱。即或有时一二贤者获见进用，而谮人随其后，危者相属也。是故小人虽败有余宠，君子虽进有余惧。善可为而不可为，亦已久矣。然宁为此，不为彼者，盖以秉君父之命，扶人心之绝也。①

"君烈曾无一言之约，天如乃为金石矢之而不辞"：收抚遗孤

天启四年（1624）十月，张溥友人沈承病亡。次年五月，沈承遗腹子生。十月，沈妻薄少君亦亡，"遗孤仅生五月，断乳且毙"。② 张溥"独心恻恻"，毅然收养亡友遗孤。王家祯《研堂见闻杂录》云："吾娄前故有沈君烈者，名承，亦才士，试辄高等，三居第一，声价蔚起，四方高才皆与结社。竟于甲子下第，死，年四十余。未几，妻薄氏死，一子襁褓，天如张公时为诸生，怜而育之。"③张溥为沈承遗集《即山集》作序云："甲子孟冬，吾友君烈大别，……孺人（薄氏）昼夜擗摽，甘心灰没。赋悼亡诗百首，愁怨悲悚，痛逾柳下之谏，侵染成疾，殒其身躯，计其去君烈之亡，裁余一岁有一日耳。"④悼亡诗其一云：

> 北邙幽恨结寒云，千载独悲岂独君。
> 焉得长江俱化酒，将来浇尽古今坟。

张三光赞曰："君烈为畸人，少君为畸配，天如为畸友。"⑤周钟亦赞曰："君烈曾无一言之约，天如乃为金石矢之而不辞。则天之所以报君烈者，其深且厚，又何如也。"⑥

张溥为此子起名张忱，"忱示不没沈"，寓纪念沈承之意。张采奋然赞其义举，次年将所生之第四女许于张忱，与张溥首度结为姻家。⑦ 不幸的是张采女四

---

① 《七录斋诗文合集·近稿》卷五《祭魏廓园先生文》。
② 张采《知畏堂文存》卷八《庶常天如张公行状》。
③ 王家祯《研堂见闻杂录》，台湾文献史料丛刊第五辑第98册，大通书局1987年，第27页。
④ 见沈承《即山集》卷首，四库禁毁丛书本。
⑤ 张三光《沈君烈轶事》，见《即山集》，四库禁毁丛书本。
⑥ 周钟《沈君烈遗集序》，同上书。
⑦ 张采《知畏堂文存》卷七《张殇童矿铭》。

岁而夭,张忱亦九岁而夭。① 与此前张采和杨彝结为姻家的同气相应相比,二张抚养遗孤,共结姻家,具有更多的扶危济困、同道相助的色彩,"两人与(沈)承交不厚,以怜才自急义耳"。②

"豺狼从此收牙吻,不愧吴中君子军":苏州民变及五义士遇难

继六君子之狱后,魏忠贤又继续酿成了"七君子之狱"。七君子即高攀龙、周宗建、缪昌期、李应昇、周顺昌、周起元等七个正直官吏。魏忠贤借助苏杭织造太监李实名义所上之疏,得到逮捕七人的批示,即开始抓捕七人。对此,时人杜登春感慨道:"慨自熹宗之朝,阉人焰炽,君子道消,朝列诸贤,悉罹惨酷,老成故旧,放弃人间。"③

天启六年(1626)三月,原左都御史高攀龙在里得缇骑捕讯,投水死,年六十五。④张溥有《吊高景逸先生诗四首》,其一云:

> 屈平遗则在秋澜,此日君归天地寒。
> 止水须眉同白月,孤山草木尽芳兰。
> 魂游北禁思先帝,身入黄泉愧百官。
> 数卷流行凭后死,恨无芒剑筑京观。⑤

又《题赠吴峦穉之光州司铎》云:"高忠宪先生从容止水,遗表纳忠,不动声色,情倍哭泣。"⑥

除高攀龙投水而死外,其余六君子均被逮捕,惨死于狱中。在逮捕周顺昌

---

① 张采《张殇童碑铭》、《殇女碑铭》。张采《张殇童矿铭》:"丙寅,予果生女,遂许配。"张采《祭天如兄文》:"丁卯,我第三女许兄所抚子,称姻家。"按:二者所记时间有出入。《祭天如兄文》比《殇女矿铭》晚出约十年,当以《殇女矿铭》所记为准。
② 张采《太仓州志》卷十三《沈承传》,复旦大学馆藏善本。
③ 杜登春《社事始末》,见谈蓓芳整理《陈子龙集·附录》,海南国际新闻出版中心出版1996年,第493页。
④ 高攀龙名入《东林点将录》为"掌管机密军师"之"天闲星入云龙左都御史高攀龙"。见文秉《先拨志始》卷上,上海书店1982年,第154页。
⑤ 《七录斋近集》卷二《吊高景逸先生诗四首》其一。
⑥ 《七录斋近集》卷七《题赠吴峦穉之光州司铎》。

时,在苏州发生了"开读之变"。《明史北略·周顺昌被逮》①、《碧血录》附录《人变述略》②对此有详细记载。

此年三月十八日,苏州地方官以魏阉命,捕周顺昌解北京,文震亨、杨廷枢等请保释,不许,激起民变,殴死魏忠贤所遣差官,地方官兴大狱,颜佩韦、马杰、沈扬、杨念如、周文光等五义士为保护当地群众,自系入狱,于此年十月被杀害于苏州。五位义士"临刑相顾笑别,延颈以受"③、"意气阳阳,呼中丞之名而詈之,谈笑而死。断头置城上,颜色不少变"④。五位义士的壮举极大地激发了士人抗击逆阉的士气。安徽吴应箕作《苏州行》、太仓李继贞(萍槎)作《五人咏》、《义士行》、吴江周永年、长洲朱隗各作《击官旗》长诗,歌赞五人死义事。⑤当地人士感五人之义,将他们合葬于虎丘之侧。一年后,魏忠贤伏法自缢。于是吴默、文震孟、姚希孟等人进奏,请以魏忠贤废祠之址来重葬五人,墓门立碑,题"五人之墓",以表旌其义行。崇祯二年,张溥与应社同人有感于五义士"激昂大义,蹈死不顾"的英雄气概及"哀斯墓之徒有其石",又为之作记,名《五人墓记》。文中将五位义士的高风亮节与当时士大夫普遍丧失气节相对比,极大地弘扬了正气,贬斥了那些居高位而气节低劣者:

> 大阉之乱,缙绅而能不易其志者,四海之大,有几人欤?而五人生于编伍之间,素不闻《诗》《书》之训,激昂大义,蹈死不顾,亦曷故哉?且矫诏纷出,钩党之捕,遍于天下,卒以吾郡之发愤一击,不敢复有株治。大阉亦逡巡畏义,非常之谋,难于猝发,待圣人之出而投缳道路,不可谓非五人之力也。由是观之,则今之高爵显位,一旦抵罪,或脱身以逃,不能容于远近,而又有剪发杜门,佯狂不知所之者,其辱人贱行,视五人之死,轻重固何如哉!⑥

---

① 计六奇《明史北略》,中华书局1984年,第58页。
② 黄煜《碧血录》,见《东林本末》(外七种),北京古籍出版社2002年,第172—177页。
③ 《周忠介公烬余集》卷四《五人传》,见《丛书集成新编》第68册,第321页。
④ 《七录斋集论略》卷六《五人墓碑记》。
⑤ 张慧剑编著《明清江苏文人年表》,上海古籍出版社1986年,第475页。
⑥ 《七录斋集论略》卷六《五人墓碑记》。

文末提出了"死生之大,匹夫之有重于社稷"的响亮口号,与顾炎武"天下兴亡,匹夫有责"的主张前后辉映。张溥又有《吊五人墓》二首,其一云:"豺狼从此收牙吻,不愧吴中君子军。"①高度肯定了五人义行所产生的斗争效果。②

　　值得指出的是,应社中的部分成员也加入到这次斗争中来。《五人墓碑记》云:"丁卯(按,应为丙寅)三月之望,吾社行为士先者,为之声义,敛赀财以送其行。"如杨廷枢、徐汧等人积极筹措营救周顺昌。由此可见,应社在成立之初,不仅是分治五经,同时也关注和参与到与魏阉的斗争中来。小野和子指出:"从应社到复社,从文学性的结社到政治性的结社转换,不能不说'开读之变'有着极大的意义。"③

　　张溥也密切关注着"开读之变",通过"开读之变"结识了更多有气节的同道。此年春,张溥与徐汧、杨公翰订交。《祭徐伯母文》云:"溥于丙寅之春交太史。"④《杨公翰纪略》云:"予之识公翰也,在丙寅之三月。"⑤从此年起至庚午(1630),前后五年,张溥又与杨维斗相交甚密。《杨年伯母侯太孺人六十序》云:"溥自丙寅以迄庚午,出入必与维斗俱。明经、贤书二录,亦幸同列名。驰驱江浒,徘徊京国,风雨鸡鸣,论议不倦。"⑥

　　另外,此年正月,金帝努尔哈赤率军十余万攻宁远,袁崇焕集军民死守孤城,以西洋炮击退之。努尔哈赤负重伤,退往沈阳。捷报传来,张溥作《辽师大捷凯歌四章》诗相贺。其二云:

　　　　明月城头击筑中,大旗云外白杨风。
　　　　师行吉日旋抽马,夷乐钲铙贡雁翁。⑦

　　可以说,在国家多变之际,士人们或凭一腔正义,或凭手中之笔,关注和参与

---

① 《七录斋近集》卷二《吊五人墓》其一。
② 张廷玉等《明史》卷二四五《周顺昌传》(中华书局1974年,第6355页)亦云:"自是缇骑不出国门矣。"。
③ 小野和子《明季党社考》,上海古籍出版社2006年,第238页。
④ 《七录斋近集》卷七《祭徐伯母文》。
⑤ 《七录斋集论略》卷六《杨公翰纪略》。
⑥ 《七录斋近集》卷五《杨年伯母侯太孺人六十序》。
⑦ 《七录斋诗文合集·诗稿》卷一《辽师大捷凯歌四章》。

着国家社会大事。故谢国桢先生指出：在魏忠贤残害诸君子时，"无耻的士大夫早投降到魏党的旗帜底下了。说一两句公道话，想替诸君子帮忙的只有几个书呆子，还有几个老百姓。"①

"文章正印，其在子矣"：吴伟业投师张溥

约天启五年，吴伟业投师张溥。

吴伟业（1609—1671）字骏公，号梅村，太仓人，为张溥入室弟子。吴伟业小张溥八岁，关于其入弟子籍的具体时间，现有二说。一般认为是在天启二年（1622），时张溥二十一岁，吴伟业十四岁。如顾师轼《吴梅村先生年谱》、蒋逸雪《张溥年谱》、冯其庸、叶君远《吴梅村年谱》均持此说，主要依据陈廷敬《吴梅村先生墓表》之说。近来王于飞又提出新说，认为应约在崇祯元年（1628）。②

笔者以为，天启二年说显为误，据"同社数百人，皆出先生下"即可定，因此时张溥尚在七录斋读书，刚补为博士弟子，尚未结社。至于崇祯元年说，我认为似亦有推敲的余地。王于飞此说的主要根据是认为吴伟业十四岁与吴继善共学，二十岁时尚在穆云桂斋读书，认为张溥天启七年驱除顾秉谦及崇祯元年选贡入京师后，张溥及复社的名声才振起于东南，才有以文章提倡后学的资格。然此根据亦有不妥处。其一，张溥十九岁补博士弟子后，"声闻籍甚，交一时名贤，志为大儒。"③天启四年冬，又结应社。应社发展迅猛，于是又有江南应社，江北应社等。张溥等主要主持江南应社。在这一时期，张溥至少在苏州一带已名气甚高，具备了提倡后学的资格，作为同里的吴伟业在此时投入张溥门下不是没有可能。其二，吴伟业读书吴继善斋（前后约六年）、穆云桂斋与受读于张溥可同时进行，并不冲突。④又，程穆衡《吴梅村编年诗笺注》卷一《早起》一诗注："公幼随父约斋先生读书志衍家之五桂楼，在州城西隅"，"于经术无所师授，特厌苦俗儒之所为"，⑤而此时张溥七录斋亦在西隅，其间亦颇近。并且此时吴伟业父亦为张溥所知，⑥亦吴伟业对张采亦颇心

---

① 谢国桢《明清之际党社运动考》，上海书店出版社 2006 年，第 51 页。
② 王于飞《吴伟业行实考二则》，《南京师范大学文学院学报》2004 年 3 期。
③ 张采《知畏堂文存》卷八《庶常天如张公行状》，四库禁毁书丛刊本。
④ 如张溥与张采在七录斋读书时，即白天外出，晚上共读。张采《知畏堂文存》卷九《祭天如兄文》云："凡五年中，兄每辰出，夜分或过子刻入。"
⑤ 吴伟业《德藻稿序》》，《吴梅村全集》，上海古籍出版社 1990 年，第 746 页。
⑥ 《七录斋集续刻》卷二《吴骏公稿再序》："若骏公之大人禹玉先生，则彬彬笃行君子也。端尚规矩，而文崇典则，大雅之声，满于一序。自学使者至于郡县大夫，莫不以荣名相推。"

仪，①故其在此时投师张溥甚有可能。又，后来穆云桂亦为张溥门人，盖受吴伟业之影响。

再从吴伟业叙述来看，吴伟业《志衍传》云："余年十四识志衍，……当是时天如师以古学振东南，海内能文家闻其风者麋然而至，余羸病不能数对，客过志衍，则人人自得也。"②吴伟业《与子暻疏》又云："吾少多疾病，两亲护惜，十五、六不知门外事。"③吴伟业《上马制府书》复云："伟业少年咯血，久治不瘥。"④《宋玉叔诗文集序》亦云："余幼执经张西铭先生门。"⑤

《题织帘居唱和册》云："当织帘先生穷经著书之日，两张公连床共几，余亦得与研席。"⑥据张采《杨子常四书稿序》，天启四年冬，二张始过唐市，拜访杨彝，与杨彝、顾梦麟定交，以年推杨彝为长，约举应社。此后，二张与杨顾交往密切。张溥《顾麟士四书说约序》云："予往日与受先掩关相对，每拈一题，必互设辩证，坐分明，方得布纸，出示两公，抪手曰：可。"⑦

据此可知，吴伟业十五、六岁时尚未投师张溥。故吴伟业投师张溥当在天启五年。

关于吴伟业投师张溥的过程亦说法不一：或说由于富人子窃其稿投于张溥而见赏，被纳为弟子；⑧或说张溥发现而纳为弟子；⑨或说由于李明睿推荐。⑩按，这些

---

① 《七录斋集续刻》卷二《吴骏公稿再序》："吴中之文素号不劲，受先之处娄也，两年以前，几有孤骞不朋之叹，骏公独心然之。初未与子相闻，而所习之书，大约同趣，一国之人群讥焉。而骏公告知家庭，不以为疑。"

② 吴伟业《志衍传》，《吴梅村全集》，上海古籍出版社1990年，第1052页。

③ 《吴梅村全集》，上海古籍出版社1990年，第1131页。

④ 同上，第1091页。

⑤ 同上，第1153页。

⑥ 同上，第1204页。

⑦ 《七录斋近集》卷三。

⑧ 陈廷敬《吴梅村先生墓表》："先生少聪敏，年十四，能属文。里中张西铭先生以文章提倡后学。四方走其门，必投文为赞，不当意，即谢弗内。有嘉定富人子，窃先生塾中稿数十篇投西铭，西铭读之大惊，后知为先生作，固延至家。同社数百人，皆出先生下。"

⑨ 顾湄《吴梅村先生行状》："迨为文，下笔顷刻数千言，时经生家崇尚俗学，先生独好三史，西铭张公见而叹曰：'文章正印，其在子矣！'因留受业，相率为通今博古之学。"

⑩ 程穆衡《吴梅村编年诗笺注》所附《娄东耆旧传·吴伟业传》："公生禀殊姿，学如凤授。江右李太虚明睿落魄，客授州王大司马所，与约斋善。一日，饮于王氏，太虚被酒，碎其玉卮。主有诟言，太虚愤志去，约斋追而慰之。太虚曰：'君子奇才也，天如将以古学兴东南，盍令游从乎？'约斋如其言，学则大成。"

说法似并不矛盾,应大致说的是此事的不同阶段:泰昌元年,吴伟业随父读书王在晋家,时塾师李明睿与吴伟业父雅善,奇其才,故建议吴琨可使其子从张溥学。此时,张溥已补博士弟子,"声闻籍甚,交一时名贤,志为大儒。"之后,富人子窃伟业稿献于张溥而引起了张溥的注意,吴琨又听取李明睿的建议,故促成了此事。

吴伟业在受读张溥后,很快脱颖而出,见赏于张溥。《吴骏公稿序》云:"骏公初从予游,予既识而名之曰:此大贤之器,非徒显文之流也。"①此期,吴伟业又结识张溥弟张王治,二人相交几十年,交情契密。吴伟业云:"余与交且三十年,习之久,知之深。"张王治亦云:"梅村知我,胜我自知。"②由此可见一斑。

崇祯新政

天启七年八月,明熹宗朱由校卒,弟思宗朱由检嗣位。十一月,魏忠贤死,诏磔其尸。奉圣夫人客氏全家斩于市。③

朱由检即位后,勤于政事,重实才,改革用人制度,不贪女色,崇尚节俭,实施了一系列新政。在崇祯新政的刺激下,社会上正气高扬,颂正气骂逆阉的声音此起彼伏。当时的书坊也迅速推出了一批贬斥魏忠贤的书,如《玉镜新谭》、《皇明忠烈传》、《颂天胪笔》等。④

这一年,张溥、张采又与青浦陈子龙定交。⑤ 秋,张采乡试中捷,张溥选恩贡。张溥集稿《天如稿》告成,张采序云:"今天下文家,不得天如序则同废弃。"⑥可为张溥影响之一证。冬,魏党头目原任大学士顾秉谦致仕后来娄。顾秉谦曾为首辅,作恶多端,凡魏阉倾害忠良,皆属其票拟,《三朝要典》之作,顾秉谦实为总裁。⑦顾秉谦名列阉党逆案名单:"顾秉谦,谄附。天启四年十二月至六年九月,主票中间,止遣内镇,微有规陈,乃刑赏僭滥,一无匡正,褒纶轻亵,阿逆何辞!圣明有'顽钝依阿,有负先帝付托之旨'。允是定评。"⑧《明史》入《阉党传》。于

---

① 《七录斋集续刻》卷二《吴骏公稿序》。
② 《张敉庵黄门五十序》,见《吴梅村全集》,上海古籍出版社1990年,第792页。
③ 柏杨《中国历史年表》,湖南出版社2006年,第673页。
④ 谢国桢《明清之际党社运动考》,上海书店出版社2006年,第109页。
⑤ 陈子龙自撰《年谱》:"天启七年,丁卯,……始交娄江张受先、张天如。"见《陈子龙诗集》,上海古籍出版社2006年,第640页。
⑥ 张采《知畏堂文存》卷三《天如稿序》。
⑦ 蒋逸雪《张溥年谱》,齐鲁书社1982年,第19页。
⑧ 文秉《先拨志始》卷下,上海书店1982年,第229页。

是,张溥、张采起草檄文,率诸生驱除顾秉谦离娄,郡中人士立碑记录此事,二张一时名重天下。① 《复社纪略》卷一云:"时魏珰败,鹿城顾秉谦致仕家居,方秉铎于娄中,溥与采率诸士驱之,檄文脍炙人口。郡中五十余人,敛赀为志镌石,由是天下咸重天如、受先两人矣。"② 这一事件彰显了二张嫉恶如仇、不畏邪恶、扶植正气的气性,也体现了二张治学、交游、行事的一贯原则,即注重道德,崇尚气节,惩恶扬善。

由前述可见,自十九至二十七岁八年间,从补博士弟子到广交名贤,从创立应社到激昂驱邪,张溥在吴地士人群体和民众中影响日增。

腊月,张采北上应会试,将老母托付张溥,张溥送于浒墅,二人洒泪而别。③ 自此,二张七录斋五年共读时光暂告结束,进入了先后出仕的阶段。

"比隆三代,其在吾党乎":成均大会与燕台结社

崇祯元年(1628)对张溥来说,是充满着离别聚散的一年,"离别之多,未有甚于兹岁者也"。④

此年春,张溥以覃恩选贡入太学,奔赴京师。先过昆阳,遇见其八兄九兄和管士琬,此时恰周立勋携潘尧纳等从海上来,于是畅叙离别。到达郡城后,又与杨维斗共舟而北,遂别朱隗、徐鸣时、张泽等诸人,朱隗、张泽赋诗以赠别。

四月到京师。首次入京的张溥被京师的制度文物所深深吸引,于是"拜瞻官墙,访南北郊制,问辟雍石鼓文,上下齐鲁,伏谒阙里,气益优裕"⑤此时张采刚中进士,二人在京相见,欢喜之情无予言表,张溥寓于张采邸中,一如往昔在七录斋时⑥,"两人相得益章,名彻都下"。⑦ 公卿显宦几望相见,而两人不为所动。⑧ 此

---

① 蒋逸雪系此于崇祯元年。何宗美认为此为天启六年事,见何宗美《明末清初文人结社研究》,南开大学出版社2003年,第95页。予亦认为此六年事。
② 陆世仪《复社纪略》卷一,见《东林本末》(外七种)本,北京古籍出版社2002年,第202页。
③ 张采《知畏堂文存》卷九《祭天如兄文》:"丁卯……腊月,北上,兄送浒墅,弟泣托老母,兄泣应。"
④ 《七录斋集论略》卷二《张受先稿再序》。
⑤ 张采《知畏堂文存》卷八《庶常天如张公行状》,四库禁毁书丛刊本。
⑥ 张采《知畏堂文存》卷九《祭天如兄文》,四库禁毁书丛刊本。
⑦ 万斯同《明史》卷二八六《张溥传》,续修四库全书本。
⑧ 张采《庶常天如张公行状》:"戊辰,以覃恩选贡入太学。是年,适余先成进士,公策款段至京师,抵余邸。会天下所贡士暨公卿雅流,咸愿获交公,幸一望见,公则循墙谢不敏。"

时会试中,张采、徐汧、蒋德璟等皆告捷,张溥在廷对中又得高等,于是"诸贡士入太学者俱愿交欢溥,争识颜面,因集诸多士为成均大会。是时宇内名卿硕儒,前为崔魏摧折,投荒削逐者,崇帧新政,后先起用。闻溥名,皆愿折节订交。骚坛文酒,笈筐车骑,日不暇给,由是名满京都"。① 此时徐汧、周钟、蒋德璟、黎左严、复允彝、杜麟征、王崇简、杨廷枢、罗万藻、艾南英、章世纯、朱健、朱徽、宋征璧等皆在京。崇祯新政、阉党失势的政治气候,极大地振奋了这些士人。于是诸子举行成均大会,并结燕台社。吴伟业对此记述道:

> 先生以贡入京师,纵观郊庙辟雍之盛,喟然太息,曰:"我国家以经义取天下士,垂三百载,学者宜思有以表彰微言,润色鸿业。今公卿不通六艺,后进小生剽耳佣目,幸弋获于有司,无怪乎椓人持柄,而折枝舔痔半出于诵法孔子之徒。无他,诗书之道亏,而廉耻之途塞也。新天子即位,临雍讲学,丕变斯民,生当其时者,图仰赞万一,庶几尊遗经,砭俗学,俾盛明著作,比隆三代,其在吾党乎?"乃与燕、赵、鲁、卫之贤者为文言志,申要约而后去。②

此时组织燕台社,已超越了一般文社的载酒征歌、聚会论文,而是带有打击阉党余孽,弘扬正气,尊经复古,针救时弊的意义。郭绍虞《明代文人集团》云:"燕台社亦称燕台十子社,张溥赴京时所组织。杜登春《社事始末》云:'是时娄东张天如先生溥,金沙周介生先生钟,并以明经贡入国学。而先君子(杜麟征)登辛西贤书。复彝仲先生允彝亦以戊午乡荐偕游燕市,获缔兰交。目击丑类猖狂,正绪衰息,慨然结纳,计立坛坫,于是先君子与都门王敬哉先生崇简倡燕台十子之盟,稍稍至二十余人。宛平米吉士先生寿都、闽中陈昌箕先生肇曾、吴门杨维斗先生廷枢、徐勿斋先生汧、江右罗文止先生万藻、艾千子先生南英、章大力先生世纯、朱子逊先生健、朱子美先生徽、娄东张受先先生采、吾松宋尚木先生存楠后改名征璧者皆与焉。'则燕台社组织之动机,已是对于污浊政治之反抗;此后牵涉政治问题,无宁谓为当然。"可以说,"燕台之盟在性质上带有反阉党联合的特点,现

---

① 陆世仪《复社纪略》卷一,见《东林本末》(外七种)本,北京古籍出版社2002年,第202页。
② 吴伟业《复社纪事》,见《东林本末》(外七种)本,北京古籍出版社2002年,第181—182页。

在看来在组织上它对复社的正式成立也是极为重要的。"①不难看出,燕台社所倡导的"尊遗经、砭俗学",与应社所主张的尊经复古一脉相通。燕台社其实是应社影响的进一步扩大。张溥也由此"声气已通海内"②,"名在天下"③。陈际泰彼时云"天如才情,准可上下千古,纵横万里"④,非尽为溢美之词。

在京期间,张溥又与严渡定交。计东《上太仓吴祭酒书一》云:"西泠严氏与金沙、娄东、吴门及江右之艾氏,皆鼎立不相下。迨戊辰,西铭先生至京师,与严子岸定交最欢。子岸归,始大会两浙同社于吴门。"严渡字子岸,严调御(张溥曾为其作传⑤)之子,调御与弟武顺、叔伯立小筑社,时称三严。其后小筑社广而为读书社,黄宗羲《郑玄子先生述》云:"崇祯间,武林有读书社,以文章风节相期许,如张秀初(歧然)之力学,江道闇(浩)之洁净,虞大赤(宗玫)仲镐(虞仲瑶)之孝友,冯俨公(惊)之深沉,郑玄子(铉)之卓荦;而前此小筑杜之闻子将(启祥)严印持(调御)亦合并其间。"⑥后一年,读书社并入复社,乃严渡之功。⑦ 可见,张溥在这次短暂的京师之旅中已开始为联合诸社而奔波。好友张受先在此年冬赴任临川后,也在积极奔走,求同存异,联结陈大士以遏制艾南英。计东《上太仓吴祭酒书一》云:"受先宰临川,首结陈大士以稍杀艾氏之怒。故能化异同,以成声气。"

到京师后不久,杨维斗因落第而拟提前南归,于是张溥与张采、徐汧、潘图瓒为之送行。徐汧作赠别诗二章。逾旬日,张溥又先于张采南归,张采与徐汧、潘图瓒送张溥至都门外,徐汧又赋五言律二章赠别。张采初未为诗,此时亦赋五言古体一章,分手之际,涕泣如雨。张溥提前回娄准备为张采赴任临川送行,张采

---

① 何宗美《明末清初文人结社研究》,南开大学出版社2003年,第177页。
② 王志庆《祭张天如文》:"忆自戊辰岁,得交天如,时天如声气已通海内。"见《娄水文征》卷三十六。
③ 张采《知畏堂文存》卷九《祭天如兄文》,四库禁毁书丛刊本。
④ 陈际泰《复张天如书》,《太乙山房文集》,四库禁毁书丛刊补编第67册。
⑤ 《七录斋近集》卷七《严印持传》:"严公调御,字印持,别号废翁,余杭人也。……弱冠知名,与同里闻子特立社西湖,名小筑。武林固吴越都会,南宋驻驿后,山水冠带甲天下。严、闻二公以文事倡教,四方争趋之。时万历中年,六艺盛兴,娄东、琅琊,流风未远。海虞、梁溪、句曲、征江、西安、南州之间,皆有社名。而舟车中道,悉集武林。以故《小筑》一选,网罗弘富,江海奇怪,靡所不有。初见之者,惊为不尝,或至却走,久而流连爱慕,坐卧不舍。巨公大科,辄从此出。学者喜言《小筑》,严、闻之名,繇是益高。"
⑥ 黄宗羲《黄宗羲全集》第十册,浙江古籍出版社2005年,第566—567页。
⑦ 蒋逸雪《张溥年谱》,齐鲁书社1982年,第18页。

随后亦回娄，二张又与"同志扬挖社事"。此年十一月，张采带老母往临川赴任知县，张溥约娄地附近同社六百余人为之送行。张溥送张采至钱塘江，二人洒泪而别。① 二张多年共处，情深意切，一旦分离，不免感慨唏嘘："隐居之日，风雨可同，而及其身显，则南北东西，惟君所命，此受先所以向予而泣也。"② 别后，张溥继续领导社事，"海内同人翕然共宗天如"。③

"如此之人断不容其稍有出头"：与艾南英论争始末

随着张溥声名日广，选文影响亦愈大，于是与"以兴起斯文为己任，四方翕然归之"④的老选家艾南英发生了激烈的冲突，二人互不让步，最后以艾氏被开除社集结束。事情的经过较为曲折。

当初，在应社成立后，其成员先后中式，影响日大。天启七年（1627），张采、徐汧、周镳、罗文止、蒋德璟等中乡举。崇祯元年（1628），张溥以谭恩贡入太学，廷对得高等；张采、徐汧、蒋德璟、黎元宽等中进士，蒋德璟授编修，黎元宽授礼部主政，徐汧选庶吉士，周镳授南礼，张采授临川知县。张溥于是约诸人召开成均大会。一时，应社声名遍天下，张溥亦"名满京都"。是年秋，张溥与张采一同回娄，又与"同志扬挖社事"。之后，张采赴临，张溥继续领导社事，"海内同人翕然共宗天如"。⑤

应社的主要任务之一即是选艺制文。随着应社的崛起，其魁目所选时文影响日广，大有超越选文大家即豫章派的陈际泰、艾南英、章世纯、罗万藻之势。如应社魁目周钟选《应社社目》，内含杨廷枢、徐汧、杨彝、顾梦麟、吴昌时、夏允彝、陈子龙、蒋德璟等应社和幾社魁目的时文，张溥又为之作《凡例》，此选影响较大。又如周钟《房选华锋》出后，"时尚一新，天下竞称之。由是，向日推豫章者，相率而推金沙矣。"看到"百川"超越"大海"之势⑥，素以选文大家自居的艾南英沉不住气了，于是致信周钟，与之辩难选文高下。最初，是一种较友好的商榷气氛。艾氏信中云：

---

① 见《七录斋集论略》卷二《张受先稿再序》，对此年活动记载颇详。又见张采《祭天如兄文》、《庶常天如张公行状》。
② 《七录斋集论略》卷一《杨顾二子近言序》。
③ 陆世仪《复社纪略》卷一，《东林本末（外七种）》，北京古籍出版社2002年，第203页。
④ 张鉴《冬青馆甲集·书复社姓氏录后二》，见续修四库全书本。
⑤ 《复社纪略》卷一，见《东林本末》（外七种）本，北京古籍出版社2002年，第203页。
⑥ 张采《知畏堂文存》卷三《郏陆奕稿序》云：夫天下言文章者，视临如海，娄其百川耳。

> 今日制艺一道,赖兄主持,真如日月之中天,万物皆睹。但文之通经学古者,必以秦、汉之气,行六经、《语》《孟》之理。即降而出入于欧、苏、韩、曾,非出入数子也。曰是数子者,固秦汉之的脉也。今也不然,为词章者不知古人为何物,而袭大力、大士轻俊诡异之语为之,甚至造为一种似子非子,似晋魏非晋魏,凿空杜撰之言,沾沾然以为真大士、真大力已。夫文之古者,高也,朴也,疏也,拙也,典也,重也。文之卑而为六朝者,轻也,渺也,诡也,俊也,巧也,排也,此宜有识者所共知矣。弟杜门山居,兄邮中以选目见示,互相参订,必有不刊者。①

显然,在信中艾氏以正统自居,对自己所体认之文发了一通议论,对周钟前捧后贬,指出周钟邮来的选文,未必大佳。周钟阅信后,对艾氏的议论颇感好笑,不以为然。于是,又以成、弘以来的诸选文与艾氏进行探讨。而对于庆、历以后的选文,则一任己意,文中"间涉时趋"。选本出后,艾氏"大不悦",便致信周钟,一改之前商榷之口吻,而是"力为责难争论,谓其过于夸汰"。周钟阅信后,觉得艾氏不可礼遇,对周铨说:"鄙儒不知时变!"于是对艾氏敬而远之,不甚答理了。至此"江左声气稍与江右别"。而艾氏并未放弃与应社一较高下之心,不久,艾氏从山东驰至太仓,约与周钟再相辩论,欲"挫之而独申其说"。周钟不愿与之理会,于是艾氏又与张溥"论朱陆异同,不合",②张溥亦不愿与之再理会。陈子龙年轻气盛,与之争论了大半天,"语多不合",艾氏无功而返。陈子龙复致信艾氏,宣称其崇重的是后七子的王、李。艾氏于是与之反复折辨王、李与欧、曾的优劣及如何师法古人的问题。客观地说,艾氏所论颇有合理处,然而信中更多的是意气之辞和人身攻击,如挑摘其信中瑕漏而云陈子龙评文"亦未当",诋毁其"未尝读古人书",云其文"卑腐",批评其"读古人书而潦草如是",建议其再"读书十年,学渐充、心渐细而后可也",并进而攻击王、李之文"臃肿窘涩浮荡"、"气离"、"意卑"、"语滞"。自然,陈子龙阅信后"恚甚",于是又来回争论,气氛愈加紧张起来。夏允彝怕再争下去会伤了和气,于是致信艾氏,劝诫艾氏不要外传与陈子龙来往之书信,以免引起更大争议。

---

① 陆世仪《复社纪略》卷一,《东林本末(外七种)》,北京古籍出版社2002年,第201页。
② 张鉴《冬青馆甲集·书复社姓氏录后二》,见续修四库全书本。

自以大家自居和真理在手的艾氏，又转而将目光投向了应社巨魁张溥的选文。张溥崇祯元年在京师期间，廷对高等，又举行成均大会，一时"名满京都"。艾氏此时亦在京师，对此感受颇深，但并不以为然。此年，张溥、马世奇、荆艮、宋羽皇、吴峦雄诸家纷纷推出房选，而艾氏独挑张溥所选《表经》予以诋毁。其《房书删定序》中讥刺张溥"不学"、"目不识诸子而剽窃人言"、"冒滥"，讥刺张溥为"有黠者"，云其之所以选《表经》是"于史不能，于子不可"，故"逃而曰遵经"，若"先圣有知，必以为秽而吐之"。至云《表经》乃"制举之弊"、"臭腐不可读"，其原因在于张溥"空疏不学"。这一篇序，语气凌厉，火药味十足，颇具攻击性，且以"救今日之为文者"自居，自负甚高。张溥看后，其愤怒之情可以想见，于是马上致信张采，其云：

> 阅艾千子房选，显肆攻击，大可骇异！吾辈何负于豫章而竟为反戈之举？言之痛心！兄见之，须面责问其故。艾为人贪利无耻，出其性本；又住武陵最久，中间构衅不少，且往来俱铜臭之子，固宜与名教悖戾也。弟断不能嘿无一言，特以闻之老兄，可与大士、大力、文止讲明，弟与介生心忤兄在临川、豫章之交，自固不患一人之跳梁生事也，惟早图之。弟意如此之人断不容其稍有出头，须作一字与九青，先断其根可也。①

可以看出，艾氏的诋毁彻底激怒了张溥，以致于张溥不得不痛下杀手：在内，要张采利用其任临川知县的有利条件，联合陈际泰、章世纯、罗万藻以孤立艾氏，等于将艾氏从豫章派中排斥出来；在外，张溥则致信宋玫，以孤立艾氏，等于切断了艾氏与外界联系的一个主要通道。这样，两大主流文社都与艾氏划清了界线。张溥的这些举措虽然有过激之嫌，但从中很能看出其雷厉风行的组织作风。张溥的这些举得到了同社魁目吴昌时等的支持。如吴昌时亦致信张采，信中对艾氏"指介生为罪人，目天如为黠恶者"、指应社为"大盗"、"篓人丐夫"、"司败之刑人"颇感愤愤不平，指责艾氏"心怀反侧，倡议翻为"，认为"吾党素为名教主"，故对此不能不坐视不管，表示要"深结豫章之在声气者，独挟此叛道负友之小人，使乡党弃之，天下嫉之，则鬼魅之术立破矣"。

张采收到张、吴两封信后，立刻致书艾氏，先是婉转相劝：

---

① 陆世仪《复社纪略》卷一，见《东林本末》（外七种）本，北京古籍出版社 2002 年，第 208 页。

> 江左江右并为人文渊薮。在豫章向操海内衡文之柄,近日介生、天如先后执牛耳,然皆声气相倚,未有不奉豫章者也。宜共遵尊经笃古之约,力追大雅,以挽颓靡。幸勿自开异同,为世口实!①

艾氏阅信后,不为所动,回信道:

> 吾辈声价非谤者坏之,乃尊奉者坏之也。譬有人焉,遇周孔而知敬,及遇盗跖亦以为周孔,则周孔何地可以自容?此不特大士、大力、文止诸兄学问渊源,尝为评其品地,不可向盐醋缸中埋杀;即老父母文章经术,亦当有以自明。将来取盐醋缸中物同类而并称之,老父母甘之乎?不肖备极苦心,独救一人,正为诸兄弟并为老父母地也!②

艾氏至此,已近乎偏执,以"周孔"自居,以"盗跖"喻张溥等,以应社选文为"盐醋缸中物",不但不沿张采所给台阶顺势而下,反而要求张采替自己撑腰,真乃"其词坚僻,人言不能入"。不久,艾氏又出《四家指谬》,进而"批抹豫章"、"诋毁金沙、吴下",将攻击的范围进一步扩大。张采知其不能改弦更张,于是将张溥之信拿给罗、陈、章看,又函告宋玫。于是三吴社长传单各邑共同断绝与艾氏交往。

崇祯元年(1628)秋,某日,得知艾氏来吴,于是应社诸人约之面相参证,会于娄之弇山园,双方话不投机,陈子龙与周镳年轻气盛,与其发生肢体冲突。③ 艾氏当晚即狼狈而逃。至此,双方的矛盾已达白热化,关系彻底破裂。于是张溥、周钟"合词布告于同志",将艾氏从社集中除名。④

艾南英原与张溥等人交善,曾一起参与了此前的燕台之盟等活动。此次艾南英与张溥、周钟、陈子龙等的争执,显示了随着应社影响和规模的日渐扩大,张溥等新一代士人已经崛起,开始"先后执牛耳"⑤,而以艾氏为代表的老一代选家则在新的挑战中迅速败下阵来。张溥能迅速击败艾氏并将其开除社集,足见其

---

① 同上书,第209页。
② 同上书,第209页。
③ 陈子龙《自撰年谱》、吴伟业《复社纪事》。
④ 陆世仪《复社纪略》卷一,见《东林本末》(外七种)本,北京古籍出版社2002年,第210页。
⑤ 同上书,第209页。

行事能力与影响。这一事件进一步奠定了张溥的新主盟地位,标志着张溥已走出吴地,在北至山东、南至江西的广大东南地域具有极大的决断力和影响力。此时,张溥统一众多文社于复社,已是水到渠成的事情了。

从崇祯元年十月起,政局也在悄然发生变化,东林党后进重新遭到打击。廖可斌指出:"崇祯元年以来,东林党后进大量起用,但阉党余孽气焰仍炽。崇祯元年十月至三年正月,刘鸿训、钱龙锡、韩爌相继被劾去位,刘、钱且遭遣戍。崇祯元年十一月会推阁员,属东林党的礼部侍郎钱谦益在推荐的名单之内,礼部尚书温体仁则无缘。温乃上言主持会推者结党徇私,并攻击钱谦益天启中任浙江乡试主考时作弊。崇祯皇帝大怒,钱谦益及吏科给事中章允儒削籍为民,给事中瞿式耜、御史房可壮俱降谪,东林党后进重新遭到打击。"①

"肇举复社":张溥与复社初起

崇祯元年(1628),熊开元从崇明调任吴江知县,慕张溥之名,请至邑馆,当地巨室吴氏、沈氏子弟皆随张溥学习。② 研习诗文之余,张溥属意社事。吴伟业《复社纪事》云:

> (熊开元)换知吴江县事,以文章饰吏治。知人下世,喜从先生(张溥)游。吴江大姓吴氏、沈氏洁馆舍,庀饮食于其郊,以待四方之造请者。推先生高弟子吕石香云孚为都讲。石香好作古文奇字,浙东西多闻其声。而湖州有孙孟朴淳锐身为往来绍介。于是臭味禽习,远自楚之蕲、黄,豫之梁、宋、上江之宣城、宁国、浙东之山阴、四明,输蹄日至;秦、晋、闽、广间,多有以其文邮致者。先生丹铅上下,人人各尽其意,高举隆洽,沾丐远近矣。③

此时,熊开元热衷社事,遂极力支持吴翻、孙淳、吕云孚、吴允夏、沈应瑞等诸生建立了复社。复者,"义取剥穷而复也"。④ 计东《上吴祭酒书》云:"复社者,社之后起者也。始庚午(1630)之冬,因鱼山熊先生自崇明调宰我邑,最喜社事,孙

---

① 廖可斌《明代文学复古运动研究》,上海古籍出版社1994年,第359页。
② 陆世仪《复社纪略》卷一,见《东林本末》(外七种),北京古籍出版社2002年,第210页。
③ 吴伟业《复社纪事》,《吴伟业全集》,第600页。
④ 杨凤苞《秋室集》卷五《吴孝靖纪略》云:"翻(吴翻)与同志孙淳等四人创为复社,义取剥穷而复也。"见续修四库全书本。

孟朴乃与我妇翁(吴翻)及吕石香数辈人始创复社。"①朱彝尊《静志居诗话》亦云:"崇祯之初,嘉鱼熊开元宰吴江,进诸生而讲艺,于时孙淳孟朴结吴翻扶九、吴允夏去盈、沈应瑞圣符等肇举复社。"②综合《复社纪事》、《复社纪略》、《静志居诗话》等记载来看,复社之成立,张溥是赞成并参与其事的。复社成立后,即展开了一些社事活动。《吴镇朴先生六十序》云:"复社已兴,岁月有会,道里之间,日相逮也。"③

而此时应社已是闻名天下,后起的复社自然不能与之相比,复社的一些社集文章也遭到了应社等的非难。虽然应社与复社中人原有一些交往,如孙淳曾为应社征文奔走出过大力。④但当孙淳多次主动向应社领袖杨廷枢示好时,却遭到了杨的冷淡回应。二社之间的关系比较紧张尴尬。⑤此时,应社发起人之一的张溥在熊开元处作馆宾,受到熊开元和孙淳等的请托,于是极力说服应社领袖杨廷枢、周钟等人,竟将已是闻名天下的应社合并到后起的小社复社之中,可以想见其中是颇费周折的,这其中张溥是做了大量动员说服工作的。⑥张溥的组

---

① 按:计东所记的熊鱼山调任时间有误。日本小野和子《明季党社考》(上海古籍出版社 2006 年,第 247 页):"作为各社统一组织的复社的成立是在崇祯二年(己巳),孙淳等设立复社的准备,当然必须在这以前就做。还有,熊开元就任吴江知县,根据(崇祯)《苏州府志》的'职官',很明确是在崇祯元年,这信所说的庚午冬,想来是戊辰(崇祯元年)冬之误。"接着又认为:"复社在崇祯元年在应社以外单独成立,由于张溥的调停,合并了应社,确立了后来复社的基础。到第二年,诸社被统合到复社,召开了尹山大会,成立了全国统一组织的复社。"
② 朱彝尊《静志居诗话》卷二十一,人民文学出版社 1990 年,第 649 页。
③ 《七录斋集论略》卷四《吴镇朴先生六十序》。
④ 计东《改亭文集·上太仓吴祭酒书一》云:"孟朴但为应社五经征文之人尔。"见续修四库全书本。朱彝尊《静志居诗话》卷二十一(第 649 页):"而效奔走以襄厥事者,嘉兴府学生孙淳孟朴也。"
⑤ 计东《改亭文集·上吴祭酒书》:"始庚午之冬,因鱼山熊先生自崇明调宰我邑,最喜社事,孙孟朴乃与我妇翁(吴翻)及吕石香数辈人始创复社,颇为吴门杨维斗先生所不快。孟朴尝怀刺谒杨先生,再往不得见,呵之曰:'我社中未尝见此人。'我社者应社也。盖应社之兴久矣,时天下但知应社耳。……当时纷纷社集文字,若《南彦》、《天下善》、《人文聚》诸书,与复社之《国表》一集、三集、四集颇相龃龉。"见续修四库全书本。
⑥ 计东《改亭文集·上吴祭酒书》:"独西铭先生一人,大公无我,汲引后起,且推鱼山先生主持复社之意,故能合应、复两社之人为前矛后劲之势。"王应奎《柳南随笔》:"赖天如先生调剂其间,而两社始合为一。"王应奎《柳南随笔续笔》,上海古籍书店 1983 年,第 52 页。杨凤苞《秋室集》卷五云:"翻(吴翻)与同志孙淳等四人创为复社,义取剥穷而复也。太仓张溥举应社以合之。"见续修四库全书本。

织领导能力由此略窥一斑。当然在这一过程中,熊开元作为地方政权的影响,孙淳的四处奔走,吴翻的财力支持也是起了很大作用的,如吴氏"在复社设立当初之际,捐资白金 20 镒(480 两),谷物 200 石,援助其组织活动。"①

"天如乃合诸社为一":张溥统合诸社

将应社合并到复社中,这仅仅是一小步。张溥等人正在积极谋划将其他文社也统合于复社之中。

当时的政治环境也有力地促进着这种统合。崇祯二年(1629)正月,诏定逆案。② 这标志着魏党与东林党势力发生翻转,形势朝着有利于东林党的一面发展。《四库全书总目·东林列传》云:"至崇祯初,权阉既殛,公论始明。"③小野和子指出:"钦定逆案发表,魏忠贤一派被处分的同时,东林派再次复归政界。再有,就是复审在狱官僚的罪状,撤退被派到军队里的宦官(孙承泽《山书》一《罢镇守内臣》),停止苏松织造等(孙承泽《山书》一《停苏杭织造》),过去东林党所要求的一系列政策被实现。"④张溥之所以能成功地在此年统合诸社于复社正是建立在此政治背景上的,并顺应了这种时代要求。容肇祖先生亦指出:"复社于魏阉摧残士气之后应时而生,也许是由于时代的要求而后出产的啊!"⑤

复社合并应社后,在熊开元地方政权的极力支持⑥、孙淳等联络头目的四处活动⑦、

---

① 转引自小野和子《明季党社考》,上海古籍出版社 2006 年,第 263 页。
② 夏燮《明通鉴》,岳麓书社 1991 年,第 2254 页。
③ 清永瑢等《四库全书总目》,中华书局 1965 年,第 527 页。
④ 小野和子《明季党社考》,第 244 页。
⑤ 容肇祖《明代思想史》,齐鲁书社 1992 年,第 349 页。
⑥ 计东《改亭文集·上太仓吴祭酒书一》:鱼山即复社盟主也。见续修四库全书本。
⑦ 朱彝尊《静志居诗话》卷二十一:"是役也,孟朴渡淮泗,历齐鲁,以达于京师,贤大夫士必审择而定衿契,然后进之于社。故天如之言曰:'忘其身惟取友是急,义不辞难,而千里必应。三年之间,若无孟朴、则斯道几废。'盖先后大会者三,复社之名动朝野,孟朴劳居多。"《天一阁集·社籍序》:"忘其身图而惟朋友之急,义不辞难而千里必应,三年之间,若无孟朴则斯道几废。是故四方之士,相率而归功于孟朴也。孟朴既举一社人文,显布而大刻之矣。又恐来者之日广而涣然无所丽也,先定其姓名以为籍,而属予存之。自其渡淮泗、涉齐鲁而之长安也,天下都会之贤者无不遇也。苟遇其人,必使其举一乡之卓然者登之于社,复惧旧闻之不实也,必断其生平而后进焉。"《复社纪略》卷二云:"当天如之选国表也,湖州孙孟朴淳实司邮置,往来传送,寒暑无间,凡天如、介生游踪所及,淳每为前导,一时有孙辅司之目。两粤贵族子弟与素封家儿因淳拜居张门下者无数。"

吴翻财团的大力襄助①、张溥作为富有才华和影响力的新起士人领袖在社团间的积极协调统筹②等综合因素，以及东林之后群龙无首迫切需要一个像东林党一样的领头社团的现实需要③的共同作用下，于是出现了崇祯二年（1629）尹山大会上，张溥统一十余文社于复社的壮举④。

关于复社成立的时间，有几种不同的说法。出现分歧的主要原因是：其一，史料记载的时间不一；其二，复社包含几个不同的发展阶段，所指阶段不同，时间自会不同。复社至少有三个不同阶段：第一阶段，孙淳等设立复社，与当时的江南应社对峙。第二阶段，在张溥的努力下，复社与应社合并产生新的复社。第三阶段，十余文社合并后的复社，此为大复社，是诸社联合体。关于复社统一诸社的时间，主要有崇祯二年和崇祯五年两说。朱彝尊认为是崇祯二年，《静志居诗话》卷二十一："复社始于戊辰（崇祯元年），成于己巳（崇祯二年）。"即是认为最初的复社成立于崇祯元年，而合并后的复社成立于崇祯二年。陆世仪则认为是崇祯五年，《复社纪略·复社总纲》云："五年：张溥给假葬亲，归。虎丘大会，张溥为盟主，合诸社为一，定名复社，刊国表社集行世。"

---

① 朱倓《明季读书社考》云："吴之有复社，吴翻之力居多。翻家饶于赀，喜结客，复社初起，四方造访者，舟楫相蔽而下，客既登堂供具，从者或在舟中作食，烟火四五里相接，如此十余年无倦。尝出白金二十镒，家谷三百斛，资孙淳效奔走，事结合。先后大会者三，四方以舟车至者数千人。有草檄以声复社十罪者，中有句云：'传檄则星驰电发，宴会则酒池肉林。'非吴财力充盈，人怀慷慨，何以致此！"计东《上太仓吴祭酒书一》云："东之妇翁（吴翻）不惜破产以创复社，至今鱼山先生与老师之友周子俶辈尚能历历能言之。"

② 蒋逸雪《张溥年谱》："孙氏效力，吴氏输财，均有功于复社，不容隐没；然苟无溥之通才硕望，又何足以感召之耶？"

③ 何宗美《明末清初文人结社研究》（南开大学出版社2003年，第177页）："从社会因素来说，张溥之所以能统合众社还有另外两个原因：天启五、六年，东林党先后两次遭到魏忠贤血腥镇压，'六君子'和'七君子'先后罹难，这使代表清议的文人群体受到极大打击，出现了群龙无首的局面，这时，客观上需要有人出来重振清议的队伍，让满怀反阉党情绪的士人有所归依，而张溥恰恰适应了这种时运，他标举以气节为重的宗旨迎合了人们的普遍心声，所以能一呼百应，受到海内推重。……另一方面，就文学而论，自王世贞之后，已长期缺乏文坛盟主，张溥与王氏同乡，持'文章正印'，登高振臂，海内之彦如云咸集，所谓'剖斗折衡为文章，天下娄东与莱阳'恰恰是历下、太仓文学传统也就是李攀龙、王世贞文学复古思想之再兴。张溥之所以高度重视北方文人并得到山左、中州文人集团的积极响应，这其实是文学风气之变的重要信号。"

④ 谢国桢《明清之际党社运动考》（上海书店出版社2006年，第111页）："天如是一个干练人才，很有作领袖之修养，所以能把几个读书人办的应社变成了社会上群众的运动。"

现在学界多持崇祯二年说。如谢国桢《明清之际党社运动考》、何宗美《明末清初文人结社研究》、小野和子《明季党社考》等。笔者亦认为崇祯二年较为属实，除前述原因外，从当时情势亦可得知。崇祯元年，张溥在京廷对高等，"诸贡士入太学者俱愿交欢溥"，又集诸子召开成均大会，"是时宇名卿硕儒，前为崔、魏摧折投荒削除者""皆愿与之定交"，于是张溥"名满京都"。本年张采与张溥回娄后，"偕同志扬抶社事而后赴任。由是，海内同人翕然共宗天如矣"。张采《庶常天如张公行状》亦云：

> 公既别钱塘归，果踽踽颇不聊。又念友生若参昂，古学罔攸明。因集吴越间俊造，凡经明行修一辈，定规模，要计程课，既集，公飏言于众曰："毋殖将落，毋陷匪彝，毋读非圣书，毋违老成人，毋矜厥长，毋以辨言乱政，毋干进丧乃身。嗣今以往，犯者小用谏，大用摈勿与。世教衰，兹其复起，名社曰复。共勖诸。"众咸曰："诺。"于是复社之名震天下，繇吴越以及四方，凡其地俊造，经明行修者，以不与为耻。①

可以说，张溥在崇祯二年统一诸社是确定的。

崇祯二年，张溥合江北南社、中州端社、松江幾社、莱阳邑社、浙东超社、浙西庄社、闻社、黄州质社、云间幾社、江西则社、历亭席社、昆阳云簪社、吴门羽朋社、匡社、武林读书社、山左大社、江南应社等十五个地区的十七家社团到复社，②于吴江举行尹山大会，声势倾动朝野。当然，以上所提及的这十七家文社也仅就主要者来说，实际上"从尹山大会名录和《复社姓氏录》来看，当时除与阉党有关的极少数社团外，其他文人社团没有不加入复社的。"③

当然，众多文社能合并在一起，除了与外在政治变化合拍外，还与其内在要求相符合。文社原本是适应八股取士的需要而产生的，是士人切磋时艺的团体，

---

① 张采《知畏堂文存》卷八《庶常天如张公行状》。
② 按：在合并的过程中，出现了种种困难，有些社（如幾社）最初并不愿意合并到复社中，怕树大招风，仍愿自立一名。《社事始末》云："两社对峙，皆起于己巳（崇祯二年，1629）之岁，……娄东、金沙两公之意，主于广大，欲我之声教，不诒于四裔不止。先君与会稽先生之意，主于简严，唯恐汉、宋祸苗，以我身亲之，故不欲并称复社，自立一名。尽取友会文之实事，几字之义，于是寓焉。"
③ 何宗美《明末清初文人结社研究》，南开大学出版社2003年，第170页。

士人之才力、兴趣多耗于切磋时艺上,文社越大,成员愈多,则更便于转易多师,揣磨风气,其影响也将愈大,其成员中举的可能性亦愈大。冯梦桢《题黄川社草》云:"夫时艺必禀式于先辈,取材于六经,十余年来大敝矣。野干狐狸,白昼而嬉戏于九达之衢,求师而师然,求友而友然,甚至秉衡者亦无不然。举世昏昏,将安从耶?"①而文社的出现,逐步解决了这种困境。尤其是像"复社这样全国性的组织的结集,使跨越地域的大范围人们获得了交流的环境",从而使"加入的人们,获得更广的交流机会和场所,相互刺激。可以说,这使复社所提倡的古学复兴,在各个方面更丰富、内容更实在地得到了发展。此外,也把想参加科举考试的学生的视野开拓到了整个中国,使其加深了相互间的连带感。"②这点也是复社能统合众社以及吸引更多士人加入复社的重要原因之一。因此,众多文社合并成一个社团联合体,是其内在的必然逻辑和必然趋势。至于由复社而非他文社来统合众社,则与复社领袖张溥及其主张密不可分。在这一组合过程中,张溥的组织能力及才华得到了更多的认可,其在新组合成的大复社中的领袖地位也逐步形成了。

新统一后的大复社宣布要兴复继绝上嗣东林,人们亦将之目为"小东林"。③东林此时已成为正义君子的代表,极富号召力和凝聚力。"魏阉既败,东林名益高,人乃以附东林为荣。是实顾高诸贤讲学之始,所不及料矣。"④桃李不言,下自成蹊。复社也正是打出上继东林的旗帜而将诸社统一到复社之下。应该看到,复社公开主张继承东林遗风,除了当时政治形势和东林在知识界的巨大影响外,同时也是由于其领袖主盟中不乏东林党人及其后裔的原因。如钱谦益、黄道周、范景文、倪元璐、冯元飚、成德、徐汧、马世奇、刘同升、陈子壮、史可法、黄淳耀、华允诚、张国维、姜埰等人既名列东林又参加复社;而顾杲、黄宗羲、周茂兰、周茂藻、顾玉书、文乘、魏学濂、高永清、周廷祚、吴昌时、侯方域、侯方夏、侯方来、姜垓、姜植、陈贞慧、马世名、方以智、顾苓、侯峒曾、侯岐曾、姚瀚、刘汋、钱栴、钱

---

① 冯梦祯《快雪堂集》卷三,见四库全书存目丛书本。
② 小野和子《明季党社考》,上海古籍出版社2006年,第308页。
③ 张廷玉等《明史》卷二八八《张溥传》(中华书局1974年,第7405页):"诸奔走附丽者,辄自矜曰:吾以嗣东林也。"
④ 柳诒徵《江苏书院志初稿》,见赵所生、薛正兴主编《中国历代书院志》,江苏教育出版社第一册第29页。

菜、王与朋、王与敕等七十来人分别是东林人物的兄弟、子孙、女婿、弟子等。①而复社"务为有用"的主张也与东林党主张一脉相同。如"顾宪成'论学以世为体',反对'相与讲求性命,切磨德义',主张念头要'在世道上'(黄宗羲《明儒学案》卷五《东林学案》一)。高攀龙提出了'学问通不得百姓日用,便不是学问'的观点,提倡'治国平天下'的'有用之学'(《高子遗书》卷五《东林会语》)。"②

张溥为新统一的复社定立了规条和课程。其云:

> 自世教衰,士子不通经术,但剽耳绘目,几幸弋获于有司。登明堂不能致君,长郡邑不知泽民,人材日下,吏治日偷,皆由于此。溥不度德,不量力,期与四方多士共兴复古学,将使异日者务为有用。因名曰复社。③

又申明盟词,其云:

> 毋从匪彝,毋非圣书,毋违老成人,毋矜己长,毋形彼短,毋巧言乱政,毋干进辱身。嗣今以往,犯者小用谏,大则摈。既布天下,皆遵而守之。④

从张溥为复社所定的规程和盟词来看,"复社的宗旨一开始就包含八股文写作、经典研究、诗古文创作、政治斗争、道德风尚等多重含义。"⑤

新统一后的复社组织形式是于每郡邑中推选一人为社长,负责纠弹约束,传递社文。其表明身份的刊物是由张溥编选诸社文集而成的《国表集》(前后共出四集),集首为署名张采序(实为张溥代作),在集中"详列姓氏,以示门墙之峻;分注郡邑,以见声气之广"。⑥据《国表社目》统计,入选士人达七百余人,"从来社集未有若是之众者",选文达二千五百余篇,诚谓"从来社艺未有如是之盛者"。⑦

---

① 参阅何宗美《明末清初文人结社研究》,南开大学出版社2003年,第164—165页。
② 郭英德等主编《中国文学史》(下),四川人民出版社2003年,第365页。
③ 《复社纪略》卷一,见《东林本末》(外七种),北京古籍出版社2002年,第210页。
④ 《复社纪略》卷一,见《东林本末》(外七种),北京古籍出版社2002年,第210页。
⑤ 廖可斌《明代文学复古运动研究》,上海古籍出版社1994年,第355页。
⑥ 《复社纪略》卷一,见《东林本末》(外七种),北京古籍出版社2002年,第211页。
⑦ 同上,第228页。

张溥自此"声教日盛一日,几于门左千人,门右千人"①,影响又至前所未有的高度。同时,随着明季社会危机和政治斗争的加剧,"社局中人不得不干预政治,卷入斗争,文社成为集科举、文学和政治于一体的综合性团体,社局中人同时也是时局中人和朝局中人"②。这也进一步推升了张溥在文社和朝政中的影响。

新统一后的复社集会颇为壮观。《国表序代张受先》云:"社集之日,胥闾之间,维舟六七里,平广可渡,一城出观,无不知有复社者。"③陈去病《五石脂》复云:

> 闻复社大集时,四方士之挐舟相赴者,动以千计。山塘上下,途为之塞。迨经散会,社中眉目,往往招徕俊侣,经过赵李。或泛扁舟,张乐欢饮。则野芳滨外,斟酌桥边,酒樽花气,月色波光,相为掩映。倚栏骋望,俨然骊龙出水晶宫中,吞吐照乘之珠,而飞琼王乔,吹瑶笙,击云璈,凭虚凌云以下集也。④

其盛况可想而知。

崇祯二年(1629)四月,张采第四女殇,此女即许于张溥养子者。张采《殇女圹铭》云:"殇女者,张采之第四女,……明年己巳夏四月死"。⑤

三、中举及在翰林院时期(30－31岁)

金陵大会,载酒征歌:张溥中举及金陵社集

张采成进士后,张溥"益自奋",⑥在崇祯三年秋乡试中举,张溥、吴伟业师弟二人同为经魁,杨廷枢为解元,陈子龙、吴昌时、杨廷枢、彭燕又、万年少、蒋楚珍等一、二十人俱告捷,其它省社中列荐者又数十余人。⑦ 复社诸人一时群情激

---

① 杜登春《社事始末》,丛书集成初编本,中华书局1991年,第4页。
② 何宗美《明末清初文人结社研究》,南开大学出版社2003年,第141页。
③ 《七录斋集论略》卷三《国表序代张受先》。
④ 陈去病《五石脂》,江苏古籍出版社1999年,第353页。
⑤ 张采《知畏堂文存》卷九《祭天如兄文》:"临上时,第三女殇。弟哭几绝,非哭女,哭我许兄家一意尔。"按:应为第四女。此文比《殇女圹铭》晚出约十年,当以《殇女圹铭》所记为准。
⑥ 黄道周《黄石斋先生文集》卷十一《张天如墓志》,续修四库全书本。
⑦ 陆世仪《复社纪略》卷二,黄宗羲《思旧录·张溥》,吴伟业《复社纪事》。

昂,张溥主持在秦淮河上召开金陵大会。这是复社在南京首次举行社集,规模庞大,称"国门广业社"。① 藉此,张溥的影响又扩展到南直隶地区。吴应箕《国门广业序》云:

> 南京,故都会也。每年秋试,则十四郡科举士及诸藩省隶国学者咸在焉,衣冠阗骈,震耀衢术。……自崇祯庚午秋,吾党始合十百人为雅集,其集也,自其素所期向者遴之,称名考实,相聚以类,亦自然之理也。②

此次社集近二千人,规模较大。吴翌凤《镫窗丛录》云:"载酒征歌,大会复社同人于秦淮上,几二千人,聚其文为《国门广业》。"③此次聚会参加者多为中举者,而以落第参加者有黄宗羲、沈寿民、沈寿国等人。黄宗羲与张溥交善,宿于张溥寓舍。黄宗羲《思旧录·张溥》云:

> 庚午,同试于南都,为会于秦淮舟中,皆一时同年,杨维斗、陈卧子、彭燕又、吴骏公、万年少、蒋楚珍、吴来之,尚有数人忘之。其以下第与者,沈眉生、沈治先及余三人而已。余宿于天如之寓。④

乡试后,张溥携周立勋、徐孚远、陈子龙、彭宾等人东归,于舟中谈论著作,直至夜分,"卧子奋曰:'诚如子言,即不得官,可不恨。'大声慷慨,舟人变色。"⑤

此时,张采自临川辞官病归,途中得到张溥乡捷喜信,倍加高兴。回娄后,张溥以所抚妻家侄女嫁于张采长子张于临,两家再度联姻。张采《祭天如兄文》:云"庚午,弟病归,舟至犇牛,得兄乡捷信,喜告我母。及归,则王嫂复抚侄女许临儿,再称姻家"。⑥

此年冬,张溥准备赴京参加来年会试,于德州路上遇见杨廷枢,至商家林,又

---

① 冯其庸、叶君远《吴梅村年谱》,文化艺术出版社2007年,第31页。
② 吴应箕《楼山堂集》,续修四库全书本。
③ 吴翌凤《镫窗丛录》卷一,续修四库全书本。
④ 《黄宗羲全集》第一卷,浙江古籍出版社2005年,第361页。
⑤ 《七录斋诗文合集·近稿》卷一《云间几社诗文选序》。
⑥ 张采《知畏堂文存》卷九《祭天如兄文》。

遇见许元溥、王志长、王志庆三人。① 于是共赴京师。

此年六月,温体仁入阁,专与东林后进为仇。②

考中进士与燕台结社

崇祯四年(1631)春张溥到京,会试前,与诸子交游。《徐及申先生稿序》云:"辛未(1631)春,予寓京之西城,与乾若对舍,朝夕讯问,不止古人望衡宇也。彝仲、卧子、燕又邀作文字,予偕乾若往,彼迫试日,方旬遽罢会,别时反不乐。"③在此期,张溥又追随马世奇学诵读。④

二月,张溥参加会试,座主为周延儒、何如宠。⑤ 张溥为会魁,吴伟业为会元,复社中还有马君常、夏肤公、杨惟节、管元心、周之夔、刘士斗等人中第。之后殿试中,吴伟业中榜眼;张溥殿试试卷得到阅卷官徐光启的赏识,廷对得高等,首辅周延儒对张溥亦颇有好感,"恨相见晚,恩礼倍至"⑥,张溥遂选为翰林院庶吉士,"通邑争趋以为荣"⑦,于时"天下争传其文"⑧,"天如之文章,天下莫不知其能"⑨。张溥与高弟乡试、会试、殿试联捷,使其声名远扬。《研堂见闻杂录》云:"张公联捷,门人吴骏公掇大魁,张声党几遍天下。"⑩至此"娄东之声气益广"⑪,"天下靡然向风"⑫。此时张溥声名如日中天,"娄东之局几比尼山,举天下文武将吏,及朝列士夫,雍庠子弟,称门下士,从之游者,几万余人"⑬,令人惊叹。

---

① 《七录斋诗文合集·近稿》卷五《许年伯母诸太孺人寿序》:"庚午冬,既孟宏计偕同平仲、与游前发。予于德州道上遇维斗,要之并驱,及商家林,与三子相见。"
② 廖可斌《明代文学复古运动研究》,上海古籍出版社1994年,第359页。
③ 《七录斋近集》卷四《徐及申先生稿序》。
④ 《七录斋近集》卷四《五兄稿序》:"辛未(1631)春,予追随君常后,连舍学诵读。"
⑤ 谈迁《国榷》卷九十一:"辛未,崇祯四年,二月乙巳朔,己酉,少保兼治太子少保、户部尚书、武英殿大学士周延儒、何如宠主礼闱。"
⑥ 陆世仪《复社纪略》卷一,《东林本末(外七种)》,北京古籍出版社2002年,第230页。
⑦ 张采《知畏堂文存》卷三《治娄文事序》。
⑧ 吴伟业《复社纪事》《东林本末(外七种)》,北京古籍出版社2002年,第183页。
⑨ 王家祯《研堂见闻杂录》,台湾文献史料丛刊第五辑第98册,台湾大通书局1987页。
⑩ 王家祯《研堂见闻杂录》,台湾文献史料丛刊第五辑第98册,台湾大通书局1987页,第27页。
⑪ 杜登春《社事始末》,丛书集成初编本,中华书局1991年,第4页。
⑫ 蒋平阶《东林始末》,《东林本末(外七种)》,北京古籍出版社2002年,第62页。
⑬ 杜登春《社事始末》,丛书集成初编本,中华书局1991年,第4页。

中式后,张溥与诸子游京师,"横经虎观集诸儒,一日声名满帝都"①,又拟燕台之社。陈子龙亦云:"辛未之春,余与彝仲(夏允彝)、尚木(宋存楠)、燕又(彭宾)俱游长安,日与偕者江右杨伯祥(杨廷麟)、彭城万年少(万寿祺)、吴中杨维斗(杨廷枢)、徐九一(徐汧)、娄江张天如、吴骏公(吴伟业)、同郡杜仁趾(杜麟征),拟立燕台之社,以继七子之迹,后以升落零散,遂倡和乡里,不及远方。"②参加这次会盟的十余组织者"皆为复社领袖、魁目,在文学上也是主宰风气的人物。他们分别来自江南应社、云间幾社和江西豫章社等,其结合意味着诸社文人在文学思想上的统一,而且也是复社形成共同文学思想的标志。"③

在季春时节,张溥以师生之礼拜见了徐光启。在与徐光启的交往中,张溥不但在历算方面大受教益,更重要的是在为人处世上亲聆教诲。《徐文定公农政全书序》云:

> 予生也晚,犹获侍先师徐文定公,盖岁辛未(1631)之季春也。公时以春官尚书守詹,次当读卷,亟赏予廷对一策,予因得以谒公京邸。公进予而前,勉以读书经世大义,若谓孺子可教者。予退而矢感,早夜惕励。闻公方究泰公历学,予邀同年徐退谷往问所疑。见公扫室端坐,下笔不休,室广仅丈,一榻无帷,则公卧起处也。④

可见,张溥注重经史世用,除时代原因外,也与受到徐光启的影响不无关系。张溥对徐光启的评价是"身任天下,讲求治道",张溥实际上也正是以此自期的。后来张溥又为徐光启的巨著《农政全书》作序,指出此书"不尚奇华,言期可用"的特点,张溥的文风亦有类似特点。

张溥中捷后,一时无法回家,于是由张采护送张溥母金氏入京居住,一路上小心照顾,情同亲子。结果张采母由于疏于照顾而于七月病逝。张溥闻之,倍感

---

① 陈子龙《哭张天如先生二十四首》,《陈子龙诗集》,上海古籍出版社2006年,第590页。
② 《陈子龙集·壬申文选凡例》,同上书,第432页。
③ 何宗美《载酒征歌,交游文物——复社文学活动及其影响》,《文艺研究》2006年第5期。
④ 《七录斋近集》卷三《徐文定公农政全书序》。

哀伤,作《哭苏太母文》以哭祭,亦犹哭母。① 又有《寄张受先》诗以志哀,中云:"七月风雷疑告梦,六州痛哭别倚闾。诗成不忍存朱记,扇上啼痕月上初"。②

张溥母来京一月后,徐汧母亦来京,两位老人"相见邸中,欢若平生","岁时伏腊,两家子各具衣冠拜母。旅居,远不数武,婢媪问闻无日间"。③ 张溥与徐汧在这一时期交往颇密。

张溥高弟吴伟业中第后,由于应酬兼受其师张溥激发,此时开始作诗。④ 八月后,吴伟业蒙崇祯帝赐假归娶,当世荣之。⑤ 离京时,张溥以诗赠行:"人间好事皆归子,日下清名不愧儒。富贵无忘家室始,圣贤可学友朋须。"⑥

会试后,陈子龙、夏允彝、彭宾落第,诸子与张溥"酌酒赋别,声词忼慨"⑦,临别时谓张溥云:"今年不成数卷书,不复与子闻!"此年秋天,陈子龙联事九位乡党治古文辞。⑧ 至五年冬,编成《壬申文选》二十卷。

此年,周之夔授苏州府推官,刘士斗授太仓州知州。张溥有《送刘瞻甫父母之任娄东》诗。熊开元归楚,张溥作《送熊鱼山给谏归楚》送之。⑨

可以看出,在这一时期,张溥成为复社在京师活动中的中心人物,与陈子龙、吴伟业、黄道周、姚希孟、吴伟业、孙淳、王启荣、韩四维、徐汧、马世奇、杨廷麟、姚宗典、熊开元、杜麟征、宋玫、管正传、周之夔、沈令君、朱徽、王惠常等东林和复社

---

① 见张采《知畏堂文存》卷九《祭天如兄文》,张溥《七录斋诗文合集·近稿》卷五《哭苏太母文》。
② 《七录斋诗文合集·七录斋诗稿》卷一《寄张受先 时闻其内艰》。
③ 《七录斋近集》卷七《祭徐伯母文》。
④ 乾隆《镇洋县志》卷十四《杂缀类》:"《楚余补笔》云:王中翰昊述吴梅村语:'余初第时不知诗,而多求赠者,因转乞吾师西铭。西铭一日漫题云:半夜挑灯梦伏羲。异而问之,西铭曰:尔不知诗,何用索解。因退而讲声韵之学。'"转引自冯其庸、叶君远《吴梅村年谱》,文化艺术出版社2007年版,第42页。
⑤ 陆世仪《复社纪略》卷二:"伟业以溥门人,联捷会元鼎甲,钦赐归娶,天下荣之。"见《东林本末》(外七种),北京古籍出版社2002年,第231页。
⑥ 《七录斋诗文合集·诗稿》卷一《送吴骏公归娶》。
⑦ 《七录斋别集》卷二《杨扶曦稿序》,天一阁藏。
⑧ 《七录斋诗文合集·近稿》卷一《云间几社诗文选序》。
⑨ 张廷玉等《明史》卷二五八《熊开元传》(中华书局1974年,第6670页。):"崇祯四年,……开元及御史郑友元等三人并贬二秩调外,开元不赴官。"《七录斋诗文合集》卷二有《送熊鱼山给谏归楚》诗。

成员过往频繁,或雅集赋诗,或长夜深谈。① 此期,吴伟业的会元稿没有遵行由房师作序的旧例,而改由张溥鉴定。尽管此举显有不妥,引起房师李明睿的强烈不满,但却一定程度上反映出张溥的影响和声名之大,乃至敢于打破科场惯例。《复社纪略》云"是时天如名噪甚"②,所言不虚。

"功名一念,深为累也":在翰林院的两年

在翰林院任庶吉士的两年间,张溥"声价日高,奉之者等于游、夏"③,然书生意气,志大性直,守正不阿,"别白邪正,在中秘不能无臧否"④,遂遭次辅温体仁及蔡奕琛、李明睿等的忌恨和排斥。但因其座主周延儒"欲介门下士以收物望"(《复社纪事》)、"欲收罗名宿"(《复社纪略》卷二),故时时拉拢袒护张溥。张采《庶常天如张公行状》对此有所记述:

> 届庚午,辛未,连举成进士,廷推善文章任翰林选者,无出公右,选翰林院庶吉士。公生平谓人:丈夫贵有志,昔人称三不朽,要各有类:如德则修身及家,均平天下;否者,备顾问,奏对三雍,为国家作述礼乐,昭宣教化。功则为社稷臣,勒名旗常;否者,表彰六经,裁量子史,俾后学有所依仿,稽勋亦不在挞伐下。言则冠豸螭陛,屈轶指佞,言行道亦行;否者,著成一家,藏诸名山,使千万世知有其人,比于龙门扶风。又每恨无鞅掌才,不任奔奏,以此让人。同志知其托寄有在。及官翰林,思一有所表见,即口语不能无予夺。又性淳古,所不可,辄面赤不应,谮言遂孔张,执政要人眈眈视,公赋《青蝇》。"

陆世仪《复社纪略》卷二记此更详,大意云周延儒越例作主考,引起温体仁的不满。周延儒与李明睿均与吴伟业父交善,故置吴伟业为头卷。温体仁于是指使御史袁鲸参劾周、李、吴三人。崇祯帝亲自审阅吴伟业卷后,题"正大博雅,足式诡靡"八字。试后,吴伟业会元稿没有遵行新进士稿由房师作序的常例,而由张溥鉴定,结果引起房师李明睿的强烈不满。于是李明睿与张溥产生嫌隙。翰

---

① 何宗美《明末清初文人结社研究》,南开大学出版社2003年,第208页。
② 陆世仪《复社纪略》卷一,《东林本末(外七种)》,北京古籍出版社2002年,第230页。
③ 黄宗羲《思旧录·张溥》,《黄宗羲全集》,浙江古籍出版社2012年,第361页。
④ 张采《人物志·张溥》,钱素乐、张采《太仓州志》卷十三,明崇祯刻清康熙补刻本。

林院对新庶吉士规制甚严,要求其"遇馆长如严师,见先达称晚进,公会隅坐,有命维诺惟谨",而张溥"任意临事,辄相可否,有代天言作诰命者,文稿信口甲乙",引起同馆的忌讳,于是有人便向内阁举报,首辅周延儒对张溥尽力回护,而次辅温体仁厉声云:"是何足患!庶吉士有教读成例,成材则留,不成材则去,去之亦何难!"张溥听后很生气,于是搜集温体仁通内结党、援引同乡诸事,写成疏稿,让吴伟业参劾温体仁。吴伟业自感立朝未稳,又觉师命难违,便改参温体仁的党羽蔡奕琛。温体仁益怒,欲重处张溥、吴伟业。周延儒则从中曲解之,尽力回护张、吴。于是,温体仁、蔡奕琛益恨张溥。此时李明睿因刻稿事,亦时时找隙。张溥颇不自安,于是以请假葬归。

张采《太仓州志·张溥传》亦云:

> 溥尝别白邪正,在中秘不能无臧否,触要人,一年请假归。①

张采《西铭近集序》亦云:

> 张子结发读书,抗言忠孝,尝思簪笔柱下,策《天人》《治安》。庶几倾否保泰,适官吉士,交游贤豪,遂欲有所发舒,即口语不能无上下,而赤狐黑乌,且逐逐其侧。张子曰:君子几,不如舍。于是将母归。②

万斯同《明史稿·张溥传》亦简略提及:

> 明年(按:指四年)释褐,改庶吉士,在馆中颇有臧否,谗言遂兴。③

程穆衡《娄东耆旧传·吴伟业传》亦云:

> 体仁逐,天如去,公亦请假归娶,事乃已。④

---

① 张采《太仓州志·张溥传》。
② 张采《西铭近集序》,《七录斋近集》卷首。
③ 万斯同《明史》卷二八六《张溥传》,续修四库全书本。
④ 《吴梅村全集》,上海古籍出版社1990年,第1411页。

张溥《士品臣品议》复云：

> 韩昌黎数上书宰相，后儒疑其干泽，及一进用，发危言，析强敌，窜徙濒死而不悔。使韩子慕爵禄，胡为自变于前乎？夫其汲汲一遇，冀行其道者，时王之法制禁令也。敢言特立，志不少挫者，先圣之道，传之孔孟，不敢不勉者也。生今之世，读古之书，进不敢倍于王制，退无负于圣人，此士品臣品之大，凡为上者不可不言也。①

几相对照可以看出，张溥持一种儒家传统的价值观，即立德、立功、立言，以之指导自己在官场中的行为，再加之其个性使然，因而无法避免与权贵的矛盾与冲突：鉴定吴伟业刻稿是引发与座主李明睿的矛盾之源；率性直言，放达无拘，臧否人物，引来同馆忌讳；温体仁的恶语相加与张溥的针锋相对予以弹劾直接加剧了张溥与温体仁、蔡奕琛之间的矛盾。因此，张溥在翰林院前后不到两年，就请假回家葬亲，从此不复仕出。

崇祯五年(1632)，张溥的处境分外艰难，除了遭受权贵的排挤外，其友人及家人也命运多艰，或谪或亡。正月，友人黄道周削籍归，张溥作《送黄石斋先生》以送之。② 春，养子张忱以痘疡殁于京，夏五月丧归。③ 张溥既遭丧子之痛，又感慨友人沈承一家命运多舛，乃作《哀薄少君兼感忱儿赋痛》以抒悲哀之情："百律鹃红烛已灰，贞心夜夜变风雷。灵归何处看儿死，诗到于今似古哀。此日碧缕知断绝，十年绣袜幸招来。横悲只逐东流水，梁孟坟边思子台。"④秋，好友徐汧之夫人病亡，张溥与母又往吊并安慰徐汧母子。不久，徐汧奉母归乡，张溥亦以送母请于院先生，拟随徐汧而行，后因事相阻，徐汧先行而去。⑤ 冬，张溥在翰林院备受排挤，坚意离去，于是又以葬亲为由，乞假归乡。⑥《先考虚宇府君行略》云：

---

① 《七录斋诗文合集·馆课》卷一《士品臣品议》。
② 黄道周《张天如墓志》："方壬申岁，公在馆选甫一载，余以中允削籍归，公报余二诗。"按：《合集》卷一有《送黄石斋先生》诗。
③ 张采《知畏堂文存》卷七《张殇童矿铭》。
④ 《七录斋诗文合集·诗稿》卷二《哀薄少君兼感忱儿赋痛》。
⑤ 《七录斋近集》卷七《祭徐伯母文》。
⑥ 见张采《知畏堂文存》卷九《祭天如兄文》，陆世仪《复社纪略》卷二。张采《庶常天如张公行状》："曰先人未浅土，苟不获归，襄厥事，则愿以身祭百虫。"

"溥已哭跽而请矣,苟不获归以展斯礼,则愿以身祭百虫。"①其离意之坚,略见一斑。冬末,至京口,又遇徐汧,二人悲喜交加,于是连舟东下。② 张溥归家后,卜墓葬父,肆力读书。张采《庶常天如张公行状》云:"(张溥)归,营卜宅兆,葬其父虚宇公。手自率瘠,未尝屑屑问诸兄弟。发所皮书,不下数万卷,丹黄由绎,无寒暑间,海内学者争及门,屡满户"③。吴伟业亦云:"先生性好士,穷乡末学粗知好古攻文,辄许与不置口,赖其奖擢成名者数十百人;台使者视所言以为取舍,以此附丽益众。"④又因吴伟业出自张溥门下而得高隽,一时士子纷纷谓"出自天如门者必速售",于是往来求教者络绎不绝。甚至当张溥还在京师时,士子们就"相率过娄,造庭陈币,南面设位,四叩定师弟礼,谓之遥拜,浼掌籍者登名社录而去。"⑤此时,张溥声势益大,"名日高,交游日广,声气通于朝右"⑥,"从游遍天下"⑦,遂至"一言以为月旦,四海重其人伦"⑧。

  张溥回娄后,不复仕出。此时,张采已于两年前辞官病归。至此,二张在各自经历了二年多的官场生涯后,在经历了六年(天启七年至崇祯五年)的各奔东西后,又一次共处娄地,直至终身。再加之吴伟业家居时间也不少,"因此在崇祯五年(1632)冬到崇祯十四年(1641)张溥去世为止,在近十年的时间里太仓一直是士人往来较频繁、文化和文学氛围较浓厚的地方。"⑨据何宗美统计,这一时期,在文学上与二张、吴伟业常有过往的人物,有苏州顾梦麟、王启荣、太仓吴克孝、长洲徐汧、许元溥、吴县杨廷枢、吴江吴翻、吴昌时、孙淳、沈初馨、沈应瑞、昆山王志庆、王志长、常熟杨彝、嘉定侯峒曾等二十多人,形成了一个成员较为固定、情趣彼此投合的娄东诗人群体。⑩

---

① 《七录斋诗文合集·近稿》卷六《先考虚宇府君行略》。
② 《七录斋近集》卷七《祭徐伯母文》。
③ 张采《知畏堂文存》卷八《庶常天如张公行状》,四库禁毁书丛刊本。
④ 吴伟业《复社纪事》,《东林本末(外七种)》,北京古籍出版社2002年,第183页。
⑤ 《复社纪略》卷二,见《东林本末》(外七种),北京古籍出版社2002年,第231页。
⑥ 万斯同《明史稿·张溥传》,蒋逸雪《张溥年谱》,商务印书馆1946年,第1页。
⑦ 张采《知畏堂文存》卷三《天如合稿序》。
⑧ 朱彝尊《静志居诗话》,人民文学出版社1990年,第649页。
⑨ 何宗美《载酒征歌,交游文物——复社文学活动及其影响》,《文艺研究》2006年第5期。
⑩ 何宗美《明末清初文人结社研究》,南开大学出版社2003年,第211页。

四、弃官家居时期(32－40岁)

"三百年来从未一有此也":虎丘大会

张溥辞官回娄后,并未就此隐逸,而是更投身于社事。翌年(崇祯六年)春三月,张溥约复社各社长召开虎丘大会,张溥为主盟。此次复社虎丘大会盛况空前。《复社纪略》卷二云:

> 癸酉春,溥约社长为虎丘大会。先期传单四出,至日,山左、江右、晋、楚、闽、浙以舟车至者数千余人,大雄宝殿不能容,生公台、千人石,鳞次布席皆满,往来丝织。游于市者争以复社会命名,刻之碑额,观者甚众,无不诧叹,以为三百年来从未一有此也。"①

蒋逸雪先生亦指出:"复社集会非一次,而以本年虎丘之会为极盛,治党社史者每艳称之。观复社成员之众,足证张氏声气之广。"②至此,"复社声气遍天下",好事者遂目张溥为阙里,社长赵自新等四人为四配,门人吕云孚等十人为十哲,其昆弟十人为十常侍,若黄等五人为五狗。张溥又借公荐、转荐、独荐等方式,不遗余力奖进门弟子。③ 此举对于科第选拔颇有影响,蔡奕琛曾据《国表》姓氏与甲戌(1634)会榜查对,发现"新进士多出社局"④。同时,张溥又与朝中文震孟、姚希孟、钱谦益、刘宗周、倪元璐、姜曰广、黄道周、陈子壮等"宇内名宿"保持密切联系,"诸公职任在外,则代之谋方面;在内,则为之谋爱立"。因此,张溥声势非凡,"虽以庶常在籍,骎骎负公辅之望"。⑤

此年复社又在南京召开癸酉大会,即国门广业社第二次雅集。据吴应箕《国门广业序》载,这一年复社南京大会由杨龙友、方以智主盟。此会他无详叙,但作为三年一度的例行大会,当与此前的庚午大会和此后的丙子大会相类似。⑥

---

① 《复社纪略》卷二。
② 蒋逸雪《张溥年谱》,齐鲁书社1982年,第29页。
③ 陆世仪《复社纪略》卷一,《东林本末(外七种)》,北京古籍出版社2002年,第232页。
④ 同上书,第250页。
⑤ 同上书,第241页。
⑥ 参阅何宗美《明末清初文人结社研究续编》,中华书局2006年,第178页。

此年，张溥又交中州名宿吴锺峦。《复社纪略》云：

> 中州名宿吴锺峦，字峦稚，宜兴周挹斋诸生时授业之师，锺峦为之延誉四方，宜兴之登巍科，其奖借之功为多。锺峦狷介有守，宜兴贵为首揆，未尝有所干请。癸酉春，锺峦游吴，谒文湛持，天如与之邂逅席次，言论丰采，迥异时流，天如心重之。询及宜兴，曰："挹斋座客，皆声色货利之辈，绝无一名士，吾不乐近之。"天如益重其人，力为引掖，得贡入北雍。复嘱湛持言选司，授宛平教谕，以便入场。是年得膺顺天乡试，荐明年甲戌会试。

其后锺峦亦引张溥为知己。

张溥于此年极力向文湛持、项煜推荐杨廷枢、陈际泰、吴峦稚。《复社纪略》卷二云：

> 先是，湛持将赴职时，郡绅饮饯于徐九一之止水，天如谓湛持曰："明年会试，同考公必压帘，今海内举子不愧会元者，惟陈大士暨杨维斗二人耳，幸留意。"湛持曰："天下人读大士文，取巍科者不知凡几，而大士久困，吾此番当收之夹袋中。"天如转语项水心煜曰："然则维斗乃公责也。"水心亦首肯。天如又言吴峦稚久为海内师范，此番不可不使之释褐。两人唯唯。比入闱，湛持压帘，觅得大士卷，袖示水心曰："昔为老社长，今作老门生。"水心狡，欲会元出己房，乃持一卷示湛持曰："已得维斗卷矣，大士、维斗与吾党交情，无少轩轾，但冠冕天下，与其邻省，毋宁吾乡。"湛持乃持卷细阅曰："诚维斗焉，何得不让？脱非维斗，奈何？"水心曰："今场屋中谁能作此等文者？若非维斗，当抉吾眼悬之国门。"湛持见其真恳，遂许之。旧例：会元必让压卷，填卷在末后，时主司注视项卷，湛持反为逊谢，出己卷先填，而让项卷冠军。及拆卷，乃李青也，湛持恚甚，然已无如之何矣。煜缪负罪，湛持正色曰："此举不惟负大士，并负张天如矣。"①

可见，在次年的会试阅卷中，文湛持如实执行张溥之叮嘱，而项煜耍了花招，

---

① 《复社纪略》卷二，见《东林本末》（外七种），北京古籍出版社2002年，第240页。

最后陈际泰、吴峦雉中式,而杨廷枢意外落榜。

此年,张溥为其父作行状。① 夏,张溥又为吴伟业父(五十)及祖母(七十五)祝寿。②

"传奇最爱桃花扇,谁唱温家绿牡丹":绿牡丹事件

由上可见,张溥的影响力并未随其归乡而减弱,反与日俱增,又因其勇斗逆党而更具号召力。崇祯六年(1633)六月,周延儒罢归,温体仁为首辅。其弟温育仁欲入复社而遭拒,为泄私愤,于是雇人作《绿牡丹传奇》讥辱复社。张溥与张采愤愤不平,共赴浙江会晤学臣黎元宽,于是身为复社同盟的黎元宽"禁书肆,毁刊本,究作传主名,执育仁家人下于狱。狱竟而后归。当是时,粤中饭命社局者,争诵两张夫子不畏强御"。③ 张溥作为一介在籍庶常,凭借个人干预竟执首辅温体仁家人下狱,显然不只是"不畏强御"的问题,而更说明其在地方具有极大的权威和影响。张鉴《书绿牡丹传奇后》对此记之甚详:

> 此吾乡温氏启衅于复社之原,近日读而知其故者鲜矣。书中以管色为乌有亡是之辞,其实柳五柳、车尚公、范思词,据《复社纪略》各有指斥,其于越人,疑亦王元趾、陈章侯一流;而吴兴沈重者,以在朝则影黎愧庵、倪三兰,在野则影张天如、杨子常、周介生辈。大致如《风筝误》、《燕子笺》,亦明季文字风气所趋,而语语讥切社长,极嬉笑怒骂之致,宜愧庵当日按试,械时闻人,究及书肆贾友,而毁版厉禁之。……盖相国子弟育仁暨二子俨、伉雇人为之。④

吴梅评《绿牡丹》复云:

> 余案石渠此书,为乌程相国攻讦复社之端,当天如之创兴复社也,湖州孙孟朴实为司邮,介绍两浙子弟,时乌程相国弟育仁欲入社,不许,因请石渠

---

① 《七录斋诗文合集·古文近稿》卷六《先考虚宇府君行状》:先君没十七年矣,今日而始为之状。
② 《七录斋诗文合集·近稿》卷二《寿吴年伯母汤太夫人寿序》。
③ 《复社纪略》卷二,见《东林本末》(外七种),北京古籍出版社2002年,第233页。
④ 张鉴《冬青馆甲集》卷六,见续修四库全书本。

(吴炳)作此词诮之。①

这一事件自然引发了温体仁与张溥继在翰林院之后的又一次激烈冲突。《复社纪略》卷二:"当黎元宽之究治书贾也,两张以为快,而温氏子弟以为辱,入京达之体仁,使为区处。体仁久震复社,得家报愈大恚,并恶元宽,欲逐之。"②于是,温体仁以黎元宽作学政时所录取试卷平庸低劣为由,予以弹劾。黎元宽遂于崇祯七年十二月革职。嗣后,在温体仁授意下,周之夔、陆文声、陈履谦、张汉儒等接连攻讦,使张溥处于舆论的风口浪尖,处境极为危险。③ 面对温体仁怂恿下,"一时谗小得意,告讦四起"的困境④,张溥、张采等日处危疑震惊中,"惴惴几蹈不测"⑤。

可见,温体仁与张溥由最初的个人恩怨上升到在朝权贵与复社的矛盾。复社之后所遭受到的一系列告讦,均与此有关。⑥

"陷士斗并倾二张":周之夔攻讦张溥及复社始末

崇祯六年秋,太仓岁歉,"大风杀稼,斗米千钱",太仓知县刘士斗担忧无粮可输漕,于是和二张商量救荒之策。张采广访博采,作《军储说》,建议改变原先的军储旧规以救荒,即以本州额输,派之各邑,张溥为之作跋语,因共谒刘士斗而详言之。刘士斗亦觉可行,于是据此上疏两院。此时周之夔正任府篆,得刘士斗申文,欲借此倾陷刘士斗和二张。⑦ 于是,周之夔以诳语从张采处获得《军储说》手

---

① 吴梅《曲选》卷四,上海商务印书馆1930年,第8页。
② 《复社纪略》卷二。
③ 吴伟业《复社纪事》,《东林本末(外七种)》,北京古籍出版社2002年,第185页。
④ 文秉《烈皇小识》,续修四库全书本。
⑤ 王志庆《祭张天如文》,转引蒋逸雪《张溥年谱》,齐鲁书社1982年,第37页。
⑥ 《复社纪略》卷二:"娄江与乌程开大隙已。未几,有苏理(周之夔)申文一事。"
⑦ 按:周之夔原是复社中人,又是张溥同年,与张溥交善。后因职务问题与张溥、张采、刘士斗生隙。《复社纪略》卷二:"苏理刑周之夔字章甫,福建莆田人,素与吴越声气通,崇祯辛未,天如同榜进士,官吴郡司理,与社局诸人雅相善也。时东粤刘瞻文讳士斗亦同籍、知太仓州事,下车后,每事咨之。受先及天如告假归里,尝与瞻文密相左右焉。旧例:邑吏分考,每有纪录,故有司争欲得之,以郡临邑县,考房恒逊理官。癸酉南闱,之夔已谋定易三房矣,两张为州官地,临期骤易士斗,之夔心恨三人特甚。"《明史稿·张溥传》云:"闽人周之夔者,前为苏州推官,主兑运,溥及太仓知州刘士斗私其州人议,以本州额输,派之各邑,之夔不可,以此忤溥。已之夔坐事罢官,疑溥为之,恨甚。至是闻文声讦奏,遂缀服伏阙。"

稿，即上疏坐二张悖违祖制、紊乱漕规，指责刘士斗行媚乡绅。冬十一月，周之夔又向总漕及巡漕两学士揭发。十二月，刘士斗署昆山县事，因运丁勒加赠耗，导致军民相殴。泗州卫指挥张景文、巡漕万好善因之疏劾刘士斗。旨下，著刘士斗降四级调用。刘士斗平日治娄清廉，士民不愿其离去，二张尤为痛惜。于是在公会之日，二张当面斥责周之夔，周自知理屈，无地自容。二张又进一步给周之夔施加舆论压力，写信给在朝同道者如黄道周、蒋德璟等，黄道周等人因此颇为鄙弃周之夔。周之夔的房师许士柔也劝周之夔改弦更过，否则为时贤所弃，影响仕途。文震孟也指责说苏州的两个廉吏被周之夔给赶走了。在此种舆论压力下，周之夔只好向台司自揭其咎，冀人原之。但事已至此，收效甚微。①

崇祯七年(1634)三月，太仓知州刘士斗因周之夔等所论，罢去。张溥与张采、吴伟业等约刘士斗游东郊。② 张采、张溥均有诗纪之。张采诗序云："东郊，为映薇刘侯作也。侯笃民事，以忌者论去。娄民万人白巡方御史，疏请还公，于是余与允尊、天如、骏公约公游东郊，作是诗以伤其意，又不敢云饯送，以冀公来，故曰东郊也。"③其四云：

> 春来山水有清音，奈尔穷途碎蜀琴。
> 何处写心渔父问，几人捉鼻雏生吟。
> 可为廉吏云依古，得遇明君岂怨今。
> 回首不堪高处望，离情满目夕阴阴。

张溥和之，作《东郊饯刘明府次受先韵》，其一云：

> 回峦窗静答清音，竹集流烟抱石琴。
> 欲报晚衙听燕语，且听高苑作吴吟。
> 民风如草犹依昔，花性同君不近今。
> 拟问武丘留客处，出门春色遍桑阴。

---

① 《复社纪略》卷二，见《东林本末》(外七种)，北京古籍出版社2002年，第236页。
② 冯其庸、叶君远《吴梅村年谱》，文化艺术出版社2007年，第54页。
③ 张采《太仓州志》卷十四《艺文志·诗征》有张采《东郊》诗四首。

在为刘士斗的饯行会上,二张以酒酹地,情绪激昂地说:"异日使贤父母独离地方者,有如此酒!"因此令门人制檄文驱逐周之夔。四月,乘周之夔下学,诸生噪而逐之。因为首诸生多为权要之子,周之夔羞愤不已,却有苦难言,惟有杜门谢职。两台又从中调解,命周之夔署吴江篆以远避。周之夔刚一到吴江,复社生徒又噪逐如郡城时。周之夔觉得无路可走,于是又开始极力攻讦二张,并致信文震孟说明情况,同时致信二张,与复社寻隙。张采回信,义正词严地予以反驳,周之夔理屈词穷,于是请病归,不许。九月,又改请养亲,不许。①

崇祯八年(1635)二月初三,周之夔又复任。莅任月余,郡中士绅无一投刺拜访。自春至夏,勉强支持,屡乞文休,获准致仕。七月去任,八月到家。去任之际,心内愤愤不已,于是又作《复社或问》,进一步攻击复社,指斥张溥"讦为僭端"。

崇祯九年八月,蔡奕琛怂恿李应寉为周之夔辨冤枉,被冯元飙识破后,李应寉怕惹祸,于是赶快让周之夔上京自陈,周之夔只好具呈应天府。《复社纪略》卷四记此甚详:

> 文声选湖广永州府道州吏目以去,……奕琛计无所出,左右有言前泗州卫弁李应寉以逋运负罪,居户部,系奕琛使人授之旨,供条陈漕政利弊,为之夔辨冤,通政司奏闻,有旨:"周之夔果否因病乞养?着该抚按确实具奏,不许徇饰取咎!"抚臣张国维,按臣路振飞,下道臣根查。道臣冯元飙覆言:"李应寉假借言事,代人游说,妄引祖制,与漕例不合。"乃引红牌例,坐应寉说谎欺君,罪在不赦。应寉惧及祸,挟奕琛手书至闽,令之夔赴阙辨白,原官可复得,且有不次升擢。之夔母服未终,应命。九年八月,之夔具呈应天府按。②

崇祯十年(1637)二月,周之夔又具《复社首恶紊乱漕规逐官杀弁朋党蔑旨疏》。二张"惴惴几蹈不测"。③ 陈子龙《自撰年谱》亦云:

> 崇帧十年,丁丑,……一时无赖恶少年蜂起飙发,纵横长安中,俱以附会

---

① 《复社纪略》卷二,见《东林本末》(外七种),北京古籍出版社2002年,第239页。
② 《复社纪略》卷四,见《东林本末》(外七种),北京古籍出版社2002年,第274页。
③ 王志庆《祭张天如文》。

时相,矜夸旦夕得大官矣。闽人周之夔者,旧司李于吴,险人也,有宿嫌于二张,以病去官,寻丧母家居,揣时宰意,缞绖走七千里,入都门告密,云二张且反。天子疑之,下其事抚按。……之夔既上书,因石斋师比之人枭,憾甚。又疑予辈为二张地道,则以黄纸大书石斋师及予与彝仲、骏公数人之名,云二张橐金数万,数人者为之囊橐投之东厂。又负书于背,蹩蹩行长安街,见贵人舆马过,则举以愬之,蜚语且上闻,人皆为予危之。①

可见,周之夔诋毁的范围进一步扩大,连及复社中多人。

崇祯十一年十月,应天巡按张国维奏覆周之夔疏评案。驳斥了周之夔的疏评。

"穷流测源,竟陵之功,要不可诬也":张溥等复社魁目评点谭元春集

崇祯六年秋,由竟陵派作家张泽与张溥、张采等二十余位复社魁目评点的《新刻谭友夏合集》刊行。此集共二十三卷,卷首署"明谭元春撰,明徐汧、张泽等评",②整个评点、刻印诸事务由张泽主持,参评者二十二人,依卷分评,张泽参与每一卷的评点并作序。其中张溥评点第四卷。③ 李慈铭先生认为是书"盖皆出此人手也",④即认为是张泽个人行为。何宗美先生则认为"评点刻印谭元春集为复社群体行为而非全为张泽个人之举。"⑤笔者以为,应以后说为是。理由有二:其一,谭元春时已为"社会闻人",又"一门兄弟五人俱加入了复社",故受到了"复社领袖们相当隆重的礼遇"。⑥ 张溥《庄子序》云:"友夏兄弟,余昔交好。"其二,谭元春与张溥有同门之谊。据《新刻谭友夏合集》卷二《奉和座主李太虚翰林

---

① 陈子龙《自撰年谱》。
② 《新刻谭友夏合集》,见续修四库全书本。
③ 评点分工:卷一徐汧,卷二朱隗,卷三潘一桂,卷四张溥,卷五秦德滋,卷六杨廷枢,卷七钱禧,卷八顾梦麟,卷九杨彝,卷十周立勋,卷一一张采,卷一二周钟,卷一三黄传祖,卷一四王玉汝,卷一五钱栴,卷一六朱茂晖,卷一七盛于邻,卷一八、一九周铨,卷二十沈自炳,卷二十一方孔文(即方文),卷二十二成德榲,卷二十三盛民荃。
④ 李慈铭《越缦堂读书记》别集类《谭友夏合集》条,上海书店出版社2000年,第970页。
⑤ 何宗美《明末清初文人结社研究续编》,中华书局2006年,第288页。
⑥ 陈广宏师《竟陵派研究》,复旦大学出版社2006年,第55页,第56页,第294页。

黄鹤楼放歌》,李太虚即李明睿,亦是张溥、吴伟业的座师,则张溥与谭元春为同门。①

此年夏,黄宗羲来访。②

"谗小得意,告讦四起":陆文声、张汉儒等攻讦张溥及复社

在此期间,温体仁着力排斥朝中东党士人。"崇祯七年,温体仁指使亲信疏参黎元宽'进学冒滥'、'取录徇私',黎遂于当年十二月革职。东林党后进文震孟崇祯八年七月入阁,十一月即罢。刘宗周、黄道周、倪元璐等也纷纷遭贬,郑鄤被加上逼父杖母的罪名磔死。"③

崇祯九年(1636)二月,温体仁又令陈启新上书言事,借以打击复社,张溥不免有忧谗之嗟。④ 吴伟业《复社纪事》云:

> 乌程窃国柄,阴鸷惨核,谋于其党刑侍郎蔡奕琛、兵给事中薛国观,思所以剚刃东南诸君子。先生扼腕太息,蚤夜呼愤。其门弟子从苕、霅间来者,具得相温阴事,名为廉洁奉法,实纵子弟暴横乡里,招权利,通金钱。先生引满听之,以为笑谑,语稍稍流闻。相温时盛修郄虞山,思一举并中之,未得间也。会上忧耳目壅阏,诏吏民极陈时政阙失,山阳一妄庸武生上书言事,躐拜吏给事中。海内轻躁险波之徒,竞思构奇抵巇,以封事得官。相温阴计此便,遂钩致陈履谦、张汉儒与谋。履谦、汉儒者,故虞山胥吏,有罪亡命入京师,而政府遣腹心延之东第,密受记,告牧斋及其门人瞿公式耜所为不法。相温从中下其章,锒铛逮治,而复社之狱并起。⑤

《复社纪略·复社总纲》亦云:"丙子九年,张汉儒疏讦钱谦益、瞿式耜,奉旨逮问。"

五月,张溥同里陆文声亦起来告讦复社。《复社纪略·复社总纲》云:"(丙子

---

① 可参阅《李明睿钩沉》,见施祖毓《明清文史论丛》,天马图书有限公司2002年,第163—180页。
② 蒋逸雪《张溥年谱》,齐鲁书社1982年,第33页。
③ 廖可斌《明代文学复古运动研究》,上海古籍出版社1994年,第359页。
④ 蒋逸雪《张溥年谱》,齐鲁书社1982年,第34页。
⑤ 吴伟业《复社纪事》,《吴梅村全集》,第602页。

九年)五月,监生陆文声疏论复社。"关于陆文声其人及其告讦缘由,陆世仪《复社纪略》卷四有详细记载:

> 陆文声字居实,少读书外父贡士周文潜家。时受先亦从文潜受经,两人同塾成交。后受先中进士,文声亦援例入雍。时钱肃乐来守娄东,于缙绅中独信受先,言听计从,立乡约正副,博采人言,分别淑慝而劝惩之,政声藉甚。文声间亦条陈地方利弊,肃乐亦采之。时有一陶姓恶人,所为不法,受先嫉之,列其款恶,欲达当道,偶置现下,文声窃视,漏泄其事,陶人往张自辨,受先知文声所为,因大怒。文声央杨姓老儒同至张所解释,受先不顾,竟将文声褫抉,老儒厉声责受先,乃止。时丙子三月也。文声不堪楚辱,忿恨之甚,因星变求言。乃裒集受先交通上官,把持武断诸事,缮疏走入京,期登闻上奏。①

《明史》张溥传亦云:"里人陆文声者,输赀为监生,求入社不许,采又尝以事抉之。文声诣阙言:'风俗之弊,皆原于士子。溥、采为主盟,倡复社,乱天下。'"②可见,此人纯粹为一无赖。

陆文声通过同乡王时敏求见温体仁。王时敏因家奴张崟逃跑藏于张采处,张采又通过州太守周仲琏向王时敏给赎金,为张崟削奴籍。王时敏碍于周仲琏,只好勉强答应,由是对张采恨甚。故王时敏听说陆文声要告讦张采后,立刻带其见蔡弈琛,蔡氏即拿陆文声疏稿见温体仁,温体仁对于张采并不熟知,转而授意若能弹治张溥,则可授官。蔡奕琛于是草撰疏稿,交于陆文声。陆氏上疏后,诏旨云:"太仓复社结党恣行、把持武断,提学臣所职何事?致士习嚣横如此!著倪元珙一面查究惩饬,据实回奏。"复社奉旨后,张溥派人对陆文声之子陆茂贞云:"忝在同里,与尊君素昧平生,若因他人负罪而无故加兵,是城火池殃也,如阴鸷何!"陆茂贞于是赴京,以张溥之语劝诫其父。陆文声初默不做声,陆茂贞于是以利害相示:"复社党羽半天下,独不为子孙计乎?"陆文声于是答应不再告讦。此时,夏允彝、陈子龙、吴克孝等在京候选,认为陆氏必系温体仁指使,于是商议不

---

① 《复社纪略》卷四,见《东林本末》(外七种),北京古籍出版社2002年,第270页。
② 张廷玉等《明史》,中华书局1974年,第7405页。

若使之就选,然后再安排于外地,以平息此场告讦。于是几人出资活动,将其安排在外地。陆茂贞回娄后,张溥携其见苏松道冯元飏、郡知府陈洪谧,云陆氏已就外选,不必再顾虑其参劾了。又拜见倪元珙,云可具疏回奏。倪元珙回奏后,温体仁自然不满,下旨云:"倪元珙隐居徇,著降二级,调外任。"《明史·温体仁传》亦云:"庶吉士张溥、知县张采等倡为复社,与东林相应和。体仁因推官周之夔及奸人陆文声讦奏,将兴大狱。严旨察治,以提学御史倪元珙、海道副史冯元飏不承风指,皆降谪之。"①倪元珙调外后,复社诸公愤愤不平,于是"疏参温相无虚日"。蔡奕琛于是又令陆文声上第二疏。这次,陆文声再未敢答应。文秉《烈皇小识》指出在温体仁的怂恿下,"一时谗小得意,告讦四起。"②

面对"谗小得意,告讦四起"的困境,张溥、张采等日处危疑震惊中。王志庆《祭张天如文》云:"丙子、丁丑之间,鬼蜮嚣张,萤语毒蛰,天如与受先惴惴几蹈不测。"③张采《祭天如兄文》云:"方子丑间,两人如几上肉,弋人眈视,外传缇骑且至,一日数惊。"④杜登春《社事始末》亦云:"西铭批读经史,为千秋事业,而中夜不安,唯恐朝廷尚以党人目之也。彼为小人者,即无吹求之端,而窃窃自疑。"⑤

在此背景下,复社同人不惧强权,于此年举行丙子大会,即国门广业社第三次雅集。⑥ 张溥及其同人的倔强不屈令人敬佩。这一年复社南京社集规模最为盛大,吴应箕有"再一举行,而莫盛于姚北若丙子之役"之谓,政治运动的色彩亦日渐浓厚,面对"攻之者且四面至""天下方以社事为讳"的事态,大会盟主东林党人姚思仁之孙姚澣激励社友说:"吾党所先者,道也;所急者,谊也;所讲求者,异日之风烈事功;所借以通气类者,此文艺;而假以宣彼我之怀者,此觞聚也。今天子圣明,深以儒效不彰,疑科举士为无用,吾党思所以仰副当宁之意,以闲执谗慝之口者,则举视此聚耳,何畏哉。"⑦

此年夏,张采在茅山病重几死,周镳、周钟等哭于床头。张采于是开始安排后事,欲将妻儿托付于张溥。后来张采有幸得到名医黄岐彬的治疗而病愈,而张

---

① 张廷玉等《明史》,中华书局 1974 年,第 7937 页。
② 文秉《烈皇小识》,见续修四库全书本。
③ 转引自蒋逸雪《张溥年谱》,第 37 页。
④ 张采《知畏堂文存》卷九《祭天如兄文》,四库禁毁书丛刊本。
⑤ 杜登春《社事始末》。
⑥ 吴应箕《楼山堂集》卷一七《国门广业序》,续修四库全书本。
⑦ 吴应箕《楼山堂集》卷一七《国门广业序》,见续修四库全书本。

溥却逝于其前,遗记之人反受遗也。① 真造物弄人,不可解也。

此年六月,张溥《七录斋诗文合集》刊布。《七录斋诗文合集》十六卷,古文近稿六卷,古文存稿五卷,馆课一卷,论略一卷,诗稿三卷。卷首有周钟《七录斋集序》和支益《七录斋诗文合集序》,对张溥推崇备至。周钟《七录斋集序》云:

> 天如生于元美之乡,而才繇天授,智禀无师,凡经函子部,迄历代掌故家言,君子小人所以进退,夷狄盗贼所以盛衰,兵刑钱谷之数,典礼制作之大,无不博极群书,涉口成诵。至其援笔为文,气高风逸。昔人所谓研京十年,练都一纪者。天如授牍如宿成,文不加点,高眄遐瞩,千里之外,万年之遥,若在眉睫。体含自然之华,动有烟云之气。诚文家之乐事,间代之逸才矣。

支益《七录斋诗文合集序》云:"夫子年未强仕,著述删正,周匝经史。生平不知碁局几道,樗蒱齿名。宾宴之时,不辍书卷。周公旦朝读书百篇,暮见七十士,庶几近之。"

是年柳如是十九岁,见张溥,移居云间。钮琇《觚賸·河东君》云:

> 盛泽归家院有名伎徐佛者,能琴,善画兰草。虽僻居湖市,而四方才流,履满其室。丙子春,娄东张西铭以庶常在假,过吴江,泊垂虹亭下,易小舟访之。佛他适,其弟子曰杨爱,色美于徐,绮谈雅什亦复过之。西铭一见倾意,携至垂虹,缱绻而别。爱于是心喜自负。谓我生不辰,堕兹埃壒,然非良耦,不以委身。今三吴之间,簪缨云集,膏粱纨绔,形同木偶,而帖括呫唔,幸窃科第者,皆伧父耳。唯博学好古,旷代逸才,我乃从之。所谓天下有一人知己,死且无憾,矧盛泽固駔侩之薮也,能郁郁久此土乎?遂易"杨"以"柳",而"是"其名。闻箬城陈卧子为云间绣虎,移家结邻,觊有所遇。……居松久之,屡以刺谒陈,陈严正不易近,且观其名纸自称女弟,意滋不悦。②

陈寅恪先生《柳如是别传》对此予以考定,云:"兹所欲考者,即崇祯九年丙子,河

---

① 见张采《祭天如兄文》、《送黄岐彬序》。
② 钮琇《觚賸》,重庆出版社1999年,第56页。又胡文楷《柳如是年谱》,范景中等编纂《柳如是事辑》,中国美术学院出版社2002年,第467页。

东君与张西铭会见一事。据蒋逸雪编《张溥年谱》崇祯九年丙子条云'九月出游苏锡江阴,十月始归',关于曾访盛泽镇及游垂虹亭等事,皆无痕迹可寻。但次云之言,必非虚构。岂天如于此年秋间出游苏锡,乘便一往盛泽耶?若此推测不误,则河东君之遇见张天如,乃在是年六月于鸳湖遇见程朱两人之后矣。"①又云:"寅恪尝谓河东君及其同时名姝,多善吟咏,工书画,与吴越党社胜流交游,以男女之情兼师友之谊,记载流传,今古乐道,推原其故,虽由于诸人天资明慧,虚心向学使然。但亦因非闺房之闭处,无礼法之拘牵,遂得从容与一时名士往来,受其影响,有以致之也。"②

"交游文物,照耀江左":张溥于温体仁罢后举行社集

崇祯十年(1637)秋,温体仁罢,"复社之狱始稍稍解"③。张溥与吴应箕、杨廷枢、周镳、沈寿民、沈昆铜、方密之、陈贞慧、顾杲等众多社友在虎丘集会,"交游文物,照耀江左"。夏燮《忠节吴次尾先生年谱》云:

> 崇祯十年,丁丑,八月,抵苏,寓虎丘之竹亭僧舍,与张天如同寓。集中《感事赠天如虎丘》,"寥落相逢处,金闾气正秋",时正中秋八月也。又云"自古论忧患,贤人受独苛",谓天如方罹狱祸也。按乌程构复社之狱,先后钩致周之夔、陆文声、陈履谦、张汉儒等告讦钱谦益、瞿式耜并及娄东,其后奸状泄,上始悟体仁从中主其谋,命枷死汉儒等,乌程以病免,复社之狱始稍稍解。一时社中诸君子,朋簪毕集:杨维斗本吴人,自张天如至自娄东外,若周仲驭自金沙来,沈眉生自宣州来,方密之自龙眠来,陈百史自濑阳来,陈卧子自云间来,沈昆铜自于湖来,而陈定生、顾子方闻先生亦自阳羡、梁溪来,于是复社之会,交游文物,照耀江左。④

集会后,陈贞慧、周镳、梅朗中至娄。⑤ 陈贞慧《山阳录》云:

---

① 陈寅恪《柳如是别传》,三联书店2001年,第238—239页。
② 陈寅恪《柳如是别传》,三联书店2001年,第75页。
③ 夏燮《忠节吴次尾先生年谱》,北京图书馆藏珍本年谱丛刊第61册,北京图书馆出版社1998年,第543页。
④ 夏燮《忠节吴次尾先生年谱》,北京图书馆藏珍本年谱丛刊第61册,北京图书馆出版社1998年,第543—544页。
⑤ 蒋逸雪案:夏燮《吴次尾先生年谱》谓本年八月虎邱之集,周仲驭自金沙来,陈定生自阳羡来,意张氏虎邱返棹,陈、周等随行,同至娄上论学也。

（张溥）文丰蔚典赡，兼家巫、庶子之长。崇帧丁丑，余与仲驭、朗三涛诗酒娄上，见其宾客辐辏，幨帷如云，口授吟谣，手校坟典，筝歌赏笑，五官并应，绝叹为二刘更生。①

十月，张溥母金孺人六十。钱谦益、张采及吴越数十州之士，为之祝寿，场面宏大。钱谦益受众人邀请撰写寿词《太仓张氏寿宴序》，对张溥期待甚高。其文云：

天如以命世大儒，在承明著作之庭，讲道论德，离经辨志，昌明《伐木》《菁莪》之谊于斯世。于孺人之称寿也，耆艾近前，俊乂列后，鱼鱼雅雅，以献以酢，其为孝养也大矣。视束氏之《补亡》，求《南陔》《白华》之义于晨餐夕膳之间，固不可同日而语矣。数十年以来，持国论者，以钩党禁学为能事，驯至于虏寇交讧，国势削蹙，朝廷之上，惟无通人硕儒，通经学古，修先王《小雅》之政教，是以若此。善哉天如之寿其亲也，吾有望矣。②

"逸人天地窄，有北未敢投"：公讨阮大铖

崇祯十一年（1638），魏阉余党阮大铖窜伏南部，潜谋不轨。八月，复社顾杲、黄宗羲、吴应箕、陈贞慧等一百四十二人乃为《留都防乱公揭》以逐之。《明史·奸臣传·阮大铖》云：

大铖避居南京，颇招纳游侠为谈兵说剑，觊以边才召。无锡顾杲、吴县杨廷枢、芜湖沈士柱、馀姚黄宗羲、鄞县万泰等，皆复社中名士，方聚讲南京，恶大铖甚，作《留都防乱揭》逐之。大铖惧，乃闭门谢客。③

吴应箕《与友人论留都防乱公揭书》亦云："留都防乱一揭，乃顾子方倡之。

---

① 陈贞慧《山阳录》，见周骏富辑《明代传记丛刊》第127册，明文书局1991年，第635页。
② 钱谦益《初学集》卷三十九《太仓张氏寿宴序》，见清钱谦益著，清钱曾笺注，钱仲联标校，《钱牧斋全集》，上海古籍出版社2003年，第1064—1066页。
③ 张廷玉等《明史》，中华书局1974年，第7939页。

质之于弟,谓可必行无疑者,遂刻之以传。"①在《留都防乱公揭》中诸复社名士义正辞严,指斥阮大铖"幸乱乐祸,图度非产,造立语言,招徕党类,上以把持官府,下以摇通都耳目,……献策魏珰,倾残善类,此义士同悲,忠臣共愤,所不必更述矣。乃自逆案既定之后,愈肆凶恶,增置爪牙,而又每骄语人曰:'吾将翻案矣!吾将起用矣!'……乃逃往南京,其恶愈甚,其焰愈张,歌儿舞女,充溢后庭,广厦高轩,照耀街衢。日与南北在案诸逆,交通不绝,恐喝多端。"阮大铖遭此羞辱,心中"恨之刺骨"。②于是派人收买檄文,收不胜收。徐鼒《小腆纪年》云:

  流贼扰江北,烽火及于瓜步。诸名士且疑大铖为内应,刊《留都防乱公揭》逐之,列名者百四十人。大铖独身逃匿牛首之祖堂,使其腹心收买檄文,愈收而布愈广。③

  值得注意的是,在一百四十二人中并无张溥之名,蒋逸雪先生认为虽无张溥之名,但其必预闻其事。④揆以情理,应当如此。张溥在复社中的地位至高无上,复社的所有重要举措,无一不与张溥相关。张溥此次虽未列名,但预知其事并有所指示是毫无疑问的。至此,张溥已为复社最高领袖,随着复社年轻成员的日渐成熟和积极参与斗争活动,张溥逐渐从一线转战幕后,仍决策、策划和指挥着复社的重要活动。这从本年徐孚远、陈子龙、宋存南编成《皇明经世文编》一事也可看出。张溥《皇明经世文编序》云:

  余间语同志,读书大事,当分经、史、古、今为四部。读经者辑儒家,读史者辨世代,读古者通典实,读今者专本朝。就性所近,分部而治。合数人之力,治其一部,不出二十年,其学必成。同志闻者,咸是余说。而云间陈卧子、徐闇公、宋辕木尤乐为之。天下英绝,闭关讨论,直欲以一人兼四部,不难也。客年,与余盱衡当代,思就国史。余谓贤者识大,宜先经济。三君子

---

① 吴应箕《楼山堂集》卷十五,续修四库全书本。
② 全祖望《梨洲先生神道碑文》,朱铸禹《全祖望集汇校集注》,上海古籍出版社2000年,第215页。
③ 徐鼒《小腆纪年附考》,中华书局1957年,第191页。
④ 蒋逸雪《张溥年谱》。

唯唯,遂大搜群集,采择典要,名《经世文编》,卷凡五百。①

可知此书实际是在张溥的建议和指示下完成的。此书也正是对张溥"务为有用"思想的践行。

这次南都防乱公揭事件具有深远的影响和意义,值得注意的是,此次事件中的主体力量主要是在野的生员,这表明在日趋激烈的斗争中,士人们已经无法不闻不问埋首书斋了,他们逐渐成为与阉党余孽斗争的主要力量。"通过这样在野的政治运动,生员层政治意识急速高昂,也产生出了组织起来的集团之力的确信。而且比什么都重要的,无疑是培育了他们相互间的连带意识。"②

九月,少詹事黄道周被谪为江西布政司都事。

喜得贵子,悲失嫡母

崇祯十二年(1639),张溥喜得一子。③

是年,张溥嫡母潘氏亡,④前来"会吊者不下万人","四方会吊毕,退而大集于虎丘,为复社最盛事"。⑤张溥仍是这次社集的主盟。

冬,杨廷麟至太仓,与张溥、吴伟业会饮十日。程嘉燧为杨廷麟画《髯将军图》,钱谦益为作短歌,吴伟业为作《临江参军》一诗。⑥几人相得甚欢。

"案久未结,谗言罔极":复社十大罪檄事件

崇祯十三年(1640)四月,黄道周以"党邪乱政"罪名被逮下狱⑦。

此年,又有托名嘉定徐怀丹者制《复社十大罪檄》,矛头直指张溥、张采及复社。列其十大罪为:一曰僭拟天王,一曰妄称先圣,一曰煽聚朋党,一曰妨贤树

---

① 《七录斋近集》卷三《皇明经世文编序》。
② 小野和子《明季党社考》,上海古籍出版社2006年,第296页。
③ 张采《知畏堂文存》卷八《庶常天如张公行状》。
④ 吴伟业《张母潘孺人墓志铭》:"崇帧己卯,孺人亡。"见《吴梅村全集》,上海古籍出版社1990年,第981页。
⑤ 张鉴《书复社姓氏录后二》(《冬青馆甲集》卷六):"西铭妻金之丧,会吊者不下万人。"蒋逸雪认为妻金当作潘孺人,是。
⑥ 《梅村诗话》:"已而机部过宜兴,访卢公子孙。再放舟娄中,与天如师及余会饮十日,嘉定程孟阳为画《髯将军图》,钱牧斋作短歌,余得《临江参军》一章,凡数十韵。"见《吴梅村全集》,上海古籍出版社1990年,第1137页。
⑦ 蒋平阶《东林始末》,《东林本末(外七种)》,北京古籍出版社2002年,第63页。

权,一曰招集匪人,一曰伤风败俗,一曰谤讪横议,一曰污坏品行,一曰窃位失节,一曰召寇致灾。杨彝《复社事实》云:"苏州推官周之夔希阁臣意,墨绖诣阙,讦奏溥等树党挟持,案久末结,谗言罔极,至有草檄以伸复社十罪者。"可见,这是在周之夔、陆文声、张汉儒等攻讦事件没有得到解决下,时势的进一步恶化。张溥等人继续在奸小的攻讦下如履薄冰。

六月,给事中袁恺疏参贪官受贿,首辅薛国观回籍,家臣傅永淳、少司寇蔡奕琛俱下狱。薛国观寻被逮捕入都,赐死。薛观国之死给备受攻击的复社提供了一丝喘息之机,也为周延儒的复出留出了空间。

"天如将倾身家以图之":谋救黄道周

黄道周下狱后,张溥伤之,"必欲叫阍,请一死以明其忠纯,及叶润山、涂德公言皆不入,知烈皇不可谏"①,遂与陈子龙竭力谋救黄道周。

陈子龙集中有《与张庶常书》,主要是同张溥商议如何营救黄道周,信中云:

> 漳浦之狱,元老保全善类之心甚笃,此足下左右之功也,昨已驰笺申谢。但此时圣怒方深,进谏之方,解释之机,元老必有妙用,鄙意偶有所及,敢为商之?……弟之鄙塞,非足以上赞渊深,而不避其辞之繁者,拳拳之怀,不能自已也。不敢具书以渎元老,谨以商之足下。②

七月,陈子龙在鹿城夜遇张溥,商议谋救黄道周,张溥决意"将倾身家以图之"③。陈子龙《自撰年谱》云:

> 崇帧十三年庚辰七月,南还,遇石斋师于邵伯驿,询京师近事。缇帅促行颇迫,须臾别去。师意甚慷慨,而予亦不胜唏嘘矣。至鹿城,夜遇天如,议急石斋之难,天如将倾身家以图之,真有贾彪之风,予甚愧焉。④

---

① 黄道周《黄石斋先生文集》卷十一《张天如墓志》,续修四库全书本。
② 陈子龙《陈子龙文集》,华东师大出版社1988年,第434页。
③ 陈子龙《自撰年谱》,《陈子龙全集》,人民文学出版社2011年,第946页。
④ 陈子龙《自撰年谱》,王英志辑校《陈子龙全集》,人民文学出版社2011年,第946页。

陈子龙《哭张天如先生二十四首》其二十自注亦云："石斋师之逮,天如经营急难备至。"①《太仓州志·张溥传》云："(张)溥与朋友周笃,闻正人患难,如身受。"②于此可知。

陈子龙翌年回忆此事,作《去岁孟秋十三夜予从京师归,遇天如于鹿城,谈至四鼓而别,孰知遂成永诀也。今秋是夜泊舟禾郡,月明如昨,不胜怆然。二首》,其一云:

> 日暮维舟枫树林,玉峰峰外漏沈沈。
> 那堪独对当时月,泪落吴江秋水深。

全诗寓情于景,"枫树林"含有招魂和怀念故友之意,"秋水深"形容感情之深。③

此年张溥与孙淳别于昆山。孙淳作《玉峰塔下别天如》:

> 经过便听塔铃声,谁能销魂此日情?
> 客为谭深催别幕,船随潮便报帆轻。
> 偶因怀友重凭槛,悔不看山再入城。
> 二十余年芳草寺,隔查相望水盈盈。④

是年,张溥幼子殇,年仅二岁。⑤悲痛感伤,自不必言。

"非起复宜兴终是孤立之局":谋起周延儒

崇祯十四年(1641)二月,黄道周戍辰州卫。

在经过持续不断的攻评事件后,张溥感伤不已,担心祸患将及,杜登春《社事始末》云:"西铭之心已隐然大伤,虑乎祸患将及,无可解免,虽门弟子日进,而社

---

① 陈子龙《哭张天如先生二十四首》,王英志辑校《陈子龙全集》,人民文学出版社2011年,第646页。
② 张采《人物志·张溥》,钱素乐、张采《太仓州志》卷十三,明崇祯刻清康熙补刻本。
③ 《元明清诗鉴赏辞典》,上海辞书出版社1994年,第751页。
④ 孙淳《玉峰塔下别天如》。
⑤ 张采《知畏堂文存》卷八《庶常天如张公行状》,四库禁毁书丛刊本。

局之盟会,寝以少息。"①同时,复社处境日益艰难,人人自危,不敢齿及复社。当时"三吴子弟,各自一宗,不敢齿及复社二字者数年。然原原本本,无一非复社之子弟也,无一非娄东之及门与其门人小子也。"②

于是张溥与社中魁目想到策划周延儒复出,以缓和复社局势的主意,并极力鼓动周延儒谋救黄道周:"救黄漳浦是为朝廷存一直臣,非救漳浦也。今国家事莫大于此者,愿公任之!"③关于周延儒复出的细节各书记载不一,《明史·周延儒传》云张溥与吴昌时交结内侍,恰逢薛国观败后,崇祯亦牵念周延儒,故周因是复出:

> 始延儒里居,颇从东林游,善姚希孟、罗喻义,既陷钱谦益,遂仇东林。及主会试,所取士张溥、马世奇等,又皆东林也。至是归,失势,心内惭。而体仁益横,越五年始去。去而张至发、薛国观相继当国,与杨嗣昌等并以媢疾称。一时正人郑三俊、刘宗周、黄道周等皆得罪。溥等忧之,说延儒曰:"公若再相,易前辙,可重得贤声。"延儒以为然。溥友吴昌时为交关近侍,冯铨复助为谋。会帝亦颇思延儒,而国观适败。十四年二月诏起延儒。九月至京,复为首辅。寻加少师兼太子太师,进吏部尚书、中极殿大学士。④

杜登春《社事始末》则云此乃张溥与钱谦益、项煜、徐汧等人密谋后,派仆人王成传密信于吴昌时而成,情节颇详:

> 是时乌程去位,杨、薛相继秉国钧,窥见主上崇儒扶正,深眷娄东,无吹求西铭之意,门下或有私附杨、薛以图显荣者,以故西铭得以逍遥林下,批读经史,为千秋事业,而中夜不安,唯恐朝端尚以党魁目之也。计非起复宜兴,终成孤立之势。乃与钱牧斋、项水心、徐勿斋、马素修诸先生谋于虎丘石佛寺,遣干仆王成赍七札入选君吴来之先生昌时邸中。吴先生者,一时手操朝柄,呼吸通帝座之人也。而辇毂番子密布内外,线索难通。王成以七札熟

---

① 杜登春《社事始末》,丛书集成初编本,中华书局1991年。
② 杜登春《社事始末》,丛书集成初编本,中华书局1991年。
③ 黄道周《黄石斋先生文集》卷十一《张天如墓志》。
④ 张廷玉等《明史》,中华书局1974年,第7928页。

读,一字一割,杂败絮中,至吴帐为裵衣褾法,得达群要。此得之王成口,最详确,是辛巳二月间事。①

吴伟业《复社纪事》则云此乃吴昌时与张溥、周钟、盛顺等人所谋:

> 吴来之昌时为礼部郎,移书先生曰:"虞山毁不用,湛持相不三月被逐,东南党狱日闻,非阳羡复出不足弭祸。主上于用舍多独断,然不能无中援,惟丹阳盛顺伯可与谋。"顺伯时客先生所,故与介生姻旧,雅负权谲,见其书,奋曰:"来之策诚善,顾非公言莫足鼓动者,某请衔命矣。"先生嘿不应。来之以己意数申款,问遗中贵人,卒不能得要领,间刺探一二禁密语,疏中数为人传说,沾沾自多,公卿固侧目。国观以私人王陛彦赇遗事败,下北司考,竟得罪。陛彦,云间人,出自吴氏,国观微疑语泄以及此祸,将死,语监者曰:"吴昌时杀我。"语上闻,来之不以为忧,顾色喜。已而阳羡果召,召自出上意,初非有他也,而来之自谓谋已行,视世事弥不足为。②

文秉《烈皇小识》卷七则云此乃张溥与吴昌时、冯铨、侯恂、阮大铖共同出资而成:

> 于是庶吉士张溥,礼部员外郎吴昌时为之经营,涿州冯铨、河南侯恂、桐城阮大铖等,分任一股,每股银万金,共费六万两。③

计六奇《明季北略·召周延儒》则云此乃贺顺、侯恂、吴昌时、内侍谋划而成:

> 辛巳四月,召前大学士周延儒、张至发、贺逢圣入朝。……初延儒既罢,丹阳监生贺顺、虞城侯氏共敛金,属太监等,冀乘间得复相。至是召用,主事吴昌时之力居多,延儒德之。"④

---

① 杜登春《社事始末》,丛书集成初编本,中华书局1991年,第6页。
② 吴伟业著,李学颖集评标校,《吴梅村全集》,上海古籍出版社1990年,第604页。
③ 文秉《烈皇小识》,见续修四库全书本。
④ 计六奇《明季北略》,中华书局1984年,第289页。

周同谷《霜猨集》于周延儒再起亦有诗三首,皆涉及到张溥。语近传奇,事在可信可不信之间。兹备录如下:

其一
新来艳质可怜身,绣幕留香别作春。
再召东山为国计,画船箫鼓闹江滨。

洞庭山富家娶妇,少而美,夫死,妇独居。一日,闻街头鼓乐声,谓侍儿曰:"谁家娶亲?盍往观之。"遂出门坐花轿中,下太湖而去。富家讼之县,县申道,下檄缉捕甚急。娶亲者惧事泄,以其妇盛妆送宜兴周延儒,大见宠悦。无何,太仓张溥为门户计,鸠金赂要津,宜兴得再召。然无行意,曰:"不如在家安乐。"溥乃见张道台,令以朱单捕妇,语侵相国。溥见宜兴,出单于袖中,宜兴大怒。溥曰:"此小事,不足介意,今高卧不起,将来祸有大于此者。"宜兴悟,遂行。坐楼船,树大纛,上绣"东山再召"四字,祭赛江神,酣饮弥月,始进京。

其二
二册书成注复删,莫防灯下鬼神环。
西铭夫子郢都主,生死荣枯一笔间。

张溥字天如,一字西铭,创举复社,门人七千,称西铭夫子。宜兴再召,溥欲尽用其党人,而杀异己者,书二册以进延儒。

其三
月堕西江歌舞阑,中原一片血沉丹。
故人昨夜魂游岱,相国方言好作官。

张西铭死,讣至,延儒谓座客曰:"天如奈何遽死!"既而曰:"天如死,吾方好作官。"客曰:"庶常吾道干城,公何出此言?"延儒出二册示客曰:"此皆天如所欲杀者,教我如何杀得尽?"见者骇然。①

综合以上材料可以看出,周延儒能够成功复出,东山再起,足见张溥之影响

---

① 周同谷《霜猨集》,《丛书集成新编》本第71册,台北新文丰出版公司1986年,第610页。

力与运作能力非同小可。攻评者云张溥"遥执朝政"①,可见亦尽非凭空捏造。然而,周延儒的复出绝非史书中寥寥几笔那样简单,其难度之大,牵涉之广,是难以想象的。张溥为此心力憔悴,在周延儒复出不久即溘然长逝。当然,周延儒能够复出最终还是取决于崇祯皇帝。而当时温体仁下台后,崇祯对阁臣都不满意,而对前首辅周延儒有所好感和怀念,故欣然同意了周的复出。②

周延儒再起后,朝政一新。《明史·周延儒传》云:

> 延儒被召,溥等以数事要之,延儒慨然曰:"吾当锐意行之,以谢诸公。"既入朝,悉反体仁辈弊政。首请释漕粮白粮欠户,蠲民间积逋,凡兵残岁荒地,减见年两税,苏、松、常、嘉、湖诸府大水,许以明年夏麦代漕粮。宥戍罪以下,皆得还家。复诖误举人,广取士额及召还言事迁谪诸臣李清等。帝皆忻然从之。延儒又言:"老成名德,不可轻弃。"于是郑三俊长吏部,刘宗周掌都察院,范景文长工部,倪元璐佐兵部,皆起自废籍。其他李邦华、张国维、徐石麒、张玮、金光辰等,布满九列。释在狱傅宗龙等,赠已故文震孟、姚希孟等官。中外翕然称贺。尝燕侍,帝语及黄道周,时道周方谪戍辰州。延儒曰:"道周气质少偏,然学与守皆可用。"蒋德璟请移道周戍近地。延儒曰:"上欲用即用之耳,何必移戍。"帝即日复道周官。其因事开释如此。③

周延儒复出后,有二举是深得人心、顺应时代要求的。其一,废除东厂以及锦衣卫缉事等特务机构。其二,废除监督宦官(撤中使)。④

后人对张溥谋起周延儒及周延儒初起时新政,给予了正面评价。至于后来周延儒乱政,名入奸臣,则认为这也是由于张溥已逝,周延儒不复闻正言之故。蒋平阶《东林始末》云:

> 初延儒再召,时庶吉士张溥、马世奇以公论感动之,故其所举措,尽反前事,向之所排,更援而进之。上亦虚己以听。溥既殁,世奇远权势,不入都,

---

① 陆世仪《复社纪略》卷一,《东林本末(外七种)》,北京古籍出版社2002年,第242页。
② 文秉《烈皇小识》,见续修四库全书本。
③ 张廷玉《明史》,中华书局1974年,第7928—7929页。
④ 参阅小野和子《明季党社考》,上海古籍出版社2006年,第300页。

延儒左右皆昌时辈,以至于败。①

进一步看,周延儒的复出,在某种意义上来说,是复社力量和意愿在朝政上的反映,故周延儒内阁的垮台"与其说是周延儒个人的,还不如说反映出了让他居于首辅之位、又占据了政府各个要职却没能将此支撑住的东林、复社,作为组织的弱小和政治力量的不足。"②

"月甚明,我将行矣":从容离世

崇祯十四(1641)年四月,张溥与张采重订共读之约。张采《祭天如兄文》云:"乃前念(即廿)有七日,兄远归。薄暮抵我俭斋,酒行甚欢。弟见兄担荷颇重,因语汉侯庙将落成,拟构旁隙地数楹,为潜息计。兄抱幞被,两人寒窗拥炉,仍修旧日静业。兄唯唯。岂知别即称病,至此极耶。"

五月初八日丑时,张溥卒。③"临殁,尚讲《易》,谓侍者曰:'月甚明,我将行矣。'遂逝。"④悟道给人最高的从容——历经忧患与磨难的张溥在悟道的境界中,从容地离开了那个动荡的行将崩溃的社会。

张溥之死,后人曾怀疑是非正常死亡。计六奇云张溥之死为吴昌时下毒所致:

> 昌时与张溥同为画策建功人,淮安道上张溥破腹,昌时以一剂送入九泉,忌延儒密室有两人也,其忍心如此。⑤

蒋逸雪先生不同意这种观点并予以辩白,认为:其一时间不相符,其二从陈子龙的挽诗看亦不似中毒而死,真正的原因是张溥以天下自任,而惮于讥谗,因而促折年寿,虽宜兴再起,而病根已深,不可究治。笔者亦认为综合张采、吴梅村、黄道周等人的记载来看,张溥应为病卒。张采《庶常天如张公行状》云:"牵连

---

① 蒋平阶《东林始末》,《东林本末》(外七种)本,北京古籍出版社 2002 年,第 67 页。
② 小野和子《明季党社考》,上海古籍出版社 2006 年,第 303 页。
③ 张采《知畏堂文存》卷八《庶常天如张公行状》,四库禁毁书丛刊本。
④ 陈子龙《哭张天如先生二十四首》其二十二。
⑤ 计六奇《明季北略》,中华书局 1984 年,第 343 页。

六七年,而公怫怫死矣。"张采《太仓州志·张溥传》云:"辛巳,溥暴病卒。"①吴伟业《复社纪事》云:"先生前十日属疾卒于家,千里内外皆会哭,私谥曰仁学先生,崇祯十四年辛巳五月也。"②黄道周《张天如墓志》云:"余受逮下诏狱,公益侘傺,出从宜兴,归遂郁郁病,数日不起。故公之退退而死,则亦惟余之故也。"③

张溥死后,"远近赴吊,哭多失声"④,"海内会葬者万人",⑤连马士英也前去吊唁。⑥ 众友人撰文作诗,纷纷哭祭张溥。张采作《祭天如兄文》,其文云:

呜呼!兄死系治乱,使不得见治平,则为国家哭;人师经师已矣,为弟子哭;述作遗后人,迟且徐竟,则为万世哭。凡此人当尽云然。

张采后又作《庶常天如张公行状》,详述其生平行事。陈子龙作《哭张天如先生》二十四首⑦,其一云:

江城日日坐相思,尺素俄传绝命辞。
读罢惊魂如梦里,千行清泪不成悲。

其十二云:

文章弘丽润岩廊,下笔如云扫七襄。
自是才高人莫学,一时枚马有兼长。

---

① 张采辑《太仓州志》卷十三,明崇祯刻清康熙补刻本,复旦大学馆藏。
② 吴伟业著,李学颖集评标校,《吴梅村全集》,上海古籍出版社1990年,第604页。
③ 黄道周《黄石斋先生文集》,续修四库全书本。
④ 同上。
⑤ 杜登春《社事始末》,见谈蓓芳整理《陈子龙集·附录》,海南国际新闻出版中心出版1996年,第495页。
⑥ 《明通鉴》附编卷一下云:"初,高弘图力言逆案不可翻,阮大铖及马士英并怒。一日阁中言及故庶吉士张溥,士英曰:'吾故人也,死酹而哭之。'姜曰广笑曰:'公哭东林,亦东林耶?'士英曰:'我非畔东林,东林拒我耳。'"见夏燮《明通鉴》,岳麓书社1999年,第2567页。
⑦ 王英志辑校《陈子龙全集》,人民文学出版社2011年,第645—647页。

其二十四云：

　　八月胥江浊浪奔，千人缟素为招魂。
　　自怜越界惭皇甫，不得相从哭寝门。

陈子龙又作《愍昧》三首伤吊张溥。其序云：

《愍昧》者，吊友人吴郡张溥而作也。溥才资广赡，泛爱好贤，有济世之量。遭谗不用，又以夭死。溥既死之后，党人复倾谮之，将加以比周罔上之罪。吁嗟甚矣！愍者，伤在内也；昧者，叹天道幽昧，莫测其正也。①

黄道周作《哭张西铭二章》，其二云：

　　可怜北斗掩光仪，已见明河藻雪时。
　　人事总从丹史过，君心不与青蝇知。
　　十年著作千秋秘，一代文章百世师。
　　缟带难将娄海泪，蛮烟瘴岭共相思。②

黄道周后又作《张天如墓志》。其文云："念我哲人，喟焉发慨。西无华峨，东无泰岱。人无天如，精华尽晦。"③孙淳作《悲类吟，哭天如也》，诗云：

　　偶因文事立鸡坛，不料浮言起百端。
　　生死几人知痛哭，风波惟我共艰难。
　　北门学士虚华屋，南郭先生为抚棺。
　　不负当年风雨夜，并将松柏厉余寒。④

---

① 王英志辑校《陈子龙全集》，人民文学出版社2011年，第1036页。
② 黄道周《明漳浦黄忠端公全集》卷四七《哭张西铭二章》，清道光九年刊本。
③ 黄道周《黄石斋先生文集》卷十一。
④ 孙淳《梅绾居存草》。

夏完淳作《招魂并序》，其序云：

> 张西铭先生，家大人金石交也。予小子获乌爱焉。五龄侍函丈，摘疑赐问，音徽宛存。乃淳年未一纪，而先生遽捐馆舍。先生在柱下三年，从初服者六年。时惟小往，天子勤左席之求，海内喁喁望先生，而先生一旦溘然矣。呜呼哀哉！云沉沉而欲泣，天淡淡而生悲。兰旌惨惨，柏路凄凄，华发无依，清踪难觏。玉碎珠沉，蕙燔芝折。鸾函三万轴，永矣尘封；鸡树十余年，遐哉云冥！呜呼！先生之魂，将安往耶！天之报施善人何其酷耶！于是溯清风而大招之。①

黎遂球作《祭张天如文》，其文云：

> 遂球他日过娄东，与受先先观天如之遗书，对天如之兄弟，拜天如之母。此时天如之朋友，其以名为利者未必在也，其为义者自当如故，倘复相与蝉连夜语，不益潸然泪下也乎？呜呼！夫天如之可哀者，不止一端，曰：母在堂，子未生，年未老，官未达。而以吾道望之，夫天如之可哀，则又有进于此。②

张溥殁后，门人私谥曰仁学先生。无子，其妾生一遗腹女，寻夭。明年，张采、钱谦益等为立嗣。女一，张采初为许字嘉定侯檠③，后嫁吴孙祥。④

次年，张溥《七录斋近集》十六卷由友人张采刊布。张采《西铭近集序》云："此我亡友张子遗集也。不名遗集者，先是张子裒其古文辞，比次连类，名曰《近集》，授诸书史矣。殁前二日，犹手执雠校，则后死者不忍有芟益，故仍其自名。"

"十年著作千秋秘，一代文章百世师"⑤。张溥之死，是复社的重大损失。张溥的声誉名望和杰出的组织才能对于维系复社具有举足轻重的作用，纵观复社

---

① 夏完淳著，白坚笺校《夏完淳集笺校》，上海古籍出版社1991年，第57页。
② 黎遂球《莲须阁集》卷二十五，四库禁毁书丛刊集部第183册。
③ 张采《知畏堂文存》卷八《庶常天如张公行状》，四库禁毁书丛刊本。
④ 吴伟业《清河述家法》，见《吴梅村全集》，上海古籍出版社1990年，第609页。蒋逸雪《张溥年谱》。
⑤ 黄道周《明漳浦黄忠端公全集》卷四七《哭张西铭二章》，清道光九年刊本。

众人,虽多名士俊彦,但尚无一人能够完全取代张溥,黄道周云"人无天如,精华尽晦"①,陈子龙云"自是才高人莫学"②,当是写实。此后明清易代的冲击和清廷禁止结社的禁令,更是对复社致命的打击。复社虽在清初还举行过几次小规模的聚会,但很快就烟消云散了。

"溥已卒,而事犹未竟":张溥死后犹有波澜

张溥殁后,仍遭到刑部侍郎蔡奕琛的攻讦,云张溥"一里居庶常,结党招权,阴握黜陟之柄"③,"遥握朝柄"④。于是诏旨严责二张回奏,张采上《具陈复社本末疏》为之痛切辩白:

> 谓复社是臣事,则出处年月不符;谓复社非臣事,则溥实臣至交。生同砥砺,死避罗弋,负义图全,臣不出此。窃惟文者昭代之所重,社者古义所不废,推广溥志,不过欲楷模文体,羽翼经传耳,未尝有一毫出位跃冶之思也。至于《或问》及《罪檄》,此忌溥者罗织虚无,假名巧诋,不惟臣生者不闻,亦溥死者不知。若使徐怀丹果有其人,臣愿剖心与质,倘其人乌有,则事必诬构。独念溥日夜解经论文,矢心报称,曾未一日服官,怀忠入地。即今严纶之下,并不得泣血自明,良足哀悼。⑤

所言令人酸鼻痛骨。此时周延儒复任首辅,又从中为之开脱,御史刘熙祚、给事中姜埰也先后上书云张溥砥行博闻,所纂述经史,有功圣学,可供御览。于是崇祯帝遂诏张溥遗书,有司先后录上三千余卷。时人荣之。⑥至此生前备受攻讦的张溥在殁后二年,得到了朝廷的认可,往昔声誉又得到恢复。

然而好景不长,清顺治九年(1652),礼部题奉钦依条约八款,颁刻学宫,末款即是"生员不许纠党多人,立盟结社",⑦即严禁结社,这意味着作为明代颇具影

---

① 黄道周《黄石斋先生文集》卷十一《张天如墓志》。
② 陈子龙《哭张天如先生二十四首》,《陈子龙诗集》,上海古籍出版社,2006年,第590页。
③ 蒋平阶《东林始末》,《东林本末(外七种)》,北京古籍出版社2002年,第65页。
④ 张廷玉等《明史》,中华书局1974年,第7406页。
⑤ 张采《知畏堂文存》卷一《具陈复社本末疏》。
⑥ 张廷玉等《明史》,中华书局1974年,第7406页。
⑦ 托津等《钦定大清会典事例(嘉庆朝)》卷三一一《礼部·学校·训士规条》,台湾文海出版社1991年,第3717页。

响力的文社主盟张溥在清代必无好评。乾隆敕修《四库全书》时即将张溥的文集《七录斋》集和大部分著述列为禁书,四库馆臣对张溥的评价亦以否定意见为主。张溥著述由御览之书一变而成禁毁之书,张溥其人由"其人如日,其道如山"①一变而成"人品不足取,诗文俱有违悖处"②,世事难料,毁誉无常,历史之变化常有让人不得不深慨者。

顺便再提一笔,张溥殁后二十年(顺治十七年,1660),仆人陈三欺压张溥妻王氏及继子张永锡、女婿吴孙祥,于是由吴伟业出面,联系张溥故旧数人,庭审陈三,整顿家法,迫其交还霸占之财产。③ 张溥身后家庭之衰落,由此可见一斑。

综上所述,张溥在晚明"名声震天下"④。张溥具有极高的才学、突出的组织能力和社会活动能力,又有张载般阔大的抱负(其号西铭,即来自于张载《西铭》,隐寓"民吾同胞,物吾与也"的深意,传承着张载"为天地立心,为生民立命,为往圣继绝学,为万世开太平"的精神),慨然以天下为己任。张溥一生涉足文社、科场、朝政,通过创立和主盟中国古代第一大文社,影响科场选举和朝政人事,将广大生员、官员及地方士绅紧密联系起来,使社局与朝局相为表里,至有"遥执朝政"之诋与"虽不作相,有相之功"⑤之誉。从同时人或誉或毁的评价中,可以看出张溥在晚明的巨大影响。

---

① 刘城《祭张天如文》,《峄桐文集诗集》,四库禁毁书丛刊本。
② 清姚觐元编、孙殿起辑《清代禁毁书目(补遗)·清代禁书知见录》,商务印书馆1957年,第1957页。
③ 吴伟业《清河家法述》,见《吴梅村全集》,上海古籍出版社1990年,第609页。
④ 刘声木《苌楚斋五笔》卷四,《中华大典·明清文学分典》第二册,凤凰出版社2005年,第1327页。
⑤ 刘城《祭张天如文》,《峄桐文集诗集》,四库禁毁书丛刊本。

第二章　张溥交游初考

张溥为明代第一大文社复社之领袖,著名的社会活动家和学者,其为人"亲贤下士",①归贤如流,宽于待人,"虚怀善下,有求辄应",②"泛交博爱"③"又急友声"④,乐于奖掖后进,"其孜孜善类,护持正人,与引迪后进,几于饥不及餐"⑤,前后组织过多次社团集会,中进士后又任职翰林院二年,故其交游颇广,朝野俱有其友声,有"从游遍天下"⑥"出门友天下"⑦"两公(张溥、张采)之友满天下"⑧之说。限于篇幅,现择其要者,重点选择与之交游较密具有代表性的四位重要人物进行考述(更多交游者在《张溥生平考述》部分已多有涉及)。

一、"娄东二张"交游考述

张溥与张采二人同里,交游最密,契合无间,共学齐名,号"娄东二张"。⑨ 张溥因居太仓城西,人称西张先生。张采(1596—1648),字受先,号南郭,天启七年、崇祯元年连中举人、进士,授临川知县,后病归。《明史》本传附张溥传下。因居太仓城南,人称南张先生。

娄东二张自万历四十八年暨泰昌元年(1620)订交,至崇祯十四年(1641)张溥去世,前后相交二十二年,情逾兄弟,"形影相依,声息相接,乐善规过,互推畏

---

① 邹漪《启祯野乘卷七·张庶常传》周骏富辑《明人传记丛刊》第127册,明文书局1991年,第268页。
② 万斯同《明史·张溥传》。
③ 张廷玉等《明史》卷二八八《张采传》,中华书局1974年,第7407页。
④ 张采《知畏堂文存》卷三《西铭近集序》。
⑤ 张采《知畏堂文存》卷九《祭天如兄文》:"天如赋性忠义,志笃孝友,其孜孜善类,护持正人,与引迪后进,几于饥不及餐。"吴伟业《复社纪事》:"先生性好士,穷乡末学,粗知好古攻文,辄许与不置口,赖其奖擢成名者数十百人。"
⑥ 张采《知畏堂文存》卷三《天如合稿序》。
⑦ 张采《知畏堂文存》卷九《祭张天如文》。
⑧ 吴伟业《朱昭芑墓志铭》,《吴梅村全集》第948页。
⑨ 张廷玉等《明史》卷二八八《张溥传》,中华书局1974年,第7405页。

友"。① 二张又有二度联姻之谊,互托遗孤之义,患难与共,生死不渝,诚谓生死之交。明人魏象枢《友箴》曾概括了八种朋友类型:"朋友之格八,有道德相亲而交者,有学问相成而交者,有气节相感而交者,有然诺相信而交者,有政治相助而交者,有才技相合而交者,有诗文相尚而交者,有山水相娱而交者。"②考之娄东二张交游行实,兼具八格,实为难得。在世风日下,士风日偷,奸佞弄权,士大夫逢迎溜须、互相攻讦的晚明,娄东二张的交谊颇为难得,也至为感人。

关于娄东二张之交游,前章《张溥生平考述》已多有涉及,笔者亦有专文《"娄东二张"交游考》发表③,现再稍作补充,以详其所略。

(一)家世遭际,颇为相似。

娄东二张的家世及少年遭遇颇为相似,"行义文业相似,遭际亦复不殊",④可谓难兄难弟,同病相怜。二张皆年少丧父,万历四十五年(1617)张溥丧父,时年十六,同年张采亦丧父,时年二十二。二张之父俱为庠生,为人忠厚,行事亦颇为相似,在家庭中贡献颇多,且谦恭礼让,以家庭和谐孝友为重。然而却屡遭家人或家奴的讼告倾陷,二张之父皆因此而病逝。张溥父"行善多阴德"⑤"一生施仁行义,急人之穷,如恐不及"⑥,对其长兄张辅之处处忍让,万方期适其意,然却屡遭长兄家奴陈鹏、过昆的构陷,以至屡受摧辱饮恨而逝,张溥对此刻骨铭心,记忆犹新,"二奴慭间不已,先君病中辄惊悸,初犹指画语言,既剧,绝不发口。"⑦张采父"生平务急人""以孝弟为本"⑧,"有道方正,好排难解纷"⑨,"素急人急,见有冤抑,不惜以身为援。家无担石,每一济人,辄百方假贷。"⑩张采父处处谦让,自居南宅,将"颇美竹木池沼"的北宅让于兄弟。张采父又有一幼弟,"长不率训,好游敖,不数年,产立尽,则思啗赠君兄以为弟以为利,株讼不止。"其幼弟成年后,

---

① 张采《知畏堂文存》卷九《祭张天如文》。
② 魏象枢《寒松堂集》,丛书集成初编本,第330页。
③ 陆岩军《"娄东二张"交游考》,《兰州学刊》2014年第8期。
④ 《七录斋诗文合集·近稿》卷一《章敬明令君稿序》。
⑤ 张采《知畏堂文存》卷八《庶常天如张公行状》。
⑥ 《七录斋诗文合集·近稿》卷六《先考虚宇府君行状》。
⑦ 《七录斋诗文合集·近稿》卷六《先考虚宇府君行状》。
⑧ 《七录斋诗文合集·近稿》卷四《赠文林郎张太翁封孺人苏太母合葬墓志铭》。
⑨ 《七录斋诗文合集·近稿》卷四《赠文林郎张太翁封孺人苏太母合葬墓志铭》。
⑩ 张采《知畏堂文存》卷八《先考赠君行略》。

仍不成器,率二子多次骚扰:

> 嬖人子性不驯,其所生二子又好闲荡,为椎埋,与闾巷奸萌相比,施无礼于赠君。父子时撼门,戟手詈,投瓦盎庭中。邻人忿,欲一击。赠君力止之,曰:"是固我叔,毋足怪。"嬖人子知于理不顺,则父子自破面出血,走控有司,日叫呼挺撞以为常。①

家门不幸,屡遭折辱,张采父亦因此而逝。"赠君素刚,不能含茹人,独隐情屈之。一日不闻其父子噪声,则举手称庆,于是积忧病疡矣。"②张采父死后,其叔仍不断倾陷:

> 赠君既没,嬖人子即以诉牒要令君于丧中。时令君已为州庠生,拘召未即至,即设危辞摇州大夫,激使怒,即胁令君见州大夫。令君见州大夫,俯伏泣不能起,州大夫见其衣中衣新衰,异之,问状。令君具以事对,州大夫怒,抵几,击嬖人子杖之。令君为免冠谢,嬖人子少戢。

少年丧父,对二张心中的创痛是深远的。张溥云:"至赋命之不辰,有父不能终事而徒养其母,此又天下之至悲","溥与受先同为少子,未成人皆失怙,惟母氏之依,动静与俱,每讽愿为人兄之言,则潸然如雨矣。"③

二张之父的谦让助人的性格对二张的为人和性格有很大的影响。受其父行事的影响,娄东二张亦以孝友为重,竭力照顾家人,襄助友朋。张溥"闻善人难,如身及,不暇卒食"④,内至兄弟娶妇嫁女,外至安葬师友,抚养友人遗孤,抚恤师友家属,在在多有:

> 既通籍,凡诸兄弟嫁女娶妇,不辞频复。交朋友有信,州诸生沈承,字君烈,负才而夭,妻薄少君相继,遗孤仅生五月,断乳且毙。公抱归,抚为子,名

---

① 《七录斋诗文合集·近稿》卷四《赠文林郎张太翁封孺人苏太母合葬墓志铭》。
② 《七录斋诗文合集·近稿》卷四《赠文林郎张太翁封孺人苏太母合葬墓志铭》。
③ 《七录斋集论略》卷五《张伯母膺封序》。
④ 张采《知畏堂文存》卷八《庶常天如张公行状》。

张忱。余字以第三女。后余女死临上,忱随公死京师。公与君烈交不厚,第怜才,自急义耳。蒙师刘振溪死,公操文哭祭,约管子士琬卜地成葬,岁恤其妻若子。友人何孝廉南春、杜秋曹麟征、曹宪副三用、许黄门国荣皆先公死,以孤托,公咸孜孜不遗力。①

张采于家人师友亦是如此。在兄长士鲁亡后,张采帮助抚养遗孤。在挚友张溥逝后,张采为之辨清白,作祭文,撰行状,立后嗣,毅然承担起抚养其老母幼子的重任,处处关照。

二张之父在家庭的不幸遭遇也对二张"束身自好,避恶如仇"②性格的形成有很大的影响。如二张日后起草檄文驱逐顾秉谦,会晤学臣黎元宽,请毁《绿牡丹传奇》刊本,并执温育仁家人下狱,都是这种"不畏强御"③性格的体现。但相对来说,张溥性格较为宽厚,张采性格则较为严毅,《明史》云:"溥性宽,泛交博爱。采特严毅,喜甄别可否,人有过,尝面叱之。知临川,摧强扶弱,声大起。"④张采为人严毅,见人有过,不但当面叱之,甚至抶之,如对同里监生陆文声"尝以事抶之"。⑤ 张溥云:"夫受先端身行,慎好恶,练学达志。见一不正之人,不正之事,则涧沭在容,有怀矫枉,思挺而掊其纠谲;闻一不正之言,累日乌乎,苦伤愁气内出。"⑥黄与坚亦云:"(张采)于是非可否之介别白显切,使读之者蹶然以起,若犹见其须眉怒张,批捫辨论。"⑦张溥复云:"余间有作,谐少近于失经,受先即容辞俱危,不容再措小辨。临事之际,受先有气敢往,排捍在前,复善以礼颜相开,担夫孺子,必谕之,晓晓然使得疏明。而余多敛不即发,恒私自意念,彼必能先见也。"⑧张采亦自云:"天如静无侈言,难于发人过。予遇事风起,多失当,天如退而规诸是。两人行止弗离,偶一事不经折衷,则数日不决。为文一首,不质对,终

---

① 张采《知畏堂文存》卷八《庶常天如张公行状》。
② 张采《知畏堂文存》卷十《约同盟启》。
③ 陆世仪《复社纪略》,见《东林本末》(外七种),北京:北京古籍出版社,2002年,第233页。
④ 张廷玉等《明史》卷二八八《张采传》,中华书局1974年,第7407页。
⑤ 张廷玉等《明史》卷二八八《张溥传》,中华书局1974年,第7405页。
⑥ 《七录斋诗文合集·存稿》卷一《试牍正风序》。
⑦ 黄与坚《序》,张采《知畏堂文存》卷首。
⑧ 《七录斋集论略》卷二《张受先稿序》。

不轻出。予因受节度,乃天如固有大者。"①

(二)亲如一家,生死相托。

二张出入与俱,尤以七录斋共读为人称道。天启三年(1623),张采为父亲守孝结束后,张溥即邀张采至七录斋共读②,直至天启七年(1627),前后凡五年。二张在七录斋共学时,"两人深相得,不能顷步离,隔三日即信使相望"。③ 共学之乐,令人欣羡。张采《曹忍生稿序》亦云:"友朋之乐,无如寅卯两年间者。时与天如读书七录斋,稽古有获,即相对欣辨,忘其寝处。"④

二张自七录斋共读以来,两家亲如一家。张采《庶常天如张公行状》云:"公生时,与采虽不同宗谱,家人第呼南门西门。以所居称谓,实不分两家。"⑤张采于张溥家人照顾实多。张溥对此颇为感慨:

> 往者戊辰(1628)之岁,予母五十生日,受先适成进士,归拜予母于堂。昨岁(1630),予登贤书,受先复归。北行之日,惟以老母为托。予留京时,不能即归,受先即代予为子,朝夕问起居,任劳费,虽米盐琐事必日告之南门。南门者,以受先居南而名也。予母入都,受先复为具身柎,慎防卫,使之百无所虑而后行。呜呼!凡予之出入大礼,内外凌杂,受先无不闻也。予母之吉祥善事,朝夕饔飧,受先无不亲也。⑥

张溥亦经常到张采家,"予时至受先之家,受先辄掖母出见,指予名字,序往事以告,太母为一启齿。"⑦"五年以前,太母病,几不起,受先请于神,愿以身代,其事秘,独予闻之。"⑧

二张又两度以儿女联姻,关系更趋亲密。张溥云:

---

① 张采《知畏堂文存》卷三《天如稿序》。
② 《七录斋诗文合集·近稿》卷四《赠文林郎张太翁封孺人苏太母合葬墓志铭》:令君终赠君制,即读书溥家,孺人辄戒勿归。
③ 张采《知畏堂文存》卷八《庶常天如张公行状》。
④ 张采《知畏堂文存》卷三《曹忍生稿序》。
⑤ 张采《知畏堂文集》卷八《庶常天如张公行状》。
⑥ 《七录斋诗文合集·近稿》卷五《哭苏太母文》。
⑦ 《七录斋诗文合集·近稿》卷五《哭苏太母文》。
⑧ 《七录斋诗文合集·近稿》卷五《哭苏太母文》。

受先有季女,许予之养子忱,携之临川,竟以痘亡。太母哭之哀,几目盲。时受先未有子,妇临孕,予以书相约曰:"嫂若生女,当配我子;若生男,我当择女配之。"后受先果生子,太母甚欢。予遂择王氏女许之。①

张采《祭张天如文》亦云:"两家交不系姻,然成姻亦自密也。"②

二张生死与共,互以后事相托。先是,张采病重几死,托后事于张溥。张采《祭张天如文》云:"犹记丙子(1636)夏,弟在茅山,且死矣。仲驭介生哭床头。弟无少沾恋,中心谓山妻固贫家妇,足自了,两儿是天如事,亦无弗了。"其后张采病愈,张溥竟暴病而亡,张采毅然承担起张溥后事。张采《庶常天如张公行状》云:"遗腹举女以后,采不能辞责矣。公生时,与采虽不同宗谱,家人第呼南门西门。以所居称谓,实不分两家。没后处分,采固不避剧易。"③张采《祭张天如文》复云:"老母弱室,将复谁视?移采茅山病中心事。采一日不死,何弗了也。金母制哀,采供子职,王嫂节踊,天必祐善。遗腹得男,方尝母苦。"④

(三)相互推重,彼此欣赏。

二张交密,相互推重,"互推畏友"⑤,彼此欣赏,"两人相爱敬,不啻家兄弟"。⑥

张采对张溥的器识、赋性、文章、志向赞许有加。张采《天如稿序》云:"天如器识百倍予。……天如小予六年,所读书较予不下多几万卷,未尝有骄色。"⑦张采《天如合稿序》云:"天如非名士,盖贤士也。"⑧张采《祭张天如文》云:"天如赋性忠义,志笃孝友,其孜孜善类,护持正人,与引迪后进,几于饥不及餐。"⑨张采对张溥期望甚高,以继绪韩欧为望。张采《天如合稿序》云:

---

① 《七录斋诗文合集·近稿》卷五《哭苏太母文》。
② 张采《知畏堂文存》卷九《祭张天如文》。
③ 张采《知畏堂文存》卷八《庶常天如张公行状》。
④ 张采《知畏堂文存》卷九《祭张天如文》。
⑤ 张采《知畏堂文存》卷九《祭张天如文》。
⑥ 张采《知畏堂文存》卷三《天如合稿序》。
⑦ 张采《知畏堂文存》卷三《天如稿序》。
⑧ 张采《知畏堂文存》卷三《天如合稿序》。
⑨ 张采《知畏堂文存》卷九《祭张天如文》。

> 余尝谓昌黎韩子，振起衰敝，然道不甚行，门人张籍之徒，犹未尽帖服，贻书规讽。殁四百年，得欧阳子而后推尊于人人。吾党相期，虽不以韩欧为归，第以文词论，则韩欧之后，能不以继绪之事，任诸天如乎？①

张溥亦对张采敬重有加。张溥《黎佐严稿序》云"受先朴学"②，《张受先稿序》亦云"受先之为高于时，宁文焉已哉""受先与余六年同晨夕，盖其人文信之矣"。③《张伯服膺封序》复云张采"清绝之操，卓荦一世"。④《顾聚之稿序》又云张采"守方履正"。⑤

(四)文事往来，唱和频频。

二张文事往来极多。

二张相互作序。天启七年(1627)，张采中举人，张溥作《张受先稿序》。崇祯元年(1628)春，张采成进士，张溥作《张受先稿再序》。此年张采封文林郎，其父、其母、其妻俱得封赠，张溥时在太学，代作《赠文林郎制 代》、《封苏孺人制》、《封文林郎制》、《封秦孺人制》。崇祯二年(1629)，张溥代刘彦为张采《太仓州志》作序。⑥ 崇祯六年(1633)，张采编选《两汉文》，张溥作序。⑦ 张采作《军储说》⑧，张溥作《书军储说后》。张溥又为张采《礼质》、《试牍正风》、《房书选》、《房书艺志》作《礼质序》、《试牍正风序》、《受先房书选序》、《房书艺志序》。张采则为张溥著作先后作《天如稿序》、《天如合稿序》、《论略题辞》、《春秋三书序》、《西铭近集序》。张采又评阅《七录斋集论略》，撰写眉评。张溥亡后，张采又代张溥整理刊刻遗著《春秋三书》、《七录斋近集》，云《春秋三书》为张溥"著作大维"⑨，云《七录

---

① 张采《知畏堂文存》卷三《天如合稿序》。
② 《七录斋集论略》卷二《黎佐严稿序》。
③ 《七录斋集论略》卷二《张受先稿序》。
④ 《七录斋集论略》卷四《张伯母膺封序》。
⑤ 《七录斋诗文和集·古文近稿》卷三《顾聚之稿序》。
⑥ 见《太仓州志序 代》，复旦馆藏张采《太仓州志》有张溥《重刻太仓州志序代作》，旁有批语：代州守刘彦心蓦也，时崇祯已巳岁。
⑦ 《七录斋诗文合集·近稿》卷二《两汉文选序》。
⑧ 张采《知畏堂集》文卷十一。
⑨ 张采《知畏堂文存》卷二《春秋三书序》。

斋近集》"仪观都美,慎静尔雅"。①

张溥又作《张伯母膺封序》、《哭苏太母文》、《赠文林郎张太翁封孺人苏太母合葬墓志铭》。张采则撰有《庶常天如张公行状》、《祭张天如文》、《祭张伯母金太君文》。

在张采出任临川知县期间,张溥亦曾代张采作序作诗,如代作《龚南虞六十序 代张受先》、《国表序 代张受先》、《吴镇朴先生六十序 代》、《次侯壅瞻口号五首》其三,代作之难,非关系莫逆者不能为,张溥代作亦得到张采的赞赏。如张采评《龚南虞六十序 代张受先》云:"使予为此,非不有其情,其如格格不出,何独天如代予言,则次第如画,横观古今,惟司马、欧阳足称耳。"

二张又多次俱为他人作序。如俱为陈际泰《太乙山房文集》、叶必泰稿②、《陈大士会稿》③、朱子强《苍崖子集》④、《曹忍生稿》⑤、《三蔡稿》⑥、张露生稿⑦作序,俱为沈太君⑧、吴长孺⑨、王敬之⑩、苏太君⑪作寿序,俱为剑光阁社作序题词⑫,俱为医生黄岐彬作赠文赠诗⑬,俱为宋华之作祭文祭诗⑭。

二张诗歌唱和之作,更是在在皆是。如张溥作许氏三节诗《褚太君》、《王太君》、《归太君》,张采《许氏三节诗次天如韵》⑮。张溥作《登马鞍山》,张采作《同九一天如登马鞍山 二首》⑯。张溥作《丙园即事》,张采作《王与游丙园即事步天

---

① 张采《知畏堂文存》卷二《西铭近集序》。
② 《七录斋诗文合集·近稿》卷之二《叶必泰稿序》,张采《知畏堂文存》卷二《叶必泰稿序》。
③ 张采选陈大士《会稿》,张采作《陈大士稿序》张溥作《陈大士会稿序》。
④ 张采《朱子强苍崖子序》,张溥《苍崖子序》。
⑤ 张采作《曹忍生稿序》,张溥《曹忍生稿序》。
⑥ 张采作《三蔡稿序》,张溥《三蔡稿序》。
⑦ 张采作《张露生稿序》,张溥作《张露生师稿序》。
⑧ 张采《知畏堂集》文卷四《李母沈太君寿序》。
⑨ 张采作《吴长孺寿序》,张溥作《吴长孺五衰序》。
⑩ 张采作《王敬之寿序》,张溥作《寿王敬之六十序》,又有诗《题赠王敬之六十》。
⑪ 张采作《黎母苏太君寿序》,张溥作《祝黎母苏太君七十》。
⑫ 张采作《题剑光阁社》,张溥《剑光社刻序》。
⑬ 张采作《送黄岐彬 有序》,张溥作《赠黄岐彬》。
⑭ 张溥作《哭宋华之有序 四首》。张采作《祭宋华之文》。
⑮ 《知畏堂诗存》卷四。
⑯ 《知畏堂诗存》卷一。

如韵》①。张采作《希声钱侯同天如过俭斋夜集次韵 二首》②,张溥作《次钱明府饮俭斋韵》。张采作《同与游父子入郡约孟宏看梅舟行二首时初八为谷日》③,张溥作《王与游同受先入山看梅,梅未尽放,然恨不能从,次韵志怀》。张采作《东郊》,张溥作《东郊钱刘明府次受先韵》。张溥作《次雷雨津司理过受先草堂赠诗二首》,张采作和诗《前韵》④。另外张溥还有《寄张受先 时闻其内艰》、《江雨怀受先》、《夏日陪刘映薇父母集弇山次受先二律》、《早过与游斋受先已行矣次韵追之》、《夏日子常麟士见过受先辈同集赋纪》、《秋夜同豫瞻、人抚、骏公、僧弥集受先斋》⑤《同孟朴美周骏公僧弥集受先斋》⑥《同子常勒卣集受先斋》⑦《和受先南渡看桃》、《夏至前二日偕受先饮与游斋夜半赋诗》、《题画步张受先韵》、《次张受先韵赠叔夜》。张采则有《希声钱侯同天如过俭斋夜集次韵》、《夏日集七录斋步与游韵》。

此外,张采辑有《两汉文》(张溥鉴定)《三国文》、《西晋文》、《东晋文》、《南朝宋文》、《南齐文》,张溥则辑有《汉魏六朝百三家集》,可以看出二张在纂辑整理古代文集方面的相互影响。

(五)并肩战斗,生死与共。

在七录斋共读时期,二张就联手驱逐魏党爪牙顾秉谦,于治学、结社、济困之外,也积极参与到社会政治中。

张采赴任临川后,虽未能亲自组织和参与复社集会,但与张溥互通声气,遥相呼应。张采在临川亦为复社积极奔走,联合陈际泰以遏制艾南英,着力张大复社。张采又在临川组织合社,与复社唱和呼应。⑧ 张采又收集陈际泰、罗万藻的社稿,寄送给张溥以编成《七录斋评选皇明易会》。⑨ 后来有陆文声及托名徐怀

---

① 《知畏堂集》诗卷一。
② 《知畏堂诗存》卷一。
③ 《知畏堂诗存》卷四。
④ 复旦馆藏张采《太仓州志》卷十四《艺文志·诗征》于此诗下又录张采和诗。
⑤ 复旦馆藏张采《太仓州志》卷十四《艺文志·诗征》收此诗,题作《秋夜同豫瞻人抚骏公僧弥集受先净明草堂》。
⑥ 复旦馆藏张采《太仓州志》卷十四《艺文志·诗征》收此诗,题作《同美周骏公集俭斋》。
⑦ 复旦馆藏张采《太仓州志》卷十四《艺文志·诗征》收此诗,题作《同美周骏公集俭斋》。
⑧ 张采《合社序》。
⑨ 《七录斋集论略》卷二《易会序》。

丹者攻讦二张，谓"溥、采为主盟，倡复社，乱天下""复社之主为张溥，佐为张采，下乱群情，上摇国是"①，其中"乱天下""下乱群情，上摇国是"近于周纳，而共倡复社则是事实。陆世仪云"复社声气遍天下，俱以两张为宗"当是写实。②

此后，二张在各自经历了二年多的官场生涯后先后辞官归乡。在经历了六年（天启七年至崇祯五年）的各奔东西后，二张又一次共处娄地，直至终身。

二张先后辞官归乡以后，交谊仍旧，但因各自名声、治学计划、交游、健康等原因，二人的交游密度和所处境地又与之前有许多不同。

在七录斋共学期间，二张"共学齐名"。③ 之后，随着崇祯二年张溥主持复社以及崇祯四年张溥与高弟吴伟业同时中式，张溥"得位而名益彰"，声誉日隆，在京任庶吉士时，名满天下，"天如之文章，天下莫不知其能"。④ 归乡后，"海内学者争及门屦满户"⑤，又因吴伟业出自张溥门下而得高隽，一时士子纷纷谓"出自天如门下者必速售"，于是往来求教者络绎不绝，门庭若市。⑥ 张溥志于著述，有"解经论史"的宏大著述计划，于经"欲用昔人限年法，几年月毕一经，统几年月毕诸经，令各就本绪"，于史则欲"取二十一史，明白譔次。凡一世代，凡一君与其臣之系兴亡者，皆列论断，冀鉴前毖后。"⑦故家居时期，张溥肆力读书，结交友生，忙于应酬。张采《西铭近集序》云："（张溥）归，发所庋，书可万卷，哦咏其中。……张子日高起，夜分后息。起即坐书舍，拥卷丹黄，呼侍史缮录。口占手注，旁侍史六七辈不暇给。又急友声，书生故人子挟册问询，无用剥啄，辄通坐恒满，四方尺牍，且呫呫酬应，而张子俯仰浩落，未尝逾时废翰墨。"⑧

而张采自病归后，"善病，不任客"⑨，多僻居山野养病。张采身患严重"下漏"（肛瘘），数次病重，一度病危。崇祯四年秋，张采为母守墓，病重，"一孔出阴底，特医指为悬痈"。五年冬，"复旁穿一孔，时医指为囊痈，精气日下陷没"。六

---

① 杨彝《复社事实》，转引自蒋逸雪：《张溥年谱》，济南：齐鲁书社，1982年，第44页。
② 陆世仪《复社纪略》，见《东林本末》（外七种），北京：北京古籍出版社，2002年，第231页。
③ 张廷玉等《明史》，北京：中华书局，1974年，第7405页。
④ 陈子龙《七录斋集序》，《七录斋集论略》卷首。
⑤ 张采《知畏堂文存》卷八《庶常天如张公行状》。
⑥ 陆世仪《复社纪略》，见《东林本末》（外七种），北京：北京古籍出版社，2002年，第231页。
⑦ 张采《论略题辞》，《七录斋论略》卷首，天一阁藏。
⑧ 张采《西铭近集序》，《七录斋近集》卷首。
⑨ 张采《知畏堂文存》卷九《祭王与游文》。

年,得乔宗甫医治,转好,但不及五年复剧,"卧床榻者几三载"。① 九年夏,张采一度病危,拟托孤于张溥,《祭张天如文》云:"犹记丙子夏,弟在茅山,且死矣。仲驭、介生哭床头。弟无少沾恋,中心谓山妻固贫家妇,足自了,两儿是天如事,亦无弗了。"② 十一年七月,又病重,卧榻两载,"奄卧一榻,不啻羁囚","两载作楚囚,羡彼乞行儿"。③ 十三年,幸得广昌黄岐彬治疗而恢复。④

张采归乡后由于健康原因,行动不便,心情亦较为萧瑟孤寂,多首诗歌表达了隐居山林、远离尘世的思想,如"归乃病连载,神形苦寂寞"(《东郊即事》)、"扃户藏幽寂,深斋绝世尘"(《独坐》)、"独坐隔人世,何分云与山"(《独坐用前韵》)、"性本爱幽静,所居负南郭"(《清明纪事》)、"不是无情断世缘,虚名误我前半生"(《草堂八首》其五)、"我本山中人,与彼风马牛"(《苦矣行》)、"我固山中人,愿言托襟期"(《赠张叔茂》)、"我自难投世,因而适此乡"(《秋思》其十)。故此期张采交游不广,主要与张溥、王志庆兄弟、杨彝、顾麟等人交往,后期复社集会也参与的不多。加之有人以张采性格过于愚直为由,劝阻张溥与其少交往,故与张溥见面的次数也不算多,但二张友情不减。张采《祭张天如文》:"六七年来,弟病不及城市,兄性微少精详,左右害我戆。兄命驾南郭,则百方沮。一月不过一二至,至则谈平生,考古今,亦何减七录斋时。"⑤

然而此期,在绿牡丹事件、军储说事件、陆文声事件、复社十大罪檄事件等重要事件中,二张仍并肩战斗,不畏强御,备尝艰辛,令人感叹。随着奸小攻讦复社的加剧,二张的命运被紧密地联系在一起。

《诗经·小雅·伐木》云:"嘤其鸣矣,求其友声。相彼鸟矣,犹求友声;矧伊人矣,不求友生?"二张重视友道,"出入进退不能离,穷愁祸患不能舍"⑥,自弱冠结谊,至死不渝,福祸相依,荣辱与共。二张虽性格、为文、学术主张不尽相同,然皆重尚名节气概⑦,切磋激励,相互称许,彼此了解颇深(《张受先稿序》)。⑧ 张溥

---

① 张采《知畏堂文存》卷十一《医说》。
② 张采《知畏堂文存》卷九《祭张天如文》。
③ 张采《知畏堂诗存》卷一《送黄岐彬有序》。
④ 张溥《赠黄岐彬有序》,张采《建关庙引》。
⑤ 张采《知畏堂文存》卷九《祭张天如文》。
⑥ 《七录斋集论略》卷一《广应社再序》。
⑦ 陆世仪《复社纪略》,见《东林本末》(外七种),北京:北京古籍出版社,2002年,第202页。
⑧ 《七录斋集论略》卷二《张受先稿序》。

称许张采云:"受先之为高于时,宁文焉已哉。……盖其人文信之矣。"①张采褒扬张溥云:"天如赋性忠义,志笃孝友,其孜孜善类,护持正人,与引迪后进,几于饥不及餐。"②二人可谓乐善知人。

二张平居时志同道合,治学结社,扶危济困;患难时并肩战斗,不畏强御,弘扬正气。更令人称道的是,张溥逝后,张采不避罗网,泣血为其辩白,并为其处理后事,写祭文,作行状,抚养孤寡,辅立子嗣,代为聘女。③ 又为其董理刊行《七录斋近集》、补充修订《春秋三书》。诚谓生死患难之交,不负二人"二十年来交道"④。在前有魏忠贤屠杀东林,生祠遍地,趋炎附势盛行,后有温体仁问罪复社,罗织罪行,攻讦四起,礼义廉耻扫地,"士节沦丧,人心世道深用隐忧"的晚明⑤,二张的交谊、人品和气节体现了以二张为首的复社士人的品格和风节,显得尤为可贵,放诸管鲍、俞钟之交中,亦毫不逊色。

二、与吴伟业交游考述

吴伟业(1609—1671),字骏公,号梅村,太仓人,为张溥入室弟子,复社魁首⑥,有"学问渊深,器宇凝弘,东南人才,无出其右"之誉⑦。明崇祯四年榜眼,授翰林院编修。试后,皇帝赐回乡完婚,天下荣之。后充东宫讲读官,再迁左庶子。弘光时为少詹事,以马士英、阮大铖当权,乞假归。入清,闭门不出,仍主持文社,声名甚重。后以陈名夏、陈之遴等荐,地方官敦促就道,被迫于顺治九年进京,官至国子监祭酒。十四年南归家居。遗命以僧服入殓,墓题"诗人吴梅村之墓"。学问渊博,诗文工丽,蔚为一时之冠,所作歌行均足备掌故。著有《梅村家藏稿》、《绥寇纪略》、《太仓十子诗选》。⑧

---

① 《七录斋集论略》卷二《张受先稿再序》。
② 张采《知畏堂文存》卷九《祭张天如文》。
③ 张采《知畏堂文存》卷九《祭张天如文》。
④ 张采《知畏堂文存》卷九《祭张天如文》。
⑤ 张继《序》,张荫梧:《颜习斋先生之精神生活》,南京:提拔书店,1940年,第1页。
⑥ 吴伟业《与子暻疏》(《吴梅村全集》第1132页):先是吴下有陆文声、张汉儒之事,吾以复社党魁,又代为营救,世所指目。
⑦ 《清史列传·贰臣传·吴伟业》。
⑧ 参阅《清史稿·吴伟业传》、张㧑之等主编《中国历代人名大辞典》(上海古籍出版社1999年)。

关于张溥与高弟吴伟业之交游,前章《张溥生平考述》已有涉及,现再稍作补充,以详其所略。

吴伟业小张溥八岁,关于其入弟子籍时间,并非顾师轼《吴梅村先生年谱》、蒋逸雪《张溥年谱》、冯其庸、叶君远《吴梅村年谱》认为的天启二年(1622),而应在天启五年,辨析具见前章《张溥生平考述》。

吴伟业投师张溥后,得其赏识指点,如鱼得水。此前由于"两王既没,雅道渐灭",①吴伟业"于经术无所师授,特厌苦俗儒之所为",②投师张溥后,即得其见赏,张溥赞曰"此大贤之器,非徒显文之流也",③"文章正印,其在子矣"。④ 师弟二人遂"相率为通今博古之学"⑤,"相率通经学古为高"⑥。彼时士子趋于时文,多对张溥及吴伟业等倡导和践行的"通今博古之学"则嗤之以鼻。张溥《吴骏公稿再序》云:

> 吴中之文素号不劲,受先之处娄也,两年以前,几有孤骞不朋之叹。骏公独心然之。初未与子相闻,而所习之书,大约同趣。一国之人群讥焉,而骏公告知家庭,不以为疑。⑦

崇祯元年,吴伟业补诸生。⑧ 张溥以选贡入太学,四月到京,廷对得高等,召开成均大会,结燕台社,"由是名满京都"。⑨吴伟业《复社纪事》对此有详细记载。⑩

二年,张溥以兴复古学、务为有用为号召,合众文社而成复社,召开尹山大

---

① 吴伟业《太仓十子诗序》,第693页。
② 吴伟业《德藻稿序》。
③ 《七录斋集续刻》卷二《吴骏公稿序》。
④ 顾湄《吴梅村先生行状》。
⑤ 顾湄《吴梅村先生行状》。
⑥ 吴伟业《太仓十子诗序》,第693页。
⑦ 《七录斋集续刻》卷二《吴骏公稿再序》。
⑧ 冯其庸、叶君远《吴梅村年谱》,文化艺术出版社2007年,第24页。
⑨ 陆世仪《复社纪略》卷一。
⑩ 吴伟业《复社纪事》,见《东林本末》(外七种)本,北京古籍出版社2002年,第181—182页。

会,声势倾动朝野。吴伟业遂被好事者附会为复社十哲之一。①

三年秋,张溥与吴伟业赴南京乡试。"张溥、吴伟业皆魁选",②吴伟业举第十二名。③ 张溥在秦淮舟中召开金陵大会,"载酒征歌,大会复社同人于秦淮河上,几二千人",④吴伟业、陈子龙、吴昌时、彭宾等人俱参加盛会。⑤

四年春,张溥、吴伟业至京师参加会试。考前约半月,张溥与吴伟业等九人成立日社,拟刻九子社义,后未果。⑥二月会试,吴伟业举第一名,张溥亦高中。⑦会试后,其会试刻稿未依从常规由房师李明睿却由张溥鉴定,这其中颇可看出吴伟业对其业师的尊重,亦可看出张溥此时名声之显赫。⑧ 三月十五日殿试,吴伟业高中榜眼,授翰林院编修。张溥廷推善文章,选翰林院庶吉士。名师高徒,一时名满天下,"文风为之丕变"⑨。这对于扩大张溥及复社的知名度起到了重要的宣传作用,一时间拜入张溥门下,加入复社者络绎不绝。《复社纪略》云:"伟业以溥门人,联捷会元鼎甲,钦赐归娶,天下荣之。远近谓士子出天如门下者必速售。比溥告假归,途中鹢首所至,挟策者无虚日。及抵里,四远学徒群集。"《研堂见闻杂录》云:"张公联捷,门人吴骏公掇大魁,张声党几遍天下。"⑩在京期间,吴伟业随张溥广交游,欲与陈子龙、徐汧、杨廷枢等立燕台社,后未果。⑪

---

① 《复社纪略》卷二:"复社声气遍天下,俱以两张为宗,四方称谓不敢以字。……于是好事者指社长赵自新、王家颖、张谊、蔡伸为四配;门人吕云孚、周肇、吴伟业、孙以敬、金达盛、许涣、周群、吴国杰、穆云桂、胡周鼐为十哲。"
② 《复社纪略》卷二。
③ 顾师轼《梅村先生年谱》。
④ 吴翌凤《镫窗丛录》卷一,续修四库全书本。
⑤ 《复社纪略》卷二。
⑥ 《七录斋续集·杨伯祥稿序》:春初入长安,与伯祥、维斗、仁趾、彝仲、燕又、卧子、乾若、骏公为日社,自立社距试期之前一日,为时不及半月,多者得文二十余首,少者得文十余首,从来同社操作,未有若此密者。后得失稍判,诸子亦绝不以为异。予欲留南还者稿,尽入《房书》中,济所阙短。维斗辈复执不可,于是拟刻《九子社义》,记一时鸣和之乐。又以予未归,尚未成集。
⑦ 顾湄《吴梅村先生行状》:辛未会试第一,殿试第二。西铭公乡、会皆同榜,文风为之丕变。
⑧ 陆世仪《复社纪略》卷一:"是时,天如名噪甚。"
⑨ 顾湄《吴梅村先生行状》,《吴梅村全集》,第1404页。
⑩ 王家祯《研堂见闻杂录》,台湾文献史料丛刊第五辑第98册,台湾大通书局1987页,第27页。
⑪ 陈子龙《陈忠裕集》卷十《壬申文选凡例》。

此时吴伟业初不作诗，别人求赠诗，则多转求张溥，张溥亦在此期开始大量写诗。吴伟业后受张溥激发，开始有意作诗。乾隆《镇洋县志》卷十四《杂缀类》云：

> 《焚余补笔》云：王中翰昊述吴梅村语："余初第时不知诗，而多求赠者，因转乞吾师西铭。西铭一日漫题云：'半夜挑灯梦伏羲。'异而问之，西铭曰：'尔不知诗，何用索解？'因退而讲声韵之学。"①

冯其庸、叶君远《吴梅村年谱》对此有辩证，认为当有其事。按，"不作诗"当作"以前不怎么在意作诗，而此期由于应酬需要，始有意为诗"解，非云以前根本不会作诗。如张溥亦于此期始有意作诗，《王与游诗稿序》云："予初不作诗，至长安不免酬答，间亦有咏。适孟朴、惠常来，九一、骏公皆作诗以见志。孟朴故诗家，善品量，予喜有助，遂多所作，大都怀人伤别之辞，欲汇之以寄与游。"可见，吴伟业此时还是作诗的，只不过有意作诗而已。又，吴伟业《太仓十子诗序》云："两王既没，雅道渐灭，吾党出，相率为通经学古为高，然或不屑屑于声律。"吴伟业《吴六益诗序》云："余留京师三年，四方之士以诗文相质问者无虑以十数，其间得二人焉：于史则谈孺木，于诗则吾家六益而已。"

八月，吴伟业蒙皇帝赐假回乡完婚，当世荣之。② 离京时，张溥以诗赠行，③ 艳羡叮咛之意，溢于纸端。

四年至五年时期，张溥在翰林院由于直言无忌、不畏权贵，与温体仁等发生矛盾，面对温体仁的责难，张溥针锋相对，鼓动吴伟业参劾温体仁。吴伟业"以复社著名，为世指目。淄川传为乌程衣钵，先生首疏攻之，直声动朝右"。④ 程穆衡《娄东耆旧传·吴伟业传》亦云：

> 既授职编修，即疏劾蔡奕琛。奕琛者，长吏部，温体仁私人。是时秦、凉群盗势日东，官军溃于河曲，而登、莱叛贼孔有德、耿仲明复以伪降绐督帅而

---

① 参见冯其庸、叶君远《吴梅村年谱》，文化艺术出版社2007年版，第42—43页。
② 《复社纪略》卷二："伟业以溥门人，联捷会元鼎甲，钦赐归娶，天下荣之。"
③ 《七录斋集·诗稿》卷一《送吴骏公归娶》。
④ 顾湄《吴梅村先生行状》，《吴梅村全集》，第1404页。

覆其师，政府不以为念，方以帝之亲定奄党逆案也，亦思构一逆案以报东林。公与师天如感愤太息，疏既上，奸党怖。故事，首甲进士刊房书，必首列房师鉴定名，而公稿仅列天如名，知太虚意不悦，因啖之使诬公以隐慝。太虚正人，弗为动，公亦归过刊匠以自解。体仁逐，天如去，公亦请假归娶，事乃已。①

可见，入朝之始，张溥即与吴伟业卷入争端，利益攸关，故吴伟业"立朝之始，遂已大为世指名"。②

五年，吴伟业回乡礼。③此年冬，张溥乞假归乡。此段时间，张溥与吴伟业同处娄地，交往当多。六年春，张溥约复社士子为虎丘大会，盛况空前，吴伟业亦参加。④夏，吴伟业祖母汤太夫人七十五岁，张溥作《吴年伯母汤太夫人寿序》。

七年三月，太仓知州刘士斗为忌者所论，罢去。张溥、张采与吴伟业约刘士斗游东郊，为送行。⑤秋，吴伟业还朝。自四年八月至此吴伟业共三年里居，与张溥相交当颇多。其间之社事活动，当多参与之。

十年正月，拟旨逮钱、瞿下刑部狱，严令穷究复社不已。⑥吴伟业为复社党魁，又代为营救，日处危疑中。⑦二月，原苏州通判周之夔因有宿嫌于二张，入京告二张且反，且书吴伟业与黄道周、陈子龙、夏允彝等名上奏。复有怨复社者托名徐怀丹，檄复社十大罪，吴伟业名亦列于其中。⑧

---

① 《吴梅村全集》，第1411页。
② 陈廷敬《吴梅村先生墓表》，《吴梅村全集》第1408页。
③ 《七录斋诗文合集·吴年伯母汤太夫人寿序》：骏公试南宫第一，时未娶妇，告之天子，赐驰节还里门。……明年，骏公成婚礼，一城聚送致贺。
④ 冯其庸、叶君远《吴梅村年谱》（第52页）认为：吴伟业时正里居，当亦往与此会。吴伟业《吴梅村全集卷十·楚两生行并序》："（吴伟业）尝遇（苏昆生）虎丘广场大集。"不知是否指此次。
⑤ 张采《东郊序》。
⑥ 此前一年，常熟张汉儒疏告钱谦益、瞿式耜贪肆不法，太仓陆文声疏告张溥、张采结复社以乱天下，权臣温体仁、蔡奕琛、薛国观等思以此倾陷复社中人，崇祯帝于复社亦怀疑忌。
⑦ 吴伟业《与子暻疏》：先是，吴下有陆文声、张汉儒之事，吾以复社党魁，又代为营救，世所指目。
⑧ 《陈忠裕公年谱》，陆世仪《复社纪略》卷四。冯其庸、叶君远《吴梅村年谱》，文化艺术出版社2007年版。第64页。

十二年七月,吴伟业奉命赴河南禹州封延津、孟津二王。在途忽闻母病危笃,封王后旋即昼夜兼程,返折家中。冬,杨廷麟至太仓,与张溥、吴伟业师弟会饮十日。①

师弟二人无论在朝在野,均勇斗阉党、邪逆,见义勇为,彰显正气。如弹劾蔡亦琛,攻讦张至发,批斥温体仁,弹劾薛国观爪牙田唯嘉。② 吴伟业利用在朝的名望,亦积极疏论援助张溥及东南名士。王昶《吴伟业传》:"时有奸民首告复社事,当轴阴主之,欲尽倾东南名士,伟业疏论无少避。"③

师弟二人惩恶扬善,扶植正气,倾力营救黄道周。陈子龙《自撰年谱》云:"至鹿城,夜遇天如,议急石斋之难,天如将倾身家以图之,真有贾彪之风。"陈廷敬《吴梅村先生墓表》云:"时黄道周以事下狱,先生遣监中生涂某赍表至京,涂伏阙上疏,申理道周,党人当轴者以为先生指使,将深文其狱以中先生,会其人死乃已。"④顾湄《吴梅村先生行状》亦云:"己卯,……升南京国子监司业。甫三日,而漳浦黄公道周论武陵夺情拜杖信至,先生遣太学生涂仲吉入都具橐饘,涂上书为漳浦讼冤,干上怒,严旨责问主使,先生几不免。"⑤

崇祯十四年五月,张溥卒。吴伟业哭之。⑥六月,吴伟业被任为左中允,不赴。时已返里,自此以迄崇祯朝灭亡,始终闲居不仕宦。⑦ 吴伟业在张溥去世后,对其家人多有照顾。顺治十五年正月(1658),张溥季弟张王治携诸兄葬其母潘孺人于其父之墓,金孺人亦附,吴伟业受张王治之约,撰《张母潘孺人暨金孺人墓志铭》。顺治十七年十二月,豪仆陈三欺压张溥妻王氏及继子张永锡、女婿吴孙祥者,于是由吴伟业出面,联系张溥故旧数人,庭审陈三,整顿家法,迫其交还霸占之财产。⑧ 吴伟业对张溥、张采家道中落的现状表现出极大的同情,其《顾母陈孺人八十序》云:"当先朝启祯之际,吾州文社擅天下,先师张西铭偕受先读

---

① 冯其庸、叶君远《吴梅村年谱》,文化艺术出版社2007年版。第80页。
② 参见《娄东耆旧传·吴伟业传》。
③ 《吴梅村全集》,第1413页。
④ 《吴梅村全集》,第1408页。
⑤ 《吴梅村全集》,第1404页。
⑥ 冯其庸、叶君远《吴梅村年谱》(文化艺术出版社2007年版,第97页)认为:张溥卒,会葬者甚众,伟业为入室弟子,当亦返太仓与会葬。
⑦ 冯其庸、叶君远《吴梅村年谱》,文化艺术出版社2007年版,第94页。
⑧ 吴伟业《清河家法述》,《吴梅村全集》,第609页。

书七录斋,相继取科第,而麟士与子常谈经讲艺于江村寂寞之滨,远近目之曰两张、曰杨顾。初不以出处隐显有所轩轾也。西铭早世无后,门绪式微,赖吾师母独身撑拄,横为强奴肚箧者之所侵夺,余尝比之庶其窃邑,黑肱逃奔,稍正厥罚以还其盗帑,讫不能有所裨益。受先两子,其少者尚存,贫不能自聊,尽撤先人之庐以偿井税,嫂夫人寄止邻邑婿家,间一归故居,乃至无席可坐,大恸而去。嗟乎!当两先生致宾客,授生徒,辎軿接迹,巷舍为满,升堂拜母,上寿奉觞,誓以结死生,托妻子。曾几何时,西门南郭之间,无复过而存者。"①

吴伟业作为张溥高弟和复社魁目,社事活动多有参加,亦不断受到攻击。程穆衡《娄东耆旧传·吴伟业传》云:"当社事之盛也,学侣奔辏,联茵接席,虽二张之伟博足振兴之,实公以盛藻巍科树之帜而为招焉。故立朝十年,与党祸相终始。"②在张溥死后,吴伟业仍主持文社,如顺治九年(1652)出面调和慎交、同声二社间的矛盾。顺治十年三月,慎交社、同声社在虎丘召开大会,奉吴伟业为宗主。③吴伟业又作《复社纪事》,记述往昔社事,足备参考。

吴伟业对张溥称道备至。称张溥为"百世师"④。《哭志衍》云:"煌煌张夫子,斯文绍濂洛。五经叩钟镛,百家垂矩矱。海内走其门,鞍马填城郭。"⑤《张敉庵黄门五十序》云:"初吾师西铭先生,用经术大儒负盛名于当世。……当吾师西铭在日,敦气谊,尚名节,慨然有康济斯世之心。属党论纷纭,壬夫设械,几罹不测,位不酬其望,年不配其德,论者至今以为恨。"⑥《两郡名文序》云:"余唯吾州自西铭先生以教化兴起,云间夏彝仲、陈卧子从而和之,两郡之文遂称述于天下。人止见其享盛名,掇高第,奉其文为金科玉条,不知西铭之书,羽翼经传,固非沾沾于一第已也。"⑦《致孚社诸子书》云:"今诸君子溯江涉湖,戒舟楫,赍糇粮,不避风雨,重趼而至者,庶几求英博卓荦之士,方雅正直之儒,输写腹心,讲求德业,则其论文取友之道,未可一二尽也。一曰审学术。自黄潜、柳贯以经术倡起婺学,而宋公濂用其师说,首开一代之文治,后二百余年,巨公硕儒,后先辈出,终未

---

① 《吴梅村全集》,第808页。
② 《吴梅村全集》,第1413页。
③ 冯其庸、叶君远《吴梅村年谱》,文化艺术出版社2007年版,第193、213页。
④ 吴伟业《张母潘孺人暨金孺人墓志铭》,《吴梅村全集》,第981页。
⑤ 《吴梅村全集》,第19页。
⑥ 吴伟业著,李学颖校点《吴梅村全集》,上海古籍出版社1990年版,第791—792页。
⑦ 吴伟业《两郡名文序》,《吴梅村全集》,第741页。

有驾文宪而出其上者,盖穷经适用,甚矣实学之难也!伟业尝亲见西铭先师手钞《注疏》《大全》等书,规模前贤,欲得其条贯,虽所志未就,而遗书备乙夜之览,吾师不没于地下矣。今诸公遵传注而奉功令,务以表章六经,斥奇邪而补阙失,如此则西铭之遗绪将以再振,伟业昔见之于师者,今复见之于友,所谓学术之宜审者此也。"①

张溥在为人处世、学术宗旨、文学思想、经学思想等方面对吴伟业都有一定的影响。在为人处世上,吴伟业"天性孝友"、"每以奖进人材为己任,谆谆劝诱,至老不怠。喜扶植善类,或罹无妄,识与不识辄为营救,士林咸乐归之,而于遗民旧老,高蹈岩壑者,尤维持赡护之惟恐不急也。"②师弟二人相得益彰,交游众多。张溥"友满天下"③,吴伟业"交满天下"④。在学术宗旨上,吴伟业认为"君子之为学,期于明道而已,不以得失为毁誉也",赞成"以正人心、明教化为急务,敦尚典雅,简黜浮华"⑤;主张"君子之为学,所以扶气类、明志节,弘道而教俗者也"。⑥在文学思想上,吴伟业文质并重,如"夫文有文有质,质以原本经术,根极理要,文以发皇当世之人才"⑦。在经学思想方面,重视和肯定宋人传注,"吾以为宋人传注之学,其称词也约,其取义也远,非夫笃学深思确乎有得者,不足以求之。乃观今之论文者若是乎?悉其才智,运机轴于毫芒,而六艺博洽之言,先儒平实之论,概而绝之,弗使得入。"⑧在这些方面,吴伟业与张溥之思想较为一致,张溥对吴伟业之影响熏染不容忽视。

吴伟业与张溥之间肯定有一定数量的唱和诗文,张溥曾赠诗于吴伟业,但从吴伟业文集中看,竟未见与张溥唱和之作。这大概是与朝代更替,政治避忌有关。吴伟业曾自云:"一字不向人间留,乱离已矣吾无忧。"⑨叶君远先生指出:"因为梅村身处易代之际,其明朝灭亡之前的诗作,'以散佚不及存,以避忌不敢

---

① 吴伟业《致孚社诸子书》,《吴梅村全集》,第1086页。
② 顾湄《吴梅村先生行状》,《吴梅村全集》,第1405页。
③ 吴伟业《朱昭芑墓志铭》,《吴梅村全集》,第948页。
④ 吴伟业《穆苑先墓志铭》,《吴梅村全集》,第956页。
⑤ 吴伟业《两郡名文序》,《吴梅村全集》,第740页。
⑥ 吴伟业《德藻稿序》,《吴梅村全集》,第746页。
⑦ 吴伟业《王茂京序》,《吴梅村全集》,第748页。
⑧ 吴伟业《王茂京序》,《吴梅村全集》,第748页。
⑨ 吴伟业《遣闷六首》其六,《吴梅村全集》,第261页。

存'(《梅村家藏稿》卷二十八《彭燕又偶存草序》),所剩实在是寥寥无几了。""即使是这个吴诗最全之本(《梅村家藏稿》),其中明亡之前的作品也不过几十首而已。"①

但细读张溥与吴伟业文集,仍能看到不少表明师弟二人来往之诗文。张溥集中,如《吴年伯母汤太夫人寿序》、《送吴骏马公归娶》、《秋夜同豫瞻、人抚、骏公、僧弥集受先》、《同孟朴、美周、骏公、僧弥集受先斋》、《次吴骏公怀杨机部韵四首》、《吴禹玉先生荣封序》、《杨伯祥稿序》、《吴骏公稿序》、《吴骏公稿再序》、《王与游诗稿序》。吴伟业集中,如《复社纪事》、《哭志衍》、《清河家法》、《穆苑先墓志铭》、《顾母陈孺人八十序》、《两郡名文序》、《张秋庵黄门五十序》、《张母潘孺人及金孺人墓志铭》、《志衍传》、《许节母翁太孺人墓志铭》、《与子暻疏》。

三、与陈子龙交游考述

陈子龙(1608—1647),松江府华亭人,字人中,更字卧子,又字海士,号大樽,谥忠裕。少有才名,与夏允彝等结几社。选绍兴推官。东阳许都起事,子龙以故交劝降,许以不死,而巡按御史竟杀之。子龙争,不能得。擢兵科给事中,命甫下而京师陷,乃事福王于南京。请练水师,言中兴之主当身先士卒。不听,辞归。南都失,遁为僧。寻受鲁王兵部尚书,结太湖兵欲举事,事泄被擒,途中得间投水死。子龙以风节著,诗词古文亦称大家,领袖明末文坛。词尤有名,与同里诸名士结成云间词派。有《湘真阁稿》、《安雅堂稿》、《白云草》等集。清王昶编为《陈忠裕公全集》。子龙尚辑有《明经世文编》、《皇明诗选》。②

陈子龙小张溥七岁,二人交情莫逆,可谓"密友"。③ 二人均为文社主盟,张溥倡立复社,陈子龙倡立几社,"社继东林培士气"④,桴鼓相应⑤。二人均交友遍天下,培植正气,崇尚气节,嫉恶如仇,痛击宵小。可惜的是,天妒英才,二人均年

---

① 叶君远《清代诗坛第一家——吴梅村研究》,中华书局2002年,第187页。
② 参阅张㧑之等主编《中国历代人名大辞典》,上海古籍出版社1999年。
③ 王英志辑校《陈子龙全集》,人民文学出版社2011年,第938页。
④ 何其伟《癸亥秋编刊〈陈忠裕公集〉成题后》,王英志辑校《陈子龙全集》,人民文学出版社2011年,第1010页。
⑤ 《明史·陈子龙传》:"是时东林讲席盛,苏州高才生张溥、杨廷枢登慕之,结文会名复社。允彝与同邑陈子龙、徐孚远、王光承等,亦结几社相应和。"

止四十,赍志没地。二人相交较晚。① 据陈子龙《自撰年谱》,二人始交于天启七年(1627)。②时张溥二十六岁,陈子龙二十岁。

此期前后,陈子龙与长洲徐汧(九一)、徐鸣时(君和)、吴江吴有涯(茂申)、华亭夏允彝(彝仲)、丹阳荆艮(石兄)、常熟许重熙(子洽)、安徽吴应箕(次尾)、江西黎元宽(博庵)等先后加入应社。③ 又,据陈子龙《自撰年谱》天启四年条可知,早在天启四年应社成立之时,陈子龙已与社中人士有所往来。④ 天启五年,陈子龙目睹魏党逮治周顺昌而引起苏州民变,受此激发,交结一班年轻人,欲讨伐逆奄。⑤其所交往者,有同郡夏彝仲、周勒卣、顾伟南、宋子建、尚木、彭燕又、朱宗远,金沙周介生等人。天启六年,陈子龙补博士弟子员,"是时交游日进,先君重以为戒。"⑥按,陈子龙以后主持几社,持谨慎态度,与其父之教益不无关系。

天启七年,"其秋,先皇帝即位,诛逆奄,登贤俊,天下想望太平,予亦有用世之志矣。"陈子龙在踌躇满志中与张溥、张采、杨廷枢、徐汧等结交。⑦

崇祯元年秋,艾南英来娄论学,与张溥不合。⑧陈子龙年少气盛,与之争论,并发生肢体冲突,艾千子狼狈而回。陈子龙《自撰年谱》崇祯元年戊辰条云:

> 秋,豫章孝廉艾千子有时名,甚矜诞,挟谖诈以恫喝时流,人多畏之。与予晤于娄江之弇园,妄谓秦汉文不足学,而曹、刘、李、杜之诗皆无可取。其詈北地、济南诸公尤甚,众皆唯唯。予年少,在末座,摄衣与争,颇折其角。

---

① 陈子龙有《自撰年谱》,但由于避讳时忌,故对社事几乎只字不提。对与张溥的交游也所提不多。但在其文集及相关史料中,我们可以看到二人来往较多。
② 陈子龙《自撰年谱》:"天启七年丁卯,是岁作《梅花赋》、《蚊赋》,始交娄江张受先、张天如。"见《陈子龙年谱》,王英志辑校《陈子龙全集》,人民文学出版社2011年,第927页。
③ 参《复社纪略》、张慧剑编著《明清江苏文人年表》上海古籍出版社1986年第481页。
④ 陈子龙《自撰年谱》天启四年条:"夏秋之交,魏奄祸起,耆硕魁垒之臣,黜辱殆尽。……是时,江左才俊之士,方以名誉相高,予亦稍稍濡足矣。"见王英志辑校《陈子龙全集》,第922页。
⑤ 陈子龙《自撰年谱》天启五年条:"居无何,逆奄矫旨逮治周忠介公,吴民愤,奋击缇骑至死。时道路汹汹,以为四方响应,将有汉末讨卓之举。余亦阴结少年数辈,伺间利便,久之寂然,叹恨而已!则缚刍为人,书奄名射之。"见王英志辑校《陈子龙全集》,第923页。
⑥ 《陈子龙年谱》,王英志辑校《陈子龙全集》,人民文学出版社2011年,第924页。
⑦ 《陈子龙年谱》,王英志辑校《陈子龙全集》,人民文学出版社2011年,第927页。
⑧ 张鉴《冬青馆甲集·书复社姓氏录后二》。

彝仲辈稍稍助之,艾子诎矣。然犹作书往返,辩难不休。①

吴伟业《复社纪事》亦记叙此事:"天下争传其(张溥)之文,而艾千子独出其所为书相訾謷。千子之学,雅自命大家,熟于其乡南丰、临川两公之文,未尝无依据,顾为人褊狭矜愎,不能虚公以求是。尝燕集弇州山园,卧子年十九,诗歌古文倾一世,艾旁睨之,谓此年少何所知!酒酣论文,仗气骂座,卧子不能忍,直前殴之,乃嘿而逃去。"②可见,在张溥与艾南英的文派之争中,陈子龙坚决站在主张秦汉一派的张溥这边。当然,此种争论始于文派之争,而终于意气之争。③后来,黄宗羲曾对此有持平之论:"卧子少年之文,恃才纵横。艾千子与之论文,极口鄙薄,以为少年不学,不宜与老学论辩,自取败缺。海内文章家,无不右千子。以余观之,千子徒有其议论,其摹仿欧、曾,与摹仿王、李者,亦唯之与阿。卧子晚亦趋于平淡,未尝屑屑于摹仿之间,未必为千子之所及也。"④

崇祯二年,张溥将包括陈子龙等组织的几社在内的十余文社合到复社。于吴江举行尹山大会,声势震动朝野。这种联合并不严格,如几社似并不愿并称复社,仍愿自立一名。杜登春《社事始末》云:"两社对峙,皆起于己巳(崇祯七年,1629)之岁,……娄东、金沙两公之意,主于广大,欲我之声教,不讫于四裔不止。先君子与会稽先生之意,主于简严,唯恐汉、宋祸苗,以我身亲之,故不欲并称复社,自立一名,尽取友会文之实事,几字之义,于是寓焉。"⑤

崇祯三年秋,张溥、陈子龙等在南京参加乡试,二人皆中举。⑥复社中举者

---

① 《陈子龙年谱》,王英志辑校《陈子龙全集》,人民文学出版社2011年,第928页。
② 吴伟业《复社纪事》,李学颖《吴梅村全集》,上海古籍出版社1990年,第601页。
③ 蒋逸雪《张溥年谱》认为:"千子与溥所论,重在文派之争,此与时代、地理均有关系。明文主要分两派:一主秦汉;一主唐宋。主秦汉者,为王世贞、李攀龙,取法《左》、《史》。主唐宋者,为归有光、唐顺之,步趋欧、曾、昌黎。溥绍王、李之绪(详见《近集·刘宗斋先生诗集序》),千子则宗归、唐,而上溯欧、曾。欧、曾均籍豫章,艾适产其地。世贞则为张氏之乡先辈,因地域之不同,而文章遂异其趣,初不以此判优劣也。而千子必欲伸一己之说,其《房选删定序》尤极诋毁之能事,宜卧子之不能平也。"
④ 黄宗羲《思旧录·陈子龙》,《黄宗羲全集》第365页。
⑤ 杜登春《社事始末》。
⑥ 陆世仪《复社纪略》卷二:"崇祯庚午,乡试,诸宾兴者咸接,天如又为金陵大会。是科主裁为江右姜居之曰广。榜发:解元为杨廷枢,而张溥、吴伟业皆魁选,陈子龙、吴昌时俱入彀,其他省社中列荐者复数十余人。"

多人，一时群情激昂，遂由张溥主持在秦淮河上召开金陵大会。陈子龙亦参与大会。① 乡试后，张溥偕陈子龙、周立勋、徐孚远、彭宾等东归，于舟中谈论著作，直至夜分，"卧子奋曰：'诚如子言，即不得官，可不恨。'大声慷慨，舟人变色。"②陈子龙曾有诗记此情景："青溪渡口共回船，痛饮流光十二年。纵有凤凰台上月，不堪和泪照江天。自注：忆与天如同举时。"③

崇祯四年春，张溥与陈子龙等到京参加会试，于考前半月立日社，相互切磋，拟刻九子社义，后未果。张溥《徐及申先生稿序》云："辛未（1631）春，予寓京之西城，与乾若对舍，朝夕讯问，不止古人望衡宇也。彝仲、卧子、燕又邀作文字，予偕乾若往，比迫试日，方旬遽罢会，别时反不乐。"④张溥《杨伯祥稿序》亦云："春初入长安，与伯祥、维斗、仁趾、彝仲、燕又、卧子、乾若、骏公为日社。自立社距试期之前一日，为时不及半月，多者得文二十余首，少者得文十余首，从来同社操作，未有若此密者。后得失稍判，诸子亦绝不以为异。予欲留南还者稿，尽入《房书》中，济所阙短。维斗辈复执不可，于是拟刻《九子社义》，记一时鸣和之乐。又以予未归，尚未成集。"⑤会试后，张溥、陈子龙等拟立燕台社，主张宗法七子，由于陈子龙等人落第而未果，陈子龙回乡后，组织治古文辞者九人，于次年冬编成《壬申文选》二十卷。陈子龙《壬申文选凡例》云："辛未之春，余与彝仲、让木、燕又俱游长安，日与偕者江右杨伯祥、彭城万年少、吴中杨维斗、徐九一、娄江张天如、吴骏公、同郡杜仁趾，拟立燕台之社，以继七子之迹，后以升落零散，遂倡和乡里，不及远方。"⑥张溥《云间几社诗文选序》云："辛未（1631）彝仲、燕又、卧子罢春官归。谓予曰：'今年不成数卷书，不复与子闻！'……辛未（1631）之秋，联事乡党治古文辞者九人。壬申（1632）冬，成二十卷。"⑦陈子龙《自撰年谱》崇祯五年壬申（1632）"考证"引王摆《春藻堂燕集序》云："黄门四公报罢，归，乃与同里周太学勒卣、徐孝廉闇公、李舍人舒章、顾征君伟南、宋待诏子建、朱郡丞宗远、王文学默

---

① 黄宗羲《思旧录·张溥》，《黄宗羲全集》第一卷，第364页。
② 《七录斋诗文合集·云间几社诗文选序》。
③ 陈子龙《哭张天如先生二十四首》其十四，王英志辑校《陈子龙全集》，人民文学出版社2011年，第646页。
④ 《七录斋诗文合集·近稿》卷三。
⑤ 《七录斋续刻》卷一，天一阁藏。
⑥ 王英志辑校《陈子龙全集》，人民文学出版社2011年，第909页。
⑦ 《七录斋别集》卷一。

公,共肆力为古文辞。上溯三百,下迄六朝,靡不扬扢,至壬申而集成。"①这表明陈子龙及几社诸彦俊的著述、创作和文学活动,与张溥的复社是追求同声息、共旨趣的。陈子龙后来写诗回忆这次聚会"金台宾客非无侣,莲社神仙亦我徒",并称此为"不朽盛事"。② 此后,复社宗法七子的文学主张,就是由这次燕台订盟正式确立的,参加这次会盟的张溥、陈子龙、吴伟业等人则成为复社文学活动的中坚。③

崇祯四年十一月,张采母苏氏与其父合葬。张溥、陈子龙俱撰文吊祭。④

崇祯七年秋,吴伟业还朝。陈子龙以诗赠行。⑤此时,张溥正里居,当身亲其事,与陈子龙会面。

崇祯十年春,陈子龙举进士。此期,张汉儒讦奏钱谦益、瞿式耜,陆文声攻讦二张及复社,周之夔亦赴京告讦二张,背负大纸,上写陈子龙、黄道周、吴伟业等人名,到处散布。陈子龙作为"钱瞿知己"、"二张密友",不顾安危,为之奔走。陈子龙《自撰年谱》崇祯十年条云:

> 会吴中奸民张汉儒讦奏钱牧斋、瞿稼轩以媚政府,有旨逮治。而奸民陆文声又以复社事上书,龂龂张受先、天如,报闻。一时无赖恶少年蜂起飚发,纵横长安中,俱以附会时宰相矜夸,旦夕得大官矣。闽人周之夔者,旧司李于吴,险人也。有宿嫌于二张,以病去官,寻丧母家居,揣时宰意,缞绖走七千里,入都门告密,云二张且反。天子疑之,下其事抚按,予与钱、瞿称知己,而二张密友也。钱、瞿至西郊,朝士未有与通者,予欲往见。……其后,狱益急,予颇为奔奏,闻于时贵。而之夔既上书,因石斋师比之人枭,憾甚。又疑予辈为二张道地,则以黄纸大书石斋师及予与彝仲、骏公数人之名,云:"二

---

① 王英志辑校《陈子龙全集》,人民文学出版社2011年,第909页。
② 陈子龙《〈壬申文选〉凡例》,王英志辑校《陈子龙全集》,人民文学出版社2011年,第910页。
③ 何宗美《载酒征歌,交游文物——复社文学活动及其影响》,《文艺研究》2006年5期。
④ 陈子龙《赠文林郎临川县知县张公暨配苏太孺人合葬墓表》:"吴有赠知县曰张观海先生,其配曰苏,封太孺人,有子曰采,尝显贵矣。于孺人没之四阅月,合其父葬于东乡之新阡。采之友同邑张溥铭其幽,华亭陈子龙表其隧。"见王英志辑校《陈子龙全集》,人民文学出版社2011年,第898页。
⑤ 冯其庸、叶君远《吴梅村年谱》,文化艺术出版社2007年版。第54页。

张辇金数万,数人者为之橐橐。"投之东厂,又负书于背,蹩蹩行长安街,见贵人舆马过,则举以诉之。蜚语且上闻,人皆为予危之。①

崇祯十一年,陈子龙、徐孚远、宋尚木等辑《皇明经世文编》成,计五百四卷。②此书,实际是在张溥的指导下完成的,张溥《皇明经世文编序》云:"余间语同志,读书大事,当分经、史、古、今为四部。读经者辑儒家,读史者辨世代,读古者通典实,读今者专本朝。就性所近,分部而治。合数人之力,治其一部,不出二十年,其学必成。同志闻者,咸是余说。而云间陈卧子、徐闇公、宋尚木尤乐为之。天下英绝,闭关讨论,直欲以一人兼四部,不难也。客年,与余盱衡当代,思就国史。余谓贤者识大,宜先经济。三君子唯唯,遂大搜群集,采择典要,名经世文编,卷凡五百。伟哉是书!明兴以来未有也。"③次年,在《皇明经世文编》完成后,陈子龙等人又继续编《农政全书》,这亦是对张溥"贤者识大,宜先经济"思想的实践。④张溥为之作序。⑤ 按,《农政全书》六十卷,徐光启著。张溥、陈子龙均曾以弟子礼拜见过徐光启。

崇祯十三年,张溥、陈子龙均为营救其师黄道周奔走。先是陈子龙入都为营救黄道周奔走。未果,南还,路遇张溥,二人共谋欲解救黄道周,张溥尤愿"倾身家以图之"。⑥ 陈子龙后有《去岁孟秋十三夜予从京师归,遇天如于鹿城,谈至四

---

① 王英志辑校《陈子龙全集》,人民文学出版社2011年,第938页。
② 陈子龙《自撰年谱》崇祯十一年条:"是夏,读书南园。偕闇公、尚木网罗本朝名卿钜公之文,有涉世务国政者,为《皇明经世文编》。岁余梓成,凡五百余卷。"王英志辑校《陈子龙全集》,人民文学出版社2011年,第942页。
③ 《七录斋近集》卷三。
④ 陈子龙《自撰年谱》崇祯十二年条:"读书南园,编《农政全书》。"王英志辑校《陈子龙全集》,人民文学出版社2011年,第943页。
⑤ 《七录斋近集·徐文定公农政全书序》。
⑥ 陈子龙《自撰年谱》崇祯十三年条:"抵任丘,闻石斋师得严谴,逮治益深,悔此出矣。逡巡入都,遍走当局称同志者,求明石斋师,为圣主惜此举动。皆蹙额相向,以为上意方不测,若申救则益其祸。是时,上新拔进士数人为翰林台谏,予意数人者新进,为上意所倾,信其无党,若得一言讼之,或可觉悟。微以语激一二公,皆笑不应。……七月,南还,遇石斋师于邵伯驿,询京师近事,缇帅促行颇迫,须史别去,师意甚慷慨,而予亦不胜唏嘘矣。至鹿城,夜遇天如,议急石斋之难,将倾身家以图之,真有贾彪之风,予甚愧焉。"王英志辑校《陈子龙全集》,人民文学出版社2011年,第945—946页。

鼓而别,孰知遂成永诀也。今秋是夜泊舟禾郡,月明如昨,不胜怆然》二首忆及此事。① 陈子龙又与张溥书信来往,谋救黄道周。② 此年,张溥、陈子龙均列名《复社十大罪檄》中,备受攻击。③

崇祯十四年五月,张溥殁。陈子龙作挽诗《哭张天如先生二十四首》,表达对张溥突然病亡的震惊、对友情的回顾、对张溥才学的赞美。其一云:

江城日日坐相思,尺索俄传绝命辞。读罢惊魂如梦里,千行清泪不成悲。

其二云:

越山北望指吴关,一月缄书定往还。数日不传云里字,那知非复在人间。

其三云:

忆君弱冠负经纶,予亦童年许俊民。二十春秋如一日,生平兄事更何人。

其四云:

每念君亲自性成,鯀来风义古人情。应知何物堪殉汝,一卷《尚书》与《孝经》。

---

① 王英志辑校《陈子龙全集》,人民文学出版社2011年,第647页。
② 陈子龙《与张庶常书》:"漳浦之狱,元老保全善类之心甚笃,此足下左右之功也。昨已驰笺申谢。但此时圣怒方深,进谏之方,解释之机,元老必有妙用,鄙意偶有所及,敢为商之。"王英志辑校《陈子龙全集》,人民文学出版社2011年,第1418页。
③ 杨彝《复社事实》:"大约谓派出娄东、吴下、云间,学则天如、维斗、卧子,上摇国柄,下乱群情。"

其五云：

当年结纳走风尘，四海交游若比邻。郑泰有田皆给客，孔融满座更留宾。

其六云：

高密扶风相后先，谈经岳岳腹便便。青麟白凤无颜色，鲁国诸生尽黯然。

其七云：

五车十乘古来闻，博物司空又属君。禹穴酉阳多典籍，可能地下作《丘坟》。

其八云：

三江潮落月黄昏，巷绝春歌欲断魂。宾客如云人不见，秋风先到信陵门。

其九云：

冲夷风度极雍雍，善诱殷勤不易逢。天下几人成善士？早年还似郭林宗。林宗年四十二，而君止四十。

其十云：

绿波摇荡月临窗，垂柳阊门隐画双。明岁吴城花放日，莫教春色渡娄江。

其十一云：

　　知音谬自托金徽，结客中原揽凤辉。清德俊才皆不少，汪汪千顷似君希。

其十二云：

　　文章弘丽润岩廊，下笔如云扫七襄。自是才高人莫学，一时枚马有兼长。

其十三云：

　　横经虎观集诸儒，一日声名满帝都。从此已悬公辅望，谁令十载在江湖。

其十四云：

　　青溪渡口共回船，痛饮流光十二年。纵有凤凰台上月，不堪和泪照江天。忆与天如同举时。

其十五云：

　　赤虺雄狐守九阍，国香不复树当门。数章告密何人意？十载行吟是圣恩。

其十六云：

　　菉薋满野楚天寒，魑魅窥人白日残。投虎投豺应不远，为麟为凤异时看。不逾数月，而二谤、一废、一谴矣。

其十七云：

疾恶如风最不平，天涯何处有荆卿？长虹莫挂徐君墓，携尔延津浦上行。谓闽贼也。

其十八云：

万卷尘封丹旐前，讲坛秋树起哀蝉。莫夸门下多房杜，定有侯芭为守《玄》。

其十九云：

二十年来遗锦衾，几番风雨慰同心。应知南郭先生意，红树萧萧罢鼓琴。谓受先也。

其二十云：

南冠君子朔风前，慷慨西行倍可怜。已乏何颙为奔走，更无魏邵与周旋。石斋师之逮，天如经营急难备至。师未出狱，而天如先殁矣。

其二十一云：

令君寿考古难当，自信文章走八荒。君到九京无别恨，独怜夜哭有高堂。

其二十二云：

执烛犹持易一编，但称朗月在中天。知君闻道光明镜，不向人间号谪仙。天如临没，尚讲易，问侍者曰："月甚明，我将行矣。"遂逝。

其二十三云：

　　少妇含啼方避室，万人齐祝咏维熊。若从此日论天道，应有传经郑小同。小同，郑益恩遗腹子也。天如竟生一女，伤哉。

其二十四云：

　　八月胥江浊浪奔，千人缟素为招魂。自怜越界惭皇甫，不得相从哭寝门。

陈子龙又作骚赋《愍昧》以哀悼，其序云："《愍昧》者，吊友人吴郡张溥而作也。溥才资广赡，泛爱好贤，有济世之量。遭谗不用，又以夭死。溥既死之后，党人复倾谮之，将加以比周罔上之罪。吁嗟甚矣！愍者，伤在内也；昧者，叹天道幽昧，莫测其正也。"①陈子龙又有《匡山吟寄灯岩子》云："君不见清江杨机部，独身逐虎猛如虎。生平诵法黄叔度，雷公填填屏翳怒。又不见娄东张西铭，万卷著书一草亭，可怜身后犹被谤，我徒发愤歌《采苓》！"②陈子龙又有《皇明诗选》评张溥《孟门行》云："天如忠爱，可见一斑。"③

陈子龙曾为张溥文集作序，对张溥颇多赞扬。其《七录斋集序》云："予不敏，然有友数人，皆天下贤士，有张天如溥者，其一也。夫天如之文章，天下莫不知其能，余独疑其所繇者异观。……今观天如之书，正不掩文，逸不逾道，彬彬乎释争午之论，取则当世，不其然乎！彼其命志，良不虚者，要亦乘时鼓运之事也。国家景命累叶，文且三盛。敬皇帝时，李献吉起北地为盛。肃皇帝时，王元美起吴又盛。今五六十年矣，有能继大雅，修微言，绍明古绪，意在斯乎？天如勉乎哉！"④陈子龙又有《张天如先生文集序》，不见于张溥诸集，从文首"亡友张天如先生"来看，应为《七录斋近集》所写之序。此序有盖棺论定之意味，颇能代表陈子龙对张溥的看法，现转录如下：

---

① 王英志辑校《陈子龙全集》，人民文学出版社2011年，第1036页。
② 王英志辑校《陈子龙全集》，人民文学出版社2011年，第360页。
③ 王英志辑校《陈子龙全集》，人民文学出版社2011年，第1586页。
④ 王英志辑校《陈子龙全集》，人民文学出版社2011年，第782页。又见《七录斋集论略》。

亡友张天如先生有敦敏之姿、宏远之量、英骏之才、该博之学。弱冠而名满天下，士趋之若流水。登朝之后，贤士大夫依为君宗。其文原本经术而工于修词，班马贾郑鲜有兼长，而并擅其美，诚继绪之儒、名世之士也！然而见嫉群枉，阻于谗慝，不得进用，年四十而没，海内咸为流涕。既没之后，尚有构蜚语，指为党人者，赖天子明圣，事得昭白。而御史刘公上言："窃见故庶吉士张某天才醇茂，文章尔雅，笃行好学，博闻强记。九经诸史，咸有论著；前言往行，多行删述。可为直谅多闻，古之益友，不幸夭死。昔司马相如没，汉武帝遣近臣所忠就其家录遗书，夫相如词赋之雄耳，人主犹痛惜其才，而况某之所著，表章圣学，敷阐治道，诚宜命有司悉录其书，以备乙夜之览。臣不忍使圣朝右文之化有逊古昔，谨昧死以闻。"天子览其奏，异之，发德音，征其书上秘府，无逸。嗟乎！尊贤尚学，三代以后，未有过于主上者也。而天如生当时，通籍十载，不得一侍黼扆，备顾问，虽曰宵人蔽之，然孰非命哉？

夫天下有小贤，有大贤。智效一能，才办一官，小贤也。人主用之，则职有所修，政有所理。德高而能下士，才广而能进善者，大贤也。人主用之，则天下之才俊汇升迭进，众贤和于朝而天下大治。裘有领，网有纲，夫大贤者，亦霸王之纲领也。若天如，则无愧乎大贤矣。泛爱宽众，推贤乐善。见人之美，竭口扬之；见人之困，倾身济之；见人之过失，规诱而矫正之。故士之欲自振拔者，恒愿游其门，而数年以来，其所匡正人心，奖诩善类，成人之德行者，不知其几。夫国医之门多危疾，大匠之手无弃材，其势然也。昔孔子闲居而叹曰："使铜鞮伯华而无死，天下其有定矣！"其为人也，有道而能下人，此周公旦之所以得士治周也。假令天如履文昌，登三事，与闻国政，必能使庙廊多俊义，岩穴无逸民，天下怀才抱道之彦翘首跂足，咸愿共出而图我君矣。中岁奄夺，功业不遂，无公旦之勋而有伯华之恨，岂不痛哉！

天如志大才敏，尝与予言，愿以暇日汇《五经》之源流，辨百氏之同异，发金匮之藏，为国家成正史，然后约于性命之旨，以上继邹鲁之传，盖日孜孜而未已也。若天假之年，其所著述岂止于此？然即其所至，已足笼盖一代，为文苑之杰矣。昔贾生与文帝接席抵掌，倾耳其言者数矣。退而上书，娓娓以数千计，不之用也。迨生既没，而帝思其言，分王齐淮南，仅用其一策耳。天如以射策为天子所拔，然未尝亲承颜色，奉属车，有说言密计以结主知也。且积毁之言，几烁金石，而乃深加悼惜，求其遗书，以备采择，知人大度，岂不远过孝文哉! 燕昭市骏马之骨,而千里之马至。天如身虽困厄,而其言得用,且使天下晓然知明主好士之笃,用贤之诚,争首洗濯,以效命于上,即天如以人事君之志遂矣,可以无憾矣。①

陈子龙与张溥均有强烈的用世之心,但张溥志为大儒,重视经史之学,于辞章较轻视,认为辞章之学应附属于经史,故其以经史名于当世。陈子龙却对诗赋词表现出足够的重视,亦以之名世。其《壬申文选凡例》云:"文史骚赋,异轨分镳。临邛龙门,未兼两制。自兹之后,备体为难。典则之篇,尤穷时日。何得藉口壮夫,呵为小道。文当规模两汉,诗必宗趣开元。吾辈所怀,以兹为正。至于齐梁之赡篇,中晚之新构,偶有间出,无妨斐然。若晚宋之庸沓,近日之俚秽,大雅不道,吾知免夫。"②

张溥亦屡屡称道陈子龙。张溥《李宝弓司李稿序》云:"予更谓卧子,当今文字,莫盛云间。郡邑侯长,弘奖风流,后生秀杰,一旦骈起,莫不自谓家藏荆玉,人挟海目。"③《二三场合钞序》云:"云间陈卧子,当世绝才,其所谈二三场如人衣食事,寻常切实,初无影响。虞山杨子常,娄东顾麟士,经学纯儒,其论议与卧子同,合钞本偕合选后先行。"④《震社序》云:"云间十七子从勒卣、卧子、彝仲游,否则各守其父兄之业,达于高远。凡向所谓帖括制举,老生濡首不下者,尽麾去不观,独以聪明用之于正。"⑤张溥又有与陈子龙唱和之诗《次周勒卣艳诗赠陈卧子》⑥、《次陈卧子韵寄夏瑗公》⑦。

四、与钱谦益交游考述

钱谦益(1582—1664),明末清初江南常熟人,字受之,号尚潮,又号牧斋,晚号蒙叟、东涧遗老。明万历三十八年进士。历编修、詹事,崇祯初为礼部侍郎,因事罢归。以文学冠东南,为东林巨子。娶名妓柳如是,筑绛云楼,藏书极富。南

---

① 王英志辑校《陈子龙全集》,人民文学出版社2011年,第1051—1053页。
② 王英志辑校《陈子龙全集》,人民文学出版社2011年,第908页。
③ 张溥《七录斋诗文合集·古文近稿》卷三。
④ 张溥《七录斋诗文合集·古文近稿》卷五。
⑤ 张溥《七录斋诗文合集·古文近稿》卷四。
⑥ 张溥《七录斋近集·诗稿》卷二。
⑦ 张溥《七录斋近集·诗稿》卷二。

明弘光帝时,起为礼部尚书。清兵渡江,出城迎降。顺治三年,授礼部侍郎,任职五月而归。后两次以大案牵连入狱,均得幸免。七年,绛云楼会于火,藏书悉成灰烬,晚境颇颓唐。诗文极有造诣,入清后所作多抑郁塞愤张之语。有《初学集》、《有学集》、《国初群雄事略》,又编《列朝诗集》。清高宗列谦益入《贰臣传》,焚其书,虽屡禁不绝。①

钱谦益长张溥二十一岁,万历三十八年(1610)登进士第,比张溥登第亦早二十一年。钱谦益为东林主要成员之一,又有复社党魁之实,且"主文章坛坫者五十年,几与弇洲相上下"②,因之亦牵连于复社党争中。又因仕于二朝,名入《贰臣传》,其集亦在乾隆时被列为禁书,经过删毁,故其集中与张溥交游之作不多。其所编大型明诗总集《列朝诗集》也未收录张溥。但据张溥《七录斋近集》卷首所附《钱谦益嗣说》末署"虞山通家钱谦益再拜书于娄江舟中"来看,既云"通家"③,交往当不少。

关于张溥与钱谦益结识时间,二人文集中均未明言。但大致可确定为天启五年间。天启四年冬,张溥与张采过唐市,拜访杨彝,与杨彝、顾梦麟定交,并创立应社。唐市即地处常熟。杨彝建有凤基楼,广集图书,其楼与毛晋汲古楼、钱谦益绛云楼齐名,并广集文人学士结社吟诗。张溥与杨彝创立应社,当为彼此吸引,志同道合。此举也扩大了张溥在常熟的影响和声誉。而天启五年,御史崔呈秀作《东林党人同志录》,以钱谦益为党魁,《东林点将录》指其为浪子燕青。钱谦益寻为御史陈以瑞所劾,五月,削籍归。④此期,钱谦益归居常熟,张溥又频繁出入常熟唐市,与杨、顾交游论学,张、钱二人盖结识于此期。

崇祯元年春,钱谦益再次起用,任礼部右侍郎兼翰林院侍读学士,本拟大展作为。崇祯二年,却因"阁讼"失败,被削职还乡。钱谦益南还后,得到东南士人

---

① 参阅张㧑之等主编《中国历代人名大辞典》(上海古籍出版社 1999 年),《清史列传》卷七九。
② 黄宗羲《思旧录·钱谦益》,《黄宗羲全集》第 379 页。
③ 通家即世交。《后汉书·孔融传》:"语门者曰:'我是李君通家子弟。'"唐卢照邻《哭明堂裴主簿》诗:"缔欢三十载,通家数百年。"《警世通言·老门生三世报恩》:"两人三世通家,又是少年同窗,并在一寓读书。"
④ 金鹤冲《钱牧斋先生年谱》,见清钱谦益著,清钱曾笺注,钱仲联标校,《钱牧斋全集》,上海古籍出版社 2003 年。第 934 页。

的安慰。黄道周上疏云,自己有"七不如",中云"文章意气,坎坷磊落,不如钱谦益"。① 张溥此年春召开吴江尹山大会,统合众社于复社,规模空前。仅常熟一地就有六七十人参加。常熟人王应奎《柳南随笔》云:"吾邑有六七十人焉。其姓名犹在人间者,为杨彝子常、许重熙子洽、许瑶文玉、蒋棻畹先、魏冲叔子、赵士春景之、王日俞喜赓、孙永祚子长、邵世茂羽万、瞿元锡伯申、孙朝让光甫。"② 侯方域答张溥又云:"天下所观望者,惟虞山(钱谦益)与娄东(张溥)耳。语云行百里者半九十。西铭(张溥)必有以处此。敢因明教而僭及之。"③

崇祯六年春,张溥与钱谦益等聚会吴门。据阎尔梅记载:壬申岁暮,搭乘姚孟初舟由北南下苏州,下榻鸳止堂。次春,众宾聚会,有文震孟、钱谦益、张世伟、夏彝仲、杨廷枢、张溥、张采、徐汧、陈子龙等人。④

崇祯九年,温体仁当政,钱谦益、张溥先后受到张汉儒、陆文声攻讦。陆世仪《复社纪略·复社总纲》云:"丙子九年,张汉儒疏讦钱谦益、瞿式耜,奉旨逮问。五月,监生陆文声疏论复社。"吴伟业《复社纪事》云:"乌程窃国柄,阴鸷惨核,谋于其党刑侍郎蔡奕琛、兵给事中薛国观,思所以剸刃东南诸君子。先生扼腕太息,蚤夜呼愤。……相温时盛修郄虞山,思一举并中之,未尝得间也。会上忧耳目壅阏,诏吏民极陈时政阙失,山阳一妄庸武生上书言事,躐拜吏给事中。海内轻躁险诐之徒,竞思构奇抵巇,以封事得官。相温阴计此便,遂钩致陈履谦、张汉儒与谋。履谦、汉儒者,故虞山胥吏,有罪亡命入京师,而政府遣腹心延之东第,密受记,告牧斋及其门人瞿公式耜所为不法。相温从中下其章,银铛逮治,而复社之狱并起。"⑤

本年春,张溥在吴江盛泽镇会柳如是。⑥ 张溥对柳如是的垂青,以及张溥与钱谦益的交游,对于柳如是其后拜访钱谦益并与之结褵当有一定影响。本年秋,杨维斗母侯太夫人六十,张溥与钱谦益俱为其作祝寿文。钱谦益《寿杨母侯太孺

---

① 张廷玉《明史》,中华书局1974年,第6595页。
② 王应奎《柳南随笔续笔》,中华书局1983年,第30页。
③ 周亮工《尺牍新钞》,上海书店1988年,第225页。
④ 阎尔梅《白耷山人诗集文集》(续修四库全书第1394册),上海古籍出版社2003年,第331页。
⑤ 吴伟业《复社纪事》,《吴梅村全集》,第602页。
⑥ 见胡文楷《柳如是年谱》,范景中等编纂《柳如是事辑》,中国美术学院出版社2002年第467页。

人六十序》云:"崇祯九年十一月,吴郡杨解元维斗之母侯太孺人春秋六十,维斗将偕计吏上公车,为其母举觞上寿,然后就道。太史徐君、孝廉张君、郑君辈,咸洗爵布币,往与于会,而属余为称寿之文。"①"孝廉张君"即张溥。张溥《杨年伯母侯太孺人六十序》云:"丙寅(1626)之岁,杨伯母侯太君五十生日,溥偕同社酌斗诵言,文张四壁。又十年为今丙子(1636),则太君六十矣。"②

崇祯十年二月,钱谦益赴逮。六月,温体仁佯引疾,得旨放归,狱渐解。③ 十月,张溥母金孺人六十,钱谦益、张采及吴越数十州之士,前来祝寿,钱谦益受众人所请撰写寿词《太仓张氏寿宴序》。④ 其文云:

> 崇祯丁丑,翰林院庶吉士太仓张君天如之母金孺人年六十矣。是岁十月初度之辰,天如偕其兄弟稽首上寿。于是天如之友张君受先与其及门之徒,合吴、越数十州之士,相与铺筵几,庀羊酒,称觞于孺人之堂下,而请余为介寿之词。……天如以命世大儒,在承明著作之庭,讲道论德,离经辨志,昌明《伐木》、《菁莪》之谊于斯世。……数十年以来,持国论者,以钩党禁学为能事,驯至于虏寇交讧,国势削蹙,朝廷之上,惟无通人硕儒,通经学古,修先王《小雅》之政教,是以若此。善哉天如之寿其亲也,吾有望矣。……以为本天如寿亲之意,以修先王之政教,则《既醉》、《卷阿》之什复矢于今世,而《小雅》之废兴,可勿道也。

十四年二月,张溥与钱谦益等合谋欲使周延儒复出。杜登春《社事始末》云:"是时,乌程去位,杨、薛相继秉国钧,窥见主上崇儒扶正,无吹求西铭之意。门下或有私附杨、薛以图显荣者,故西铭得以逍遥林下,批读经史,为千秋事业;而中夜不安,唯恐朝端尚以党魁目之也。计非起复宜兴,终是孤立之局,乃与钱蒙叟、项水心、徐勿斋、马素修诸先生谋于虎丘石佛寺,遣干仆王成贻七札入选君吴来

---

① 钱谦益《初学集》卷三十九有《寿杨母侯太孺人六十序》,见《钱牧斋全集》第1061页。
② 张溥《七录斋近集》。
③ 金鹤冲《钱牧斋先生年谱》,见清钱谦益著,清钱曾笺注,钱仲联标校,《钱牧斋全集》,上海古籍出版社2003年。第936页。
④ 钱谦益《初学集》卷三十九《太仓张氏寿宴序》,见清钱谦益著,清钱曾笺注,钱仲联标校,《钱牧斋全集》,上海古籍出版社2003年,第1064—1066页。

之先生昌时邸中。时吴手操朝柄，呼吸通帝座，而辇毂番子，密布内外，线索难通。王成以七札熟读，一字一割，杂败絮中，至吴帐中，为蓑衣裱法，得达群要，此辛巳二月间事。"①五月，张溥卒。十一月，原任刑部侍郎蔡奕琛被逮，诬奏"复社杀臣，谦益教之"，上下旨曰："张溥、张采、钱谦益殊干法纪，俱著回将话来"。钱谦益作《遵旨回话疏》，极言其与复社无涉：

> 顷于十一月十二日接得刑部咨文内开："原任刑部侍郎蔡奕琛奏，为再陈神通广大等事。奉圣旨：'复社一案，屡奉明旨，延捱不结，明有把持。今观《复社或问》及《十大罪》之檄，僭妄奸贪兼备，于人才治乱，大有关系，何可不问？张溥、张采、钱谦益殊干法纪，俱著回将话来，还勒限去。该部知道。钦此。'钦遵。"臣扣头捧读，仰见皇上神明睿知，独观万化之源，恻然于人才治乱之大关，思所以力创而亟返之，甚盛心也。
>
> 臣于复社，有无干涉，不容不力辨于圣明之前者，敢矢心沥血，为皇上缕陈之。奕琛疏称张溥首创复社，臣中万历庚戌科进士，溥中崇祯辛未科进士，相去已二十余年。结社会文，原为经生应举而设。臣以老甲科叨冒部堂，何缘厕迹其间？其不容不辨者一也。《复社或问》系原任苏州府推官周之夔所作，及徐怀丹《十大罪檄》，原本具在，未曾只字及臣。若臣果系复社，则之夔何不先指臣，直待奕琛始拈出耶？其不容不辨者二也。复社屡奉明旨察奏，亦未曾有臣姓名。屡旨见在御前。其不容不辨者三也。复社一案，闻往年抚、按回奏，已经部覆。臣方被逮在京，无由与知。其有未经回奏者，事在所司。有无把持，诸臣见在可问。其不容不辨者四也。复社自复社也，臣自臣也。奕琛欲纽而一之，而无端插入一语曰："谦益发纵。"此所谓捕风捉影也。其不容不辨者五也。复社自复社也，奕琛自奕琛也。复社自有周之夔之案，奕琛自有薛国观之案。奕琛又欲纽而一之，而曰："复社操戈，繇臣指授。"此所谓桃僵李代也。其不容不辨者六也。臣虽愚陋，亦素讲君臣之大义。四方多故，圣主侧席。谓中外臣子，皆当以报恩仇之心报君父，以剪异己之心剪奴寇。勿沽直以邀名，勿背公而植党。此臣朴忠一念，退不忘君，可质鬼神者也。顾坐以遥执朝权，党同伐异，则冤而又冤，诬而又诬矣。

---

① 见《陈子龙诗集》，上海古籍出版社2006年，第729—731页。

其不容不辩者七也。果如奕琛言,则臣等真江南之大蠹也。官于江南者,与生于江南者,是不一人,何皆暗默不言?岂举朝之臣子皆朋党不忠,而独奕琛一人忠乎?抑亦居官任职时不忠,而负罪之后乃忠乎?其不容不辩者八也。此八者,事理昭灼,确有证据。圣明在上,一览了然。臣岂敢只字支饰哉?

钱谦益的上疏逻辑细密,滴水不漏,但其作为东林魁首,实际上与复社多有交涉,名未列复社,而有其实。

崇祯十五年五月,张溥死后不久,其妻生一女,钱谦益等人立张溥兄子为嗣,起名尔锡,字式似。钱谦益作《嗣说》以广告同人:

> 天如馆丈①之殁也,诸执友议立后焉。论宗法,以次及次房之应立者,又于应立之中,推择其稚齿便于抚育者。天如之母夫人暨其夫人,咸以为允,诸昆弟皆曰诺。
>
> 呜呼!天如之殁,而耿耿视不含者,独念母夫人耳。自今以往,庭户依然,田卢如故,夫人甘食美衣,僮奴指使,久而忘天如之亡也。天如之魂魄,晨夕于母夫人之侧,久而自忘其亡也。季札有言:"鬼神无废祀,宗庙无乏主。"吾又何求?吾辈庶可以慰天如于地下矣乎?
>
> 嗣子生十龄,未有名字。诸公以狗马之齿属余,余为命其名曰永锡,而字之曰式似,《诗》有之:"孝子不匮,永锡尔类。"又有之:"教诲尔子,式穀似之。"是子也,推"孝子不匮"之思,应"螺蠃类我"之祝,善事其大母及母,天如犹不死也。岂必属毛离里,而后使人曰:"幸哉!有子也哉。"
>
> 崇祯十五年壬午五月朔日己巳虞山通家钱谦益再拜书于娄江舟中②

此外,张溥集中仅有一首与钱谦益唱和之诗,即《和钱牧斋先生九日篇送钱大鹤兵部》云:"我正坐愁对园菊,怀君小窗秋夜长。亦有兄弟共零落,偏哭朱紫徒仆僵。永嘉雅会岂不再,茱萸酒熟今堪尝。……大笑世间尽默默,空使雷霆声

---

① 馆丈,翰林前辈对后辈的称呼。清阮葵生《茶馀客话》卷二:"翰林前辈称后辈曰馆丈。必四科以前之前辈,或有师生之谊者则可,否则无是称。"
② 见张溥《七录斋近集》前附《钱谦益嗣说》。

硁硁。登高不足更揽袂,十日九醉同羲皇。坠帽赋诗信潦倒,铜斗拍手亦发狂。"①检阅钱谦益集中,亦有《黄母张夫人七十序》,对张溥颇有揄扬:

  给谏万安黄君公让抗疏极论权相,几蹈不测。赖圣天子保全,得薄谴量移,至南吏部郎,复历清班。而其母张夫人年七十。先是给谏之父太公七十,庶常张君天如为之序,具道给谏左官时,太公执手慰劳与其家门子姓之详。海内学士大夫,皆颂述以为美谈。而天如复述给谏之意,以请于余,谋所以为夫人寿者。余之文不足以附天如之后明矣。②

---

① 张溥《七录斋近集》。
② 钱谦益《初学集》卷三十八《黄母张夫人七十序》。

第三章　张溥思想探析

何宗美先生指出："复社的思想代表了明清之际思想的主流。"这一时期是"封建王朝思想统治的'动摇期'和'失控期'，心学狂飙、东林学派、复社运动、遗民思潮，显示了一个根本的特点，那就是知识群体已不完全是充当统治阶级观念与思想的诠释者或代言人，而是有了主体意识的知识人和思想者。这是一种特有的思想存在和发展的状态，这是一个知识群体最具思想激情和个性创造的时代。复社处于在这一时代的思想发展状态之中，上承东林经世济民思想之精髓，下为遗民铸造了以爱国精神和民族主义为标志的人格典范。"① 那么，作为复社领袖的张溥又具有哪些思想呢？

张溥的思想产生于晚明社会背景、社会风尚、社会思潮之下。晚明②是一个比较特殊的时代，尤其是泰昌、天启、崇祯三朝更有"许多独特与具有重大意义之处，因为17世纪上半叶，中国在经济、社会、文化和政治生活等重要方面，是一个跟过去很不相同的国家。"③

众多的党社及其讲经论史活动是明代社会中的一个突出现象，这些党社及其讲经论史活动，带有明显的改革现实的努力和意图。它首先从价值观、道德观、学理切入，力图从思想、道德、社会风气及学风上扭转当时社会中所暴露出的种种弊端，以维护社会的稳定和长治。东林讲学运动即主要"致力于促进整个中国社会在道德上的复兴，他们深信当时的腐败和道德沦丧是由于传统的儒家教育和价值观念的衰落，认为只有当从事教育的老师们再次培养出正直不阿的官吏和学者时，才有可能恢复好的政府和一个功能正常的社会"。④ 但是，与以往所不同的是，它在思想上的觉醒更为深刻，在社会基础上的层面更为广大，所涉及的区域更为广远，其组织更为严密，其活动更为频繁，参与到上层对话的途径更为多样，个人的意识和力量通过群体组织而变得更为强大。虽然它尚不足以

---

① 何宗美《明末清初文人结社研究》，南开大学出版社2003年，第186页。
② 此处依照普遍的划分，即1573—1644年。
③ 牟复礼、崔瑞德编《剑桥中国明代史》，中国社会科学出版社1992年，第632页。
④ 同上，第641页。

第三章 张溥思想探析

与整个政权做抗争,但却在有限的范围内尽力尝试着种种改良。士人阶层的力量正在渐渐崛起,不论在朝还是在野,士人阶层都在越来越自觉地将参与政权和社会建设视为一种使命。当然,这种使命中也夹杂着各种各样复杂的对个人、家族等种种现实利益的追求。所以,一方面,他们纵情尚欲,崇利好货,追求极度的享受,而另一方面,却又忧心忡忡,焦虑地奔走着。尽管有种种来自上层权力斗争中的打压,但是,还是有大批的知识分子敢于坚持参与政权改革和社会建设的使命。所以,在明代历史中,我们很容易看到很多忠臣义士、畸人奇士。我们与其将之归纳为青史留名、博取名誉的心理渴望和发达史学的双重影响的结果,倒不如认为是不顾自身安危、不计代价、不论自身高下而热切参与政权和社会的深层原因在起作用。①

这样一种思想机理的出现,离不开社会控制的逐渐减弱、哲学思想层面的激发、社会经济的高度发展、科举的组织收束作用。

社会控制的逐渐减弱是每个政权在中后期的必然规律,以严酷控制而著名的明朝也不例外。明代社会的几大忧患是非常突出的,东南有倭患,东北有边患,朝廷内有皇帝怠政、昏庸与猜忌、宦官专权跋扈以及与此相伴生的清流的所谓党争,朝廷外有民变,以上种种因素,使得明政权的控制力日益减弱直至最终崩溃。社会控制力的减弱,自然就为哲学思想的诞生、社会舆论的活跃、更大规模社会团体的出现留出了较大空间。具有全国性规模的社团组织——复社恰是在这一空间出现并成长起来的。

在哲学思想方面,王阳明的心学和格物致理、知行合一学说起了巨大的思想启蒙和解放作用。心学的最大意义,即是将判定事务的标准与方法真正返回到人自身,返回到内心深处,返回到事理本身,而不是盲目依从于一切外在的人为规定和约束。这就为把明代士人的个人思想从科举所制定的僵硬程式中解放出来提供了理据。更重要的是,这种思想模式意味着对现行制度、现行价值观的怀疑、批判和反思,意味着要重新建构在自我本位和良知本位基础上的新价值观,掀起了一场在统治者眼中可谓"离经叛道"的思想革命。王阳明提出"心外无物,

---

① 张宪博《东林党、复社与晚明政治》:"作为中小地主、商人和市民阶层的代表,他们(东林和复社)自觉地参与政治的活动以及对国家和社会政治生活造成的影响是前所未有的。"见万明主编《晚明社会变迁问题与研究》,商务印书馆 2005 年,第 472 页。

心外无事,心外无理,心外无义,心外无善",①主张以吾心之是非为是非,而不必以孔子之是非为是非②,认为宇宙万物皆在我心,天地法则皆备我心。依照这种思路,个体的价值判断及生活模式将完全不再依赖于外在的规定。这就使得个体及社会团体产生自己的认知、存在模式,进而逐渐地从官方思想及政权下逐步脱离出来。这也使得世俗社会中存在的外在地位、等级等差异性不再成为绝对的力量,而一切只取决于我心的判断。王阳明的这种思想对晚明产生了巨大的影响:在文学上表现为"性灵派"文学的兴起;在思想界表现为思想家和启蒙思想的兴起;在学术界表现为对古今思考和批判的兴起。王阳明进一步指出,一旦认"知"了这种价值观,就必须要在"行"动上实践落实下来。否则,只有"知"而没有"行",那么这种知是不彻底的,不是真正的知。只有知行合一的知,才是真知;也只有知行合一的行,才是力行。这一哲学思想传递给人们的既是一种重新审视现实、观照自我的方法,也是一种鼓动人们践行真知的决心和勇气。应该指出,在王阳明的知行论中,特别强调知行是并重的,是合而为一,绝不可分的,即欲避免心学走入仅是虚玄空谈的境地。但在被士人接受时,这种哲学思想自然地表现出两种接受趋向,一路偏向知,重在学理的探讨;一路即偏向行,强调行动上的践行。不可否认,二者在当时其实都具有较大的存在空间和价值。因此,在当时即有虚理和实学两种思潮或学风并存。在前中期,虚理的一路较占上风,以至于出现了"万历以后,心学横流,儒风大坏,不复以稽古为事"③的局面,但在后期随着社会危机加重以及清人入关后严格控制思想的双重影响下,实学一路完全占据了上风。众所周知,清代学界的官方意见总是认为明代学风空疏、明人不学无术、清人入主中原完全是承衰去弊、君命天授,这种论调主要是有政治的需要在里面,笔者无意在此多作探讨。但不可否认的是,清人自诩的以乾嘉之学为代表的实学风气,完全是来自于明人的传承,而且在某种意义上是一种狭隘的传承,并不见得一定就比前者高明,虽然朴实沉潜,但在某种意义上却也暗淡了许多,——因为少了许多思想和理论的光环。

　　社会经济的高度发展,也在悄然改变着晚明社会。一方面社会关系和生产关系出现了新的变化,出现了所谓的资本主义生产关系萌芽,这一生产关系萌

---

① 王阳明《与王纯甫仁》,见《王阳明全集》,上海古籍出版社1992年,第156页。
② 王阳明《答罗整庵少宰书》,见《王阳明全集》,上海古籍出版社1992年,第76页。
③ 永瑢等《四库全书总目·少室山房笔丛正集续集》,中华书局1965年,第1064页。

芽,预示着社会新的变化。另一方面,社会经济高度发展,使得商品的生产流通加快、消费群体增多、消费方式多样、财富获取方式的多元及财富积聚加快,商业所带来的这种变化,也自然使得商人的重要性和地位引起人们的关注。尤其是财富的积聚,一方面改变了人们的观念,特别是改变了对商人的看法,好货好利成为明代的突出思潮,人们能正确地看待商人,对商人也不乏理解、尊重甚至是羡慕。马克思主义学说的一个核心是经济基础决定上层建筑,这一理论在明代同样是适合的。明代经济的发展所带来的人们思想和价值观的变化、商业及商人地位的变化是巨大的。纵观中国古代史,商人在传统中国社会中被排在士、农、工之后,一直被视为投机取巧、狡诈寡义、不劳而获的社会不安定因素而被统治者给予刻意的压制。因此,明人对商人的理解、尊重、羡慕,深刻地表明了人们思想观念的某种变化以及对一种新的生活模式和一个新崛起阶层的认可。这种变化的一个重要表现就是,彼时士与商的结合(即儒商)被得到了普遍的认可。经济的发展既改变了人们的观念,也改变和丰富了士人的生存之路,士人变得稍稍从容起来。当士人在经济上不再困窘而日益优裕时,组织较大的社会组织也就在知识上、经济上具备了可能。

另外,科举对于士人最具吸引力,其对士人的收束吸引作用不可小觑,科举在推动人才的社会流动同时产生了两个后果:社会结构以士绅为中心,社会价值以功名为中心,"科举制实际上制度性地塑造了一个社会整合的重心,这个重心在结构上体现为处于社会结构中心的士绅层,而在价值上则体现为功名在正统社会价值体系中的至高地位。士绅的合法性既受到这种价值体系的支持,同时又成为巩固与宣传这种价值体系的实体"。[①] 因此,科举对于封建士子具有极大的号召力、凝聚力。虽然会试每四年一次,每次录取的进士,少则几十个,多则几百个,但却强烈地吸引着全国士人源源不断地向此进发。正因如此,以探讨社艺、交流诗文为最初目的的文社、诗社,在明代特别盛行。当然,探讨举业并不是文士们举行社团集会的唯一活动,这种社团聚会不可避免地受到社会现实、政权斗争、社会思潮的影响,而与社会现实及政权的接触不可避免,日益增多。社团中人物通过科举也陆续进入政权体系之中,并发生相应影响,与在野士人遥相呼应。在此种情况下,社团由文学性、学术性逐步走向政治性、社会性是它的必然

---

① 纪莺莺《明清科举制的社会整合功能》,《社会》,2006年第6期。

趋势。

以上大致探讨了晚明的社会思潮、社会变化及复社产生的原因,这些正是张溥思想的产生背景。下面再来具体阐释张溥的思想。

一、人生观、价值观、伦理观

张溥以圣人、君子、大儒为其理想人格,以道德、气节为价值追求。主张才德合一,文行合一,名实合一。以人伦亲情、朋友同人之义为其行事的出发点,并以此将君臣大义、人伦亲情、朋友之义贯穿起来。张溥持正统的儒家观点,主张积极用世。

(一)"读书力行,求于无负圣人":人生观、价值观

张溥以古人"三不朽"自期:"公生平谓人:'丈夫贵有志,昔人称三不朽,要各有类,如德则修身及家均天下,否者备顾问奏对三雍,为国家作述礼乐,昭宣教化。功则为社稷臣,勒名旗常,否者表章六经,裁量子史,俾后学有所依仿,稽勋亦不在挞伐下。言则冠豸螭陛,屈轶指佞,言行道亦行,否者著成一家,藏诸名山,使千万世知有其人,比于龙门扶风。'"①

张溥的理想人格是圣人、君子、大儒、忠臣、孝子、义士、正人。其为人处事的原则和宗旨是"上不愧怍于圣贤,中不愧于父母,下不负于一身"。② 他对人生出处的设想是"生今之世,读古之书,进不敢倍于王制,退无负于圣人。"③即出仕要奉公守制,恪尽职守;在野要追求道德完美,日进于道。

张溥最初的价值追求是成为大儒。张溥十九岁时补博士弟子,即"志为大儒"。④他对于大儒的定位是"大儒其志行足以易风俗、明人伦,行而不息,社稷赖之。岂仅恂恂乡里,以善人自全乎",⑤在他心目中,大儒即是能够改善社会风俗习气,促进家族及社会人际关系和谐,促进社会稳定的人,简言之,即"身任天下,讲求治道"。⑥ 这种大儒定位,体现出强烈的人生关怀和社会关怀。张溥认

---

① 张采《知畏堂文存》卷八《庶常天如张公行状》。
② 《七录斋集续刻》卷一《娄东应社序》,天一阁藏。
③ 《七录斋诗文合集·馆课》卷一《士品臣品议》。
④ 张采《知畏堂文存》卷八《庶常天如张公行状》,四库禁毁书丛刊本。
⑤ 《七录斋诗文合集·近稿》卷二《周其章稿序》。
⑥ 《七录斋近集》卷三《徐文定公农政全书序》。

为大儒应"读书行道,不为升降而已",①应"读书力行,求于无负圣人"。②从张溥对大儒的定位中可以看出,大儒包括了事功和道德修养两方面的要求,其终极指向是圣人。

张溥志为大儒,但退后一步讲,若无法作大儒,则愿作狂者。《元文类删序》云:

> 士生斯世不为儒者,即为狂人,各有不得已也。狂者逃于诗歌,如信陵公子饮酒近妇人,以求速老。其循循礼法者,远谭孔孟,近守程朱,《诗》《书》六艺之言,饮食衣被,足以命不朽,而授生徒,则隋之河汾遗风可则也。③

此处张溥将士分为二类——儒者和狂者,前者循于礼法以弘道而求不朽,后者逃于诗歌藉以寄托性情。这其实是一种意气之言,在张溥心目中,儒家才是最正统之路,可以弘道,可以不朽,而狂者只是一种迫不得已、没有进路时的选择,只求速老,了却残生而已。

张溥以君子作为道德修养的首要目标,《许孟宏稿序》云:"予尝讽咏人伦,悲己之无以自致于君子,则日取孟宏之事,存于心思,以求善助。斯门庭之内,旷然有得,而古人之义相将以起。"④主张应以古君子为人生楷模和同道知己,《蔡翁蔡母六十序》云:"伯引学严而格方,非前者之言不称,非远古君子之行不道。"⑤张溥认为,只有达到君子这一层面才能与古人真正沟通,并进而上升到人生最高境界即圣人的境地,《荆实君稿序》云:"君子之学,求其无愧于圣贤者而已。"⑥《张孚先稿序》复云:"君子勤考知戒,务涉乎圣涯。"⑦故张溥认为,君子应以修身为先务。《行卷扶露序》云:"故君子勤修身而缓论物,即博于论物,而要不可以越己。"⑧主张君子要自强,要正身率物,《宋宗玉稿序》云:"君子务其强者以正身而

---

① 《七录斋诗文合集·近稿》卷四《国表四选序》。
② 《七录斋集论略》卷一《王慎五稿序》。
③ 《七录斋近集》卷三《元文类删序》。
④ 《七录斋集续刻》卷二《许孟宏稿序》,天一阁藏。
⑤ 《七录斋集论略》卷四《蔡翁蔡母六十序》。
⑥ 《七录斋集论略》卷一《荆实君稿序》。
⑦ 《七录斋集论略》卷三《张孚先稿序》。
⑧ 《七录斋集论略》卷三《行卷扶露序》。

率物，又安可避天下之难，自坠厥声乎？"①同时，君子必须德才兼备，若有才而无德，则不足论，《吴骏公稿再序》云："才者，后人所为昌大之具也。然或有才而不以德副之，则恃宠于天而不理其本，其所为显盛丰融者，适以累其先人之志，君子不之取也。"②显然，这也是鉴于"当今能文之士不乏，祇恐信心不迈，习书颇辟，伤在品行"③的现实情况而提出来的。

因此，张溥进而提倡古君子之风，主张心诚气昂，勇于救人于患难之中，而能淡然处之，不求报德。《寿周叔夜五十序》云："凡人诚心之发，意气激昂，非特施德者难，报德者亦难。即予所见，患祸则指天约结，事平则覆手若忘，接踵而然。"④同时，张溥主张君子应律己爱人，不应拒人于千里之外。《卯辰程墨表经序》云："夫君子之自治也严，而责人以约。居己于不能，而人无不为其可为，故引而之教也。"⑤《皇明诗经文征序》亦云："夫君子之教人也，不因世之不明而辍其功，不因名之已成而高其事。"⑥所以，对于那些驳而不纯之文，才而不德之士，虽然不尽喜欢，但却并不轻易排弃，而是竭力引其走向正途。《程墨表经序》云：

> 故驳而不纯之文，予所甚恶也；才而不德之士，亦予所甚恶也。而终反复不能舍，以为文苟能驳焉，士苟有才焉，使其日增月改，渐与正途，必有悔悟之心生，以求揖让于孔子之门也。⑦

张溥认为，欲致君子，首先应从士子做起。虽然"书生怯单，两手不能持一乳狗"，⑧但其节操坚强，不应为外力所变。《答钱彦林》云："弟尝谓士无强弱，要在所存，至忧患之时，尤当不失资具。"⑨作为一介士人，不论是否显达，其立身行事

---

① 《七录斋集论略》卷一《宋宗玉稿序》。
② 《七录斋集续刻》卷二《吴骏公稿再序》，天一阁藏。
③ 《七录斋集论略》卷五《答罗文止书》。
④ 《七录斋近集》卷五《寿周叔夜五十序》。
⑤ 《七录斋集论略》卷二《卯辰程墨表经序》。
⑥ 《七录斋诗文合集·近稿》卷三《皇明诗经文征序》。
⑦ 《七录斋集论略》卷二《程墨表经序》。
⑧ 《七录斋集论略》卷五《答钱彦林》。
⑨ 《七录斋集论略》卷五《答钱彦林》。

都应为善去恶,《吴禹玉先生荣封序》云:"夫名士立身,显晦殊致,为善同途。"①张溥对于士人期望颇高,即应以正士风,弘大道为己任,注重文行兼修,才德合一。《答罗文止书》云:"大道颓敝,士鲜质正,所云经史流病,弟偕受先、介生、子常、麟士、君售辈,正日以刺怀。"②若士人有才而无诚德,即是无才,《古今才诚合一大臣论》云:"才而不诚,则犹无才而已矣。"③故士人应不断加强修养,应当以学立身,同时应爱而惠人、乐而育人。《拟兴民行端士习以正人心以固邦本疏》云:"臣闻利人莫大于教,成身莫大于学。"④主张士人必须要践行其道,《侯伯母龚太夫人七袠序》云:"谏臣行其言,学臣行其道,韦带之士行其志。"⑤而践行其道的目的即是有益于他人和国家"有益人国"。⑥

张溥认为,作为士人,修身做人应是最重要的,是人生大务,其次才能谈到作文,这两项应是切意去努力的,而关于天命、命运则不必太在意。《程墨大宗序》云:"且修身大务,而文章次之,命又介乎然不然之间者也。"⑦这里张溥主张尽于人事,而忽略天命,表现出强烈的用世思想。对于天命,张溥往往是在悲愤、怀疑、无奈时只用其来解释人世的不平与成败得失,此时的天道、天理具有一种宗教关怀的意味:

> 呜呼!亦安在其有天道哉?……余乃信天之报施,迟速大小,必因其人,怨尤之情,未可遽发于仓卒,有繇然矣。……是以介生与予言,第五先生之躬婴患难,与己兄弟之蹇辱于家之匪人,每至失声,而予即反复天人远大之理以安之。⑧

张溥将气节操守看作为至高无上的价值追求,这与明代崇尚气节之风是一致的。纵观明代历史,可以看到明代崇尚气节形成了一种独特的风气。如明代

---

① 《七录斋近集》卷四《吴禹玉先生荣封序》。
② 《七录斋集论略》卷五《答罗文止书》。
③ 《七录斋诗文合集·馆课》卷一《古今才诚合一大臣论》。
④ 《七录斋诗文合集·馆课》卷一《拟兴民行端士习以正人心以固邦本疏》。
⑤ 《七录斋近集》卷五《侯伯母龚太夫人七袠序》。
⑥ 《七录斋近集》卷四《袁特丘司理考绩序》。
⑦ 《七录斋集论略》卷二《程墨大宗序》。
⑧ 《七录斋集论略》卷一《周氏一家言序》。

出现了许多高标气节、敢于犯颜直谏的诤臣义士,被皇帝廷杖凌辱的大臣在社会上却常常成为人们倾慕崇拜的对象。这似与现代民主社会中的社会风气多少有点相像:无论政府是好是坏,人们总归以愤世嫉俗地批评政府为荣。① 孟森先生通过明清对比的方式,进一步说明了明人重视气节的深层原因:"正人被杖,天下以为至荣,终身被人倾慕,此犹太祖以来,与臣下争意气不与臣下争是非所养成之美俗。清则君之处臣,必令天下颂为至圣,必令天下视被处者为至辱,此则气节之所以日卑也。"②明人所追求的这种气节,"已经不是传统意义上的抽象的道德标准,而是与个人的人格和价值需要相联系的、由社会舆论塑造起来的个人形象。"③"在后人看来,党派之争、门户之争、意气之争是明代士大夫文化的显著特色。事实上,正是这种党同伐异的斗争表明皇权的衰落和个人、同侪群体意识的觉醒。"④由此可见明代士人崇尚气节的意义所在。张溥对此亦表现出了异乎寻常的关注,这一方面也是缘于当日风俗不古和"人恶节义"的现状。《黄赞伯稿引》云:"观夫曩者纠纷之日,人恶节义而喜柔善。"⑤张溥在《正风俗议》中曾列举了当时风俗不古的种种表现:士子无耻献媚魏阉,变节乞降于敌酋;平民、歌娼、宦官奢侈越礼,富者奢侈浪费,贫者不能自存;人心不古,讳道学,疏六经,苟且偷安。因之,主张端正风俗,其基本方式就是教以忠诚节义。⑥ 在以圣人、大儒、君子为理想人格的张溥看来,提倡气节操守是抵制恶俗、弘扬正气的有效途径,是乱世中达己达人的一副良药。如强调不以贵贱贫富而改易节操:"贫贱而不疑其

---

① 参阅敏泽主编《中国文学思想史》,湖南教育出版社2004年,第312—313页。
② 孟森《明清史讲义》,中华书局1981年,第78页。
③ 敏泽主编《中国文学思想史》,湖南教育出版社2004年,第314页。
④ 同上,第314页。
⑤ 《七录斋集论略》卷五《黄赞伯稿引》。
⑥ 《七录斋诗文合集·论略》卷一《正风俗议》:"风俗之不古也,士子为甚。逆珰之乱,献谄造祠者,倡于松江;奴酋之横,开城乞降者,见于永平。……南亩之民,而王者之饰;庶人之妾,而帝后之服。昔人之所太息,而伤其已甚也。……歌娼舞女,拟佩狄于夫人;黄冠缁流,杂仪颂于博带。昔人所不及见,而今加之者也。……细民不厌糠秕,而富贵之家以养鹅鹜;士人不饱稻梁,而臣室之有余者以瘗土坎。尤昔人所以悼衰世之无可如何,而今重不反者也。……击钟而食者,一器之玩,足以穷天下之观,而贫者不能有苇席之蔽;重屋而处者。刻镂之地,足以备窈窕之居,而弱者不能有妻子之聚。昔人所谓天之不吊,未有如斯者也。……愚之所忧者人心是也,今日之人心莫惑乎讳道学之名,而指六经为迂阔,不乐闻封疆之急,而幸目前为苟安。……则为今日太平之计,欲使风俗之正,亦之教以忠义而已矣。"

意,富贵而不易其操。"①又如对激于义而死的颜佩韦等五人大加赞颂。

在张溥眼中,大义节操甚至重于君命:"是故生之际,从其义之大者处焉,而不必于受君之命。"②张溥重视士节,在他看来若无士品则无臣品。《士品臣品议》云:"士不得其所以为士,则臣必失其所以为臣。"③而若要培养士节士品,则必要坚持立身之教由近始,从乡邦之地起磨砺节操。《房稿是正序》云:"予与介生、维斗诸子兢兢其指,以为立身之教,当由近始,故于父母之邦,尤三致意焉。"④张溥主张不仅要由近及远,而且还要名实一致。《泰州崔侯碑记代》云:"大人君子,未尝急之于身后,而实之既立,名必随焉。"⑤

在人生出处方面,张溥坚持鲜明的儒家立场,表现出积极的用世态度,认为士人要行儒家之道,出仕奉君,施展个人生平抱负,有益于国家社会,然后方可功成身退。《房稿香却敌序》云:

> 以为儒者之道始于父子,正于君臣,吾未能得君而事焉,犹之乎不学也。夫惟既得其君而事之,明其生平之欲为,然后功遂名立,休乎无营,倘佯空山之间,物机息而天复,庶乎其可安也。⑥

与此用世态度一致,张溥前期对功名颇为热衷,这可从友人中举后张溥既羡慕又自卑的心理中得以反观。⑦ 他自己也说:"夫其汲汲一遇,冀行其道者。"⑧但经过在翰林院备受倾轧的两年后,他对功名有了更深刻的认识,感叹功名可累人,"功名一念,深为累也。"⑨然而,在辞官归家后,他并未转入虚空归隐,仍积极用世,组织社事活动,编著经史著作,提携教导后进,以三不朽为自期:

---

① 《七录斋集论略》卷五《张伯母膺封序》。
② 《七录斋集续刻》卷一《合刻诸葛忠武录岳忠武金陀粹编序》,天一阁藏。
③ 《七录斋诗文合集·馆课》卷一《士品臣品议》。
④ 《七录斋集论略》卷一《房稿是正序》。
⑤ 《七录斋集论略》卷六《泰州崔侯碑记代》。
⑥ 《七录斋集论略》卷二《房稿香却敌序》。
⑦ 《七录斋诗文合集·存稿》卷四《张受先稿序》。
⑧ 《七录斋诗文合集·馆课》卷一《士品臣品议》。
⑨ 《七录斋近集》卷十一《郭后之废温成事附》。

丈夫贵有志,昔人称三不朽,要各有类。如德则修身及家均天下,否者,备顾问,奏对三雍,为国家作述礼乐,昭宣教化;功则为社稷臣,勒名旗常,否者,表章六经,裁量子史,俾后学有所依仿,稽勋亦不在挞伐下;言则冠豸螭陛,屈轶指佞,言行道亦行,否者著成一家,藏诸名山,使千万世知有其人,比于龙门扶风。①

张溥一生持积极的用世情怀,"以儒家思想作平日的人格修养,将自己的整个生命转化、提升而为儒家道德理性的生命,以此与客观事物相感,必然而自然地觉得对人生、社会、政治有无限的悲心、有无限的责任。"②张溥认为社会的兴衰与人事息息相关。《山东论》云:"盛衰之理,虽曰天时,亦有人事焉。"③联系当时明末社会动乱的社会现实来看,其用世救世之意是非常明显的。

(二)"人伦之道,不可忽也":伦理观

在修养价值取向上,张溥以君子和孝德来要求自己,以气节和孝德作为君子的必备因素:"修君子之行,和气兆祥,孝德日起。"④认为气节与孝德,是"成人之道",即是做人的根本:"言节与孝,成人之道举矣。故凡君之欲于其臣,父母之欲于其子,莫不望而求至焉。"⑤简言之,张溥主张立身于孝弟,《广应社再序》云:"立身于孝弟,而以之示人,在已有其忠恕,而达指于一族,君子之志也。"⑥主张以忠孝节义为人伦之本,《杨伯母侯太君五十序》云:"万制端言,同于先士,恒共之沉湛圣书,开陈义府,衹忠与孝。"⑦

因此,在家庭方面,张溥颇重视孝德和人伦,指出"是皆人伦之道,不可忽也。"⑧以人伦为人生首务,《即山集序》云:"且生人百际,莫大乎伦纪,先正夫妇之原,以臣事君,以子事父,根柯不别。"⑨故极重视理度、长幼之序,《南渡宗室列

---

① 张采《知畏堂文存》卷八《庶常天如张公行状》。
② 徐复观《中国文学精神》,上海书店出版社2004年,第14页。
③ 《七录斋集论略》卷一《山东论》。
④ 《七录斋集论略》卷一《陈威如稿序》。
⑤ 《七录斋集论略》卷五《贺黄母旌节序》。
⑥ 《七录斋集论略》卷一《广应社再序》。
⑦ 《七录斋集论略》卷四《杨伯母侯太君五十序》。
⑧ 《七录斋集论略》卷四《蔡翁蔡母六十序》。
⑨ 《七录斋集论略》卷三《即山集序》。

传》云:"理度壅乱,长幼灰灭,与其多男,不如无子。"①进而认为孝弟为个人气质之根源,《华方雷稿序》云:"是故君子之立教也,使人学问必先气质。其气质根原,必繇孝弟。"②张溥重视亲情,并将对父母之孝与对君王之忠视为一体。《史嵩之起复》云:"忘亲之人,罪必误国。"③故作为臣子,须尽子道、臣道,《应社十三子序》云:"为子者必孝,为臣者必忠,如是而常焉。"④这些观点显示出张溥思想中传统的一面。

在人伦中,张溥特意强调了朋友的重要性,《贺鲁缝稿序》云:"始信朋友之道,系于人伦。"⑤将朋友之义与宗族之情予以类比,《广应社再序》云:

> 夫朋友之义与宗族之情,其本粲殊,比而同说,则安称焉。然而有其一者,所谓亲亲之道,彼此之通也。……朋友之戚,系于人伦。而士与士言士,归之本业,出入进退不能离,穷愁祸患不能舍。若是而比于宗族,非过也。⑥

简言之,"要其大者,友之为义,备五伦之道焉"。在人伦这根主线的贯穿下,张溥将家庭、友情、君臣贯穿起来,《松陵七子会艺序》云:

> 夫信于朋友而后兄弟宜,兄弟宜而后父母善,父母善而后君臣和,人伦之序,岂若是乎?顾其事往往有然者,君子将务全焉。⑦

张溥的同人、朋友思想值得称道。张溥认为"同人之道,大在四海"⑧、"大道之戚,在乎无徒"⑨、"圣贤可学友朋须"⑩。因此,张溥极重视与众人的合作,认为

---

① 《七录斋近集》卷十《南渡宗室列传》。
② 《七录斋集论略》卷一《华方雷稿序》。
③ 《七录斋近集》卷十五《史嵩之起复》。
④ 《七录斋集论略》卷三《应社十三子序》。
⑤ 《七录斋集论略》卷二《贺鲁缝稿序》。
⑥ 《七录斋集论略》卷一《广应社再序》。
⑦ 《七录斋集续刻》卷二《松陵七子会艺序》,天一阁藏。
⑧ 《七录斋诗文合集·近稿》卷三《同言序》。
⑨ 《七录斋集论略》卷四《吴镇朴先生六十序》。
⑩ 《七录斋诗文合集·诗稿》卷一《送吴骏公归娶》。

领袖固然重要,但若无众人则难成大事,《易会序》云:"天下之事,一人为之,数人从而和之,非此数人也,则一人之事亦无所成。"① 要勇于接纳同人,取长补短,《周简臣稿序》云:"立教方始,以宽引人,闻一善士,见一善言,千里寄书,殷勤叹慕。"② 这种虚怀若谷、善纳百川的胸怀,也自然是其成功组建复社的主要原因之一。

张溥重朋友之义,一是因为在茫茫人世间得几知己的确不易,《答宋澄岚》云:"然自千年之邀,万年之赊,愿之所合,声唤必一,莫若交友神致。"③ 二是因为聚难离易,朋友间真正相聚不多,故应倍加珍惜,《王慎五稿序》云:

> 夫离合聚散,事在一时,久而思之,各有至性之寓。故有失意而重友生之嗟,亦有身已贵矣,顾瞻良朋,不及晨夕,而有怀猥纡,同于具尔之戚。此两者之为心,非行路所可知也。④

故其推重心心相印的老友:"取友者惟旧,善学者惟嘿。"⑤ 主张"朋友之道,以直终始"。⑥ 张溥又强调,朋友系五伦,连祸福,故交友要慎重,《王慎五稿序》云:"予于去冬,以取友郑重之义,告之道吉。"⑦《钱开玉王开度合刻序》复云:"朋友之际,系于五常,故重身而毋迩于辱,慎交而无迩于祸,非必末事之谨也。"⑧ 当然,交友是对等的,欲要友佳,自己先须敦敏力行,故《广应社序》云:

> 是以君子勤身而有行,莫若其自为之。至自为之以求同度,则必然之合。怀乎鸟鸣,乐其于野。朋友所繇来也。⑨

---

① 《七录斋集论略》卷二《易会序》。
② 《七录斋近集》卷四《周简臣稿序》。
③ 《七录斋集论略》卷五《答宋澄岚》。
④ 《七录斋集论略》卷一《王慎五稿序》。
⑤ 《七录斋诗文合集·近稿》卷四《国表四选序》。
⑥ 《七录斋集续刻》卷一《桂叔开稿序》,天一阁集藏。
⑦ 《七录斋集论略》卷一《王慎五稿序》。
⑧ 《七录斋集论略》卷二《钱元玉王开度合刻序》。
⑨ 《七录斋集论略》卷一《广应社序》。

作为复社领袖,张溥的这种人伦思想对于复社产生了很大的影响。"复社之所以具有组织的严密性,关系的牢固性和斗争的延续性诸特点,其中宗法纽带是起关键作用的因素",因之,"几乎可以说,复社形成的过程其实也就是张溥交友圈不断扩大的过程,友情是维系复社的重要纽带。"①

二、社会、政治思想

(一)致君泽民,重视民生。

在政治上,张溥主张致君泽民,而以泽民为先,表现出以泽民为特征的民本思想。《贺常熟杨邑尊荣封序》云:"夫致君之道,泽民为先。学者奋志于斯,而势不得以自由,则曰:位不我与也,位既与矣,而犹需时焉。则吾不之信也。"②因此,他主张轻徭薄赋,减赋息民,《尚书省之复》云:

> 太祖轻用其民,而大业成;世祖重用其民,而世祚促。民不患上用之,而患上竭之,为人君者亦何利于竭民哉?"③

这是有很强的针对性的,明代总体上是"重用其民"的,不断加收赋税,尤其是江南富庶地区,更是赋税沉重,民众苦不堪言。因此张溥主张以减赋息民来从根本上治理动乱,《拟简铨衡择中枢惜人才直言疏》云:"兵事之兴,为百姓乱也;百姓之乱,重苦赋也。日忧大乱之至,而不独以科赋督天下,所谓欲繁其枝而伐其本也。"④主张应以内治为本,《通鉴纪事本末序》复云:"观黄巾之聚散,而知内治为本。"⑤针对当时民乱日起、"盗贼"日滋的现状,张溥并未极端地主张剿灭,而是认为"盗贼亦生民"⑥,并提出相应的平乱之法,即重安抚、感化,化"贼"为民,《蜀盗之平》云:"化贼为民,止乱之方,莫长于此。"⑦主张疏导、治理与收抚并

---

① 何宗美《明末清初文人结社研究》,南开大学出版社2003年,第167页,第177页。
② 《七录斋集论略》卷五《贺常熟杨邑尊荣封序》。
③ 《七录斋近集》卷十六《尚书省之复》。
④ 《七录斋诗文合集·馆课》卷一《拟简铨衡择中枢惜人才直言疏》。
⑤ 《七录斋近集》卷三《通鉴纪事本末序》。
⑥ 《七录斋诗文合集·诗稿》卷一《送王复完大夫之开州》。
⑦ 《七录斋近集》卷十一《蜀盗之平》。

重,《治盗贼议》云:"夫立宽科以收俊异,严国法以惩妖乱,则天下之盗贼何自而生?即有不虞,为之衡量之于招降穷治之间,以致其威惠。"①主张对于盗贼亦应区别对待,恩威并用,以化盗为兵,《平群盗》云:"小盗贵恩,大盗贵威,强者弱之,合者离之,得其术则盗皆兵,失其术则兵皆盗。"②这些主张集中体现了他"以泽民为先"的民本思想。张溥曾一度指责当日政治之弊,极力反对繁狱重敛,《拟兴民行端士习以正人心以固邦本疏》云:"夫峻文深诋,狱乃日繁;聚敛四出,赋滋溃削。由此镜彼,亦足以见俗吏之无益于人国,鞭捶不足以补患也。"③除主张减赋息民外,张溥还主张应在灾荒之年赈灾救民。为此,张溥提供了救荒的建议,即扩大粮食供应源以控制物价飞涨,同时选拔"实心仁政者",将救济物品能全部发放到百姓手中,避免被奸吏贪污。④ 又主张对于赋役之法,应从便民及实效的角度灵活调整,《赋役论》云:"因时变通之道,亦存其中。……盖作法有一定之制,而行法无一定之人。"⑤这些思想对于改善当日吏治民生是很有益处的。

与以"泽民"为特征的民本思想内在一致,张溥极重视个人的价值。他在《五人墓碑记》提出了一个极有价值的观点:"死生之大,匹夫之有重于社稷也。"⑥即是说,个体的存亡对国家社会来说是非常重要的,这些有价值的个体的毁灭是国家社会的巨大损失。因此他希望朝廷对百姓生死予以足够的重视。《书俞良策事》云:"且冀以匹夫之义,闻于庙堂,然则凡有位者,百姓生死可不念乎?"⑦张溥本人对普通劳动者也表现出相当的尊重,《赠马巽甫少子得新字》云:"稻粱非所愿,稼父亦堪师。"⑧

张溥的这种经世济民的思想应该是其处于明末易代之际,屡屡目睹到国家、民族和人民生活于深重的灾难之中,作为一个下层的正直的有理想有抱负的年青士人所自然产生的一种思想。在崇祯二年复社成立之际,张溥就提出了"兴复古学""务为异日有用"的主张。崇祯四年,考中进士后,踌躇满志,此种思想更加

---

① 《七录斋诗文合集·论略》卷一《治盗贼议》。
② 《七录斋近集》卷十三《平群盗》。
③ 《七录斋诗文合集·馆课》卷一《拟兴民行端士习以正人心以固邦本疏》。
④ 《七录斋诗文合集·论略》卷一《救荒议》。
⑤ 《七录斋集论略》卷一《赋役论》。
⑥ 《七录斋集论略》卷六《五人墓碑记》。
⑦ 《七录斋诗文合集·近稿》卷三《书俞良策事》。
⑧ 《七录斋近集》卷一《赠马巽甫少子得新字》。

强烈。同时也受到众多师友的激发。如徐光启对张溥"勉以读书经世大义"。①张溥益加自勉,"早夜惕励",以徐光启的"身任天下,讲求治道"为榜样。同时,友人中陈子龙、吴应箕、黄宗羲等也是致力倡导经世之学较为突出者,这对张溥也产生了一定的影响。故何宗美先生指出:"从张溥到黄宗羲,经世思想是一以贯之的主线。"②

(二)任贤去邪,兴利除弊。

张溥在政治上亦主张任贤去邪,兴利除弊。《元佑更化》云:"欲任贤也,必先去邪,邪一去,贤未有不任也,欲兴利也,必先除害,害一除,利未有不兴也。"③同时,对于善恶共存的现实又有清醒的认识,《周简臣稿序》云:"寒必有暑,善必有恶,欲望举世无恶,吾党之愚也。"④对小人以党锢迫害君子的历史也做过深刻的反思,《洛蜀党议》云:

> 宋庆历之有党也,始于贾昌朝、陈执中、王拱辰、钱明逸恶范仲淹、富弼等而排之,目以为党,飞章诋毁,一纲立尽。此皆小人结约,急为身谋,功名累心,而恩怨日迫,明知君子有益于国而深畏其不利于己。是以背公论,聚私党,奋发横溢而不顾也。……始以相争者为党,既而则不争者亦为党。小人之害君子,张而大之,惟恐其党名之不著;迫而乘之,又惟恐其党衅之不成也。⑤

故张溥坚信善恶必不能共存,《祭魏廓园先生文》云:

> 正人蒙祸,身备五毒,而奸邪幸保首领,犹擅国家之利,穷声势之娱。即或有时一二贤者获见进用,而谮人随其后,危者相属也。是故小人虽败有余宠,君子虽进有余惧。善可为而不可为,亦已久矣。然宁为此,不为彼者,盖

---

① 《七录斋近集》卷三《徐文定公农政全书序》。
② 参阅何宗美《明末清初文人结社研究》,南开大学出版社2003年,第194页,第197页。
③ 《七录斋近集》卷十二《元佑更化》。
④ 《七录斋近集》卷四《周简臣稿序》。
⑤ 《七录斋近集》卷十二《洛蜀党议》。

以秉君父之命,扶人心之绝也。①

因此,强调要勇于与谗小做斗争,在政治上无负于朝廷,《房稿遵业序》云:"如往者大珰之乱,蟊贼发于里间,勒卤诸子正愤批击,亏侧之徒怨言四流。至宗远则抵燕都,而匡国学制失,几被置网,亦足以明吾党之无负于朝廷矣。"②同时强烈主张宦官不应参与朝议,锦衣卫不应典核刑狱。③

张溥同时主张政教合一,培养士子与选拔官吏合一。《进士说》云:

> 昔之论治者曰:古之政与教一,而今二;古之养士与任官同,而今异。两者皆害之大者也。

主张重视教化,与人为善,《近集·通鉴纪事本末序》云:

> 然而善善之长也,与人之厚也。虽有强藩,可以教顺。……虽有寺人,可以教忠,……虽有夷臣,可以教义,……虽有贼子,可以教孝。④

(三)华夷之辨,深怀隐忧。

张溥华夷之辨思想甚严,他认为若华夷不辨则等于取消了君臣伦理之序,将陷入秩序混乱。《元文类删序》云:"夫华夷不辨,天下无君。"⑤这种华夷思想是有其历史原因和现实原因的,是民族危机日益加深背景下的产物,亦有强烈的干预现实的作用。

从历史来看,明代是在"胡元主夏,草昧不宁"、⑥"曩宋失驭,中土受殃,金元入主二百余年,移风易俗,华夏腥膻"⑦的背景下兴起的,元代作为少数民族却最

---

① 《七录斋诗文合集·近稿》卷五《祭魏廓园先生文》。
② 《七录斋集论略》卷一《房稿遵业序》。
③ 《七录斋集论略》卷一《诏狱论》。
④ 《七录斋诗文合集·馆课》卷一《进士说》。
⑤ 《七录斋近集》卷三《元文类删序》。
⑥ 《七录斋近集》卷三《宋元纪事本末序》。
⑦ 朱元璋《谕日本国王诏》,见钱伯城等主编《全明文》,上海古籍出版社1992年,第22页。

终取代了南宋政权,华夏政权向外夷政权臣服,这在明代士人看来是极端耻辱的。代元而起的大明王朝是汉人复兴的重要时代,"不仅是夺回了南宋以后丧失的对华夏地域的统治,而且扭转了从北宋起汉民族的被动地位。"①在意识形态领域一个最重要的工作就是要"必也正名乎",重新树立华夏正统,以确立汉民族政权与其他少数民族的统治与臣服秩序。因此,严格华夷之辨是对待民族问题上的一个基调。

从现实来看,晚明王朝正面临着女真族的节节入侵,曾经意气蓬勃的明王朝,又将面临着与南宋类似的命运。在这个时候,强调华夷之辨就有着鼓舞士气、强化人心的目的。所以作为一个志为大儒,以改良社会弊端、变易风俗自期的崇尚气节的士人,张溥自然要在动乱不堪、女真不断入侵的情况下,在民族危亡、政权存没的危机下,不断严格华夷之辨。

因此,张溥强烈的华夷之辨思想是有感于历史和现实而发,具有强烈的针对性。对历史而言,主要有感于元,《元文类删序》云:"选文至元,予愀然伤之。恨时无陈涉,仲尼弟子不能抱祭器而奔也。"②张溥对元代的态度颇为复杂,一方面,从正统观出发,对夷统中国、儒学衰弱的情况予以强烈的批评和寄予浓重的伤感,对元文极力贬斥,《宋元纪事本末序》云:"读史至宋,踧乎伤之。代侔汉唐,而文出夷貊,其书阗冗,不足述也。"③对少数民族统治中国表现出浓重的感伤,《通鉴纪事本末序》云:

此非中国乎?夷居之,夷治之,即夷戮之矣。晋有元帝,五代有石敬瑭,宋有高宗,皆中国之不忍言者也。中原不复而祖逖死,二圣未还而武穆诛,天地之大痛也。④

另一方面,他又从儒学家和历史学家角度出发,对一些文以载道的元文表示赞赏。《元文类删序》云:

---

① 郭延礼主编,孙之梅著《中国文学精神》(明清卷),山东教育出版社2003年,第24页。
② 《七录斋近集》卷三《元文类删序》。
③ 《七录斋近集》卷三《宋元纪事本末序》。
④ 《七录斋近集》卷三《通鉴纪事本末序》。

真定苏伯修身任文献,辑《元文类》七十卷,体仿《文选》,整齐一代。自大德延佑以来,秩然咸纪,予又慨其世则夷狄之世也,其文犹中国之文也。前代史传分经艺专门为《儒林》,文章名家为《文苑》,独《元史》合之,统名《儒学》。今观《文类》所取,准诸史官,其殆先获我心乎?①

同时,张溥作为一位历史学家,面对夷狄统治中国的现实,而发出"夫夷狄之无君尚强于中国之有君。……天道何居,盖以夏变夷,神圣尝不可得;以夷病夏,即无道者,尚优为之也"②的感慨。另外,从现实而言,女真的强大及入侵对明王朝造成了致命的威胁,以正统自命的明王朝行将被女真取而代之。张溥对于此种情况作了深刻的反思,《女直论》指出:

奴儿哈赤之得为中国患也,始于杀其父之无名,而终于与其爵之已重。……且夷狄之贱,王者之待之也:其来贡也,与以体委之食;其献乐也,奏之四门之外。食不迩于嘉味,声不近于先祖。而后世之为边镇大臣者,每每贬已重而利其财,戮其柔和之人,而畏其陆梁之党。杀无辜以上功,匿不规以逃罪。③

批评明决策者及边境大臣自乱伦序,率意胡为,既贻人口实,又赏其重爵,其不入侵何待!"则知奴酋之为患于今日,盖有繇也"。

在张溥的华夷之辨思想中,认为"夷性鸟兽,见利而趋,见害而避。"④又认为夷是无礼的,若讲礼之夷即类中国,《元史纪事论·庙祀之制》云:"元统初建,鲁曾上议,始获配享,与唐之懿安皇后配享宪宗,同称得礼,斯盖夷而中国者矣。"⑤表现出强烈的华尊夷卑的思想。

张溥在华夷之辨中,有时亦能客观地看问题。《宋元纪事本末序》云:"中国

---

① 《七录斋近集》卷三《元文类删序》。
② 《七录斋近集》卷十五《蒙古南侵》。
③ 《七录斋集论略》卷一《女直论》。
④ 《史论二编·匈奴归汉》。
⑤ 《七录斋近集》卷十六《庙祀之制》。

之所以失,即夷狄之所以得;夷狄之所以失,即中国之所以得也。"①即并不以中国为全是,以夷狄为全非。又认为夷狄是中国的外患之资,《武帝伐匈奴》指出"夷狄者诚圣人外患之资,而秦皇汉武必谓尽灭之,始可以安子孙,则志大而计左也"。② 这些看法都是比较客观的。

(四)男女平等,尊重妇女。

张溥持男女平等思想。《寿李母沈太君五十序》云:"男子之子,女子之子,俱称传人。"③在节义孝德上,张溥也要求男女共同遵守。《贺黄母旌节序》云:"非独男子之事也,女子之有志行者为之。"④对古代列女给予理解和同情,《房稿和吉言序》云:"观其行事,大都始于燕婉,终于慷慨。其仓皇以尽者,或妇人女子遭天下之乱,迫于富贵强大之所抑,不得已而奋身以御其难。"⑤将妇女的节气纳入到考察社会风俗的圈子里,《奉贺许节母翁太君六袠序》云:"余于许母之扬风声,表宅里,既幸贤妇人之不泯,益感巡行风俗,诚心彰善。"⑥张溥赞赏有气节之人,对女子尤甚,其意盖借此以鼓励时人。如《甫里三节母合传》云:"节烈之生,自性有之。朱梁篡唐,六臣载辱,宋弱于夷,其亡也士。死者遍林木,虽风感有素,亦一时之人,其贤愚不肖殊也。"⑦张溥对有气节的匹夫匹妇尤为赞扬,并有意将其与王侯士大夫作比较,这一方面表明王侯贵族品行的败坏,也表明张溥在一个社会公认的价值点上来衡量每个人,并着力弘扬下层普通民众在某一价值点上的过人之处。如《贺黄母旌节序》云:"亦有伏居洿巷,不闻六艺之言,而奋躬蹈难,为古人之所不可为,以致其命。以是信匹夫庶妇,载于诗书,其序常在王侯之上。"⑧《五人墓碑记》又云:"大阉之乱,缙绅而能不易其志者,四海之大,有几人欤?而五人生于编伍之间,素不闻《诗》《书》之训,激昂大义,蹈死不顾,亦曷故哉?"⑨

---

① 《七录斋近集》卷三《宋元纪事本末序》。
② 《史论二编·武帝伐匈奴》。
③ 《七录斋诗文合集·近稿》卷二《寿李母沈太君五十序》。
④ 《七录斋集论略》卷五《贺黄母旌节序》。
⑤ 《七录斋集论略》卷一《房稿和吉言序》。
⑥ 《七录斋近集》卷五《奉贺许节母翁太君六袠序》。
⑦ 《七录斋诗文合集·近稿》卷三《甫里三节母合传》。
⑧ 《七录斋集论略》卷五《贺黄母旌节序》。
⑨ 《七录斋集论略》卷六《五人墓碑记》。

三、学术思想

何宗美先生对复社整体的学术思想曾有精辟的论述,他指出:"复社的学术和学术思想出现了划时代的一些变化:一是治学思想之变,由空谈心性的思辨之学转而为'务为有用'的实用之学;二是治学领域之变,由理学转而为以经、史为主体兼包天文、历算、象数、舆地、水利、吏治、礼法、财赋、艺文等博物之学;三是治学方法之变,由讲说、静观、体悟的内向之学转而为纂辑、考证、训诂、辨伪、勘察的向外之学。这几种变化意味着复社在明末清初学术史上完成了一次学术思潮的大转折,标志着明代学术之终结和清代学术之开端。"由此他进一步强调了作为复社领袖的张溥的学术思想的意义,"在此过程中,张溥的作用和地位尤为重要,从理学到经学,从宋学到汉学,张溥是一个不可或缺的重要环节。他兴古学、务为有用的学术思想,精研经史、宏大广博的学术建构,钞录纂辑、考辨得失的学术方法,成为清初学术的基本特点和总体精神。""从某种意义说,张溥及其复社诸学者实为清代实学之奠基人。"[①]衡诸实际情况来说,何宗美先生对张溥学术思想的总体定位是颇具只眼的,触摸到了张溥学术思想的实质。下面再结合张溥全部作品予以具体阐释。

(一)总的学术观

张溥总的学术观,主要是尊经重史,期复古道,师法古人,同时又持变化之观点;主张用世、传世、救世,重视事功;主张学问应以培养气质为先;主张才学并重,注重学术积累与临摹;主张分类治学,强本务根,泛览博采,古今比较,由博返约,注重人品学问的修养,鄙弃虚浮者;主张学问可以脱人于贫贱。

张溥以复古道为期许。《答许子洽》云:"弟恒语之同人,江南软地,幸有应社诸人,不劣诚合,分班量资,宣究四籍。而子洽辈与四郡之老成,复包周诸体,期于古道有据,是所耽悦。"[②]张溥期复古道,意在"尊遗经,砭俗学,俾盛明著作,比隆三代"。[③] 值得注意的是,张溥复古而不泥古,持通达的变化观,《史绪序》云:

[①] 何宗美《明末清初文人结社研究》,南开大学出版社2003年,第206页。
[②] 《七录斋集论略》卷五《答许子洽》。
[③] 吴伟业《复社纪事》,见《东林本末》(外七种)本,北京古籍出版社2002年,第182页。

"意谓今山古山,今月古月,睨者异形,移之《诗》《书》六艺,益甚迁徙。"①这一点应该引起研究者,特别是将明代士人复古简单看作泥古者的注意。

张溥治学注重用世救世。陈子龙曾指出当时的学风为"俗儒是古而非今,文士撷华而舍实。夫保残守缺,则训诂之文充栋不厌;寻声设色,则雕绘之作永日以思。至于时王所尚,世务所急,是非得失之际,未之用心。苟能访求其书者盖寡,宜天下才智日以绌。故曰士无实学"。②而张溥正是反其道而行之者,其学术思想之出发点即在用世救世,《易学象义序》云:"盛茂卿先生既著《易林元钥》,发明十测,表汉焦氏绝学,又集言《易》众家,通理一书,名《易学象义》。诚心救世,何殷勤也。"③《国表序》云:"欲广其教化之端,必使人皆明其不得已。多为之引,而终裁以正,圣贤之道或有存焉。"④

受王世贞及末五子倡导的"博观"理念的影响⑤,张溥持折衷博观的学术观。《论语注疏大全合纂序》云:"既览《大全》,复观《注疏》,前人之阙,足于后人,后人之善,本于先哲,一书具见。"⑥主张览古博观,《房稿霜蚕序》云:"士君子览古以自寄,博观而道存。"⑦同时,张溥倡导由博返约,《房稿遵业序》云:"不明乎六经,而欲治一经,未见其能理也。"⑧又主张治学应由文采入手,而重在精稽其中之事理。《杨顾二子小言序》云:"善读者繇文采而稽事理,亦有道存乎间矣。"⑨在主张博观的前提下,张溥又强调要学务根本,即以圣贤之道、事物之理为其根本。《答周勒卣书》云:"务专根本,选言必要诸理,择学必繇于圣。"⑩因此鄙弃那些无材无识、不学无术的虚浮者。《张孚先稿序》云:"材无构架,识无伦鉴,而因人为容,俯拾而食,闻言坟素之可慕,则邹搜焉。又不观书之本,而徒迹他氏之已用,冀中正衣冠之与录。及求其归,扰扰胸中者,一篇《子虚》也。"⑪

---

① 《七录斋集论略》卷二《史绪序》。
② 《经世编序》,王英志《陈子龙全集》,人民文学出版社2010年,第812页。
③ 《七录斋近集》卷三《易学象义序》。
④ 《七录斋集论略》卷三《国表序》。
⑤ 查清华《明代唐诗接受史》,上海古籍出版社2006年,第297页。
⑥ 《七录斋诗文合集·近稿》卷六《论语注疏大全合纂序》。
⑦ 《七录斋集论略》卷二《房稿霜蚕序》。
⑧ 《七录斋集论略》卷一《房稿遵业序》。
⑨ 《七录斋集论略》卷一《杨顾二子小言序》。
⑩ 《七录斋集论略》卷五《答周勒卣书》。
⑪ 《七录斋集论略》卷三《张孚先稿序》。

张溥注重学术积累与临摹。《史绪序》云:"夫淹远者出其所熟,不难驱遣毫楮,而单俭少储者临摹以进,亦得涉足古人。"①强调才学并重,学需知要。《史绪序》云:"夫人士凌遽,柢贵才尚,才胜而不学,则应接寡具;或学焉不知其要,是其一得偶倡纷沓,以勇见劣,皆非能史之徒。"

张溥治学主张证明古今,详比细勘,以明其得失。《杨顾二子小言序》云:"盖尝聚昔人之书,仇析而比讲之,高自日月,细则毛羽,大而工制,琐至衣冠,莫不寄其遐思,征其美据。度古之尺量与今之尺量,何如也;度古之道里与今之道里,何如也。而又伪则有难,隐则有证,事之沿而不反者,条指以直之;人之概然以屈者,反复以切之。"②

张溥认为学问应以培养气质为先,而气质根源即是孝弟。《华方雷稿序》云:"是故君子之立教也,使人学问必先气质。其气质根原,必繇孝弟。"③因此,张溥极力强调学问,鼓励士人向学,认为富贵之人皆由学问而至,贫贱之人则多厌弃学问。《贺黄裳稿序》云:"是则谓通人则富人,不通则贫人,贫富不繇资财,繇于学问,贵贱之数,亦略同也。"④这与孔子"学,禄在其中矣"的思想是一脉相承的。

张溥师法古人,欲实践三不朽,其于"立言"一层,拟与同道者一起按部分班,解经作史,补充前贤阙略。《答罗文止书》云:

> 窃观三不朽之故,广厚烦重而体要切,人力虽不逮,不可以不为。即立言一途,古人参异不齐,士苟于中得毫绪,便能不死。近览解经作史,综述理道之家,阙略可补者,日当升进。⑤

《答周勒卣书》云:"每私慕古不朽三事,德存于我,可渐累致,功贵有具,而不能无藉于天。惟立言一端,学者本等而体统浩大,难于审细,非一人可为。历稽古来经史文集暨有明制书,皆有缺略,为后人补取之地。……若吾社肝鬲数人,咸有著作考述之才,不宜碌碌逐时,遣过年岁,断合按部分班,各以资之所近,殚

---

① 《七录斋集论略》卷二《史绪序》。
② 《七录斋集论略》卷一《杨顾二子小言序》。
③ 《七录斋集论略》卷一《华方雷稿序》。
④ 《七录斋集论略》卷三《贺黄裳稿序》。
⑤ 《七录斋集论略》卷五《答罗文止书》。

极论著。"①

张溥将学问分为经、史、古、今四部，拟采取分部而治的办法来逐一完成。《皇明经世文编序》云：

> 余间语同志，读书大事，当分经、史、古、今为四部。读经者辑儒家，读史者辨世代，读古者通典实，读今者专本朝，就性所近，分部而治。合数人之力，治其一部，不出二十年，其学必成。②

按：经史容易理解，古即前代的典实、制度，今即本朝各种情况。通过这样一种学术分类，张溥将经学、史学、典制、时事统统关注起来。从这种分类中更能开出张溥主张实学和博观的学术思想。

(二)复古思想

复古思潮是明代主要思潮之一，有其深刻的社会背景原因，孙之梅先生指出："贯穿明清的复古思潮，是社会文化、时代精神的折射。明朝建国之初，在设立典章制度、文化政策、推行社会风俗诸方面无不以刚刚被战胜的元朝为前车之鉴，而又无不以汉唐为新政的楷模"。③ 至晚明时，随着社会危机的加剧，复古思潮更趋强烈。张溥即是一位突出地以复古道为期许的学者。

张溥的复古思想首先来自于兄长的影响，《五兄稿序》云："夫厌薄今人，搜访旧体，亦吾家兄弟一癖"。④ 更重要的是，这也是鉴于"大道颓敝，士鲜质正"⑤、"公卿不通六艺，后进小生剽耳佣目，倖弋获于有司"⑥的状况，而以复古道作旗帜，"复古者思有以大变之"⑦，通过倡导研治经史，扎实学风，从学术入手，来改变当时士子只知剽窃摹仿、不事精深钻研的风气，以端正士风，进而改善社会风气，达到质正"大道"的目的。再从社会政治的角度来看，"张溥等人倡导'兴复古

---

① 《七录斋集论略》卷五《答周勒卣书》。
② 《七录斋近集》卷三《皇明经世文编序》。
③ 郭延礼主编、孙之梅著《中国文学精神》（明清卷），山东教育出版社2003年，第20页。
④ 《七录斋近集》卷四《五兄稿序》。
⑤ 《七录斋集论略》卷五《答罗文止书》。
⑥ 吴伟业《复社纪事》，见《东林本末》（外七种）本，北京古籍出版社2002年，第181页。
⑦ 《七录斋集论略》卷一《建学论》。

学'的根本目的,就是在阉党横行、士大夫廉耻扫地之后,重新提倡重廉耻、讲操守的古道,也就是提倡东林党人那种持正不阿的高尚节操。"①何宗美先生亦指出:"思想上兴复古学是政治上复兴明王朝提出的客观要求。另一方面,兴复古学也是经历残酷政治斗争后士人自我反省的结果和自我疗救的方法。……他(张溥)审视了士人群体本身的严峻现实:一是学问和才能的问题,二是人格和节操的问题。……在他看来,一个士风和学风俱不正的士人群体已很难担负系国家兴衰于己身的神圣责任,反思与自疗已刻不容缓。……正是在此种背景下,张溥提出了通过复兴古学以重塑士人群体的构思。"②显然,无论从哪个角度看,这种复古都具有强烈的现实针对性的。复古并不是遁入古代,而是以古代流传下来的淳厚风俗、良训益道、贤人君子为楷模,以之鼓动号召士人自励励世,达到改善风气的目的。在这里,复古是一种手段和媒介,其最终目的是要改善现实的弊端,以恢复上古的淳正。

诚然,上古并非完美无缺,但历史经过选择美饰后,在记忆中总会留下了许多美好的影像。同时这种选择也让历史成为了一种可以寄托现实、能够克服种种现实弊端的精神意念。所谓复古,就是重新回顾、强化这种精神意念,以激发起改善现实弊端的信心与勇气,并以之为导向现实的精神航标。一旦现实有所改善,复古大旗便会被即刻收起,而开始欢庆现实的完美昌隆不亚于三代(即"比隆三代")。需要特别强调的是,"在中国这样一个以古为理想和价值之源的国度,复古即回归传统永远是最有力的口号,同时也是被历史反复证明了的成功策略。"③

张溥主张复古,首先是因为他以宋元作为反面教训,而以宋元以上为学习榜样的,故与其说是复古,不如说是在历史的教训和榜样中获取有资于现世的方法。换言之,其复古的目的是"务为有用",为现实服务。《宋元纪事本末序》云:"周书戒王,殷鉴不远,汉臣进规,引秦为喻。人君善监者,必自近始,即宋元未竟之编,亦何不可资金镜,御不若乎?"④此即张溥所云"名人有法皆从我,古道当今

---

① 廖可斌《明代文学复古运动研究》,上海古籍出版社1994年,第355页。
② 何宗美《明末清初文人结社研究》,南开大学出版社2003年,第188页。
③ 蒋寅《在传统的阐释与重构中展开:清初诗学基本观念的确立》,《中国社会科学》2006年第6期。
④ 《七录斋近集》卷三《宋元纪事本末序》。

未是愚"之意。① 主张古为今用，推陈出新。需要指出的是，张溥的复古思想中有一基本立脚点，即与大胆革新相比，取资前代其实是更稳妥的做法。《进士说》云："与其数变法而无当也，莫若举旧法而申儆之。"②当然这种取资前代的复古也极易因为不当而遭致非议。《屠幼绳稿序》云："夫通达之士，取鉴前识，复资今用，用一不备，群流生诬。"③

张溥主张在古文方面的复古，不是机械地模拟文辞和形式，而是应继承其中的"道"和"理"。《韩芹城诗文稿序》云："少学举子业，最痛时人阡陌。比摹古文，忧时之感甚于帖括，时艺仿古，成弘而下，尚多善作，传世用世，其道非殊。"④《论略·与宋宗玉书》亦云：

> 苟学者无完实淹通之理，明白豁达之胸，将措口点昧，论事规毁，虽复折字琢辞，逐声按律，惊人媚人，无施而可。故上自通释经传，创述史乘，考行摭文，各有据依。⑤

显然这种复古，主要是从经史处复古，这也是"取法贵上"的一种表现。《韩芹城诗文稿序》云："芹城心伤之，著书十余年，思复古甚力，微词奥义，形于酬对，家盈万轴，日涉百卷。求其当意，惟在六经二史。多怪少可，读书所忌，然取法贵上，忠恕之道，不能复施。"⑥

总之，对于张溥的复古思想，不应静止单一地看到其"古"的一面，而是应结合实际情况看到其"变通"的一面。正如小野和子所云："他（张溥）在经典之中探求政治制度理想（道）的同时，也通过追踪政治制度历史变迁，想要摸索适合现代的制度。"⑦

---

① 《七录斋诗文合集·诗稿》卷三《夏日子常麟士见过受先辈同集赋纪》。
② 《七录斋诗文合集·馆课》卷一《进士说》。
③ 《七录斋集续刻》卷三《屠幼绳稿序》，天一阁藏。
④ 《七录斋近集》卷三《韩芹城诗文稿序》。
⑤ 《七录斋集论略》卷五《与宋宗玉书》。
⑥ 《七录斋近集》卷三《韩芹城诗文稿序》。
⑦ 小野和子《明季党社考》，上海古籍出版社2006年，第267页。

(三)经学思想

"经为儒者言。"①经学是张溥行事立命的落脚点,张溥认为"穷经则王道明"②、"六经之法,君臣父子之大行也",③又认为"知经则必知所以为人,至于知所为人而文已毕精矣"。④ 强调要"尊遗经""毋读非圣书",要"明正学""不流于伪僻"⑤,要"尊圣贤,禁左道"⑥,他屡屡自云"我意轻文好读经"⑦、"予少慕读经,思遍讨百家,补论三书"⑧、"予少慕好邵、周、程、张五先生之书"⑨、"予粗喜读书,间览百家,过目辄忘,白驹决隙,不及追忆。独经书本等常念心胸,未容舍旃"。⑩张溥博览百家,而独专情于经学,孜孜矻矻,终身事之,诚如张采所谓"张子于经,没身已矣"⑪。

张溥主张兴复古学,"而所谓古学,说到底指的就是经学。"⑫张溥认为,经学显明则国家礼乐兴盛。《席社序》云:"夫经学显明,世世祖缵,即俎豆不难,况其他乎?"⑬进而认为经学是一切文章的根本,"且诸君子之文征古以自信,授道百有方,其本诸经者深矣。"⑭张溥主张兴复经学,是针对于当时经学虚鄙,时体大盛的时风而发。《答周勒卣书》云:

> 当今经业堙颓,士鲜实学,世所号为魁然者,咸取径时体,掇其不伦之辞,自名诡特。此种实未梦见诸子,何有六经?……尝观沂斯道,吾吴落落,

---

① 清永镕《四库全书总目·儒行集传》,中华书局1965年,第171页。
② 张采《知畏堂文存》卷五《论略题辞》。
③ 《七录斋集论略》卷二《易文观通序》。
④ 《七录斋集论略》卷二《程墨表经序》。
⑤ 《七录斋集论略》卷一《周氏一家言序》。
⑥ 《七录斋集论略》卷二《房稿表经序》。
⑦ 《七录斋诗文合集·诗稿》卷一《寄杨维斗兼示同社》。
⑧ 《七录斋近集》卷三《周礼注疏删翼序》。
⑨ 《七录斋近集》卷三《徐中明易就序》。
⑩ 《七录斋近集》卷三《顾麟士四书说约序》。
⑪ 张采《知畏堂文存》卷二《春秋三书序》。
⑫ 何宗美《明末清初文人结社研究》,南开大学出版社2003年,第229页。
⑬ 《七录斋集续刻》卷二《席社序》,天一阁藏。
⑭ 《七录斋集续刻》卷二《席社序》,天一阁藏。

自震川先生后,尚未有继,昌盛明业,事在吾党,应社诸人便不宜自薄也。①

《房稿表经序》亦云:"当夫时文一趋,士人之志日以荒下,诸子之说,耳目未近。未知天下之有其书,作书之有其人,况乎五经之极深也。"②《何玄子易诂序》复云:"经生之弊,好便避难,无精深之思,而喜托易简之说。"③针对学术上的此种弊端,张溥提出通读诸经,"究畅"经学。张采《论略题辞》云:"天如成进士,既读书石渠。归,语予云:经学微渺,未有究畅,欲用昔人限年法,几年月毕一经,统几年月毕诸经。"④

张溥主张博通治经,打破门户之见。《房稿遵业序》云:"不明乎六经而欲治一经,未见其能理也。"⑤《易学象义序》复云:"自惟不穷天下之书,不能解经;不尽众经之理,不能说《易》。"⑥主张治经时要"折衷众家,断以己意。"⑦故他也常以命世折中者自期,《周礼注疏删翼序》云:"儒家竞出,每以相反为高。……是非两摇,究同筑舍,非有命世者起,谁与折中哉?"⑧故他针对当时士子贪图简便只读《四书五经大全》,而于十三经注疏束置不观的现实,呼吁应二者合观,方能溯源纠谬,《五经注疏大全合纂序》云:"不读《注疏》,无以知经学之渊流;不读《大全》,无以正经义之纰缪。两者若五官并列,不容偏废。"特别强调指出:"《注疏》《大全》亦五经之关梁门庭也。"⑨这些说法是公允中理的。张溥常从折中会通的角度对注疏与大全间的矛盾予以调和。如《中庸注疏大全合纂序》云:

> 然《注疏》以后言者病少,《章句》以后言者病多。少则昧道,多则伤实,合而观之,汉之言《中庸》者,礼也;宋之言《中庸》者,理也。礼理一也,而学

---

① 《七录斋集论略》卷五《答周勒卣书》。
② 《七录斋集论略》卷二《房稿表经序》。
③ 《七录斋诗文合集·近稿》卷二《何玄子易诂序》。
④ 张采《论略题辞》,《七录斋论略》卷首,天一阁藏。
⑤ 《七录斋集论略》卷一《房稿遵业序》。
⑥ 《七录斋近集》卷三《易学象义序》。
⑦ 《七录斋诗文合集·近稿》卷二《何玄子易诂序》。
⑧ 《七录斋近集》卷三《周礼注疏删翼序》。
⑨ 《七录斋诗文合集·近稿》卷二《五经注疏大全合纂序》。

者二之。①

显然,张溥试图将汉学与宋学调和起来。这表明经学学统在晚明发生了新的变化。《四库全书总目·周易大全》云:"洪武开科,五经皆主古注疏及宋儒,……后乃尽弃注疏,不知始何时,或曰始于颁《五经大全》时。"②这即是说,明初的经学是汉学、宋学皆主的,但自永乐时期颁布《五经大全》后则转而专主宋学。显然,专主宋学是偏颇的,《四库全书总目·书传通释》指出:"夫《大全》之谬在偏主于一家之说,荒弃古来之经义。"③顾炎武《日知录》复云:"自八股行而古学弃,《大全》出而说经亡。洪武、永乐之间,亦世道升降之一会。"④《五经大全》尽管有此弊端,但其主要是为科举而设,为士人们提供了一个简易标准的读本。因而,《五经大全》标志着科举与研经分为二途。《四库全书总目·诗故》指出:"盖自胡广等《五经大全》一出,应举、穷经,久分两事。"⑤这即是说,明永乐时期起经学分为应举和穷经二派,应举者,不妨谨遵朱注,便于考中,沦为时文;穷经者,自要合稽众说,务协其平。二者立场不同,故做法自然不同。而时文对于经学是极其有害的,《易文观通序》云:

> 经学之不言久矣。……圣贤之路绝而不通,皆由时文之道雍之也。乐于为时者,禁其聪明之于便近,毕其生平之能以应有司,经文之不显于世,则相与苟为利而已。⑥

《五经注疏大全合纂序》复云:"本朝专以经学取士,流为科举,其学遂荒。"⑦因此张溥欲欲打破这种局面,以将应举和究经融合为一。进而打破门户之见,合

---

① 《七录斋诗文合集·近稿》卷六《中庸注疏大全合纂序》。
② 清永瑢《四库全书总目》,中华书局1965年,第28页。
③ 同上,第108页。
④ 顾炎武《日知录》卷十八《书传会选》,《日知录集释》,黄汝成集释,栾保群等校点,上海古籍出版社2006年,第1045页。
⑤ 同上,第129页。
⑥ 《七录斋集论略》卷二《易文观通序》。
⑦ 《七录斋诗文合集·近稿》卷二《五经注疏大全合纂序》。

诸家以稽考权衡。如张溥对朱熹既有肯定,又有否定,并不盲从和苟同。① 而实现这种融合的方式即是由专主宋学而转向二者兼主。晚明经学出现的这种动向,也表明了晚明经学更趋向于实学,对"以虚见为实务,任情为率性"②"任心而废学,于是乎诗书礼乐轻,而士鲜实悟""任空而废行,于是乎名节忠义轻,而士鲜实修"③的王学流弊有一定的拨正。

因为要博览诸经以专通一经,一个人的力量毕竟有限,于是张溥又主张同道合作治经。《诗经应社再序》云:"夫一经之学,人各为家,而其事弥困,则莫若折衷于一,以定其所响,故必同盟之人,无不与闻乎。"④这种合作治经,也是社盟主要活动之一,吸引了更多士人加入社盟。

张溥重视经学,但并不把经学看作是神秘莫测高高在上,而是从平常的角度来看,将其平常化、日用化。《元气堂集序》云:

> 古者君臣喜起,谊如家人,无日不见,以事义相质,可则都俞,否则吁咈。其时有议论而无文章,是故二典三谟,今日之经文,皆当日之言语也。⑤

张溥将经学平常化、日用化,在某种意义上,也与当时尊经慕古之风日益兴盛有关,《文用昭稿序》云:"十数年来,人士尊经慕古,风气甚盛。"⑥

张溥将经学分为用世之学和专家之学。《周礼注疏删翼序》云:

> 夫欲明《三礼》,其学有二。一则断以五礼为主,设纲分目,吉凶军宾嘉各以类从。于是《仪礼》之详于士大夫,略于天子;《周礼》之详于王国,略于

---

① 《七录斋近集》卷三《诗经注疏大全合纂序》云:"盖古人之学,不贵苟同,是非两存,俟诸君子,志在明经,无取独申己长也。《诗序》与《诗》,本各一书,毛公取而列诸《诗》首,犹《书序》为孔子作,孔安国始迁之逐篇之首。……朱子舍《序》言《诗》,但期有功于《诗》,不辞得罪于《序》,用意诚深。然依《序》论《诗》,尚有凿空之惑,并《序》去之,未知据何者以说《诗》也。齐、鲁、韩、毛,《诗》之四家,不容偏废。"又云:"予谓欲明朱氏之《诗》,必宜取古之说《诗》者,尽发其藏,比类而观,著彼之失,明此之得。"
② 高攀龙《高子遗书》卷九上《王文成公年谱序》,《四库全书》本。
③ 高攀龙《高子遗书》卷九上《崇文会语序》。
④ 《七录斋集论略》卷二《诗经应社再序代》。
⑤ 《七录斋近集》卷三《元气堂集序》。
⑥ 《七录斋诗文合集·近稿》卷一《文用昭稿序》。

诸侯者,灿然并列。又以《戴记》《汉仪》经纬其间,彼此损益,制度乃备,此用世之学也。一则熟读《三礼》,各还原文,毋取更张,广罗闻见,以考得失,此专家之学也。二学行而《礼经》明矣。①

张溥对经学的这种分法和定位是很有意义的,表明了晚明经学的新特点,即由明前中期的举子之学而演变为专家之学和用世之学,由空疏而走向日渐朴实。

值得注意的是,张溥主张在坚守经学根本原则的前提下,应该根据时势有所变化,不应该拘泥。《殷论》云:"然则守经而不变,岂遂无过欤?"②应具体情况具体分析,《李宝弓司李稿序》又云:"动静得失,存乎学者之心而已矣。"③张溥又主张讲经者须有文,经义与文辞并重。《桂叔开稿序》云:"解经者无不经之患,而惟不文之患。"④

在经学中,张溥对于《周易》尤为喜好,在应社合治五经中,张溥是分主《周易》的。这与张溥对《周易》的认识和定位是分不开的。《顾玄度易稿序》云:"凡天下之事,六经之理,毕于《易》乎?举之则发聪明而益神智,辽邈之说,从其体履,就所得而昌言于廷,众不为惑。"⑤《余岸少广易序》云:"《易》书之作,本于忧患。……岂《易》贵善藏欤?"⑥《何玄子易诂序》云:"精一执中,即《易》理;钦若昊天,即卦象;满损谦益,即卦占;通变宜民,即卦变。"⑦《易书爻物当名序》云:"固知圣人忧时之作,挹损褒讳莫如《春秋》,深切著明莫如《易》,后人以《春秋》言治乱,不若以《易》言治乱之尤长也。"⑧因此,在张溥眼中,《易》兼有经、史的特点,又与忧患、治乱密切相关,《易书爻物当名序》云:"美周天性忠孝,读史尤详,远览近察,悉寓于《易》。"可见,张溥喜读《周易》,实于其中寄予观察治乱之意。此可见明代学者将经学与史学逐步融和起来,于经史中寄予用世之意。故张采《论略

---

① 《七录斋近集》卷三《周礼注疏删翼序》。
② 《七录斋论略》卷一《殷论》,天一阁藏。
③ 《七录斋诗文合集·近稿》卷三《李宝弓司李稿序》。
④ 《七录斋集续刻》卷一《桂叔开稿序》,天一阁集藏。
⑤ 《七录斋集续刻》卷一《顾玄度易稿序》,天一阁藏。
⑥ 《七录斋诗文合集·近稿》卷一《余岸少广易序》。
⑦ 《七录斋诗文合集·近稿》卷二《何玄子易诂序》。
⑧ 《七录斋近集》卷三《易书爻物当名序》。

题辞》云:"穷经则王道明,通史则王事著。明王道者可与立体,著王事者可与适用。"①同时,张溥也借易理来排解现实中的流言蜚语。《同王原达王以正饮郑千里斋》云:"流言莫信看投梭,同里闻声意气多。但饮醇醪今已足,达观《易》理竟如何。"②

《周易》素来难读难解,因其玄奥坚深,容易流入虚玄的一路,所谓"百书皆儒,惟《易》独玄"③。故在魏晋玄学中,《周易》与《老子》、《庄子》并列而成为"三玄"。而张溥主张从简切之途入手来解《易》,认为天下之事、六经之理俱蕴含在《易》中,此意在打破《周易》的玄奥神秘性,以有功于人伦彝用。《顾玄度易稿序》云:"君子之学之恶夫近也,为其不足以尽道也。独于读《易》又当变言之,去其高广之论,循于简切之途,则世事类质,而取文尚寡。专家之学,所鬻名也。……凡天下之事,六经之理,毕于易乎。举之则发聪明而益神智,辽邈之说,从其体履,就所得而昌言于廷,众不为惑。"④同时主张治《易》应走博观约取之路,先通诸经,再专治《周易》,《徐中明易就序》云:"窃妄奋发,思遍析诸经,然后专力治《易》。"⑤

关于张溥的治经发展历程,何宗美先生分为二个阶段,认为"阶段一是注疏、《大全》兼而取之,合纂成书,此主要以抄录为主。……注疏、《大全》合纂的做法,反映了明代学术思想出现了新的转折。……张溥是主张汉学、宋学并行不悖的,但更倾向于对汉学的肯定,这较合乎他兴复古学的基本宗旨。"认为"阶段二是欲完成《经学古解》、《经学通解》、《皇明经学》、《六经通论》四部著作,从经学史角度作一次融会众家、贯通古今、自创新说的全面而深入的研究。"并进而认为"张溥博大、求实、创新的学术品格和学术气魄为经学发展注入了生机。"⑥这些看法是比较符合实际的。

(四)史学思想

明代是一个史学繁荣的时代。《皇明经世文编序》云:"右文之朝,人尚史

---

① 张采《论略题辞》,《七录斋论略》卷首,天一阁藏。
② 《七录斋近集·同王原达王以正饮郑千里斋》。
③ 《七录斋诗文合集·近稿》卷一《余岸少广易序》。
④ 《七录斋集续刻》卷一《顾玄度易稿序》,天一阁藏。
⑤ 《七录斋近集》卷三《徐中明易就序》。
⑥ 何宗美《明末清初文人结社研究》,南开大学出版社2003年,第200页。

学。"①《史书序》复云:"今古学大开,《史》《鉴》诸书,家贮一本,览诵不倦,为胜之者,往往而有。"②对史学的重视与史学的繁荣对文人及文学产生很大影响。有明一代,文人的史学意识颇强,诸多选集均有以文存史之意。如《宋文纪序》云:"梅禹金先生集《历代文纪》,其书可配国史。"③张溥身处季世,史的意识更为强烈。

前文已提及,张溥的经史思想相辅而行,以经为本,以史为用,所谓"穷经则王道明,通史则王事著。明王道者,与立体;著王事者,与适用"。④ 这与张采"所谓经史者,大指明伦复性,修道正身,一归于圣贤"的看法有异曲同工之处。⑤ 在史学方面,张溥欲通古今之变,明兴衰治乱,大旨细节均欲悉观,又欲遍考历代制度沿革,以求"荒遐备举"。表现出强烈的历史关注感。《席社序》云:"盛衰之际,夫亦可以观矣。"⑥张溥具有宏大的历史治学设想,张采《论略题辞》云:

> (张溥)则取二十一史,明白誶次,凡一世代,凡一君,与其臣之系兴亡者,皆列论断,冀鉴前毖后。……又以为古今势殊,不达于今为泥古。自高皇帝以来,断自神庙止,大之人物、典礼、官制、漕渠、食货,外而夷狄,细至服物宫室,放班孟坚体,勒为一书。又以为治天下者,当有经营天下之志,五方风气繇来不齐,其间户口钱谷,形势沿革,定有纲领,则聚天下通志及郡县志,与近日所饬赋役全书,汇次为一处,如京省则立总论,合计几府几州,县则分立散论,务于荒遐备举,莫或隐匿,则亦可谋体用合具者矣。⑦

由此益见,张溥的史学具有鲜明的"经营天下之志"。按,张溥编撰二十一史,当与张采认为"易学玄远,不如纂辑全史可见行事"⑧的观点有一定的联系。

张溥持强烈的用世史学观,提出应借鉴近史,有资于现世。《宋元纪事本末

---

① 《七录斋近集》卷三《皇明经世文编序》。
② 《七录斋近集》卷三《史书序》。
③ 《七录斋近集》卷三《宋文纪序》。
④ 张采《知畏堂文存》卷五《论略题辞》。
⑤ 张采《知畏堂文存》卷三《治娄文事序》。
⑥ 《七录斋集续刻》卷二《席社序》,天一阁藏。
⑦ 张采《论略题辞》,《七录斋论略》卷首,天一阁藏。
⑧ 张采《知畏堂文存》卷二《甲戌文规序》。

序》云:"《周书》戒王,殷鉴不远;汉臣进规,引秦为喻。人君善监者,必自近始,即宋元未竟之编,亦何不可资金镜,御不若乎?"①主张史学著作应有寄托言志、针砭干预现实的作用。《皇明经世文编序》云:"三子志存治世,词不苟荣,进善退恶,一禀《春秋》。"②《宋胡致堂先生读史管见序》云:"当时忠孝发愤,著见言论,不得已托古人以寓志。其所流连三致意者,惟孔子攘夷、齐桓复仇为亟。至于戒日食,辟异端,忧小人之进,君子之退,生民日蹙而刑敛日繁,恫乎其伤之深切著明。……世无乱贼,《春秋》不作。"③故张溥在其史学著作中大胆抨击现实。《宋元纪事本末序》云:"道固多途,大抵开辟之忧勤,不敌季朝之燕逸;群贤之劳苈,莫救一夫之顽谗。古今尽然,不独两代也。"④这种智慧大胆的言论闪耀着民主性的光辉。史学著作贵在明治乱、辨是非,故张溥提出史学著作应"能辨能断"。⑤

张溥的史学思想中贯穿着强烈的华夷之辨,故他对《宋史》、《元史》评价都不高,欲重著二史。《宋元纪事本末序》云:

> 读史至宋,跛乎伤之。代佴汉唐,而文出夷貉,其书阔冗,不足述也。……余尝欲取脱脱一书,剪裁繁漏,别韩老同传之非,去琬琰滥收之谬,然后大采遗文,博收典故,断以己意,成一制作。⑥

又云:"《元史》速成,众思寡集,卷末论赞,俱从姑舍。"对于少数民族政权,多直接从天命论上予以否定。如《史论二编·刘渊据平阳》指出:"读史者至此,辄幸胡人之速殒,信天运之有常。"⑦又认为与少数民族政权和亲是失策的。如《吐蕃请和》云:"和亲之失策也,辱国丧地于吐蕃尤甚,太宗宁能辞责哉。"⑧但是,张溥对少数民族的有道统治者亦能正确看待,如《魏迁洛阳》云:"魏孝文贤主,兴学

---

① 《七录斋近集》卷三《宋元纪事本末序》。
② 《七录斋近集》卷三《皇明经世文编序》。
③ 《合集·宋胡致堂先生读史管见序》。
④ 《七录斋近集》卷三《宋元纪事本末序》。
⑤ 《合集·宋胡致堂先生读史管见序》。
⑥ 《七录斋近集》卷三《宋元纪事本末序》。
⑦ 《历代史论二编·刘渊据平阳》。
⑧ 《历代史论二编》卷八《吐蕃请和》。

校,正风俗。……论者见魏氏迁洛以后,再传而微,过咎孝文,谋未佥同,以威胁众,失盘庚播告之义,抑知利用迁国,帝王繇兴,成周定鼎,汉都关中,卜年卜世,其吉不疑,魏文以夷狄之君,建土方夏,较之古公避狄迁岐,卫文恃齐东徙,弘略远甚。"①

张溥面对古今不同,感慨今不如古。《皇明经世文编序》云:"余每开卷,恨今人不如古人。然居今之世,为今之人,慕说读书,上视古人,其难倍之。"②这似乎是持一种历史退化观。但从另一方面,他又指出古今各有优长,《历代名臣奏议序》云:"然详论原委,古今长短亦各有端,词尚体要,言无妄费,今之不如古也;观变熟多,援证周笃,古之不如今也。"③同时,张溥倡导古今共观,认为观古而不观今者无本。《韩张甫稿序》亦云:"不鉴于古无以知今,不察于今必不勇于尊古,学者之恒势也。……是故不能下观而徒言上观,意者其无本乎?若有其本,则未之敢信。"④综合这些论述来看,张溥对古今的看法基本是比较客观的,并不是一味地复古和泥古。

张溥在治史中,亦主张合观折中,以知源流、明是非。《宋胡致堂先生读史管见序》云:"善读史者取《通鉴》、《管见》、《纲目》三书,合而观之,然后知源流之一,是非之正也。"⑤

张溥史学思想中有一个值得注意的方面,即他将经史作"文"来看。张溥着力于经史之作,其诗文也有经史的特色,应与此大有关系。《古文五删序》云:"史与文相经纬也。十三经而下,有二十一史,文斯具矣。"⑥故张溥对史文提出了明确的看法:"所谓史文者,位必居理,语必就职,发扬巨典,当擎求领,条陈众宜,要显毛目,资实则排当贵核,布虚则头讫欲清。代前人之口辅,戒自开议;从本文之沟塍,恶建新体。固弗可以铺菜夸盛,焘戛称峻也。"⑦反过来说,在他看来,凡文皆史。如他打算编《历代文典》、《历代文乘》二书,其目的也是出于史的考虑,即观治乱,存文献。因此,这种史学思想对其选文产生重大影响,其选文标准和目

---

① 《历代史论二编》卷六《魏迁洛阳》。
② 《七录斋近集》卷三《皇明经世文编序》。
③ 《七录斋诗文合集·近稿》卷一《历代名臣奏议序》。
④ 《七录斋集续刻》卷一《韩张甫稿序》,天一阁藏。
⑤ 《七录斋诗文合集·近稿》卷一《宋胡致堂先生读史管见序》。
⑥ 《七录斋近集》卷三《古文五删序》。
⑦ 《七录斋集论略》卷二《史绪序》。

的均以史为鹄的。如《皇明经世文编序》云:"三子志存治世,词不苟荣,进善退恶,一禀《春秋》。"①

张溥对史学著作、史学语言、史体也提出了看法。对于史学著作,他提出"博综典要"的评价标准,《史书序》云:"稿凡三易,方登几案,始犹博综,继归典要。"②张溥对史学语言也提出了要求,《史绪序》云:

> 所谓史文者,位必居理,语必就职,发扬钜典,当擎求领,条陈众宜,要显毛目,资实则排当贵核,布虚则头讫欲清。……是故虽有鸿藻铄之姿,烟涵雨散之辞,设束史家律例,跌掎多碍,亦几于洪水之在坎,刚虫之有講矣。……史文之匡救古圣,绩可累举,而造作梗概,又约于大家之矩。……上者文无多言,清通简明,前后之疑白焉。次亦比析周瞻,情韵不匮,非时手可用改绩。以博起事,而以雅立功。夫文章之衡阅,诣臻于雅,即字穷音断,皆至文所稽,归趋殚远,其勋伐不独被史也。……滑脂游戏之章,足以荡性伤气,而世多溺之。③

即是要求史文应:合理、适当、雅致、清通简明、比析周瞻,避免堕入"游戏之章"而"荡性伤气"。在史体方面,张溥强调国史、通鉴、纪事本末三种史体不可缺一,《通鉴纪事本末序》云:"国之有史,史之有通鉴,通鉴之有纪事本末,三者不可缺一也。国史因人,通鉴因年,本末因事。人非纪传不显,年非通鉴不序,事非本末不明。学者欲观历代之史,则必先观通鉴,既观通鉴不能即知其端,则必取纪事本末以类究之。"④这些看法是比较公允的。

(五)佛道观

晚明社会,道教和佛教颇为兴盛。"明朝皇帝,多数佞佛。明中叶以后,以皇帝为首的最高统治集团日趋腐败,明神宗昏庸怠惰,好佛更甚。"⑤上行下效,蔚

---

① 《七录斋近集》卷三《皇明经世文编序》。
② 《七录斋近集》卷三《史书序》。
③ 《七录斋集论略》卷二《史绪序》。
④ 《七录斋近集》卷三《通鉴纪事本末序》。
⑤ 张宪博《东林党、复社与晚明政治》,万明主编《晚明社会变迁问题与研究》,商务印书馆2005年,第489页。

然成风。《四库全书总目·四然斋集》云:"盖明季士大夫,耽二氏者十之九也。"①张溥《徐中明易就序》亦云:"道学蓁芜,风俗异尚,浮图老子之言盛行中国。"②寺庙花费,更是难以数计。《钱楮论》云:"晋魏之世,佛老象教盛行,寺若观縻黄金以亿亿计,今又百倍之矣。"③然而在此种情况下,亦有不受时风影响,而持正统儒家思想,坚决反对佛、道二教者,如李攀龙、钱一本,刘宗周、东林学派诸君子等。他们之所以反对佛、道二教,"不仅是因为传统的儒家一向抱有'正心、修身、齐家、治国、平天下'的政治理想,也是因为东林党人在学术上一贯坚持'以世为体'、'躬行实践'的科学态度,最重要的是希望通过端正学术以图新政治,使统治者和士大夫们'不再浸淫于佛老之说',摆脱佛、道消极颓废的思想影响,以期皇帝'毕举圣主之精神,一奋天下之意气,维新矣'。东林对释、道的批判,影响到其后绪复社的思想主张。"④张溥即秉承此种思想主张,持正统儒家思想,对佛道二教予以批判和反对。

首先,张溥认为神道不足为信。如《杨行密据淮南》指出:"神仙之不可信也。"⑤《陶隐居集题词》亦云:"天下岂真有神仙乎?秦皇汉武,穷山讨海,耄期不遇,通明何人,遂能飞举?"⑥《吴朝请集题词》复云:"《续齐谐》、《西京记》,则洞冥述异之流,无问真伪矣。"⑦《道教之祟》亦云:"方士魏秦律、王老志、王仔昔、林灵素之徒,杂然并进,铸九鼎,册道君,又何愚也。"⑧总之,张溥对神仙之说颇不以为然,认为所谓的神仙只不过是一些与时委蛇的人罢了,《寿周叔夜五十序》云:"古来神仙,史书记述,若东方曼倩、司马季主诸家,谱牒怪异,蓬莱弱水,仿佛可遇。究其指要,无他殊术,不外与时委蛇,无喜无愠而已。"⑨

进而,张溥指出佛道的危害,认为佛道为乱天下,均为左道,而佛教尤烈。《左

---

① 清永瑢《四库全书总目》,中华书局1965年,第1621页。
② 《七录斋近集》卷三《徐中明易就序》。
③ 《七录斋集论略》卷一《钱楮论》。
④ 张宪博《东林党、复社与晚明政治》,万明主编《晚明社会变迁问题与研究》,商务印书馆2005年,第491页。
⑤ 《历代史论二编》卷九《杨行密据淮南》。
⑥ 《七录斋近集》卷九《陶隐居集题词》。
⑦ 《七录斋近集》卷九《吴朝请集题词》。
⑧ 《七录斋近集》卷十二《道教之祟》。
⑨ 《七录斋近集》卷五《寿周叔夜五十序》。

道论》云:"要之,(佛道)乱天下一也。梁武帝尊事宝志,讽讲三慧,及彭城师覆,东魏檄责之曰:'毒螫满怀,妄敦戒业;躁竞盈胸,谬治清静。'嗟乎!此非独为梁武帝言之,凡人君不务本教,而有慕于佛与老者,皆犹是也"。认为学道者"服食不终之药,五色五仓之论,祈而不应",则将"易于放距"。认为习佛者"独释氏之空诸相罪垢,使人即之无端,而靡所不为。"①特别指出,历史上一些崇奉佛道的皇帝或者深陷于其中而不拔,如《武帝惑神怪》云:"神仙在蓬莱弱水之间,形象影响不可致,巫蛊则求之辇毂,索之后宫皆是,何海内祝帝者少,诅帝者多也。……神仙兴则巫蛊至,巫蛊灭则神仙止。帝始求神仙之福,反获巫蛊之祸,既察巫蛊之冤,即悟神仙之妄,二者废兴固相终始也。"②或者以之为道具来屠杀臣民,如《武帝惑神怪》又云:"神仙生人者也,非杀人者也,帝可以悟矣。"又如《刘裕篡晋》认为所谓鬼神,只不过是统治者愚弄百姓的工具:"凡人贫贱好奇异,富贵恶不祥,始所慕说,冀惑世众,久而厌之,即谓近巫鬼不可示子孙。则决口不欲言,常情然也。"③总之,张溥既看到统治者利用佛教来掩饰残暴、巩固统治,又看到帝王中不乏以纵意于佛教而亡国者,故认为佛教乱真,为害国家,因而尖锐地指出,元代奉佛是夷狄的风俗。言下之意是现在若仍奉佛,即等于夏奉夷俗,如《佛教之崇》云:

> (武则天)身行弑逆,而口谈清净;内怀诛屠,而外托慈忍。借五宗之教,文天下之恶,惑且悖未有大焉。……浮屠乱真,君子所恶也。……佛之流失,何至是极哉。……无如一入其中,即没而不出也。孔子作《春秋》,中国而夷则退之,夷而中国则进之,元之奉佛盖夷俗也。④

张溥反对、批评统治者佞佛之态度,在其评点李白诗时也做了借题发挥,如云:"此篇为明皇尊老子为远祖、立玄元皇帝庙而戒其萌。海可竭,山可崩,人心无厌足时,故曰欲不可从,从欲必惑,惑匿交至,正昼黄昏。"⑤

---

① 《七录斋集论略》卷一《左道论》。
② 《历代史论二编》卷一《武帝惑神怪》。
③ 《历代史论二编》卷五《刘裕篡晋》。
④ 《七录斋近集》卷十六《佛教之崇》。
⑤ 评李白《古风五十九首》其三。转引自赵九歌《李白诗张溥手批未刊稿》(上),《北京第二外国语学院学报》1995年4期。

值得注意的是,张溥以大儒自命,以经史为正学,持强烈的入世思想,指斥佛、道为左道,坚决反对皇帝及权要沉溺佛道,但对于民间个人的修道习佛行为,则能稍包容之,指出"匹夫旷达之士,无国家之寄,有山林之求,离人事而修大戒,则浮屠老子之说,独身而无忧"。① 故与张采的激烈反对佛道相比,张溥稍显缓和和包容一点②,他与佛道中人亦有交往③,他也曾为佛经题过词④,也曾参正过《庄子南华真经》三卷。⑤ 但这并不表明他的立场有所改变,而是说他欲以儒家来改造、融通佛道。张溥总是尽力在佛道中找出与儒家相通的地方,或直接说其本旨即是儒家之道。如《雅似堂集序》云:

> 海公诗文偈疏,大都禅趣。下士读之,不得辄解。灯岩诸集,备具各体,必臻极境。即草书数字,谳狱口断,聚众成恢,不灭玉帖张判。昌黎有言"信陵执辔,必在孔门。"诚哉! 其不易也。⑥

又如《孙廷尉集题词》云:"东晋佛乘文人,孙兴公最有名,然《喻道论》云:佛十二部经,其四部专以劝孝。《道贤论》以天竺七僧方竹林七贤,指悉近儒,非濡首彼法,长往不返者也。"⑦

四、文学思想

张溥主张一切文学的根本在道即经学。《易书爻物当名序》云:"美周惊才绝

---

① 《七录斋集论略》卷一《左道论》。
② 《七录斋近集》卷三《雅似堂集序》云:"张子受先、杨子维斗皆儒者,受先力持正学,见大颠参寥之徒,色然而怒。维斗则少长处奉,乐与之游。余处二子之间,间助受先。而于维斗亦不甚非,颇类模棱。然究竟所窃议者僧也,非佛也。佛千世不一见,髡而僧者,数则与齐民等。"
③ 《近集·赠屏石上人次黄石斋先生韵》:"曾梦袈裟会,诸天尽法仪。松风虽有籁,花雨自无师。苇放三江日,沙行万里时。兴公同此啸,白马亦何如。"
④ 《近集·题石佛寺法华经》:"武丘寺近城郭,游人都会,石佛寺下临千人坐,笙歌沸集,独诸衲扫关闭门,焚修茹素,鸟声花香,绝不与世关涉,寒山片石,良足对语,又有血经奉持,讽诵不辍,便可永镇山门,宝同舍利。余憩阁上数日,亲见禅规,怀叹蔬笋,跋其卷尾,得此解者,何必舍身岩下,沙行万里,然后可读志公之符,入图澄之腹耶。"
⑤ 见附录《张溥著述考证与提要》部分。又《七录斋近集》卷二《和叶润山先生素园秋兴》其五:"心随流水何时尽,道在空山与子旋。金井树边抛一卷,南华欲注第三篇。"
⑥ 《七录斋近集》卷三《雅似堂集序》。
⑦ 《七录斋近集》八《孙廷尉集题词》。

代,诗歌古文,名书法篆,无不极致,顾其根据冥深,全以道胜。"①故其文学观是从属于其经史观的。张溥主张兴复经学,则其文学观亦为复古主义的文学观。关于这一点,何宗美先生有较多的论述。②

当然,复古主义文学观并非就是泥古不化。针对当时"标榜盛而意见生,空谈冗而实事鲜"的现状,张溥持一种随时代变化的通达的理性的文学观,指出"文字之出,势不一辙,要取同原而止。或昔之所造,而今以为非;或今之所造,逾时而即悔其失。学人之见日新无疆,安在其有定指乎?"认为"夫盛者非无因而盛,衰者非无因而衰"。认为面对当前的纷纭争论,唯有"读书修身"可以持久,"读书则稽古不遑,务折群言以要大道,而无暇攻人之瑕,往往时勤而气静,意广而辞让。修身则监前观后,夙夜考引。在我无有余之意,而在人无不足之形。故往往以辩则劣,以默则长。"③

张溥主张文章要寄托身心。《人文聚序》云:"故昔人齐风雅于日月,贵之至也。然连结篇章,胸中之造,苟舍身与心,以求嘉藻,是犹摇木失根,荣叶安附?"④主张文中要有忠孝之思,《吴日生稿序》云:"武侯《出师》,令伯《陈情》,忠孝之思,斐然可睹。"⑤主张文章应原于大雅,以人伦为发端,对儒家之道应身体力行。《杨伯祥稿序》云:"伯祥之文至矣,其辞要眇深通,而原于大雅。纵文所往,不知其几万里,要其发端以人伦为极。若此者,非今之文也,古所谓至言也。黄石斋先生尝论今人古文辞,袤然大部,无一言及仁义者,叹为世变。……其于孔孟之言,不止口说而笔者之也,直身行焉。"⑥

张溥主张"居今之世",必须"为今之言"。在兴复古学的旗帜下,关注着现实,并揭示现实的种种弊端,写出了很多反应时事的作品,表现出高度的现实主义精神。如《五人墓碑记》等篇。这是张溥文学思想中必须注意的一点。

(一)著作观

张溥有自觉的著述意识,对著作颇为重视。《人文聚序》云:"物之无穷,惟文

---

① 《七录斋近集》卷三《易书文物当名序》。
② 何宗美《明末清初文人结社研究》,南开大学出版社2003年,第222—225页。
③ 《七录斋集续刻》卷一《娄东应社序》,天一阁藏。
④ 《七录斋集论略》卷三《人文聚序》。
⑤ 《七录斋近集》卷四《吴日生稿序》。
⑥ 《七录斋集续刻》卷一《杨伯祥稿序》,天一阁藏。

章为然。"①《张露生师稿》又云:"即使不遇于时,犹当著书显名。"②此亦是实践古人三不朽之"立言"。《烹余集序》复云:"虽有百城,不如一卷。"③对著作表现出高度的珍视。同时,张溥著述繁富,对著述之难亦深有所感,《行卷大小山序》:"夫著作之难,前人序之矣。聚其血气,而发其愁苦,以为谋而逮耇,劳损日见,失乎黄老养生之旨,而志士不畏,戮力于哀重,甚言其可悲也。盖尽人之百年,为日不过三万,而欲周浃事物,历天下之书,别名义,分节数,积必使其用,问必知其出,亦已难矣。"④按,张溥英年早逝,亦与此大有关系。

张溥主张著书贵能用世,有益国家。《古列女传序》云:"著书务在独行其学。"⑤《皇明经世文编序》复云:"载笔之始又先以国家为端。"⑥此又可从其评价张采《两汉文选》看出来:"读张选者,尊国君,贬乱贼,崇令主,黜百夷,篇书其所来,人记其所出,贤愚治乱,发策焕如,如登宗庙朝廷,礼乐备矣。"⑦即主张著书应以有资于国家治理为首务,期于可用,《徐文定公农政全书序》云:"公书不尚奇华,言期可用。"⑧期于可用的一个重要方面也即张溥著作的一个重要主旨即是辨正邪,斥奸佞。《宋赵清献公文集序》:"清献封事,概载于《历代奏议》,其最大者,无若欲朝廷辨君子小人与斥王安石新法。至于论逐奸邪,不辞再三。"⑨总之,这些论述"表现出鲜明的现实批判精神和忠诚的伦理救世思想""要求文学则无旁贷地肩负起批判腐败政治、挽救民族命运、寻求社会出路的重任"。⑩

张溥亦主张著作应文采与道德并重。《许伯赞稿序》云:"凡一书之成,足文采,齐道德。"⑪因此,他也是以之为律来审视诗文的,"对于诗文,他(张溥)的着眼点在于作者的人品和道德",他的《汉魏六朝百三家集题辞》"所使用的方法便

---

① 《七录斋集论略》卷三《人文聚序》。
② 《七录斋诗文合集·古文近稿》卷三《张露生师稿》。
③ 《七录斋近集》卷三《烹余集序》。
④ 《七录斋集论略》卷二《行卷大小山序》。
⑤ 《七录斋近集》卷三《古列女传序》。
⑥ 《七录斋近集》卷三《皇明经世文编序》。
⑦ 《七录斋诗文合集·近稿》卷二《两汉文选序》。
⑧ 《七录斋近集》卷三《徐文定公农政全书序》。
⑨ 《七录斋近集》卷三《宋赵清献公文集序》。
⑩ 傅璇琮等主编《中国古代文学通论》(明代卷),辽宁人民出版社2005年,第8页。
⑪ 《七录斋集论略》卷二《许伯赞稿序》。

是以德论人,以德论诗。"①

(二)古文思想②

张溥长于散文,其文在当时颇有影响。友人陈子龙《七录斋集序》云:"夫天如之文章,天下莫不知其能。"③《明史·文苑传序》亦云张溥为"有明一代,文士卓卓表见者"。④ 今人曹虹亦认为张溥等人的散文"几乎成为明文的终极"。⑤

"社稷簌来文字贵"⑥,"今日文章四海事"⑦。作为在野为复社盟主、在朝为庶吉士的晚明风云人物,张溥颇为重视文章,以文为"胜友"⑧与"道器"⑨。张溥长于文章,《明史》本传云其"诗文敏捷,四方征索者,不起草,对客挥毫,俄顷立就"。⑩ 张溥诗文集现存主要有四种,即《七录斋集论略》7卷、《七录斋诗文合集》16卷、《七录斋文集·论略》2卷《续刻》6卷《别集》2卷、《七录斋近集》16卷,四种凡收文811篇。⑪ 在复古运动如火如荼,"前后争胜,各以相反为高"的明代⑫,张溥却"不甚争学派,亦不甚争文柄",⑬其散文观亦表现出平和博大的特点。

检阅学界现有关于张溥诗文理论的研究,大多或以复社为背景立论,或仅据所涉猎的张溥部分文集立论,难免失之疏漏。作为中国古代第一大文社——复社主盟,张溥的诗文理论实有仔细爬梳的必要。笔者借整理校笺张溥《七录斋集》四种之契机,细读其全部诗文,并概括其散文观为以文为史、文质相符、文以情生、文须有气、文须有法、文贵清雅、由雅返古等七点。

---

① 陈伯海等主编,朱易安《中国诗学史》(明代卷),鹭江出版社2002年,第197页。
② 参见陆岩军《论张溥的散文观》,《兰州学刊》2015年第5期。
③ 王英志《陈子龙全集》,人民文学出版社2010年,第782页。
④ 张廷玉等《明史》,中华书局1974年,第7309页。
⑤ 曹虹《介于社党之间的文人组织》,丁国祥《复社研究》,凤凰出版社2011年,第3页。
⑥ 《七录斋诗文合集·诗稿》卷一《送徐玄伯之任当涂》。
⑦ 《七录斋诗文合集·诗稿》卷一《寄无近弟》。
⑧ 《七录斋集续刻》卷二《吴澹人别言序》,天一阁藏。
⑨ 《七录斋诗文合集·近稿》卷四《国表四选序》。
⑩ 张廷玉等《明史》,中华书局1974年,第7406页。
⑪ 陆岩军《张溥七录斋集四种考论》,《重庆邮电大学学报》2014年第2期。
⑫ 《七录斋诗文合集·近稿》卷一《房书艺志序》。
⑬ 永瑢等《四库全书总目》,中华书局1965年,第1724页。

以文为史

孙之梅指出:"经史之学是明末清初转变学风、经世致用的两大支柱。"①张溥治学读书着眼点正在经史,《皇明经世文编序》云:"余间语同志,读书大事,当分经、史、古、今为四部,读经者辑儒家,读史者辨世代,读古者通典实,读今者专本朝。"②张溥著述亦重在经史二途,而尤以史学为主。张溥以史学眼光来审视前代之文,《元文类删序》云:"今观《文类》所取,准诸史官,其殆先获我心乎。"③《广文选删序》云:"自汉及隋,文目犹史,大小篇第,予悉褒次。"④《张草臣诗序》云:"然而穷流测源,竟陵之功,要不可诬也。"⑤其撰文亦颇有以文为史的用意,强调文应具有"镜往照来"的现实功用。⑥

文当宗经,即文以载道,此种宗旨主要是由经学为"群言之祖""恒久之至道,不刊之鸿教"⑦的正统地位及举业所决定的。但在著述中,张溥却更重史,这主要是由史学"表徵盛衰,殷鉴兴废"⑧的鉴往知来的现实功用所决定的。况且经史原为一途,五经中《尚书》、《春秋》原为史。故自后视之,经即史也,明代此种观念尤为普遍。王世贞云"天地间无非史而已",⑨王守仁云"以事言谓之史,以道言谓之经""《五经》只是史",⑩胡应麟云"夏商以前,经即史也,《尚书》、《春秋》是已",⑪李贽云"经、史一物也""谓六经皆史可也"。⑫ 贯通经史,合而为一,将经学之宗旨与史学之功用结合起来,强调"务为有用"⑬,进而崇尚史学,是明代卓伦之士治学的显著特点,与那些热衷做八股、讥嘲读史治经为迂阔的俗儒陋士迥然有别。

---

① 孙之梅《钱谦益与明末清初文学(增订版)》,山东大学出版社2010年,第316页。
② 《七录斋近集》卷三《皇明经世文编序》。
③ 《七录斋近集》卷三《元文类删序》。
④ 《七录斋近集》卷三《广文选删序》。
⑤ 《七录斋集论略》卷一《张草臣诗序》。
⑥ 《七录斋诗文合集·近稿》卷三《皇明诗经文征序》。
⑦ 周振甫《文心雕龙今译》,中华书局1986年,第32页,第26页。
⑧ 周振甫《文心雕龙今译》,中华书局1986年,第149页。
⑨ 王世贞《艺苑卮言》,丁福保辑《历代诗话续编》,中华书局1983年,第963页。
⑩ 王阳明《传习录》,吴光等编校《王阳明全集》,上海古籍出版社1992年,第10页。
⑪ 胡应麟《少室山房笔丛》,上海书店出版社2009年,第16页。
⑫ 李贽《焚书》,张建业《李贽文集》,社会科学文献出版社2000年,第201—202页。
⑬ 陆世仪《复社纪略》,东林本末(外七种),北京古籍出版社2002年,第210页。

重史是明代的风尚,钱谦益云:"本朝学士大夫,从事于史乘者众矣。"①张溥亦云"右文之朝,人尚史学"②,明文显然受到明人重史观念的关照,文与史存在着一种积极的互动。关于明代文与史之所以沟通的原因,孙之梅先生指出:"反思历史、感慨兴亡,山河疮痍,民生涂炭,板荡之悲,故国之思,给明清文学无论题材还是体裁都打上了鲜明的烙印,兴亡之叹带动了兴亡之体制,这是以前文学不曾有过的现象。历代文学,没有一个时代如明清注重历史的反刍;历代文学观念中,也没有一个时代有那么自觉的'史'的意识。"③基于这一背景,张溥持泛"文"观,认为经、史均属于文。《古文五删序》云:"史与文相经纬也。十三经而下,有二十一史,文斯具矣。"④概言之,经史即文,文即经史,受这种古文观的指导,张溥的散文表现出浓重的经史味。于他而言,这正是其所追求和自觉遵守的。故张溥拟编《历代文典》、《历代文乘》二大书,欲网罗古今有关国家治乱、王朝典故、琐闻逸事、神经怪牒、朽书断简等各种文字,又以为"梅禹金先生集《历代文纪》,其书可配国史"⑤,其以文为史的史家眼光脱然而出。有明一代,文人的史学意识颇强,诸多选集均有以文存史之意。张溥身出季世,史的意识更为强烈,反复强调文即史、史即文。

张溥撰文颇有"融洽经史"的特点⑥,邹漪《启祯野乘》亦云"天如为文融洽经史"。⑦ 按此标准,张溥认为元文的优长和特色正在其经史。《元文类删序》:"予以为选元文,莫若集其解经论史者,别为一书,竟可高出前代。"⑧因此,张溥认为只有那些"关世用、通语言者",才是真文章,而"其他诗、歌、骚、颂、赋、序、记、跋,皆不急之文"。⑨ 因此,与"无益于治国,不究于治民"的"词章之学"相比,张溥更推重"事关奏对,言系国家"⑩之文。这即是对经史之文的重视,强调文章的现实

---

① 钱谦益《少司空晋江何公国史名山藏序》,《初学集》,上海古籍出版社1985年,第849页。
② 《七录斋近集》卷三《皇明经世文编序》。
③ 孙之梅《中国文学精神(明清卷)》,山东教育出版社2003年,第9页。
④ 《七录斋近集》卷三《古文五删序》。
⑤ 《七录斋近集》卷三《宋文纪序》。
⑥ 张采《知畏堂文存》卷八《庶常天如张公行状》,四库禁毁书丛刊本。
⑦ 陈田《明诗纪事》,上海古籍出版社1993年,第318页。
⑧ 《七录斋近集》卷三《元文类删序》。
⑨ 《七录斋诗文合集·近稿》卷一《房书艺志序》。
⑩ 《七录斋诗文合集·近稿》卷一《历代名臣奏议序》。

功用,与其"务为有用"的学术思想一脉相承。

故在张溥看来,经史可助文,《王邑侯稿序》云:"先生练学宏恬,六艺之书,无不穿穴。又自言其用力之深,息机静得,不婴微虑,是故发为文章,深变秀立,奇有万方。"①文亦可辅史,《受先房书选序》:"夫受先上下今古,方欲以文辅史,治昔贤所未备。"②借经史之文,可达之于道,所谓"繇文而之道"③。

文质相符

文质相符,美善并重,此乃常论。然而在"文章大势,三年一易,前后争胜,各以相反为高"的晚明,④文质不符却是当时的普遍现象,"当今经业堙颓,士鲜实学,世所号为魁然者,咸取径时体,掇其不伦之辞,自名诡特。"⑤在此背景下,张溥主张文质相符,可以看出他的持平与通达。陈子龙对张溥之文的评价也提及此点。陈子龙《七录斋集序》云:"夫文贵不羁之体,而道符和平之旨。……今观天如之书,正不掩文,逸不踰道,彬彬乎释争午之论,取则当世,不其然乎。"⑥

张溥主张文章要文质相符,并指出二者并非等量齐观、齐头并进,可先质而后文。《陆清河集题词》云:"二陆用心,先质后文。"⑦《汉魏六朝百名家集总题》论析两汉魏晋南朝文学"未有不先质后文,吐华含实者也。"⑧文是为表现质而存在的,"篇文之出,莫不明德行之流、道艺之本"⑨,"文字表襮而必原孝弟"⑩。

张溥的先质后文思想中,其实对质有更多的强调,一定程度上表现出"所重全然偏在质的一边"的倾向,故其对汉魏文章尤为推崇。⑪张溥主张文辞要质朴真诚,不虚华做作,《贺常熟杨邑尊荣封序》云:"以布衣而进说于邦君之前,古有之乎?然而君子不废者,以其言之质也。夫辞出于诚,虽草野之贱,庸夫愚妇,皆

---

① 《七录斋集论略》卷一《王邑侯稿序》。
② 《七录斋集续刻》卷二《受先房书选序》,天一阁藏。
③ 《七录斋集论略》卷三《钱仲芳稿序》。
④ 《七录斋诗文合集·近稿》卷一《房书艺志序》。
⑤ 《七录斋集论略》卷五《答周勒卣书》。
⑥ 王英志《陈子龙全集》,人民文学出版社2010年,第782页。
⑦ 《七录斋近集》卷八《陆清河集题词》。
⑧ 《七录斋近集》卷八《汉魏六朝百名家集总题》。
⑨ 《七录斋集论略》卷三《龙壶稿序》。
⑩ 《七录斋集论略》卷四《王母俞太君八十序》。
⑪ 袁震宇、刘明今《中国文学批评通史(明代卷)》,上海古籍出版社1996年,第57页。

得发舒公道,循诗人恺悌之咏,志其所怀。"①张溥主张文辞要"贵平易,尚简质"②,而反对文过其质,《王詹事集题词》云:"东汉以后,文尚声华,渐爽实情,谏死之篇,应诏公庭,尤矜组练。即颜延年哀宋元后,谢玄晖哀齐敬后,一代名作,皆文过其质。"③

以文质相符为基点,张溥持文如其人、人文合一观,即所谓"文不逆性"④,故认为"有其人然后有其文"⑤,"其人礼也,文如其周折规矩焉;其人仁也,文如其出入乐易焉"⑥。故张溥颇厌恶"驳而不纯之文"与"才而不德之士"。⑦

关于"质",在张溥的批评中,可具化为道理胸次,《杨顾二子小言序》:"善读者舔文采而稽事理,亦有道存乎其间矣。"⑧《与宋宗玉书》云:"苟学者无完实淹通之理,明白豁达之胸,将措口点昧,论事规毁,虽复析字琢辞,逐声按律,惊人媚人,无施而可。"⑨也可具化为身心,《人文聚序》云:"故昔人齐风雅于日月,贵之至也。然连结篇章,胸中之造,苟舍身与心,以求嘉藻,是犹摇木失根,荣叶安附?"⑩也可具化为情感,《宋九青诗序》云:"夫无才之人不可与言诗,恶其无文也;无情之人不可与言诗,恶其非质也。"⑪也可具体为道理人伦,周钟《七录斋集序》:"天如之文,其原本在明理尽伦。"⑫

从张溥的创作来看,他能忠实地贯彻文质相符观。《潘殿虎稿序》张采眉评云"质文兼之,质文之中,喜怒又兼有之"。⑬《赠大理卿制代》周钟眉评云:"四六之文,贵议论,贵丰骨,非徒华美也。天如诸作仅以酬应,而声律清和,字句香洁,

---

① 《七录斋集论略》卷五《贺常熟杨邑尊荣封序》。
② 《七录斋集论略》卷二《房稿霜蚕序》。
③ 《七录斋近集》卷九《王詹事集题词》。
④ 《七录斋集续刻》卷三《王与游诗稿序》,天一阁藏。
⑤ 《七录斋集论略》卷二《易会序》。
⑥ 《七录斋集论略》卷三《行卷扶露序》。
⑦ 《七录斋集论略》卷二《程墨表经序》。
⑧ 《七录斋集论略》卷一《杨顾二子小言序》。
⑨ 《七录斋集论略》卷五《与宋宗玉书》。
⑩ 《七录斋集论略》卷三《人文聚序》。
⑪ 《七录斋诗文合集·近稿》卷四《宋九青诗序》。
⑫ 周钟《七录斋集序》,《七录斋诗文合集》卷首。
⑬ 《七录斋集论略》卷三《潘殿虎稿序》。

其思长,其骨古,便为韵言开辟,才真不可测也。"①《张伯母膺封序》周钟眉评云:"本领深,义力厚,抒情之真,犹其余也。"②

文以情生

与理学相对,明人以"情"对"理",故明人重情之说,比比皆是。如李梦阳的"情真说",李贽的"童心说",汤显祖的"神情合至说",袁宏道的"性灵说",张琦的"情痴说",冯梦龙的"情教说"等等。③ 同时,七子派文学复古,对言情予以反复强调。公安派"独抒性灵,不拘格套"理论又将明代文学言情理论推向高峰,④故重情之说成为晚明文人的普遍主张。张溥亦不例外。周钟评张溥之文云:"他人之为文,文而已;天如之为文,无非情也,情弥长则文弥曲矣。"⑤张溥为文情深气弘,亦深得陈子龙赞赏:"文章弘丽润岩廊,下笔如云扫七襄。"⑥

与此一致,张溥的散文观也表现出文以情生的特点。如《夏侯常侍集题词》云:"周诗上续《白华》,志犹束晢《补亡》,安仁诵之,亦赋《家风》,友朋具尔。殆文以情生乎?"⑦张溥主张文应有深致与情思。《成公子安集题词》云:"赋少深致,而序各有思,读诸赋不如读其序也。"⑧故张溥对激昂激烈之文更趋认同,《冯曲阳集题词》云:"即今所传,慷慨论列,可谓长于《春秋》。夫西京之文,降而东京,整齐缛密,生气渐少。敬通诸文,直达所怀,至今读之,尚想见其扬眉抵几,呼天饮酒。诚哉!马迁杨恽之徒也。"⑨《孔少府集题词》又云:"东汉词章拘密,独少府诗文,豪气直上,孟子所谓浩然,非耶?"⑩《王元长集题词》又云:"梁昭明登之《文选》,玄黄金石,斐然盈篇,即词涉比偶,而壮气不没,焜耀一时,亦有繇也。"⑪《沈侍中集题词》复云:"劝进三表,长声慷慨,绝近刘越石。"⑫既然文以情生,那

---

① 《七录斋集论略》卷六《赠大理卿制代》。
② 《七录斋集论略》卷五《张伯母膺封序》。
③ 钟涛《张溥文学思想管窥》,《青海民族学院学报(社科版)》,1994年第2期。
④ 薛泉《明中后期文学流派与文风演化》,中国社会科学出版社2012,第130页,第195页。
⑤ 《七录斋集论略》卷一《王慎五稿序》。
⑥ 王英志《陈子龙全集》,人民文学出版社2010年,第646页。
⑦ 《七录斋近集》卷八《夏侯常侍集题词》。
⑧ 《七录斋近集》卷八《成公子安集题词》。
⑨ 《七录斋近集》卷八《冯曲阳集题词》。
⑩ 《七录斋近集》卷八《孔少府集题词》。
⑪ 《七录斋近集》卷九《王元长集题词》。
⑫ 《七录斋近集》卷九《沈侍中集题词》。

么情深者为文自易工。《谢宣城集题词》云:"盖中情深者,为言益工也。"①故张溥重视文中的不平之鸣和借古抒今,《偶存草序》云:"宜其不平之鸣,借古发抒,晴川芳草,资其长吟,异人异代,鹦鹉黄鹤,遥相和也。"②需指出的是,张溥对于激昂浩然、刚劲有力文风的推重,是有其现实针对性的,即意在纠正明末柔弱空疏的文风,欲借此改变明末文坛萎靡不振的状况。③

张溥以情衡文,可谓提其纲而挈其领,直中文之要害。《行卷扶露序》云:"文有伪真,无有故新。"④所谓文之真伪,即是情之深浅之别。《元气堂集序》云:"夫士难于文,文难于工,放之羁愁,困以数跌,则叫呼苍天,诋诃卿相,奇文易出。而修冠犀轩,鸣玉以朝,则辞病啴缓而不进。"⑤即是此意。因情之所牵,张溥"序应社诸子之文,则气动辞数,思常有余,盖亦性情之系,不可类托者也"。⑥

张溥之文亦以情胜。《礼质序》眉评云张溥"奋谈著作,不觉情至。"⑦《刘公子像赞》周钟眉评云:"语不多而情已甚。"⑧张溥《庾开府集题词》曾评庾信之文"辞生于情,气余于彩,乃其独优"。⑨"辞生于情,气余于彩"八字亦张溥创作之自觉追求。《祭金母文》张采眉评云:"无字不澄练秀洁,文之正处每有凄戛之韵。"⑩《宋宗玉稿序》周钟眉评云:"天如之文强人气骨,正人学问,往往而然"。⑪从张、周二人的评语可略窥一斑。

张溥重情,主张文以情生的散文观,也反映了文学与时代的密切关系,正如何宗美所说:"明末处国家衰亡之时,朝野多事之秋,天下兴废,人际沧桑,情状万端,发为文章,故论文学不能不重视'性情'。"⑫

---

① 《七录斋近集》卷九《谢宣城集题词》。
② 《七录斋近集》卷三《偶存草序》。
③ 李江峰《从汉魏六朝百三家集题辞看张溥的文学思想》,《唐都学刊》2006年,第1期。
④ 《七录斋集论略》卷三《行卷扶露序》。
⑤ 《七录斋近集》卷三《元气堂集序》。
⑥ 《七录斋集论略》卷一《刘伯宗稿序》。
⑦ 《七录斋集论略》卷一《礼质序》。
⑧ 《七录斋集论略》卷五《刘公子像赞》。
⑨ 《七录斋近集》卷九《庾开府集题词》。
⑩ 《七录斋集论略》卷六《祭金母文》。
⑪ 《七录斋集论略》卷一《宋宗玉稿序》。
⑫ 何宗美《明末清初文人结社研究》,南开大学出版社2003年,第240页。

文须有气

与主张文以情生一脉相承,张溥主张文须有气。《徐复生稿序》云:"天下深巨之事,非有气者莫为也,况文字乎?吾友复生,士之颠然盛气者也。其为文周折规矩,行安节和,读之有《采齐》《肆夏》之思焉。……今之文人弗模弗范者有之矣,类非能特立者也,窥其中,索然而干,则亦无有而已矣。使治气焉,必无是患。……复生之文,廓乎远翔,上扰云气,徘徊数处,不离其本,惟其治气者善也,治气者无衡气焉,是以大,全其说,又在庄子之言鹏鸟也。"①张溥强调为文应有生气,居于今世,须为今言,但不可投俗取妍。《任彦升集题词》云:"江南文胜,古学日微,方轨词苑,代有名人。大抵采死翟之毛,抉焚象之齿,生意尽矣。居今之世,为今之言,违时抗往,则声华不立;投俗取妍,则尔雅中绝。"②故文以生气为高,《徐仆射集题词》云:"历观骈体,前有江任,后有徐庾,皆以生气见高,遂称俊物。"③由以上论述来看,生气者,指为文应具有强烈的现实性和情感,既不可妄摘毫无生意的古物,又不可媚时趋俗。在张溥看来,诗文固须取法汉唐,但亦须自具一格,自名一家,即所谓"性气独出,不为古使",而应"斩斩自名一家",④也即是说创作可仿古而不泥古,要自出机杼,不为古人文体所束缚。故张溥对孔融诗文富有豪气颇予赞扬。《孔少府集题词》云:"东汉词章拘密,独少府诗文,豪气直上,孟子所谓浩然,非耶?"⑤由文须有气,进而认为"文家之上术"在于"神有余于气,气有余于理,不待布纸含墨,然后言字"⑥,以此贯通神、气、理,形成为文的最高境界。

此种主张亦贯注在张溥的散文创作中。张采褒扬张溥之文云:"古文之难,难于音节,其一种亢壮顿挫激昂生气,惟韩欧能之,今仅见天如耳。"⑦周钟《七录斋集序》亦云:"天如所为诗文,上自秦汉,下至唐宋诸家,时狎出御之,不名一端。其所本者,六经也;所明者,道也;所用者,史汉韩欧诸家之气,而非区区规格与其

---

① 《七录斋集续刻》卷二《徐复生稿序》,天一阁藏。
② 《七录斋近集》卷九《任彦升集题词》。
③ 《七录斋近集》卷九《徐仆射集题词》。
④ 《七录斋集续刻》卷二《徐陵如稿序》,天一阁藏。
⑤ 《七录斋近集》卷八《孔少府集题词》。
⑥ 《七录斋别集》卷二《杨扶曦稿序》,天一阁藏。
⑦ 《七录斋集论略》卷一《历科文针序》。

辞采也。"①

文须有法

重视诗法、文法,是七子派的重要理论主张,故而七子派又被称之为法度派。② 受其影响,张溥亦注重为文之法度。

张溥主张文须有法,认为文之长短疏密,主要取决于其法。《王耕玄稿序》云:"文之出于人也,有长短多寡疏密。自今思之,一法而已。有法之文,千言可也,百言可也。"③故应注重法度章程,若善于法度,可补天趣之微损。《梁昭明集题词》云:"虽天趣微损,而章程颇密,亦文家之善虑彼己者也。"④若无法度规矩,而徒逞华采,则是夸大其辞,大言惑人而已。《徐复生稿序》云:"不称规矩而好论华采,犹以市人之战语黄帝之师也。今之文人弗模弗范者有之矣,类非能特立者也,窥其中,索然而干,则亦无有而已矣。"⑤故张溥称赞吴伟业之父吴禹玉"文崇典则""端尚规矩",⑥亦体现了其重视法度的观点。在具体文法上,张溥则提出"百尺无枝"法。《韩芹城诗文稿序》云:"古文之难,恶多语助,欲直去之,情又不接。向械宋九青,近悟古文一法,全在百尺无枝。昨又寄书云:流连反复,乌能已已。学古之始,苦于不达。既达,苦于不简。能简,又苦其易尽,增字减字,谈何容易。纵观古今,设字方难,未敢遽议增减也。"⑦由上下文来看,所谓"百尺无枝"法,盖主张古文应尽量减少语助虚词,保留主干,此亦与其先质后文思想相通。张溥又主张文应有变化,但不离其宗旨,《龙重儒稿序》云:"奇变无畛,原于清指。"⑧同时,针对当时"文章大势,三年一易,前后争胜,各以相反为高"的情况,⑨张溥提出"善易不易"的观点,⑩即善于变化的最高境界就是抓住根本实质以不变应万变,认为应从有法之法发展到无法之法。这亦是出于《周易》之易的

---

① 周钟《七录斋集序》,《七录斋诗文合集》卷首。
② 薛泉《明中后期文学流派与文风演化》,中国社会科学出版社2012年,第125页。
③ 《七录斋诗文合集·近稿》卷四《王耕玄稿序》。
④ 《七录斋近集》卷九《梁昭明集题词》。
⑤ 《七录斋集续刻》卷二《徐复生稿序》。
⑥ 《七录斋集续刻》卷二《吴骏公稿再序》。
⑦ 《七录斋近集》卷三《韩芹城诗文稿序》。
⑧ 《七录斋集续刻》卷一《龙重儒稿序》。
⑨ 《七录斋诗文合集·近稿》卷一《房书艺志序》。
⑩ 《七录斋近集》卷四《黄子羽诗稿序》。

意义范畴。①《薄归二子合稿序》复云:"予闻词草善变,有体为高。"②结合以上论述来看,张溥认为文章可以千变万化,但必须有体,这是万世不变的,所谓万变不离其宗。在张溥之前,前七子之首李梦阳也提出过"文必有法式,然后中谐音度。如方圆之于规矩,古人用之,非自作之,实天生之也。今人法式古人,非法式古人也,实物之自则也。"③与李氏相比,张溥对文之法度的看法更为深入一些。

张溥在论文时又提出肥瘦动留之说,颇有深意。《薄归二子合稿序》云:"读《文选》者苦其字肥,读苏集者嫌其字瘦。然笔止贵动,笔行贵留。察择兼长,去彼两疵,存乎善学。得其解者,肤神俱清,工敏咸极。宁肯因循篱下,饮啄十步哉?"④所谓"肥"者,指《文选》辞藻华丽;⑤所谓"瘦"者,指苏轼文章通达而色采稍枯。张溥将此视为"两疵",提出佳文应"肤神俱清,工敏咸极",即辞采神韵清远,详略相宜。至于"笔止贵动",指文辞虽止而意脉流动,即主张文应有"有余之思,幻眇之致";⑥"笔行贵留",则指文辞跳跃而意蕴沉深。此亦即"文之至者,抑之弥扬,沉之弥著"之意。⑦ 这些论述虽然简约,但较有深度,很能表现张溥纯文学性的文学思想的一面。

既然主张文须有法,故张溥倡导作文应向前贤学习,而不趋附于今之浮躁文风。《曹穉彶稿序》云:"且学者之修文行,趋古者为仰,趋今者为俯。仰者举首,即见天日;俯者日曲而下,则有垂头至地耳。"⑧在古今之间,张溥推重旧体而厌薄今人,《五兄稿序》云:"夫厌薄今人,搜访旧体,亦吾家兄弟一癖。"⑨但同时张溥又指出,衡文标准不是时代先后而应是情感真伪。《行卷扶露序》云:"才有浅深,无有古今,文有伪真,无有故新。"⑩故对于张溥的散文观不应简单地只目以"复古"二字,而应看到张溥对于富于真情之"旧体"颇为推重,"务于古人之途,自

---

① 按,张溥的复古观又受《周易》影响,张溥专精《周易》,于其精神多有领会。
② 《七录斋近集》卷四《薄归二子合稿序》。
③ 李梦阳《空同集》卷六二《答周子书》,四库全书本。
④ 《七录斋近集》卷四《薄归二子合稿序》。
⑤ 《文选序》:"事出于沈思,义归乎翰藻。"
⑥ 《七录斋近集》卷四《苏阳长诗稿序》。
⑦ 《七录斋诗文合集·近稿》卷二《癸酉行卷定本序》。
⑧ 《七录斋集续刻》卷三《曹穉彶稿序》。
⑨ 《七录斋诗文合集·近稿》卷六《五兄稿序》。
⑩ 《七录斋诗文合集·存稿》卷一《行卷扶露序》。

明贵重"①,而对虚情缛辞之"今人"颇为厌薄。

关于古文的创作态度,张溥主张应持坦荡公正之胸怀,《龙重儒稿序》云:"临文之际,一以君子之义处之,所谓介然不欺其志者,非欤?"②主张叙人之文,其旨在记录嘉言善行③。指出作古文的三种境界,即辞达、言简、意长。《韩芹城诗文稿序》云:"学古之始,苦于不达。既达,苦于不简。能简,又苦其易尽。"④又倡导为文之道与取友之道相通,故文字亦有君子与小人之别。《许伯赞稿序》云:"于是信为文之指与取友之道,其意无不通也。朋友之好,原其始合,皆在散远,及乎不介,则千里之情,同于一室。是以贤邪既辨,义不共科,即有志于阔大者,不能更为并容之说,乱其可否。而正人与俱,终身之性好气尚,皆依以不易。由是文字之伦,亦介然有君子小人之别。"⑤

张溥又从创造与接受的角度指出,好的文章离不开作者与评选者的共同创造,《荆水合稿序》云:"文无五色,人为之目;文无五声,人为之耳。及耳目既出,即欲不声不色,世不可得。此文尚作者,又贵选家矣。"⑥指出作者与评选者之间完全可以形成共鸣,《张草臣诗序》云:"夫作者之意与夫观者之意,古今远近,其初不谋,因夫善观者而有选之之号,即以选者之美号而量夫作者,则几于域之矣。"⑦

在具体创作上,张溥之文力追法度。周钟《七录斋集序》云张溥为文"条理粲备,体法详淹。"⑧《后场名山业序》周钟眉评云:"文字极锻錬,极隐博,然议正体弘,练不伤神,隐不失法。"⑨《贺太仓刘州尊满秩序代》周钟眉评云:"真典则之文,一字不误引,一笔不乱行,此丘明之《内传》,非《外传》也。"⑩《先资其言拜献身以成信论》宋九青眉评云:"述古妙在能详,行文妙在能断,不详不足以生文之

---

① 《七录斋集论略》卷二《黎左严稿序》。
② 《七录斋集续刻》卷三《龙重儒稿序》。
③ 《七录斋诗文合集·近稿》卷四《庄叔鼎稿叙》。
④ 《七录斋近集》卷三《韩芹城诗文稿序》。
⑤ 《七录斋诗文合集·存稿》卷四《许伯赞稿序》。
⑥ 《七录斋诗文合集·存稿》卷六《荆水合稿序》。
⑦ 《七录斋诗文合集·存稿》卷三《张草臣诗序》。
⑧ 周钟《七录斋集序》,《七录斋集论略》卷首。
⑨ 《七录斋集论略》卷三《后场名山业序》。
⑩ 《七录斋集论略》卷五《贺太仓刘州尊满秩序代》。

力,不断不足以归文之气,至矣。"①

文贵古雅

文以雅为贵。姚永朴云:"顾不欲文章之工则已,如欲其工,就雅去俗,实为首务。"②故为文应"趋于正道,还之大雅"。③ 复社及张溥以雅相尚,认为为文应"虚华黜遣,齐于敦雅"④,须重视"尔雅之作""君子之辞"。⑤ 沈冰壶云:"复社重经术,以醇雅相尚。"⑥张采云张溥"所为文,初似唐孙樵、樊宗师,中返于醇,仿韩欧大家。"⑦廖可斌亦认为以复社与几社士人"把重雅正……放在自己文学理论的突出位置上"。⑧

张溥作文、论文均以雅为高标。关于其作文,张采《西铭近集序》云:"今阅兹集者,第见仪观都美,慎静尔雅。"⑨《太仓州志序代》张采眉评云:"正议弘雅,足冠一统志。"⑩《钱如春六十序》周钟眉评云:"雅切,移他人不得。"⑪《贺王元涵计部生日序 代》周钟眉评云:"此真可谓雅洁,用人理财一段,说来极合。⑫《蔡翁蔡母六十序》周钟眉评云:"寿言之作,盛于昭代,求其正大风雅,温柔敦厚,天如之文,足教天下矣。"⑬《贺常熟杨邑尊荣封序》张采眉评云:"传循良者,古有之矣,求其抑扬风雅之涂,振踔仁义之圃,未或逮于斯篇。"⑭

张溥论文亦以"雅"为主要标准,认为"文章之衡阈,诣臻于雅"⑮。张溥自云"予近论文,每言古、雅、灵、确四字"⑯。评论《后场名山业》云:"纯正博雅,优柔

---

① 《七录斋诗文合集·馆课》卷一《先资其言拜献身以成信论》。
② 姚永朴《文学研究法》,时代文艺出版社2009年,第113页。
③ 归庄《王昇公诗序》,《归庄集》,上海古籍出版社1984年,第195页。
④ 《七录斋集论略》卷二《贺鲁缝稿序》。
⑤ 《七录斋集论略》卷一《苍崖子序》。
⑥ 沈冰壶《夏公彝仲传》,《重麟玉册》卷二,全国图书馆文献缩微中心2003年。
⑦ 张采《知畏堂文存》卷八《庶常天如张公行状》,四库禁毁书丛刊本。
⑧ 廖可斌《明代文学复古运动研究》,商务印书馆2008年,第406页。
⑨ 张采《西铭近集序》,《七录斋集》卷首。
⑩ 《七录斋集论略》卷一《太仓州志序代》。
⑪ 《七录斋集论略》卷四《钱如春六十序》。
⑫ 《七录斋集论略》卷五《贺王元涵计部生日代》。
⑬ 《七录斋集论略》卷四《蔡翁蔡母六十序》。
⑭ 《七录斋集论略》卷五《贺常熟杨邑尊荣封序》。
⑮ 《七录斋集论略》卷二《史绪序》。
⑯ 《七录斋集续刻》卷一《徐位甫近稿再序》,天一阁藏。

昌大"①,评论《房书定本》云:"析言微婉,古雅自然"②。他如"尔雅"、"儒雅"、"宏雅"、"平雅"、"敦雅"、"骚雅"、"文雅"、"优雅"、"中雅"、"端雅"、"博雅"、"深雅"、"精雅"、"雅正"、"大雅"、"古雅"、"文雅"等屡见于文中。故张溥强调"文章忌俗"(《次韵答陈昌基》)③,为文须力求雅正,要"优雅深厚"④,要"正而中雅"⑤。这种尚雅观既与张溥反击当时文坛俚俗的状况有关,《皇明经世文编序》云:"前代文字,尔雅可观,得其一篇,讽咏不倦,世代渐移,语言俚杂,卷充栋宇,披排欲睡。"⑥又与张溥重经史有关,《曹汝珍年兄古文集序》云:"昨者过余,出以相质,骚雅奇丽,绝似陈思《白马》,最后出所序成玄升狱中事,则悲歌慷慨,龙门复生矣。"⑦《沈眉生稿引》云:"故今之以丰实博丽之章为贵。"⑧张溥亦以此标准来评价人物。《豹陵二集序》云:"令子大行公,博雅方正,名重廊庙。"⑨《房稿遵业序》云:"勋卣孝友温悫,发为诗文,无不深厚尔雅。"⑩《小题觚序》云:"人而志乎真灏静远,端雅朴重也者。"⑪这种尚雅趣味背后,在文学上或有其深刻原因,有研究者云:"复古运动第三次高潮的作家力图矫正的乃是浪漫文学思潮以情反理的倾向,所以他们把重雅正,即强调以理制情、发乎情止乎礼义,倡导温柔敦厚的诗教,放在自己文学理论的突出位置上。"⑫关于明代雅与俗是一个值得关注的话题。雅与俗表现在两个方面,一是雅生活与俗生活;一是雅文学与俗文学,应该看到,明代此起彼伏的众多散文流派之争,既是师法对象之争,也是文学趣味雅俗之争。从张溥评价张来初"以雅为宗"⑬、评价沈眉生"博大微眇,浑厚雅正"⑭,

---

① 《七录斋集论略》卷三《后场名山业序》。
② 《七录斋集续刻》卷一《房书定本序》,天一阁藏。
③ 《七录斋诗文合集·诗稿》卷三《次韵答陈昌基》。
④ 《七录斋集论略》卷二《许伯赞稿序》。
⑤ 《七录斋集论略》卷二《序沈去疑稿序》。
⑥ 《七录斋近集》卷三《皇明经世文编序》。
⑦ 《七录斋近集》卷三《曹汝珍年兄古文集序》。
⑧ 《七录斋集论略》卷五《沈眉生稿引》。
⑨ 《七录斋近集》卷三《豹陵二集序》。
⑩ 《七录斋集论略》卷一《房稿遵业序》。
⑪ 《七录斋集论略》卷一《小题觚序》。
⑫ 廖可斌《明代文学复古运动研究》,商务印书馆2008年,第382页。
⑬ 《七录斋集续刻》卷三《张来初稿序》,天一阁藏。
⑭ 《七录斋集论略》卷五《与宋宗玉书》。

以及陈子龙评价子游子夏"笃实衷雅"①,陈子龙创作追求"力返风雅"②,吴伟业倡导"扬挖风雅"③,也可印证晚明尚雅风气的普遍性。

值得注意的是,张溥所重之雅,其实与明人对《诗经》之雅之看法有一定关系。张采《广雅序》云:"春秋之世,凡推博物必以雅称。则知雅者正也,所反为俗。"④故张溥所重之雅,是乃经学观下的重视文学雅正之意。

由雅返古

顾炎武云:"非好古多闻,则为空虚之学"。⑤ 方东树云:"学古而真有得,即有败笔,必不远倍于大雅。"⑥陈子龙亦云:"文以范古为美。"⑦张溥自云"少嗜秦汉文字",创作上"撷东汉之芳华"⑧,认为士人"博通好古"⑨,"采古力行"⑩。从创作风貌来看,张溥其文亦表现出古雅的特质。《贺许司李满秩序 代》张采眉评云:"文辞藻出,稍近六朝,然其吐纳生韵,目非近人所有。"⑪《祭侯太夫人文》张采眉评云:"质古如琅琊诸石铭。"⑫《祭刘公子文》周钟眉评云:"此亦《天问》、《招魂》之类,屈宋骚瑟,莫有继者。"⑬《祭赠公葛心云文代》周钟眉评云:"韵言皆奥绝似骚赋。"⑭《祭杨伯母文》张采眉评云:"直如古鼎文,祭文中未见有之。"⑮《祭许少微封公文》周钟眉评云:"似庚字山。"⑯《哭周伯母文》张采眉评云:"有声有泪,写事复真,直以司马子长举笔作哀文也。"⑰

---

① 王英志《陈子龙全集》,人民文学出版社2010年,第782页。
② 王英志《陈子龙全集》,人民文学出版社2010年,第788页。
③ 吴伟业《白林九古柏堂诗序》,《吴梅村全集》,上海古籍出版社1990年,第690页。
④ 张采《知畏堂文存》卷三《广雅序》。
⑤ 《清史稿》卷四百八十一《顾炎武传》。
⑥ 方东树《昭昧詹言》,人民文学出版社1961年,第48页。
⑦ 王英志《陈子龙全集》,人民文学出版社2010年,第789页。
⑧ 张廷玉等《明史》,中华书局1974年,第7309页。
⑨ 《七录斋集论略》卷五《黎左严稿序》。
⑩ 《七录斋集论略》卷三《远斋近艺序》。
⑪ 《七录斋集论略》卷五《贺许司李满秩序 代》。
⑫ 《七录斋集论略》卷六《祭侯太夫人文》。
⑬ 《七录斋集论略》卷六《祭刘公子文》。
⑭ 《七录斋集论略》卷六《祭赠公葛心云文 代》。
⑮ 《七录斋集论略》卷六《祭杨伯母文》。
⑯ 《七录斋集论略》卷六《祭许少微封公文》。
⑰ 《七录斋集论略》卷六《哭周伯母文》。

张溥主张由雅返古,推崇西汉文章。《庄叔飞稿序》云:"往在长安,于任公邸舍见叔鼎出文数十篇,奕然西京之作,余抚手称善。"①张溥对两汉文风颇为推崇,在对友人文章的评价中可略窥一斑,《古照堂序》云:"令修笃行,酷类若翁,其文风格在东西京间。"②《马汉翔试稿序》云:"马子汉翔与其叔氏君房、弟鲁卿,并为两京文字,体制弘古。"③《李舜良稿序》云:"今其文搴揽秦汉,下逮陈隋。"④《桂叔开稿序》论桂叔开之文有"秦汉之质"。⑤《杨子常全稿序》云杨子常文"清奥幽削,得秦汉之深"。⑥

具体来看,张溥是以司马迁、班固的史传之文为高标。故张溥的古文观,受史学影响很深。《偶存草序》云:"诸文卓尔,篇各具体,洋洒纸上,马班俦也。"⑦张溥推重秦汉经典,认为今日著作虽工弗善。《韩芹城诗文稿序》云:"与芹城同舍读书时,私论今日著作,诗非《三百篇》,骚非屈原,赋非司马、杨雄,序事非《左》《史》,论难非《庄》《孟》,虽工弗善。乃取东汉以来文词,比长絜短,经年浩叹,乃知此言徒然近于梦忆,栩栩蝴蝶,未知有无也。"⑧

张溥"嗜秦汉文字",既有受七子派"文必秦汉"主张及太仓辛酉(1621)以后"风益趋古"⑨"风俗近古"⑩的时风影响,亦有个人学习、结社宗旨(如复社结社宗旨为兴复古学、务为有用)及编著经验的感发。后者可以从张溥编著《汉魏六朝百三家集》及其《历代史论》可以看出。《贺崇明熊邑师荣荐恩封序代》周钟眉评云:"壮丽郁古,亦东西京文字之追琢者"。⑪

与此相对,张溥对宋、元、明文都有一定的接受和批评。张溥对唐代文学基本持接受的态度,对其大势也做过一番探讨,《唐文粹删序》云:"唐风初沿江左,尔雅无闻,子昂高蹈,仅以诗长,相其文笔,不离弱体,等而下之,王杨沈宋,谁能

---

① 《七录斋诗文合集·近稿》卷六《庄叔飞稿序》。
② 《七录斋近集》卷四《古照堂序》。
③ 《七录斋近集》卷四《马汉翔试稿序》。
④ 《七录斋近集》卷四《李舜良稿序》。
⑤ 《七录斋集续刻》卷一《桂叔开稿序》。
⑥ 《七录斋诗文合集·近稿》卷六《杨子常全稿序》。
⑦ 《七录斋近集》卷三《偶存草序》。
⑧ 《七录斋近集》卷三《韩芹城诗文稿序》。
⑨ 《七录斋集续刻》卷三《曹穅弢稿序》,天一阁藏。
⑩ 《七录斋近集》卷四《吴纯祜稿序》。
⑪ 《七录斋集论略》卷五《贺崇明熊邑师荣荐恩封序代》。

出其几闶乎？是故论诗必陈杜，论文必韩柳，唐之大势也。"①张溥对宋初文评价亦较高，《宋文鉴删序》云："宋初尊尚杨刘，声律未变，反古之力，断自柳穆，继以欧苏曾王，弘风益畅。然以经术湛深，文章尔雅。"②"经术湛深，文章尔雅"八字也正是张溥著述的追求所在。张溥对宋后期文及元文颇轻视，《古文五删序》云："元文益衰于宋，不足有无。"③应该指出，这种轻视不是单单从文章本身出发的，而是掺入了强烈的历史感和华夷之辨的因素。但张溥有时从文体本身角度出发，又能得出一些比较客观的评论。如论唐宋文之优劣，《古文五删序》云："应制之文，宋不及唐；议事之文，唐不及宋，二代之优劣也。"④但从基本倾向来说，张溥推崇汉魏六朝之文，持一种价值递降的文学史观，并认为这种递降是时代不同所造成的。《古文五删序》云："推而上之，先汉，次魏，再次则晋，又次则六朝，即言六朝，陈隋逊梁，梁逊齐，齐逊宋，风气使然，其权岂在文人哉？是故以元望汉，相去远矣。"⑤值得注意的是，张溥在评论元文衰于宋文的同时，又准确地指出元代在诗辞戏曲与经史方面的巨大成就，《元文类删》云："诗辞剧曲，元人著长。……予以为选元文，莫若集其解经论史者，别为一书，竟可高出前代，盖其时学者致力专在斯也。"⑥这表现出张溥虽然持正统的夷夏观，却又不为其所蔽，对前代文学能做出较好的判断。与王世贞"唐之文庸，犹未离浮也。宋之文陋，离浮矣，愈下矣。元无文"的否定式评价相比⑦，张溥的看法更为公允。对于明代之文，张溥对公安三袁的文章较为肯定，《袁特丘司理考绩序》云："吴之邑宰，文章吏治，与山灵偕不没者，至今称公安袁石公先生。先生伯氏玉蟠先生，其季小修先生，则皆文家巨公也。公安三袁声名著作，咸在日月之际，而吴人于石公先生亲承教化，尤服膺不倦。"⑧

张溥由重雅而返古，并不拘泥偏执于某家，实乃"濡首日久，冷暖渐知"所致，

---

① 《七录斋近集》卷三《唐文粹删序》。
② 《七录斋近集》卷三《宋文鉴删序》。
③ 《七录斋近集》卷三《古文五删序》。
④ 《七录斋近集》卷三《古文五删序》。
⑤ 《七录斋近集》卷三《古文五删序》。
⑥ 《七录斋近集》卷三《元文类删》。
⑦ 王世贞《艺苑卮言》，丁福保辑《历代诗话续编》，中华书局1983年，第985页。
⑧ 《七录斋近集》卷四《袁特丘司理考绩序》。

绝非"妄排前人""仗气空谈,未审下笔"者所可同日而语①。张溥力求通过"意必详慎""文必和平""词理温厚"②的路径来达到由雅返古。

张溥一方面坚持由雅返古,自树高标,主张"取法贵上"③,认为"趋古者如仰,趋今者如俯。仰者举首,即见天日;俯者日曲而下,则有垂头至地耳"④;另一方面也对文章逐代变化有清醒之认识,《元气堂集序》云:"夫文章世殊,涂辙递降,原其大致,无过穷则变,变则通而已。"⑤主张对古今变化有通达的认识,"不鉴于古无以知今,不察于今必不勇于尊古"⑥。

针对"江南文胜,古学日微,方轨词苑,代有名人。大抵采死翟之毛,抉焚象之齿,生意尽矣"的文坛泥古现状,张溥提出"居今之世,为今之言。违时抗往,则声华不立;投俗取妍,则尔雅中绝"的主张⑦。可以看出,张溥一方面提倡实学,强调文章的现实针对性,倡导为文要"传世用世"⑧,但另一方面又反对那些简单地"违时抗往"的复古派和"投俗取妍"的媚俗派。为此,张溥倡导一种可操作的路径:"从今之文,而行古之事",⑨从而较好地解决了复古而不泥古,用今而不空疏的明代文坛最大的"瓶颈"问题。

(三)诗学思想

明代诗学理论派别主要是"格调说"和"性灵说"。格调说倡自李东阳,其理论实质是"把诗论建立在'纯艺术'的基础上,即从体制声律上寻求诗歌的艺术特质,辨识诗歌风格的差异,从而确立了'以声论诗'的理论体系"。格调说"对前后七子诗学传统的形成和发展起了决定性的作用"。⑩ 弘治、正德时期,以李梦阳、何景明为首的前七子"将李梦阳的'格调说'理论付诸于诗歌创作和批评的实践,

---

① 《七录斋近集》卷四《刘中斋先生诗集序》。
② 《七录斋集论略》卷三《人文聚序》。
③ 《七录斋近集》卷三《韩芹城诗文稿序》。
④ 《七录斋集续刻》卷三《曹穉弢稿序》,天一阁藏。
⑤ 《七录斋近集》卷三《元气堂集序》。
⑥ 《七录斋集续刻》卷一《韩张甫稿序》。
⑦ 《七录斋近集》卷九《任彦升集题词》。
⑧ 《七录斋近集》卷三《韩芹城诗文稿序》。
⑨ 《七录斋集论略》卷二《小题觚序》。
⑩ 廖可斌《明代文学复古运动研究》,上海古籍出版社1994年,第30页。

提出了以'格调说'为中心的诗学主张"。① 嘉靖、隆庆时期,以李攀龙、王世贞为代表的后七子"继续了前七子'格调'诗歌观的基本路子,但在诗歌创作观以及格调为中心的诗歌理论方面都有新的改良和新的建树"。② 性灵说倡自公安派,主张"独抒性灵,不拘格套"③,对格调派进行了冲击,要求"调和性情与格调冲突"。④ 万历末期,以钟惺、谭元春为代表的竟陵派兴起,他们虽源于"性灵派",但对其弊端亦有强烈的不满,然而却走得比"性灵派"更远,步入纤幽诡峭的境地。明末的诗歌于是出现了对竟陵派的反动,逐渐又向格调派回归,同时,随着社会危机的加剧,复古文学思潮成为明末文学主导思潮。"标举'雅正'的美学趣味,将明代诗学重新引向诗教的传统"⑤张溥的诗学思想也正是在这一背景下展开的。

"诗本性情"

"诗本性情"⑥是诗论的常调,张溥论诗时,对"性情"给予了特别的强调。从渊源上来看,张溥对性情的强调,是与明代文学中以李贽"童心说"⑦、汤显祖"真情说"⑧、袁宏道"性灵说"⑨为代表的重情的文学思潮是相一致的。从现实来看,又与明末社会中士人的处境有关,"明末处国家衰亡之时、朝野多事之秋,天下兴废,人际沧桑,情状千端,发为文章,故论文学不能不重视'性情'"。⑩ 张溥在评李白"茫然使心哀"诗句云:"哀字,韵。其音响吞吐鞿鞿,由其情深气盛也。凭桡清啸,寻声□声,在虚无飘渺间。"赵九歌先生对此云:"太白寻常语,何必激赏如

---

① 同上,第 30 页。
② 同上,第 31 页。
③ 袁宏道《叙小修诗》,见钱伯城笺校《袁宏道集笺校》,上海古籍出版社 1981 年,第 187 页。
④ 陈伯海等主编,朱易安《中国诗学史》(明代卷),鹭江出版社 2002 年,第 32 页。
⑤ 参阅上书,第 33 页。
⑥ 《七录斋集论略》卷一《张草臣诗序》。
⑦ 李贽《童心说》:"夫童心者,真心也,若以童心为不可,是以真心为不可也。夫童心者,绝假纯真,最初一念之本心也。"见刘幼生等整理《李贽文集》,社会科学文献出版社 2000 年,第 92 页。
⑧ 汤显祖《牡丹亭记题辞》:"情不知所起,一往而深,生者可以死,死可以生。生而不可与死,死而不可复生者,皆非情之至也。"见《汤显祖全集》,北京古籍出版社 1999 年,第 1153 页。
⑨ 袁宏道《叙小修诗》:"独抒性灵,不拘格套,非从自己胸臆流出,不肯下笔。"见钱伯城笺校《袁宏道集笺校》,上海古籍出版社 1981 年,第 187 页。
⑩ 何宗美《明末清初文人结社研究》,南开大学出版社 2003 年,第 240 页。

是;然校读至此,知张天如不失为重情君子。"①张溥的评语表现出其重情的一面。

张溥主张诗本于性情,依托于性情。《张草臣诗序》云:

> 诗本性情,无邪之旨形于《三百》,而后之论者比于饮酒,言有其别。于是细草妖虫之属,缁衣妇人之流,尽其骀宕,亦安在有文武之意、周召之思哉?

《宋赵清献公文集序》云:"托性情于咏吟,忧时则痛哭流涕,闲暇则陶写自然。"②《天保治内采薇治外解》云:"《诗》之为言,依人性情。"③诗既本于性情,则诗应极尽性情,《沈铉臣诗草序》云:"津梁之什,道路之篇,涉目讽吟,必极情性。"④《梁溪秦女士墓志铭》云:"诗可以怨,诗深于夫妇之际"⑤因此,张溥认为好诗必"情文骏发"⑥,评李白《长相思》诗云"情语刻深乃如此跌荡高华"。⑦ 即是此意。因之,张溥认为通过观其人之性情,可以观其诗。《王载微诗稿序》云:"言诗而勤以今文加之,远矣。必于人之性情观焉,然后其诗可志也","故不知其人者,不能读其人之诗;不知其人之性情,而不敢为之序"。⑧ 因之,诗歌成为考察人物高下的一个重要标准。《沈铉臣诗草序》云:"诗审宾实,长于九品较人,《七略》裁士。"⑨当然,张溥也看到了诗中之情与作者之情并不简单等同,《刘公干集题词》云:"然诗颂铺张,词每过实,文人之言,岂必尽由中情哉?"⑩总之,"张溥论诗重诗人之才、诗人之情、诗人之学,尤其倡导'诗本性情'之说。"

张溥主张"诗本性情",将真情、深情作为衡量诗歌优劣与否的主要标准,认

---

① 赵九歌《李白诗张溥手批未刊稿》(上),《北京第二外国语学院学报》1995年4期。。
② 《七录斋近集》卷三《宋赵清献公文集序》。
③ 《七录斋诗文合集·馆课》卷一《天保治内采薇治外解》。
④ 《七录斋诗文合集·近稿》卷一《沈铉臣诗草序》。
⑤ 《七录斋近集》卷六《梁溪秦女士墓志铭》。
⑥ 《七录斋近集》卷九《谢宣城集题词》。
⑦ 赵九歌《李白诗张溥手批未刊稿》(上),《北京第二外国语学院学报》1995年4期。
⑧ 《七录斋集论略》卷一《王载微诗稿序》。
⑨ 《七录斋诗文合集·近稿》卷一《沈铉臣诗草序》。
⑩ 《七录斋近集》卷八《刘公干集题词》。

为情深则言工,《谢宣城集题词》云:"盖中情深者,为言益工也。"①认为深于情者,必情见于诗。《梁元帝集题词》云:"帝不好声色,颇有高名,独为诗赋,婉丽多情,妾怨回文,君思出塞,非好色者不能言。"②认为那些强直之士,怀情正深,诗必多情,《傅鹑觚集题词》云:

> 休奕天性峻急,正色白简,台阁生风。独为诗篇,辛婉温丽,善言儿女。强直之士,怀情正深,赋好色者,何必宋玉哉!③

故张溥认为无才无情不学之人不可以言诗,言诗者须具有才、情、学,《宋九青诗序》云:"夫无才之人不可与言诗,恶其无文也;无情之人不可与言诗,恶其非质也。虽然,才至矣,非学不行;情至矣,非诗不立。"④张溥论诗时注重才、情、学一体的思想,其实也在一定程度上体现了他对格调说的认可,因为格调并"非单纯的诗歌体制和声韵,而是可以体现诗人性情、才气、学识、艺术手法和艺术风格等多种因素的综合体"。⑤

张溥论诗重情,但并不轻视文采,而是表现出重情与重文采一体的特点。《云间几社诗文选序》云:

> 或谓诸子文辞太盛,无束帛丘园之义,疑与儒者不合。然则六经非圣人作乎?委巷之言,君子所鄙;言文行远,四国赖之。且其人孝于而亲,忠于而君,即不文犹传;又有文焉,其事全矣。今人闻谈性命,不察其生平,称为儒家者流。方言里谚,视若《太玄》,谓圣人在是。讽雅颂之音,览竹素之字,则等于邹衍九州,滥耳不信。此固明诏所不许,亦诸子当日所窃笑也。⑥

既重情又重文采,其原因或许在于"与诗歌的情感特征密切相关的是诗歌的文采

---

① 《七录斋近集》卷九《谢宣城集题词》。
② 《七录斋近集》卷九《梁元帝集题词》。
③ 《七录斋近集》卷八《傅鹑觚集题词》。
④ 《七录斋诗文合集·近稿》卷四《宋九青诗序》。
⑤ 陈伯海等主编,朱易安《中国诗学史》(明代卷),鹭江出版社2002年,第70页。
⑥ 《七录斋诗文合集·近稿》卷一《云间几社诗文选序》。

问题。人们情感活动复杂微妙,表达这种情感的诗歌也必定意象变幻,丰富多彩。复古运动第三次高潮的作家既强调诗歌的情感特征,自然就特别重视诗歌的文采。"①

"夫惟学立于诗之上者,偶发为诗,无乎不神"

在重视性情和文采的同时,张溥论诗亦重学问,认为诗文如人,学问可以资诗,可使诗歌出神入化,《王与游诗稿序》云:

> 与游天下之至人也,诗则至人之言也。至人之言,其直不迫,其讽无隐,诗义备矣。……与游诸篇,有家庭之诗,有庙堂之诗,有山泽之诗,体例非一,自予观之,清厚廉远,无不似与游者。何则? 文不逆性,况诗乎? ……夫惟学立于诗之上者,偶发为诗,无乎不神。②

张采《大士之燕草序》亦云:"善哉天如论诗。予尝语天如:'我终日咏诗,不能成一字,云何?'天如云:'多读书则自能。'"③受此启发,张采亦坚持学问决定文章的观点,张采《刘侯制义序》云:"明乎文章无定衡,视学问所立为轻重。"④张采《慎尔斋诗稿序》亦云:"学诗未有能诗者。推而学古,诵读敏,则心路开而思来;进而学道,知识明,则心气和平而性情正。"⑤故张溥认为无才无情不学之人不可以言诗,言诗者须具有才、情、学,《宋九青诗序》云:"夫无才之人不可与言诗,恶其无文也;无情之人不可与言诗,恶其非质也。虽然才至矣,非学不行;情至矣,非诗不立。"⑥张溥论诗时注重才、情、学一体的思想,其实也在一定程度上体现了他对格调说的认可,因为格调并"非单纯的诗歌体制和声韵,而是可以体现诗人性情、才气、学识、艺术手法和艺术风格等多种因素的综合体"。⑦ 张溥论诗既本性情,又注重学问,表现出欲统合"风人之诗"与"文人之诗"的特点。⑧

---

① 廖可斌《明代文学复古运动研究》,上海古籍出版社 1994 年,第 387 页。
② 《七录斋集续刻》卷三《王与游诗稿序》,天一阁藏。
③ 张采《知畏堂文存》卷二《大士之燕草序》。
④ 张采《知畏堂文存》卷二《刘侯制义序》。
⑤ 张采《知畏堂文存》卷三《慎尔斋诗稿序》。
⑥ 《七录斋诗文合集·近稿》卷四《宋九青诗序》。
⑦ 陈伯海等主编,朱易安《中国诗学史》(明代卷),鹭江出版社 2002 年,第 70 页。
⑧ 刘克庄《题何谦诗》云:"以情性礼义为本,以鸟兽草木为料,风人之诗也;以书为本,以事为料,文人之诗也。"

同时，也应看到，张溥强调"学立于诗之上"，更体现了其学者本色。张溥曾说："生斯世不为儒者，即为狂人，各有不得已也。狂者逃于诗歌，如信陵公子饮酒近妇人，以求速老。"① 可见，他是将诗歌置于经史之后的，张溥的诗歌观是从学者角度而非诗人角度出发的。张溥论诗强调学问，既与宋人将"学诗"与"学道"等同的诗学路径相关②，又当与其倡导经世致用的实学思想密切相关。故张溥持经世致用的诗学观，认为诗歌要关乎"盛衰之理"、"国家之存亡"。如《房稿香玉序》云："昔之学者随其酬览，发为篇咏，即山水亭榭之间，草木兴植之类，莫不念盛衰之理。而慨然于国家之所存亡，则谓称文引墨，而不一察于当世之治乱，非人情也。"③ 故张溥强调："世有治乱，则文士之辞因之为缓急。"④

"说诗莫先于辨体"

张溥又主张论诗先应辨体，否则有害于礼乐之道，"有礼崩乐坏之忧"，故作诗须"独立于当世，为士师表"。《诗经应社序》云：

> 故说《诗》莫先于辨体，体之不存，则声变意改，极其能事，有礼崩乐坏之忧矣。而大士、大力则曰：论《诗》之方，不一其数，自后观前，断制以意，要使一文之出，足天下之用，拘墟之议，非所闻也。……然而四子之诗，皆独立于当世，为士师表。⑤

这里的"辨体"，其实是对诗歌社会功用的强调。故张溥的诗学思想是笼罩于儒学观之下的。

与此相应，张溥推重温柔敦厚的诗教，追求雅正。指出作诗应"温柔敦厚而不愚"，在"温柔敦厚"之上又提出了更高的要求。之所以如此，大抵是因为看到当时的诗人"缺少由醇朴资质而来的温柔敦厚的自然感情，便只好从表现技巧上去加以追攀"⑥的缘故。但仅仅注意到温柔敦厚还不够，还应做到不"愚"。以之

---

① 《七录斋近集》卷三《元文类删序》。
② 胡晓明《中国诗学之精神》，江西人民出版社 2001 年，第 172 页。
③ 《七录斋集论略》卷一《房稿香玉序》。
④ 《七录斋集论略》卷一《房稿香玉序》。
⑤ 《七录斋集论略》卷二《诗经应社序》。
⑥ 徐复观《中国文学精神》，上海书店出版社 2004 年，第 37 页。

为标准来衡量古诗,张溥认为只有《诗经》与屈赋达到了"温柔敦厚而不愚",而唐诗、宋诗均有失于"愚"之处。《宋九青诗序》云:

> 求之作者,其失弥甚。以予观之,《三百篇》之后作诗而不愚者,独屈大夫原耳。下此拘音病者愚于法,工体貌者愚于理。唐人之失愚而野,宋人之失愚而谚。愚而野,才士所或累也;愚而谚,虽儒者不免焉。夫谚可以为诗,则天下无非诗人矣。①

《论语·雍也》云:"子曰:质胜文则野,文胜质则史。文质彬彬,然后君子。"朱熹《论语集注》云:"野,野人,言鄙略也。"②张溥云"唐人之失愚而野",盖认为唐人作诗过于质朴鄙俗。"谚",段玉裁《说文解字注》云:"传言也。谚传叠韵。传言者,古语也。古字从十口,识前言。凡经传所偁之谚,无非前代故训。而宋人作注,乃以俗语俗谕当之,误矣。玄应引此,下有谓传世常言也。"③张溥云"宋人之失愚而谚",盖认为宋人作诗过于语录化,过于化用前人诗句。此处的"野"、"谚"是以诗教或诗骚为标准审视唐宋诗而得出的结论,这与张溥所追求的雅正恰好是相反的。所以,张溥对唐诗、宋诗提出了批评。

显然,张溥以《诗经》、屈赋为诗学圭臬,此与"于古诗推尊汉魏,于律诗推尊盛唐"的"明代主流诗学的代表"④前后七子的诗学推尊趋向相比,由"复中古"而上升至"复上古",眼界似乎更高一些。

"圆与枯,诗之至也"

在"辨体"之后,张溥主张诗须有法,在论诗法时,提出圆枯说,《近集·苏阳长诗稿序》云:

> 谈诗诸家,推尊活法。然煅炼非康乐不言圆,清腴非彭泽不言枯,圆与枯,诗之至也。

---

① 《七录斋诗文合集·近稿》卷四《宋九青诗序》。
② 朱熹《四书章句集注》,中华书局1983年,第89页。
③ 段玉裁《说文解字注》。
④ 陈文新《中国文学流派意识的发生和发展——中国古代文学流派研究导论》,武汉大学出版社2003年,第95页。

张溥认为圆与枯,是诗歌的极致。何谓"圆"?谢朓曾云:"好诗圆美流转如弹丸。"①谢灵运作诗即用"圆"法。谢灵运诗歌被鲍照誉为"如初发芙蓉,自然可爱",②被萧纲誉为"吐语天拔,出于自然",③都强调了谢诗的"自然"。与"淡乎寡味"的玄言诗相比,谢灵运的山水诗鲜丽清新、自然可爱,表现出内容"自然"的一面,其实谢诗还有苦心经营、琢磨锻炼而表现出形式亦"自然"圆润的一面。唐释皎然《诗式》指出,谢诗的"自然",既不同于李陵、苏武那种"天与真性,发言自高,未有作用"的自然,也不同于曹植等人那种"语与兴驱,势逐情起,不由作意,气格自高"的自然,而是"为文真于情性,尚于作用,不顾词彩而风流自然"。④ 所谓"作用",就是经营安排、琢磨锻炼。王世贞亦云:谢灵运诗"至秾丽之极而反若平淡,琢磨之极而更似天然,则非馀子所可及也。"⑤何谓"枯"? 陶渊明作诗即用"枯"法。苏轼云:"吾与诗人无所甚好,独好渊明之诗。渊明作诗不多,然其诗质而实绮,癯而实腴,自曹、刘、鲍、谢、李、杜诸人,皆莫过也。"杨时《龟山先生语录》云:"陶渊明诗所不可及者,冲澹深粹,出于自然。"曾纮(李公焕《笺注陶渊明集》载)云:"余尝评陶公诗语造平淡而寓意深远,外若枯槁,中实敷腴,真诗人之冠冕也。"姜夔《白石道人诗说》云:"陶渊明天资既高,趣诣又远,故其诗散而庄,澹而腴,断不容作邯郸步也。"严羽《沧浪诗话》云:"谢所以不及陶者,康乐之诗精工,渊明之诗质而自然耳。"黄震《张史院诗跋》云:"陶渊明无志于世,其寄于世也,悠然而澹。"元好问《论诗》云:"一语天然万古新,豪华落尽见真淳。南窗白日羲皇上,未害渊明是晋人。"谢榛《四溟诗话》云:"渊明最有性情,使加藻饰,无异鲍、谢,何以发真趣于偶尔,寄至味于淡然?"钟惺《古诗归》云:"陶诗闲远,自其本色,一段渊永淹润之气,其妙全在不枯。"陆时雍《诗镜总论》:"素而绚、卑而未始不高者,渊明也。"刘朝箴《论陶》云:"靖节非儒非俗,非狂非狷,非风流非抗执,平淡自得,无事修饰,皆有天然自得之趣;而饥寒困穷,不以累心,但足其酒,百虑皆空矣。及感遇而为文词,则牵意任真,略无斧凿痕、烟火气。"⑥叶燮《原诗》云:"陶

---

① 《南史》卷二二《王昙首传》附《王筠传》。
② 《南史》卷三四《颜延之传》。
③ 萧纲《与湘东王书》。
④ 《诗式》卷一《不用事第一格》。
⑤ 袁行霈、莫砺锋、黄天骥《中国文学史》(第二版)第二卷,高等教育出版社2009年,第三编。
⑥ 北京大学中文系《陶渊明资料汇编》,中华书局2003年,第132—174页。

潜胸次浩然,吐弃人间一切,故其诗俱不从人间得,诗家之方外,别有三昧也。"梁实秋云陶诗:"绚烂之极归于平淡,但是那平不是平庸的平,那淡不是淡而无味的淡,那平淡乃是不露斧凿之痕的一种艺术韵味。"综合诸人评论来看,张溥所谓"清腴非彭泽不言枯"之"枯",乃是豪华落尽见真淳,绚烂之极归平淡之意,只有这种脱胎于清腴之质朴自然,才可称为真自然。这里,张溥倡导的"圆与枯,诗之至也",即是认为诗歌的极致便是锻炼之后的圆润流丽,清腴为表而自然为质。

张溥在诗歌上推重后七子的王、李,但并不人云亦云,而是注重长期的体验与感悟。《刘中斋先生诗集序》云:"近代论诗者,前称李何,后称王李,宗风相仍,人无异议。三四年来,诗学小变,断断反唇,于王李尤不少恕。比复推奉,二家更尊。诗文一道,言之似易,行之实难。后生妄排前人,亦龁仗气空谈,未审下笔。濡首日久,冷暖渐知。子长少臆中之说,子云无世俗之论,涉历千载,方绝谤讥。人但患诗文不真,无苦目前不识也。王弇州,吾娄宗工,与李沧溟异地唱答,鸟鸣求友,诗情最深。"①张溥从王世贞与李攀龙的唱答诗中感受到浓厚的诗情。

张溥对当时流行一时的竟陵派诗歌的不足和贡献也进行了较为深入的分析。《张草臣诗序》云:

> 今以草臣之诗,苍远深厚,灵朴幽越,极命作者,必为竟陵之所尊尚,而即被以其名,将所谓《古诗十九首》与夫唐山夫人、庐江小吏诸作,登竟陵之选者,皆名之竟陵,可乎?然而穷流测源,竟陵之功,要不可诬也。②

这即是说,竟陵派诗歌的不足在于过于纤细幽峭,缺乏"苍远深厚"之致,然其贡献在"穷流测源",为明代诗歌开创了一片新的天地。

张溥又主张诗歌应有变化,"屡变益工"。《林天孙诗稿题词》云:"以此言诗,屡变益工。"③认为好的诗歌应"放宕顿挫,自然壮远",④且可与文笔打通,关注古今,《林天孙诗稿题词》云:"及诵刻诗数章,意象奇露,绝类文笔。古今同业,起予

---

① 《七录斋近集》卷四《刘中斋先生诗集序》。
② 《七录斋集论略》卷一《张草臣诗序》。
③ 《七录斋近集》卷七《林天孙诗稿题词》。
④ 《七录斋诗文合集·近稿》卷三《雪盟诗题语》。

者深。"①深入来看,张溥主张诗须有法和诗本性情,其实也是调和格调说和性灵说的一种表现。

总之,张溥的诗学观表现出重性情、重学问、重社会功用、重诗法的特点。主张诗本性情,推崇温柔敦厚的诗教,追求雅正。主张学问资诗,摒弃八股空疏文风,体现出其学者本色。注重诗歌的社会功用,体现出其儒学关照下的诗学思想,强调以诗骚为诗学圭臬,则体现出张溥拟正本清源,重溯诗歌社会功用的用意。注重诗法,推崇圆转流丽与质朴自然,认为圆与枯,是诗歌的极致。张溥的这些诗学观是其文学思想的重要组成部分,检视其诗学观既有助于深入理解其作为复社主盟的文学思想,也有助于审视晚明诗学理论。

---

① 《七录斋近集》卷七《林天孙诗稿题词》。

第四章　张溥散文述论

张溥以古文见称。陈子龙云："天如之文章，天下莫不知其能。"①《明史》本传亦云张溥"诗文敏捷，四方征索者不起草，对客挥毫，俄顷立就，以故名高一时。"②

一、散文分类研究

张溥散文依文体可大致分为六类：其一，题词③，以《汉魏六朝百三名家集题词》为代表；其二，序跋，主要为诗文序、寿贺序；其三，尺牍；其四，记、传；其五，祭文、墓志；其六，论说，包括史论和时论，史论以《宋史纪事论》、《元史纪事论》等为代表，时论以《论略》为代表。

(一) 题词

张溥的文集题词，最有价值者当属《汉魏六朝百三名家集题词》（以下简称《题词》）。

崇祯时，张溥主要根据明张燮《七十二家集》，并参考冯惟讷《古诗纪》、梅鼎祚《历代文纪》中作品较多作家，选取汉贾谊至隋薛道衡共一百零三人，排比附益，将其诗文汇成一编，编成《汉魏六朝百三家集》一百十八卷。④ 于每集前，置一题词。《题词》包括《总题》共一百零一则，论及西汉贾谊至隋薛道衡等一百零三家文集，其中应场应璩兄弟、张载张协兄弟、刘孝仪刘孝威兄弟分别合为一则。

张溥少嗜秦汉文字，搜集、阅目秦汉至隋代文集达一百四五十种。在博览通观及编辑《百三家集》的基础上为每一家撰写了《题词》。故其《题词》具有很高的价值，"对百三家其人其文，都提出了他自己的看法，家家有题辞，人人有论述，分之为作家各论，合之则为文学史。在十七世纪中叶，出现了这样一部具有文学史

---

① 陈子龙《七录斋集序》《七录斋集论略》卷首。
② 清张廷玉等《明史》，中华书局1974年，第7405页。
③ 按：按照传统文体分类，题词属于序跋类。但因张溥题词较多且重要，故单独列出。
④ 按：《汉魏六朝百三家集》详见《张溥著述考证与提要》部分。

规模的作品,是值得我们研究与重视的。"①

若与之前的张燮《七十二家集》题引相比,张溥的《题词》更为突出。如以《司马相如集》题引与题词为例,张燮《重纂司马文园集引》云:

> 长卿赋手,横绝古今,天子至惓不得同时之叹。顾独不为卓孙所重,非当垆涤器辱之,彼不念人才足依也。世上一种富人,多是不鲫溜钝汉,独怪临邛令日朝相如者。方其骈骊赍尽,令君却泛何处,戴星绝亘,一介相闻,莫知其解也。长卿它文,俱以赋家之心发之,故成巨丽,凡拙速辈无此格力。惜史所称《平陵侯书》及《五公子相难》等篇,不得付所忠传之耳。平昔慕蔺,追乘使者车入蜀,作《喻檄》及《难父老》,略定西夷,其豪情爽气,真跨持玺章台及绳池击缶时也。②

张溥《司马相如集题词》云:

> 梁昭明太子《文选》,登采绝严,独于司马长卿取其三赋四文,其生平壮篇略具,殆心笃好之,沉湎终日而不能舍也。太史公云:"长卿赋多虚辞滥说,要归节俭,与《诗》讽谏何异?"余读之良然。《子虚》、《上林》非徒极博,实发于天才;扬子云锐精揣炼,仅能合辙,然疏密大致,犹《汉书》于《史记》也。《美人赋》,风诗之尤,上掩宋玉,盖长卿风流诞放,深于论色,即其所自叙传,琴心善感,好女夜亡,史迁形状,安能及此?他人之赋,赋才也;长卿,赋心也,得之于内,不可以传。彼曾与盛长通言之,歌合组,赋列锦,均未喻耳。猎兽献书,长扬志直,驰檄发难,巴蜀辣听,慕蔺生之滈池,跨唐蒙于绝域,赤车驷马,足名丈夫,抑其文,皆赋流也。生赋长门,没留封禅,英主怨后,思眷不忘,岂偶然乎?③

两相对比,不难看出"张溥的研究更为深入,论述也更为精辟","其论述之全

---

① 《汉魏六朝百三名家集·出版说明》,江苏古籍出版社 2002 年。
② 张燮《七十二家集》,续修四库全书本。
③ 按:所有《题词》均引自《七录斋近集》,与殷孟伦《汉魏六朝百三家集题辞注》之题词略有不同。

面、观点之深刻、语言之精炼,都远远超过了张燮及其他各家"。①

《题词》前有《总题》,对汉魏六朝文学作了一个总巡览。其文云:

> 文集之名,始于阮孝绪《七录》,后代因之,遂列史志。马贵与《经籍考》,详载集名,人物爵里,著作源流,备具左方,览者开卷,大意已显。然李唐以上,放轶多矣。周惟屈原、宋玉,汉惟枚乘、董仲舒、刘向、扬雄、蔡邕,魏惟曹植、陈琳、王粲、阮籍、嵇康,晋惟张华、陆机、陆云、刘琨、陶潜,宋惟鲍照、谢惠连,齐惟谢朓、孔珪,梁惟沈约、吴均、江淹、何逊,周惟庾信,陈惟阴铿。千余年间,文士辈出,彬彬极盛,而卷帙所存,不满三十余家。藏书五厄,古今同慨。晋挚仲洽总钞群集,分为流别;梁昭明特标选目,举世称工。澄汰之余,遗亡弥众。至逸书编于豫章,古文抄自会稽,巨源宝经龛之帙,容斋发故簏之藏,赵宋诸贤,戮力稽古,不能追续坠简,铺扬词苑,亦惟委之时运,抱痛河海而已。
>
> 余少嗜秦汉文字,苦不能解。既略上口,遍求义类,断自唐前,目成掌录,编次为集,可得百四五十种。近见闽刻七十二家,更服其搜扬苦心,有功作者。两京风雅,光并日月,一字获留,寿且亿万。魏虽改元,承流未远;晋尚清微,宋矜新巧,南齐雅丽擅长,萧梁英华迈俗。总言其概,椎轮大路,不废雕几;月露风云,无伤气骨。江左名流,得与汉朝大手同立天地者,未有不先质后文,吐华含实者也。
>
> 人但厌陈季之浮薄,而毁颜谢;恶周隋之骈衍,而罪徐庾。此数家者,斯文具在,岂肯为后人受过哉?余自贾长沙以下,迄隋薛河东,随手次第,先授剞劂,凡百三家。卷帙重大,余谋踵行。古人诗文,不容加点,随俗为之,聊便流涉,无当有亡。评骘之言,惧累前人,何敢复赘?每集序首,本末微见,送疑取难,冀代筵叩尔。别集之外,诸家著书,非文体者,概不编入,其它断篇逸句,虽少亦贵,期于毕收。但家无乘书,妄谭远古,縢囊漏挂,宁免讪笑。倘世有蓄文德之别部,大思光之玉海者,则愿负担以从矣。

---

① 参阅踪凡《明代汉赋辑录的文献考察》,《首都师大学报》(社科版),2007年第5期。踪凡认为:张燮《七十二家集》当完成于天启四年(1624),张溥《汉魏六朝百三家集》约完成于张溥中进士(1631)之后的十年间。

在《总题》中,张溥首先对汉魏六朝文学总的风格做出了简要概括:两京风雅,魏承汉风,晋尚清微,宋矜新巧,南齐雅丽,萧梁英华迈俗。进而认为六朝文学虽然风格各异,但所选众家之文均"先质后文,吐华含实",堪与两汉文章比肩。可见张溥对汉魏六朝百三家的作品整体评价是较高的。又指出每集设置题词,意在"本末微见,送疑取难",即溯源追流,揭示发展历程;分析评骘,解答疑难。再次,张溥提出从作品实际出发,具体作家具体分析。如人们往往因反感陈代浮靡文风而诋毁颜延之、谢灵运,因反感周、隋两代骈丽冗长文风而归罪于徐陵、庾信。张溥对这种不加辨析就横加指责、随意否定的做法极为反对,奋然指出"此数家者,斯文具在,岂肯为后人受过哉"。提醒人们将文学首倡者与后继者分别看待,后继者之蹩脚应无毁于首倡者之高明。

接下来,每集《题词》将品人与论文融合为一。于其人则知人论世,设身处地,纵横比较;于其文则溯源追流,标明特点,多方对比。处处洞见卓识,篇篇新见迭出。又于其中寄予深沉感慨,多用史家之笔法,对当时之史实,重新分析其因缘,多有考辨,颇似史论。总之,文学家之感受、史学家之眼光、文史兼融之笔法,在《题词》中得到了充分的展现。

下面对《题词》在论文评人方面的特点予以分析。

1. 论文特点

在论文方面,《题词》有如下六个方面值得注意。

(1)主张文质相符,反对文过其质。

《题词》主张文质相符,反对文过其质,对东汉以后文章逐渐"文过其质"的倾向有所不满。《王詹事集题词》云:"东汉以后,文尚声华,渐爽实情,诔死之篇,应诏公庭,尤矜组练。即颜延年哀宋元后,谢玄晖哀齐敬后,一代名作,皆文过其质,何怪后生学步者哉?"认为如果文过于质,则会导致文章"渐爽实情",即文辞华丽而感情苍白。因此要求文质相符,反对文过其质。退一步讲,在文与质不相符的情况下,张溥则坚持"先质后文"(《总题》)的原则。如《东阳平集题词》云:"晋世笑束先生《劝农》及《饼》诸赋,文辞鄙俗,今杂置赋苑,反觉其质致近古。縣彼雕缋少也。"即认为束晳文章由于少雕饰,反而韵味更加淳朴。又如《陆清河集题词》云:"士龙《与兄书》称论文章,颇贵清省,妙若《文赋》,尚嫌绮语未尽。又云'作文尚多,譬家猪羊耳'。其数四推兄,或云'瑰铄',或云'高远绝异',或云'新声绝曲',要所得意,惟'清新相接'。士衡文成,辄使弟定之,不假他人。二陆用心,先质后文,重规沓矩,亦不得已而后见耳。"即亦主张"先质后文","贵清省""嫌绮语"。又如《杜征南集题词》云:"《左传》之有杜元凯,六经之孔孟也。当时论者,犹以质直见轻,岂真贵古而贱今乎?"亦对杜预《春秋左氏经传集解》因质直而受到时人轻视予以反对,这也透露出张溥"先质后文"的思想。

(2)对情与文的关系认识较深。

在《题词》中,张溥对情与文的关系认识较深。主张文以情生,如《夏侯常侍集题词》云:"《周诗》上续《白华》,志犹束晳《补亡》,安仁诵之,亦赋《家风》,友朋具尔。殆文以情生乎?"这也其实是对刘勰"为情而造文"观点的肯定。因此认为文章要有深致与情思,如《成公子安集题词》云:"赋少深致,而序各有思,读诸赋不如读其序也。"认为优秀之作必情文骏发,如《谢宣城集题词》云:"余读青莲五言诗,情文骏发。"认为文章中感情愈深,则语言益工,如《谢宣城集题词》云:"盖中情深者,为言益工也。"认为好色者之文多深于情,非多情人不能出情语,如《梁元帝集题词》云:"帝不好声色,颇有高名,独为诗赋,婉丽多情,妾怨回文,君思出塞,非好色者不能言。"《司马相如集题词》复云:"《美人赋》,风诗之尤,上掩宋玉,盖长卿风流诞放,深于论色。"同时亦认为那些性格强直之士富于深情,其文亦情深。如《傅鹑觚集题词》云:"休奕天性峻急,正色白简,台阁生风。独为诗篇,辛婉温丽,善言儿女。强直之士,怀情正深,赋好色者,何必宋玉哉!"这其实也是从婉约和豪放两面来关注情与文的。反之,张溥认为那些情感贫乏的文章,自然无法打动人心,如《阮元瑜集题词》云:"予观彼书,润泽发扬,善辨若觳。独叙赤壁之败,流汗发惭,口重语塞,固知无情之言,即悬幡击鼓,无能助其威灵也。"这就从根本上把握住了文学作品贵在以情动人的实质。因此,张溥主张真正的作品应来自于作者内心,如《司马相如集题词》云:"他人之赋,赋才也;长卿,赋心也,得之于内,不可以传。"当然,作品中所传达出的感情,并非一定出自作者中情,也可出于虚构,如《刘公干集题词》云:"然诗颂铺张,词每过实,文人之言,岂必尽由中情哉?"这即注意到文学作品虚构的一面,这是张溥在具体问题具体分析后所得出的。

从文以情生的观点出发,《题词》对那些情感激昂的作品表示认同,如《冯曲阳集题词》云:"即今所传,慷慨论列,可谓长于《春秋》。……敬通诸文,直达所怀,至今读之,尚想见其扬眉抵几,呼天饮酒。诚哉!马迁杨恽之徒也。……若言豁达激昂,鹰扬文囿,则必首敬通云。"即认为"豁达激昂""慷慨论列"之文,可以"直达所怀",形成古今共鸣。《孔少府集题词》复云:"东汉词章拘密,独少府诗文,豪气直上,孟子所谓浩然,非耶?"即对孔融"豪气直上"的浩然之文表示推崇。《王元长集题词》亦云:"梁昭明登之《文选》,玄黄金石,斐然盈篇,即词涉比偶,而壮气不没,焜耀一时,亦有繇也。"即指出王融之文虽辞藻华丽、形式骈偶,但其中的"壮气"喷涌而出,故受到时人的喜欢。《沈侍中集题词》亦云:"《劝进》三表,长声慷慨,绝近刘越石。"即将沈烱"长声慷慨"之文与刘琨"劲气直辞,回薄霄汉"之文类比,表达了对这种风格的喜爱。

(3)论气与文。

在《题词》中,张溥主张文以生气为高,如《徐仆射集题词》云:"夫三代以前,文无声偶,八音自谐,司马子长,所谓铿锵鼓舞也。浸淫六季,制句切响,千英万杰,莫能跳脱,所可自异者死生气别耳。历观骈体,前有江任,后有徐庾,皆以生气见高,遂称俊物。"认为六朝骈俪之风盛行,注重声律,在此之下只有那些富于生气的作品才是高明的,而那些死气沉沉的作品则属低劣。论气是古代文学批评上的常调,早在曹丕时就已指出"文以气为主,气之清浊有体",[①]而张溥此处值得注意的是,并未从形式上对六朝骈文予以简单否定,而是以有无生气来作为判定骈文作品价值高下的标准。这应是比较可取的。张溥进而指出为文有生气的一个途径是居今之世,为今之言,切忌违时抗往、投俗取妍,如《任彦升集题词》云:"江南文胜,古学日微,方轨词苑,代有名人。大抵采死翟之毛,抉焚象之齿,生意尽矣。居今之世,为今之言。违时抗往,则声华不立;投俗取妍,则尔雅中绝。"即主张要避免使用古代那些已没有生命力的语言和事物,应尽量使用今天鲜活的语言来抒发情感、说明事理,传承风雅,又要切忌辞藻过于媚俗妍丽,而陷入内容空洞、风雅不寄的境地,以至于"逢时之意多,则觉性之辞少"(《沈隐侯集题词》)。此处,张溥也很好地触及了文之生气与古今的关系,简单地说,为文需有生气,要复古而不泥古,用今而不媚今。由此可见,张溥主张的复古并不是泥古,而是站在当下的语境中去复古,以尽量创造、保持文章的生气为宗旨。

(4)主张文章要注重法度章程。

在《题词》中,张溥主张文章要注重法度章程,如《梁昭明集题词》云:"虽天趣

[①] 曹丕《典论·论文》,见穆克宏等《魏晋南北朝文论全编》,江苏教育出版社2004年,第14页。

微损,而章程颇密,亦文家之善虑彼已者也。"在张溥看来,一篇文章若稍缺乏天趣是可以接受的,假若天趣与法度尽失的话,则完全是失败的。这种重视法度的思想,也与其编选《百三家集》的标准——文体——是相通的,《总题》云:"别集之外,诸家著书,非文体者,概不编入。"应该指出的是,主张文须有法亦是古代文论的常调,然而张溥注重法度章程是有其现实针对性的,即是对晚明公安派"独抒性灵,不拘格套"师心自任和竟陵派"以纤诡幽渺为宗,点逗一二新隽字句,矜为玄妙"①、"不求格调,不究诗法"②主张的纠正。应该说,注重法度章程是张溥一以贯之的观点,这在其诗文中多有反映。

(5)主张初创之文体与后效之泛滥应分而观之。

在《题词》中,张溥持一种辩证态度,主张对于初创之文体与后效之泛滥应分而观之。如《东方大中集题词》云:"东方曼倩求大官不得,始设《客难》,扬子云草《太玄》,乃作《解嘲》。学者争慕效之,假主客,遣抑郁者,篇章迭见,无当玉卮,世亦颇厌,观之其体不尊,同于游戏。作者之心,寔命奇伟,随者自贫,彼不任咎,未可薄连珠而笑士衡,鄙七体而讥枚叔也。"即认为东方朔的《答客难》、扬雄《太玄》、《解嘲》等作乃有为而发,而后代慕效者则视之如游戏,乐此不疲,而堕入恶道,引人厌弃,因此对于首创者与仿效者应分开来看,避免因随者之"贫"而累及作者之"奇伟"。此与《题词》中的"人但厌陈季之浮薄,而毁颜谢;恶周隋之骈衍,而罪徐庾,此数家者,斯文具在,岂肯为后人受过哉"的观点是相通的,体现出对文学发展的不同阶段持辩证的态度。这种辩证态度,当亦有感于时风而发。明代文学派别林立,且每以相反为高,后一派总是竭力指斥前一派的弊端,而自身亦往往落入之后一派的指斥中。平情析理来看,文学流派间相互指斥的弊端,多为流弊,首开风气者每多有其称道处,而众多仿效者则多将之推向极端而堕入恶道。所以,张溥提出的对于首创者与仿效者、首创之文体与后效之泛滥应分而观之的观点具有强烈的现实针对性。

(6)主张作文须博观。

在《题词》中,张溥主张作文须博观,如《隋炀帝集题词》云:"炀帝云:'多弹曲者,如人多读书,读书多则能撰书,弹曲多即能造曲。'以论文学,殆庶乎而?"这与

---

① 《四库全书总目·诗归》,《四库全书总目》,中华书局1965年,第1759页。
② 朱易安《中国诗学史》(明代卷),鹭江出版社2002年,第163页。

张溥一贯主张的泛观博览思想是一致的。当然,这种由博览而走向通达的观点,亦是古代文论中的常调,刘勰即指出"操千曲而后晓声,观千剑而后识器,故圆照之象,务先博观"。① 但是联系明代中后期士人束书不观、流入空谈肤廓的情况来看,张溥重申要博观通览亦是有为而发。张溥编辑《汉魏六朝百三名家集》及编纂《四书注疏大全合纂》和《五经注疏大全合纂》都体现了这种博观通览的思想。张溥进而主张由博而入奇。如《王左丞集题词》云:"文人不博,不能致奇。"即提倡博学通览的目的,即是去其平庸,致其高奇。

2. 论文方式

《题词》在评论百三家集文章时,主要有如下几种论文方式。

(1)深入把握代表性作品,以寥寥数语揭示其特质。

《题词》对作者之代表性作品进行评价分析,揆以情理,褒贬互见,以寥寥数语揭示其特质。如《司马相如集题词》云:"《美人赋》,风诗之尤,上掩宋玉,盖长卿风流诞放,深于论色。……他人之赋,赋才也;长卿,赋心也。"即以《美人赋》为司马相如代表作之一,揭示出其描摹妍丽和富寓比刺的特点,其中"赋心"一语,简明准确,为后来论文家所袭用。② 又如《董仲舒集题词》云:"三《策》三《对》,君臣喜起,文章大醇,《礼记》俦也。"即以董仲舒《贤良策》一、二、三和《高庙园灾对》、《雨雹对》、《郊祭对》为其代表作品,并指出其文风醇厚,类于《礼记》,对董仲舒儒者之文的特点把握准确。又如《扬雄集题词》云:"《河东》、《甘泉》、《长杨》、《羽猎》四赋绝伦,自比讽谏,相如不死。《逐贫赋》长于解嘲,释愁送穷。"即以《河东赋》、《甘泉赋》、《长杨赋》、《羽猎赋》、《逐贫赋》为其代表作,前四赋代表杨雄散体大赋铺陈讽谏的特色,与司马相如风格有相似之处;后一赋则代表扬雄抒情小赋诙谐调脱的特色。又如《江淹集题词》云:"文通杂体三十首,体貌前哲,欲兼关西、邺下,河外、江南,总制群善,兴会高远,而深厚不如。非其才绌,世限之也。"即以《杂体三十首》为其代表作,指出江淹诗体总杂、善于摹拟的特点,又指出其拟作与原作相比,在厚度上有所欠缺,这也是时代的限制所致。

张溥这种就作家之代表性作品展开评析的论文方式对后世文学史著作的写作模式产生了一定的影响,后世之文学史著作也多本此种模式。

---

① 刘勰《文心雕龙·知音》,见范文澜《文心雕龙注》,人民文学出版社1958年,第714页。
② 清冯煦《蒿庵论词》(第六条)云:"昔张天如论相如之赋云:'他人之赋,赋才也;长卿,赋心也。'予于少游之词亦云:他人之词,词才也;少游,词心也。"

(2) 不趋流俗，平情衡理，从文本实际得出结论。

张溥对于百三家集有过深入地研读，故《题词》在论文时平情衡理，不趋流俗，从文本实际得出结论。如《鲍参军集题词》云："文帝矜才，又自贬下就之。相时投主，善用其长，非祢正平、杨德祖流也。集中文章，实无鄙言累句，不知当时何以相加？"即从鲍照其人及作品实际出发，认为鲍照决非祢衡、杨修等逞才露物者，而是故意自贬以求安身，其文章亦无鄙言累句，否定了鲍照才尽的说法。又如《隋炀帝集题词》云："虽有文，不善也。迷楼凤舠，歌声兆亡，其亦汉成时燕燕诸谣乎？《隋书·文苑传》称：'帝意在骄淫，词无浮荡，缀文之士，得依取正。'余疑其谀，比观全集，多庄言，简戏谑，似史评非诬也。"此语道出了张溥对于《隋书·文苑传》的评语并不轻信，而重亲身阅读体验。又如《江淹集题词》云：

> 余每私论江任二子，纵衡骈偶，不受羁靮，若是生逢汉代，奋其才果，上可为枚叔、谷云，次亦不失冯敬通、孔北海，而晚际江左，驰逐华采，卓尔不群，诚有未尽。世犹传文通暮年才退，张载问锦，郭璞索笔，则几妒口矣。

"江郎才尽"之说由来已久，众说纷纭，莫衷一是。① 这其中要属张溥的意见最为深入，他对长期流传的"江郎才尽"的说法提出了强烈的批评，对江淹予以重新评价。张溥在《鲍参军集题词》中又指出："江文通遭逢梁武，年华望暮，不敢以文凌主，意同明远，而蒙讥才尽，史臣无表而出之者，沈休文窃笑后人矣。"这种评析，是从编辑并深入研读江淹作品集的基础上提出的，自有其合理之处。

(3) 推源溯流，准确定位。

推源溯流法是中国古代文学批评中的一个常用方法。所谓推源溯流，即"批评家在考察一个时代的作家、作品时，将他们放在历史发展的前后联系，亦即文学传统中予以衡量、评价。"②张溥在《题词》中熟练地使用这种方法为作家和作家准确定位。

张溥《题词》的一个显著特点即是具有一种追本穷源的历史眼光，在上下溯源中揭示出所评作品的特质，并为其定位。如《张河间集题词》云："《同声》丽而

---

① 参见陆岩军《江郎才尽研究述评》，《重庆邮电学院学报》2006年3期。
② 张伯伟《中国古代文学批评方法研究》，中华书局2002年，第104页。

不淫,《四愁》远摹正则,蔡邕《翠鸟》,秦嘉《述婚》,俱出其下,谓之好色,谓之思贤,其曰可矣。"即将张衡的《同声歌》、《四愁诗》与蔡邕《翠鸟诗》、秦嘉《述婚诗》追溯对比,在同类作品中确定其高下。又如《贾谊集题词》云:"骚赋辞清而理哀,其宋玉景差之欤!西汉文章,莫大乎是,非贾生其谁哉?"即是将贾谊的骚赋溯源至宋玉、景差之赋。通过这种溯源,为所论作品确定其源头,从而巧妙地确定了其价值和地位。又如《扬侍郎集题词》云:"《逐贫赋》长于解嘲,《释愁》《送穷》,文士调脱,多原于此。"则往下推流,将扬雄的《逐贫赋》定为后代曹植《释愁文》、韩愈《送穷文》等文的滥觞。又如《夏侯常侍集题词》云:"《抵疑》之作,班固《宾戏》,蔡邕《释诲》流也。高才淹踬,含文写怀,铺张问难,聊代萱苏。纵观西晋,《玄居》、《推论》、《释劝》、《释时》,文皆近是。追踪西汉,邈乎后尘矣。"即将夏侯湛《抵疑》,追溯到班固《答宾戏》、蔡邕《释诲》。又如《陆机集题词》云:"冤结乱朝,文悬万载,《吊魏武》而老奸掩袂,《赋豪士》而骄王丧魄,《辨亡》怀宗国之忧,《五等》陈建侯之利,北海以后,一人而已。"将陆机《吊魏武帝文》、《豪士赋》、《辨亡论》、《五等论》中所表现出的刚健纵恣的风格上溯到孔融。又如《挚太常集题词》云:"《流别》旷论,穷神尽理,刘勰《雕龙》,锺嵘《诗品》,缘此起义,评论日多矣。"将挚虞《文章流别》定为刘勰《文心雕龙》与锺嵘《诗品》之源头。又如《诸葛亮集题词》:"《出师》二表,远匹《伊训》,《正议》两篇,亦《汤誓》、《大诰》之遗。"将诸葛亮《出师表》溯源到《伊训》,将《正议》溯源到《汤誓》、《大诰》。总之,这种推源溯流的方法在《题词》中处处可见,颇显识见。

(4)归纳对比,明其得失。

《题词》将所评之作品与不同时代作家的同类作品予以纵横对比。如《司马相如集题词》云:"《子虚》、《上林》非徒极博,实发于天材,扬子云锐精揣炼,仅能合辙,然疏密大致,犹汉书于史记也。《美人赋》,风诗之尤,上掩宋玉,盖长卿风流诞放,深于论色,即其所自叙传,琴心善感,好女夜亡,史迁形状,安能及此?"即是将司马相如《子虚赋》、《上林赋》与扬雄之赋予以对比,又将《美人赋》与宋玉《登徒子好色赋》等对比。通过对比,则突出其地位和得失。又如《陶渊明集题词》云:"《感士》类子长之倜傥,《闲情》同宋玉之《好色》。《告子》似康成之《诫书》,《自祭》若右军之《誓墓》,孝赞补经,传记近史,陶文雅,兼众体,岂独以诗绝哉?"即将陶渊明《感士不遇赋》与司马迁《悲士不遇赋》对比,将《闲情赋》与宋玉《登徒子好色赋》对比,将《告子俨等疏》与郑玄《戒子益恩书》对比,将《自祭文》与王羲之《誓墓文》对比。先归纳其同类作品,然后在对比中揭示其高下得失。又如《王褒集题词》云:"其排彭祖,厌乔松,归之文王多士,以祝寿考,意主规讽,犹长卿之《子虚》、《上林》,游戏苑囿,有戒心焉。"将王褒《圣主得贤臣颂》与司马相如《子虚赋》、《上林赋》对比。通过这种归纳对比,使读者对所评论的作品有了更深的感受。

(5)抓住主导风格,打通各体作品。

《题词》指出同一作家的不同体裁的作品相通,其它体裁会向主导体裁靠拢。如《司马相如集题词》:"他人之赋,赋才也;长卿,赋心也。……猎兽献书,《长扬》志直;驰檄发难,巴蜀辣听;慕蔺生之渑池,跨唐蒙于绝域,赤车驷马,足名丈夫。抑其文,皆赋流也。"即指出司马相如的《谏猎疏》、《谕巴蜀檄》、《难蜀父老》等散文也具有赋的特点。又如《江淹集题词》云:"身历三朝,辞该众体,《恨》《别》二赋,音制一变。长短篇章,能写胸臆。即为文字,亦诗骚之意居多。"江淹赋深受屈原、宋玉的影响,呈现出骚体风貌,张溥准确地把握此点,指出江淹《恨赋》、《别赋》等骚体赋代表了其主导风格,而江淹的其他作品也表现出这种特点。

总之,通过上述多种方式深入论文,《题词》往往得出一些颇具启发性的结论。如指出王褒诗歌为西汉文风之一变化。《王谏议集题词》:"大抵王生俊才,歌诗尤善,奏御天子,不外中和诸体。然辞长于理,声偶渐谐,固西京之一变也。"这样的看法是颇有见地的。

3. 论人原则

其次,《题词》在评论人物时,秉持如下原则:

(1)重视出处大义,尊尚气节。

曾肖指出:"身处末世,张溥尤其关注儒者与文士的修身立世之道。"[1]这在《题词》中有较多的反映。《题词》在论人时,极强调出处大义,如《陶彭泽集题词》云:"君臣大义,蒙难愈明,仕则为清臣,不仕则为元亮。舍此,则华歆、傅亮攘袂劝进,三尺童子咸羞称之。"认为出仕要如颜真卿一般严正,隐居要如陶渊明一般高洁,无论出处,均应讲究气节大义。主张尊尚节气,强调忠于原主,不依附宦官,如《东汉荀侍中集题词》云:"然文若娶妇中官,依身逆贼;寿春饮药,进退触

---

[1] 曾肖《从〈汉魏六朝百三家集题辞〉看张溥"知人论世"方法的运用》,《暨南学报(哲学社会科学版)》,2006年5期。

藩。虽何颙目以王佐,曹操诩为子房,徒虚声耳。岂及仲豫周旋故君,志存献替哉?……仲豫性沈静,好著述,隐居托疾,不入阉官网罗。"显然这些话是具有强烈的现实针对性的。在《题词》中,张溥又指责那些不重视君臣之义者,如《江令君集题词》云:"齐梁以来,华虐成风,士大夫轻君臣而工文墨,高谈法王,脱略名节,鸡足鹭头,适为朝秦暮楚者地耳。梁有江总,隋有裴矩,后唐有冯道,三人皆醮妇所羞也。"对江总、裴矩、冯道三人朝秦暮楚之行为予以鄙弃。故对身事二主者予以严厉斥责,如《陆平原集题词》云:"陆氏为吴世臣,士衡才冠当世,国亡主辱,颠沛图济,成则张子房,败则姜伯约,斯其人也。俯首入洛,竟縻晋爵,身事仇雠,而欲高语英雄,难矣。"对陆机入洛、身事二主予以指斥。

因此,《题词》对于节义刚峻之士颇为推重。如《潘黄门集题词》云:"余读潘安仁《马汧督诔》,恻然思古义士,犹班孟坚之传苏子卿也。"对马汧督、苏武等古代节义之士表示思慕。又如《傅中丞集题词》云:"一生骨鲠,风尚显白。"对傅咸的刚峻骨鲠表示赞赏。又如《郭弘农集题词》云:"烈士殉义,虽死可生,乱臣贼子不能杀也。……今读其集,直臣谏净,神灵博物,无不有也。"对郭璞直言无畏、舍生取义赞颂不已。

(2)重视人伦亲情。

《题词》在论人时,推重人伦亲情。如《夏侯常侍集题词》云:"贾谧二十四友,安仁居首,母氏数诮,不知省改,白首之谶,贻亲以僇。孝若连璧,未或同热,长归虽先,幸不及祸。其《离亲咏》有云:'苟违亲以从利兮,匪曾闵之攸宝。'余为三复泣下,孝弟文雅,盛名得全者此尔。"指出潘岳因轻亲情重仕宦而贻祸家人,夏侯湛因重亲情轻仕宦而幸免于祸。又如《张长史集题词》云:"思光独诡越惊人,似一狂士。然孝亲敬嫂,感德重义,人伦之际,何亹亹也。"对张融重尚亲情予以推重。进而指责那些重仕宦而轻亲情者,如《潘黄门集题词》云:"《闲居》一赋,板舆轻轩,浮杯高歌,天伦乐事,足起爱慕。孰知其仕宦情重,方思热客;慈母拳拳,非所念也。"

(3)反对热衷仕进。

张溥任职翰林院二年,对官场的险恶有切肤的感受,又熟读史籍,于史籍中处处可见因仕进而殒身者。故在《题词》中,亦反对热衷仕进。如《马季长集题词》云:"家世贵戚,居养丰泽,即坐高堂,施绛帐,著书授生徒以老,亦足以传,何汲汲荣仕也?"又如《嵇中散集题词》云:"实不宜仕宦,强衣被之,适速死耳。"对一

部分热衷于仕进而罹祸的作者如潘安仁,张溥尤为叹息,《潘黄门集题词》云:

> 孰知其仕宦情重,方思热客;慈母拳拳,非所念也。杨骏被诛,纲纪当坐。安仁赖河阳旧客得脱躯命,而好进不休,举家糜灭,害由小吏,生之者公孙宏,杀之者孙秀。祸福何常,古人所以畏蜂虿也。二陆屠门,茶毒相类,天下哀之,遂腾讨檄;安仁东市,独无怜者。士之贤愚,至死益见,余深为彼美惜焉。

因此,《题词》认为隐居比仕进或许更使人生得意快适。《崔亭伯集题词》云:"亭伯处士年少,箴刺贵戚,翻然高蹈,无忝先子,此之谓乎!何必铭昆吾之鼎,勒景襄之钟,然后名得意哉?"

4. 论人方式

《题词》评论人物方式主要有以下几种:

(1)知人论世。

知人论世是人物批评中的一种常用方法,即是从作家所处的社会生活来评价其人。《题词》在论人时尽力深入到作者之世,在具体历史背景下来审视、分析、评价作者。如《马融集题词》云:"汉世通儒,并推季长,卢涿郡、郑北海咸出其门。家世贵戚,居养丰泽,即坐高堂,施绛帐,著书授生徒以老,亦足以传,何汲汲荣仕也?《广成》一颂,雕镂万物,名虽讽谏邓氏,意在炫才感众,宁知适逢彼怒乎?"将马融放在汉末社会背景下来审视,联系其家世,认为本可以著书教徒不必出仕,然而却汲汲于仕途,而其作品也转向炫耀,结果触怒了邓太后而长期留滞东观。又如《荀悦集题词》云:

> 西豪荀氏,楚兰陵令后裔也。季和八龙,名称极盛,诸孙若仲豫、文若,并为时所知。然文若娶妇中官,依身逆贼,寿春饮药,进退触藩,虽何颙目以王佐,曹操诩为子房,徒虚声耳。岂及仲豫周旋故君,志存献替哉?文若佐操举事,擒吕布,破袁绍,奉迎车驾,徙都许昌,咸出其谋。以彼英才,说《诗》《书》,论《礼》《乐》,言论满堂,宁逊北海?而掌握从横,疲精军旅,鸿毛一死,铜雀先驱,万世而下,竟无一卷足传者。仲豫性沈静,好著述,隐居托疾,不入阉宦网罗。及事献帝,谈论禁省,愤曹氏之执政,哀天子之恭己,既作《申

鉴》,复撰《汉纪》。

具体深入到荀悦和荀彧的行事中,去比较二者的高下。又如《孔融集题词》云:"鲁国男子孔文举,年大于曹操二岁,家世声华,曹氏不敌,其诗文益非操所敢望也。操杀文举,在建安十三年,时潜形已彰,文举既不能诛之,又不能远之,并立衰朝,戏谑笑傲,激其忌怒,无啻肉餧馁虎,此南阳管乐所深悲也。"将孔融置于具体的历史处境中,揭示孔融悲剧的真正原因。可见,张溥在评论人物时,"不仅承继了汉代以来知人论世的优良传统,而且联系他自己生活的时代、社会、经历,融入个人独特的会心。"①

(2)设身处地。

《题词》论人时,能设身处地替作者着想,痛其所痛,乐其所乐。如《班兰台集题词》云:"私心痛其才同厥考,而志耻薄宦,冒进失当,不若望都长优游以终也。"对班固的冒进失当表示深深的痛惜。又如《贾谊集题词》云:"《史记》不载疏策,班固始条列之,世谓于贾生有功。然身既疏退,哭泣而死,焉用文为?太史公阙而不录,其哀生者深也。"在激愤的语气中对贾谊的郁郁而终深表痛惜。又如《孔融集题词》云:"曹丕论文,首推北海,金帛募录,比于扬班,脂元升往哭文举,官以中散,丕好贤知文,十倍于操。然令文举不死,亲见汉帝禅受,当涂盗鼎,亦必举族沉焚。所恨者,其死先操,狐鼠晏行,攘袂之日,天下遂无孔父、仇牧耳!"对孔融早死而无耿介如孔融者出面阻止曹操篡汉悲愤不已。又如《曹操集题词》云:"周公所谓多才多艺,孟德诚有之。使彼不称王谋篡,获与周旋,昼讲武策,夜论经传,或登高赋诗,被之管弦,又观其射飞鸟,擒猛兽,殆可终身忘老。"舍身处地为曹操着想,替其谋划最佳之途。又如《薛道衡集题词》云:"玄卿才名蚤盛,官于齐周,不免仕隋,无特尔之操。然时主迁易,年更代促,南北俯仰,士人尽然,不足云怪。"既指出薛道衡身仕二主,无特尔之操,但又设身处地指出因时代特殊故不必一味指责。需要指出的是,张溥在《题词》中能设身处地替作者着想,一方面是其知人论世的方式使然,另一方面也是其"奋然著作,不觉情至"②之故。

---

① 曾肖《从〈汉魏六朝百三家集题辞〉看张溥"知人论世"方法的运用》,《暨南学报(哲学社会科学版)》,2006年5期。
② 《七录斋集论略》卷一《礼质序》张采评语。

(3)纵横对比。

《题词》论人时,常常将作者与不同时空中的他者予以比较,在不同时空的纵横比较中,为作者定位。如《贾谊集题词》中将贾谊与屈原比较:

> 屈原为楚怀王左徒,入议国事,出对诸侯,深见亲任。贾生年二十余,吴廷尉言于汉文帝,一岁中超迁至大中大夫。此两人者,始何常不遇哉?谗积忌行,欲生无所,比古之怀才老死,终身不得见人主者,悲伤更甚。

通过二者的比较,使读者更深刻地感受到贾谊的悲剧性。又如《刘向集题词》中将刘向与屈原相比:

> 夫屈原放废,始作《离骚》;子政疾谗,八篇乃显。同姓忠精,感慨相类。左徒当日,谏书不传,彼盖争之口舌,其著者,张仪一事耳。子政苦口,终身不倦,年余七十,倦倦汉宗,感灾异而论《洪范》,戒赵卫而传《列女》,鉴往古而著《新序》、《说苑》,其书皆非无为而作者也。

通过将刘向作品与屈原由于遭谗放废而作《离骚》相比,说明了刘向的曲折遭遇及其作品的有为而发。又如《东方朔集题词》中将东方朔与汲长孺、公孙丞相等作比较:"及谏起上林,面责董偃,正言岳岳,汲长孺犹病不如,何况公孙丞相以下?"通过三者的对比,突出东方朔的气节。又如《蔡邕集题词》中将蔡邕与司马迁、班固对比:"伯喈旷世逸才,余独伤其读《春秋》未尽善耳!汉史未成,愿就黥刖,子长腐刑之志也。设竟其意,即不如子长,岂出孟坚下哉!"通过三者的对比,借以说明蔡邕史才突出。

(4)关注出处。

《题词》论人时,对作者的出处尤为关注,如《陆平原集题词》云:

> 太康末年,衅乱日作,士衡豫诛贾谧,诡得通侯。俗人谓福,君子谓祸。赵王诛死,羁囚廷尉。秋风尊鲈,可早决几。复恋成都活命之恩,遭孟玖青蝇之谮。黑憾告梦,白帢受刑。画狱自投,其谁戚哉!张茂先博物君子,昧于知止,身族分灭,前车不远,同堪痛哭。

尤其关注作者的祸福出处,如《潘太常集题词》云:"逃死须臾之间,垂声三王之际,至今诵闲居者,笑黄门之干没,读安身者,重太常之居正。"进而关注论主得以善终或身陷噩运的原因,有总结与借鉴之意。如《颜光禄集题词》云:"玩世如阮籍,善对如乐广,其得功名耆寿,或非无故也。"《题词》对论主出处、命运与心态的分析,亦能时时切中。如《张河间集题词》云:"时有遇否,性命难求,与世泛泛,曷若归而讽河洛六艺八十一篇乎?始于《应间》,终于《思玄》,固平子之生平也。"透过"始于应间,终于思玄"八字即将张衡的出处揭露无遗。由此亦可反观出张溥之人生态度,即不必刻意于仕进,不必奢求于成仙,平居读书,优游而终,表现出比较达观的一面。

总之,《题词》着意探讨作者的出处、生死,或汲取教训,或引起精神共鸣,贯穿了强烈的史鉴意识,其笔法,其心态,其眼光,均为一史家耳。

(5)一分为二。

《题词》在论人时,将作者人品与文采一分为二看待,持论公允。如对曹操的文才进行肯定,而批判其操守,《魏武帝集题词》云:

> 间读本集,《苦寒》、《猛虎》、《短歌》、《对酒》,乐府称绝。又助以子桓、子建,帝王之家文章瑰玮,前有曹魏,后有萧梁,然曹氏居最矣。……使彼不称王谋篡,获与周旋,昼讲武策,夜论经传,或登高赋诗,被之管弦;又观其射飞鸟,擒猛兽,殆可终身忘老。乃竟甘心作贼者,谓时不我容耳。

又如对陆机的评价亦是,赞叹其"文悬万载"、"北海以后,一人而已",而惜其身事二主,最终殒身。又如《谢宣城集题词》对谢朓之文采极为推崇,而叹惜其畏祸变节:

> 李青莲论诗,目无往古,惟于谢玄晖三四称服,泛月登楼,篇咏数见,至欲携之上华山、问青天。余读青莲五言诗,情文骏发,亦有似玄晖者。知其兴叹难再,诚心仪之,非临风空忆也。……宣城死于畏祸,天下疑其反复,即与吕布、许攸同类而共笑也。

《题词》有时竭力为文采绝佳而失节者开脱。如《薛司隶集题词》云:"玄卿才名蚕盛,官于齐周,不免仕隋,无特尔之操。然时主迁易,年更代促,南北俯仰,士人尽然,不足云怪。"对于那些既无节操又无文才者,《题词》则大加贬斥。如《李怀州集题词》云:"北方大臣享重名无特操者,余最薄杨遵彦、李公辅。……究其羽檄丝纶,皆谀笔耳。"

最后,《题词》表现出四个鲜明的特点。其一,史的意识时时贯穿其中。如《褚先生集题词》云:"予为采列独出,使世知龙门而下,扶风而上,尚有褚生,以当史家小山云。"故何宗美指出:"张溥之文'融洽经史'的特点,也在其题辞诸作中体现得淋漓尽致。"①其二,尤重治乱兴亡之迹,如《后周王司空集题词》。其三、以古励今。如《刘中山集题词》云:"夫汉贼不灭,诸葛出师;二圣未还,武穆鞠旅。二臣忠贞,表悬天壤。上下其间,中有越石,追鞭祖生,投书卢子,英雄失援,西狩兴悲。予尝感中夜荒鸡,月明清啸,抑览是集,彷佛其如有闻乎?"以古讽今,激励之意甚明。其四,题词在形式上骈散结合,偏重于骈,这与《汉魏六朝百三家集》的整体风貌相一致。也表明张溥对六朝文学的体认和学习。

总之,《汉魏六朝百三家集》中的一百零一则《题词》,简短扼要,"文旨隽洁,雅近六朝,于集中诸人学术品诣,得失源流,皆能综其生平,得其大概,令读者如见其人,诚尚论者之先资也"。② 同时,张溥善于以"独至之情",发为"警策之论",形成了一种文少意丰、洞见迭出、运用自如的"题辞体"文风。③ 这种文风"慷慨行文,有如魏晋。褒贬抑扬,别具文采",④显然与前后七子摹拟秦汉者有所不同。

(二)序跋

陈少棠指出:"晚明文人写序跋作品甚多,大抵因为那个时候文风特盛,且书籍印刷技术日益进步和普及,出版诗文集比较容易,一般称得上文人的几乎都各有文集,于是大家互相请托写序跋,也有藉此发表文学理论,以收互相切磋品评之效。"⑤张溥作为复社领袖,兼为选文大家,故其集中序跋作品尤多,张溥文集

---

① 何宗美《明末清初文人结社研究》,南开大学出版社2003年,第266页。
② 张青选《汉魏六朝一百三家集序》,见《汉魏六朝百三家集题词》清道光刻本,上海图书馆藏。
③ 何宗美《明末清初文人结社研究》,南开大学出版社2003年,第266页。
④ 郭豫衡《中国散文史》下册,上海古籍出版社1993年,第278页。
⑤ 陈少棠《晚明小品论析》,香港波文书局1981年,第28页。

中序跋作品有十五卷之多,占全集的大多半。① 这些序主要为社友、同人、朋友诗文集所作的书序以及应酬性的寿序、贺序。

张采曾评价张溥云"称人之善,子之志也",②张溥的序即体现出此点。当然,称善并不就是谀辞满篇,而是准确道出作者之优长,能"称其本原"③,"抽扬素履,表显弘构"④。

张溥作序秉持"当"与"尽"之原则,即要恰当全面。《桂叔开稿序》云:"论人而不当,直者无处焉;称人而不尽,直者无处焉。惟当与尽,所以为直。今日欲序叔开之文,亦无贵乎一言之少,百言之多也,取其似叔开而可矣。"⑤张溥作序用"成"与"化"法。所谓"成"者,即"一题之来,设为一义,起止程度,相守不失",强调的是法度。所谓"化"者,"以题就我,以我因题,虚实巧正,无所不宜",⑥强调的是灵活性。

张溥文序表现出典雅的风格,如《国表序》篇"文尔雅而有式"。⑦ 其文序受到汉魏六朝文学的影响。有些文序深受两汉文章的影响,如《人文聚序》篇"又似东汉之文,绵丽详缛,字必含义"。⑧有些文序深受刘勰《文心雕龙》、陆机《文赋》之影响,如《彭燕又稿序》篇"喻于刘勰之论,陆机之赋,正足颉颃"。⑨ 有些序受六朝骈文影响较大,如《兰台居士瘗田序》全用骈体。另外,与其在《汉魏六朝百三家集总题》中提出的"先质后文,吐华含实"标准一致,张溥文序兼重文质,如《潘殿虎稿序》篇"质文兼之,质文之中,喜怒又兼有之"。⑩

1. 诗文集序

张溥诗文序的内容主要涉及道义、朋友、人伦亲情、社事、时事、诗文评论等。

---

① 《七录斋集论略》七卷中序占五卷。《七录斋诗文合集》十六卷中序占十一卷,其中五卷序与《七录斋集论略》同。《七录斋近集》十六卷中序占四卷多。天一阁藏《七录斋文集·论略》二卷《续刻》六卷《别集》二卷中序占四卷。
② 《七录斋诗文合集·近稿》卷一《房书艺志序》。
③ 《七录斋诗文合集·近稿》卷一《寿同卿陆太和先生七袠序》。
④ 《七录斋诗文合集·近稿》卷三《唐元景稿序》。
⑤ 《七录斋集续刻》卷一《桂叔开稿序》,天一阁藏。
⑥ 《七录斋集续刻》卷一《徐位甫近稿再序》,天一阁藏。
⑦ 《七录斋集论略》卷三《国表序》张采评语。
⑧ 《七录斋集论略》卷三《人文聚序》周钟评语。
⑨ 《七录斋集论略》卷三《彭燕又稿序》张采评语。
⑩ 《七录斋集论略》卷三《潘殿虎稿序》张采评语。

提倡道德节义是张溥文学观的立足点,因此他主张文以载道,文章与道德并重,主张著文应无愧于圣贤之道。在诗文序中,对于人伦亲情处处予以强调,"人伦之行,无敢阙如"①。张溥又对同人朋友十分看重,其所交游之挚友亦多,故为其友人所写序中,于同人之义,反复致意,难以搁笔。同时在提及亲情时,也自然涉及到友情,这也是张溥将同人视作兄弟的感情必然表现方式。诗文序对社事活动,也多有记述,此既有助于了解当时社事活动的情形,又可见社友间的同人之义。如《刘伯宗稿序》、《诗经应社序》、《洛如社序》。诗文序对诗歌、古文、时文予以评论,揭示其特质,由此表现出张溥的文学观。

(1) 文集序

张溥文序常从大处着眼。于人则从出处大义入手,引申阐发,"规本德行"②;于文则挖掘其内涵与意义。其笔法极类史传。其效果大致"其论弥高,其情弥远"。③又处处体现于人为善、宽于纳人之意:于高者则不吝赞美,而欲使其声誉达于天下;于下者则奖掖引导,劝勉有加,而欲使其达于更高之境界。故周钟云:"天如之文强人气骨,正人学问,往往而然。"④张溥文序多寄托有深意。故周钟云:"若概作序文读过,则接目而美尽矣。惟其反复深思,验之已得,言提其耳,无时可忘。"⑤张溥亦自云:"是以文字之选,虽称小道,而存其浩然,取舍不苟。"⑥此虽云选文,若用以论其作序之态度与目的,亦颇符合。

张溥重情,其文序情感或委婉,或强烈,尤其为友人所作文序,提及友人家境间变故与不幸时,情感委婉,深沉凄恻,在静静的叙事中,传递着浓浓的友情与关怀。如《周氏一家言序》回忆周钟家世的变故以及与其交游的经历,感情浓郁而不张扬,意绪绵长,如淙淙小溪。故张采评论此篇云:"《小雅》怨诽而不乱,斯文有焉。"⑦又如《即山集序》是为亡友沈承遗集所写之序,回忆与沈承之交往,追述沈承之高才峻志,与妻薄少君之患难情深,以及张溥等人为之谋刻遗集之经过。文中对友人才高运蹇、夫妇双亡倍感沉痛,在伤感悠缓的叙事中,伴随着凄凉悱

---

① 《七录斋集论略》卷三《国表序》。
② 《七录斋集论略》卷一《礼质序》张采评语。
③ 《七录斋集论略》卷一《太仓州志序》张采评语。
④ 《七录斋集论略》卷一《宋宗玉稿序》周钟评语。
⑤ 《七录斋集论略》卷一《房稿是正序》周钟评语。
⑥ 《七录斋集论略》卷一《蕫书序》。
⑦ 《七录斋集论略》卷一《周氏一家言序》。

侧的议论。故张采云此篇"叙事兼议论,如诉如慕"。① 又如《论略·王慎五稿序》张溥回忆与友人王微,兼及与其他同人交往离别之故事,末尾感叹人事变化、聚少离多,于同人之义反复致意,流连忘返。全文感情深厚,于娓娓道来中饱含无尽的伤感。故周钟评此篇云:"他人之为文,文而已;天如之为文,无非情也,情弥长则文弥曲矣。"张溥这些文章中所饱含的深情引起了周钟的共鸣,周钟之评语确为的评。这种深情,有时以更加激昂的风貌表现出来。如《程墨大宗序》围绕士之得志与失意展开论述,以坚定其"修身大务,而文章次之"的信念,全文议论风发,"激昂有风烈"。② 又如《杨顾二子近言序》,首以辨明杨彝之籍起笔,中间插叙杨彝、顾梦麟之深厚交谊,并由此引申出二人志向,再进而展开阐释古之至人之境界,最后笔锋一挑,以友情珍贵而聚难散易的感慨结笔。由近及远,由小及大,点染开来,遂成浓情重义之篇。故张采评此篇云"生情取致则近,发又则遐"。③ 又如《张露生师稿序》乃为其蒙师张露生所写之序,叙及少年时的家庭情况,尤其回忆先父与张露生的交契并严格督导诸情景,感情沉静真挚,感动人心,笔法简洁明朗,近于口语。又如《续离骚序》感情颇为强烈,意在借他人酒杯,浇自己心中块垒。

　　文序之大部分是为社友、同人所写序,故论及友朋之道及社事颇多,于同人朋友颇为留意。如《广应社再序》全篇论述同人朋友之义。张溥对于同人朋友的重视是其一贯的思想主张,故一旦为文,则自然流动,汩汩而出。离别是友人间永恒的主题,故其中离别序较多,如《曹忍生稿序》即为送别友人曹忍生所作,其云"夫古人重离别,其于朋友执手必申以饮食之礼,送以仁义之辞,序别之作,所以多也"。先总论曹忍生深于于文章之道,再由此点明其志向,最后在悲慨其遭遇、鼓励其志向的殷殷别语中结束全文。故周钟云"古人赠别之言,从无此深重"。④ 又如《张受先稿再序》为送别张采而作,序文回顾与张采之共读及交往的光景,用特写镜头式的语言勾勒出与张采交往生活中的几个感人场面,全文感情深沉凄恻,感人至深。故周钟云此篇"凄清忧越,渭阳之诗不是过也"。⑤ 又如

---

① 《七录斋集论略》卷三《即山集序》。
② 《七录斋集论略》卷二《程墨大宗序》周钟评语。
③ 《七录斋集论略》卷一《杨顾二子近言序》。
④ 《论略·曹忍生稿序》周钟评语。
⑤ 《七录斋集论略》卷二《张受先稿再序》周钟评语。

《曹汝珍年兄古文集序》结尾又翻出一层,出乎常意,全文用史传笔法,感情强烈,富有张力,堪称佳篇。

张溥文序,深于论人。故其文序有时通篇专论作者其人之交游、志向、旨趣,而不论其文,颇似人物传记。如《焚言序》通篇论述许士骥与杨彝的交游,以及许士骥的人生旨趣。文章不长,其人之志向、旨趣却清晰而出,近似一篇人物传记。故张采云:"天如序言每备数体,如此文兼传记矣。"①实为至言。其实,此序虽未提及作者之文,但从张溥秉持的文行一致、以人观文的观点来看,这恰是最好的论文方式。"不着一字,尽得风流",貌似留白,实为铺陈。这其实是张溥文序有意地灵活转换叙述模式的方式之一,有时甚至反其道而为之。如张溥云"观于其书,而后其人可论,君子所必先也",即又以论其文来论其人。如《张受先稿序》详论张采文章之演变过程,并回忆二人共同读书的时光,既似为张采而序,又似张采自序。故周钟云"谓之受先序可,谓之自序亦可,再更一手,即失其情矣"。②

张溥文序,其主旨并不仅在于论文,而是欲通过论文来揭示作者著作所蕴涵的道德、用世之深意,并进而由此推至最高之境界。如《横溪录序》由论徐鸣时著作记其乡邦之地说起,导出"君子之有其身也,必将敬其身;居其地也,必将重其地",最后将此归结为仁孝,故张采评云"触类而发,无不归之仁孝,应氏之仅纪风俗亦浅矣"。③张溥文序突出的一点即是始终关注道义,故张采云张溥文"以小见大,于谐取正,君子终日集说,而不离道,信哉"。④

张溥还为一些社集写序,此有助于对社团、社事的了解。如《广应社序》、《震社序》、《社籍序》论社事较详。有些文序先论社事,而次及社友,论其交谊之深重。如《刘伯宗稿序》先论及应社诸同人,次专论刘伯宗并及其子,周钟云此篇"使人增论交之重,知文章之深,皆此篇开之也"。⑤所言不虚。又如《云簪社序》以"文章之道,几也,而可以众正,其朋友之谓欤"起笔⑥,进而论及社事、社友。又如《易会序》乃为社文《易会》所作序,由《易会》所选之艰难,论及同社诸人之交

---

① 《论略·焚言序》张采评语。
② 《七录斋集论略》卷二《张受先稿序》周钟评语。
③ 《论略·横溪录序》张采评语。
④ 《论略·行卷香玉序》张采评语。
⑤ 《七录斋集论略》卷一《刘伯宗稿序》。
⑥ 《七录斋集论略》卷二《云簪社序》。

谊。全文"整散往歇,情深于文"。①

张溥的文序也有一些清新短小的,写得洒脱漂亮,如《杨又如稿序》文章不长,约二百余字,寥寥几笔就将杨又如文稿的特点勾勒出来,而末尾的"夫毫毛可灭,着纸即鲜;石墨相附,字久弥显,文章亦然。"②则由此而上升到更高的意义,令人叹服。全文读来清新隽永,韵味绵长。

另外,张溥为一些时文集所写的序,亦有值得称道之处。如《房稿和吉言序》全篇主要论述作者之母的贤节以及对作者的影响,侧重于论述人物之节义,其人论定,则其文自出。故张采评曰"维系风纪,发扬徽物,大家集中仅有之作"。③在这些时文集序中,比较集中地表达了张溥对时文的看法。如《陈大士古文稿序》认为古文与时文有相通之处:"古文之道,与时艺相上下"。④《癸酉行卷定本序》认为时文选也可以"托飞鸣之言,寓忧闵之志"。⑤《问奇选序代》认为"时文者,士人之嵩少也",⑥此处"嵩少"为捷径之意,即是说时文是士人进身之捷径。当然,张溥对此种捷径不太满意,如《樊淡叟程士稿序》即明确指出时义为小道。张溥本人对时文也不甚喜欢,《房书艺志序》云:"予素不乐观时文,近益复畏之,间以文质难者,读未尽三四义,辄欠伸欲睡"⑦。要求时文能"中理切事"⑧,应"不诡圣贤,不负功令,去其雷同险肤"⑨,应"以雅为宗,以化为极,有常贵之理"⑩,认为时文要实用,指出"夫制义莫大于有用"。⑪ 总之,这些对时文的看法是有一定价值的,有助于我们进一步了解晚明士人的时文观。

(2)诗集序

张溥序中有十余篇诗集序,专门论诗,可于其中看到当时诗歌的写作情况以及张溥的诗学观,较有价值。

---

① 《七录斋集论略》卷二《易会序》周钟评语。
② 《七录斋诗文合集·近稿》卷一《杨又如稿序》。
③ 《七录斋集论略》卷一《房稿和吉言序》眉评。
④ 《七录斋诗文合集·近稿》卷二《陈大士古文稿序》。
⑤ 《七录斋诗文合集·近稿》卷二《癸酉行卷定本序》。
⑥ 《七录斋集论略》卷三《问奇选序代》。
⑦ 《七录斋诗文合集·近稿》卷一《房书艺志序》。
⑧ 《七录斋诗文合集·近稿》卷一《王文肃课孙稿序》。
⑨ 《七录斋集论略》卷五《答许子治》。
⑩ 《七录斋集续刻》卷三《张来初稿序》,天一阁藏。
⑪ 《七录斋诗文合集·近稿》卷一《陈大士会稿序》。

第四章 张溥散文述论

张溥在诗序中集中表达了对诗歌的看法。主张诗文应有有余之思,幻眇之致,认为圆与枯是诗歌的极致,如《苏阳长诗稿序》:"谈诗诸家,推尊活法。然煅炼非康乐不言圆,清腴非彭泽不言枯。圆与枯,诗之至也。"又对才、情、学与诗的关系以及对历代诗歌发表了看法,如《宋九青诗序》指出:其一,无情、无才、无学之人不可以言诗。此与严羽"夫诗有别材,非关书也;诗有别趣,非关理也。然非多读书,多穷理,则不能极其至"①之说一脉相承。其二,历代诗歌各有其不足处:"以予观之,《三百篇》之后作诗而不愚者,独屈大夫原耳。下此拘音病者愚于法,工体貌者愚于理。唐人之失愚而野,宋人之失愚而谚。愚而野,才士所或累也;愚而谚,虽儒者不免焉。夫谚可以为诗,则天下无非诗人矣。"②此处,张溥的评论是否允当并非关键,重要的是,可由此看出张溥评论时所持的标准是以诗骚为代表的雅正。从其诗序对他人的评价中亦可略窥张溥的诗学观,如《沈铉臣诗草序》评沈诗为"清峻遥深","津梁之什,道路之篇,涉目讽吟,必极情性",有"诗人恬淡之趣";③又赞同锺嵘"诗审宾实,长于九品较人,七略裁士"的观点,即以诗观人。这表明了张溥对于诗歌中情感、趣味、宾实都有一定的关注。同时,在诗序中,张溥对于诗歌创作和欣赏也提出了看法。认为善于创作者必善于鉴赏,如《孙直公诗稿序》认为善作诗者亦善读诗:"善作诗者不然,性情高骞,不为代隔,凡天下之以诗来者各能知其意,以别可否。一辞之善,可以不没。而纵目所往,不闻留眴,则他人之言有助无累,又何绝焉?"④对诗歌创作与鉴赏评论的不同进行了区别,如《王载微诗稿序》指出作诗与序诗之要:作诗者在于自明其本性,"广不取外,约不俭物,因其意近,而包有其事,要于称已而足";⑤而序诗者须要观察了解作诗者性情,由其性情而至于其诗歌,这亦即张溥所秉持的知人论世、文如其人观在诗序中的表现。

张溥在诗序中亦表达了对当时诗歌流派如七子派、公安派、竟陵派的看法。对于当时横遭非议的前后七子,张溥结合自身长期阅读体验予以肯定,如《刘中斋先生诗集序》针对"近代论诗者,前称李何,后称王李,宗风相仍,人无异议。三

---

① 郭绍虞《沧浪诗话校释》,人民文学出版社1961年,第26页。
② 《七录斋诗文合集·近稿》卷四《宋九青诗序》。
③ 《七录斋诗文合集·近稿》卷一《沈铉臣诗草序》。
④ 《七录斋集续刻》卷三《孙直公诗稿序》,天一阁藏。
⑤ 《七录斋集论略》卷一《王载微诗稿序》。

四年来,诗学小变,斳斳反唇,于王李尤不少恕"的情况,张溥结合自身体会指出"诗文一道,言之似易,行之实难,后生妄排前人,亦翏仗气空谈,未审下笔。濡首日久,冷暖渐知",进而对王世贞尤为推重,"人但患诗文不真,无苦目前不识也。王弇州,吾娄宗工,与李沧溟异地唱答,鸟鸣求友,诗情最深"。① 这种肯定虽有推尊乡贤之意,但若放在当时全面否定七子派的背景下来看,具有较大的意义。张溥又提及公安派、竟陵派在当时的情况,如《黄子羽诗稿序》云:"近日诗家,公安景陵,襟期自命,並以昆友呼喁,善易不易。"②由此可以想见当时公安派与竟陵派引领诗坛、各持己见、呼朋唤友的盛况。尤其是对竟陵派,张溥指出了其不足和贡献,如《张草臣诗序》云:"今以草臣之诗,苍远深厚,灵朴幽越,极命作者,必为竟陵之所尊尚,而即被以其名,将所谓《古诗十九首》,与夫唐山夫人、庐江小吏诸作,登竟陵之选者,皆名之竟陵,可乎?然而穷流测源,竟陵之功,要不可诬也。"③即指出其不足是缺乏"苍远深厚",其贡献是"穷流测源"。

2. 寿贺序

张溥云:"寿考之祝,本人子之至情;孝弟之言,亦朋友所乐进。"④故其序中有较大一部分为寿贺序。这些序多为友人父母所写,因对其生平较为了解,再加之张溥重视人伦亲情,以寿序来书其大义,故有一部分写得内容充实,情感真挚,有所寄托,与一般的应酬性寿贺文字有一定的区别。张采云:"天如为寿序,每篇生义,抑扬顿挫,无非发人孝弟,未易轻读"。⑤ 道出了张溥寿序的特点。

张溥的寿贺序,避免泛泛而谈,而是尽力挖掘寿主所具有的独特之处,并由寿主而自然论及其子,进而论及交友、孝道、出处等大义,由具体事情而推向广大的事理。如《吴镇朴先生六十序》即由同人之择友须禀明父母,而论及吴扶九之父吴镇朴,进而追述吴镇朴在组织复社一事上,大力支持其子,礼待复社诸子,由此进而上升到父道、子道、友道,并将三者打通,融合为一,得出"大道之戚,在乎无徒"、"朋友之理,助乎家庭者深矣"的结论,最后才点出为吴镇朴祝寿之事,在其乐融融的气氛中洒脱收笔。周钟云此篇"于称寿之中,明千古之义,此真以文

---

① 《七录斋近集》卷四《刘中斋先生诗集序》。
② 《七录斋近集》卷四《黄子羽诗稿序》。
③ 《七录斋集论略》卷一《张草臣诗序》。
④ 《七录斋集论略》卷五《为徐孝若乞母夫人寿言引》。
⑤ 《七录斋集论略》卷四《顾母柴太君六十序》张采评语。

章为大事"。① 可谓的评。

张溥寿贺序所记对象多为社友及其父母,这些人大多性格正直,与阉党做过勇敢斗争,故其论述多涉及现实时事。这些序的重点并不在简单的祝寿颂赞,而是通过对寿主行动及意义之挖掘,将之上升到培植正气、弘扬道义的目的上来,于祝寿中寄寓强烈的用世之意。如《钱昭自先生五十序》回顾钱昭自与逆珰的斗争,继而又提及钱昭自的好友被逆珰所惨害的魏大中,又进而点出钱昭自之子亦负奇节,最后上升至"君子之所立,益不可苟然而已"的道德高度。② 又如《杨年伯母侯太孺人六十序》中叙及杨维斗父子。③ 而杨氏父子均为气谊名士,在天启六年,魏阉抓捕周顺昌时曾毫不畏惧地出面阻止。

张溥寿序不落俗套,如前所述,祝寿之事只是其所要论述事理的一个激发因素,由此出发而叙友情、抒亲情、论道义,因文赋形,因形赋义,显示出极强的文章驾驭能力。如《赵荆璞先生六十序》由赵荆璞而论及其子赵晟,此即张溥少年好友,于是详述二人之交往,畅叙友情,最后上升至友道。故周钟云此篇"写事诠情极雅,老杜怀朋友能作一笔否"。④ 于调侃中肯定张溥写事诠情的长处。又如《龚南虞六十序》系代张采而作,因其对寿主之情形了如指掌,故写起来纵横自如,信手拈出,连张采也深为折服:"使予为此,非不有其情,其如格格不出。何独天如代予言,则次第如画,横观古今,惟司马欧阳足称耳。"⑤所评或誉之过高,然而对于文中之纵横自如之气的体认是准确的。

张溥有些寿贺序写得情真意切,足以感人。如《张伯母膺封序》因与张采为挚友,又将其母看作己母,并由其母而写到己母,再述及少年时与张采的不幸遭遇,由今日张采"德升而业举",而想到自己仍"落在贫贱",不禁悲喜交加。全文写得情真意切,抒情深厚,议论得体自然,既能图写目前之亲情,又能恰切地发抒远大之理。故周钟认为此文兼具"抒情之真"与"本领深,义力厚"的特点。⑥

张溥的寿贺序正如其自云"为朋友之父母寿者,必先以朋友之德将之,致其

---

① 《七录斋集论略》卷四《吴镇朴先生六十序》。
② 《七录斋集论略》卷四《钱昭自先生五十序》。
③ 《七录斋近集》卷五《杨年伯母侯太孺人六十序》。
④ 《七录斋集论略》卷四《赵荆璞先生六十序》。
⑤ 《七录斋集论略》卷四《龚南虞六十序》张采评语。
⑥ 《七录斋集论略》卷五《张伯母膺封序》周钟评语。

美,愷发其欢心,然后夫人之言举焉。故为人子而欲寿其父母者,有其志者也;同为人子而寿人之父母者,有其辞者也。志不可明而托于他人之辞,他人不能虚为之辞,而必因乎其人之志,则孝与弟备矣。"①这即是说,为友人父母所写的寿词,首先应发明友人之德,以博得其父母之欢心,然后再言其父母。而作寿词者,不可敷衍了事,写一些虚浮空洞之词,而必须阐发其人志向,"广大其说",如此方具备孝义友悌的要求。此即张溥作寿贺序的基本原则和基本模式。故周钟评《蔡翁蔡母六十序》云"寿言之作,盛于昭代,求其正大风雅,温柔敦厚,天如之文足教天下矣"。②

这样看来,张溥在寿贺序中,仍贯彻了文以载道的思想,以寿序为载体,以寿主事迹、志向为依托,以弘道明义为目的。故周钟说"精神大义不谓于寿言中遇之"。③

(三)尺牍

张溥的尺牍大多散佚,保存下来的不多。其集中仅有《论略》收录十篇。张采云:"天如诸简牍皆随手散去,鲜有存者,偶于箧中得其数札,皆五六年以前者,中有佳论,聊为指出,未可便付水火耳。"④

张溥与友人书信,谈其想法者较多,少做作,多真诚,比较真实地反映了张溥的思想。综合来看,这十篇书信内容大致有三个方面:

其一,谈论自己或友人之志向想法。如《答许子洽书》道出自己"结志颇梗,每观切今古,有蹈措人伦,显白众行者,阳气加长"的性情,以及"惟有专业古籍,校练为家,可以永世"的想法,以及"欲分科段,详世系,篇必论其人,人必稽其事"的学术计划。⑤《答宋澄岚书》则论述宋澄岚与自己的志向,即"行谊规绳,文业砥束,务同味甘茶,臻于圣贤之门闼"。⑥《与宋宗玉书》除表达对宋宗玉的称赞和仰慕外,主要表达了自己的治学和文学思想,即"苟学者无完实淹通之理,明白豁达之胸,将措口点昧,论事规毁,虽复折字琢辞,逐声按律,惊人媚人,无施而

---

① 《七录斋集论略》卷四《蔡翁蔡母六十序》。
② 《七录斋集论略》卷四《蔡翁蔡母六十序》。
③ 《七录斋集论略》卷四《徐伯母朱太君五十序》周钟评语。
④ 《七录斋集论略》卷五《答许子洽书》。
⑤ 《七录斋集论略》卷五《答许子洽书》。
⑥ 《七录斋集论略》卷五《答宋澄岚》。

可。故上自通释经传,创述史乘,考行摭文,各有据依。"即更重视以公允淹实之理、明白豁达之胸怀来驾驭文章,而非舍本逐末,仅是用意于文辞声律而已。并谈及自己的两个编选计划,一为编选周易,"拟辑先正大家与近时作者,殚志摭括,务求其是";一为编选历代古文,"自上古暨有明,随代表列,加之岁年,长第遴次,首以三代周秦为端"。① 可见张溥欲由此溯源推流而逐一论析各代之文,计划宏大。《答宋宗玉书》深感于宋宗玉所说的"读书为人之要"和周钟所说的"交友大端",准备"贯而佩之,按事裁理"。②《答罗文止书》与罗文止谈其志向抱负,针对大道颓敝、能文之士品行不佳的现状,打算与诸同人一起质正大道。同时以三不朽为期许,并打算先从立言入手。③《答周勒卣书》与周立勋谈论振作经学之事,论及时文盛兴、经学颓敝的现状:"当今经业埋颓,士鲜实学,世所号为魁然者,咸取径时体,掇其不伦之辞,自名诡特。此种实未梦见诸子,何有六经?"④表示愿继归有光之后,振作经学。并又一次论及三不朽,欲与众人合作立言。

其二,谈论时事。《答钱彦林书》论及当日时事,感情强烈。针对天启后期"变告日喧"逆珰残害东林的残酷现实,不禁"耳之所及,泪条阴迸",对此自己却无能为力,遂生"书生怯单,两手不能持一乳狗"之感叹。继而勉励彦林及自勉,"士无强弱,要在所存,忧患之时,尤当不失资具",拟以综述前贤遗文的方式以散陶郁闷、振发精神。⑤ 从这些想法中很能看出张溥的精神来。

其三,向友人约稿,拟编《昭代易书》等书。张溥的这十篇书信,除与友人互道信息,探讨学术外,主要的一个任务就是为选文约稿。如《与易曦侯书》云其欲编《昭代易书》,故请易道暹寄其书稿并帮忙收集其他书稿。⑥《与胡悦之书》仍谈其易选,打算"欲先遴新文,大其家气类,然后由今溯昔,律人程言,尽厥归趣"。⑦ 并向胡约稿。《答陈大士书》对陈大士易学颇推崇,向陈约稿。又谈及易选之编排计划:"窃拟殚搜先正言《易》诸君子,及近代耆宿文字,勒成一家,著之

---

① 《七录斋集论略》卷五《与宋宗玉书》。
② 《七录斋集论略》卷五《答宋宗玉书》。
③ 《七录斋集论略》卷五《答罗文止书》。
④ 《七录斋集论略》卷五《答周勒卣书》。
⑤ 《七录斋集论略》卷五《答钱彦林》。
⑥ 《七录斋集论略》卷五《与易曦侯书》。
⑦ 《七录斋集论略》卷五《与胡悦之书》。

于版,通达方内。虽不敢窥无极之却,揆诸始祖尊经大旨,少可谢忒。"①《答宋宗玉书》亦提及自己的易选,希望宋宗玉能帮助组稿。②

张溥书信中有两点值得注意。其一,张溥对归有光较为推重,这主要是针对《易》学而言,《答陈大士书》云:"有明学《易》之儒,震川先生以后,惟一大士。"③其二,张溥对西汉散文较推重,《答陈大士书》云:"札言美重,故西汉陈公之赤牍也。……祇有摩肌戛骨耳。"

(四)记、传

张溥记体代表作,首属《五人墓碑记》,这是张溥著作中最脍炙人口的一篇作品。《五人墓碑记》摹写时事,抒发议论,高扬节气,寄慨深微,是张溥散文中的杰作。

天启六年(1626),魏忠贤命缇骑至苏州逮捕东林党人、吏部员外郎周顺昌,周顺昌为官清廉,深得民众爱戴,当缇骑开读诏书时,激起民变,民众愤然殴死缇骑二人,其余负伤逃窜。地方官于是兴大狱,颜佩韦、马杰、沈扬、杨念如、周文光等五义士为保护当地群众,自系入狱,凛然就义。后士民感于五人义行,将五人尸骨合葬一处。天启七年,崇祯帝继位后,诛逆珰魏忠贤。于是冏卿吴因之,太史文文起及姚孟长公等人进奏,请以魏忠贤废祠之址来重葬五人,墓门立碑,题"五人之墓",以表旌其义行。崇祯二年(1629),张溥与应社同人"哀斯墓之徒有其石",又为之作碑记,名《五人墓记》。

张溥自云:"死生之际,吾党所当重劝也"。④《五人墓碑记》正是纪录时事,通过正面勾画与对比烘托,着力赞扬五人大义凛然、英勇不屈之义行。特别是将五人与缙绅大夫作对比:"大阉之乱,缙绅而能不易其志者,四海之大,有几人欤?而五人生于编伍之间,素不闻诗书之训,激昂大义,蹈死不顾,亦曷故哉?"在鲜明的对比与强烈的发问中进一步凸现了五人远高于士大夫的高风亮节。继而,作者进一步肯定了五人义行的影响,"且矫诏纷出,钩党之捕,遍于天下,卒以吾郡之发愤一击,不敢复有株治。大阉亦逡巡畏义,非常之谋,难于猝发,待圣人之出

---

① 《七录斋集论略》卷五《答陈大士书》。
② 《七录斋集论略》卷五《答宋宗玉书》。
③ 《七录斋集论略》卷五《答陈大士书》。
④ 《七录斋集论略》卷三《朱彦兼稿序》。

而投缳道路,不可谓非五人之力也。"这即是说,五人义行所反映出的民众的正义力量,有力地打击了阉党的嚣张气焰。张溥同时也批评了士大夫们的软弱与没有气节,谴责士大夫"辱人贱行,视五人之死,轻重固何如"。文章至此,似乎题意已尽。然而,张溥又荡开一笔,写周顺昌之忠义与五人之义行光耀天地,引出文章论点"死生之大,匹夫之有重於社稷"。将文章升华至一个至高点。这一振聋发聩之言,后被顾炎武阐发为"保天下者,匹夫之贱与有责焉耳矣"①,并被概括为"天下兴亡,匹夫有责"。

关于写作手法,霍松林先生有精辟的论述:"封建社会的'墓志',一般是为达官贵人或其亲属写的。张溥的这一篇,却是为下层人民所写的。'五人'本无令人艳羡的世系、功名、官爵,作者摆脱旧框框的束缚,突出重点,集中地写他们轰轰烈烈的反阉党斗争及其历史意义,从而为我们留下了明末市民暴动的珍贵文献。在表现手法上,传统的'墓志'文要求'唯叙事实,不加议论';偶有稍加议论的,就被认为是'变体'。张溥的这一篇,却夹叙夹议,甚至以议论为主,在善与恶的搏斗、正与反的对比中对下层人民的正义行为和崇高品质给予大力的肯定和热情的赞扬。这实质上是一篇战斗的小品文。"②

总之,这是一篇扬正气、抨邪气、责弱气的时事性强、议论深刻的文章,充满"亢壮顿挫,激昂生气"③。故而受到人们的喜欢。张采云此文"太史记游侠刺客仅一偏过激之论,此独本至性,据实事为文,义颜孔扬,与日月争光可也"。④ 评论虽有过誉之嫌,但也看到了此文取资于司马迁《史记·游侠列传》的一面。清代吴调侯、吴楚材编《古文观止》时收入此文,以之为殿尾之作,也看到了此文与司马迁史传的关系:"议论随叙事而入,感慨淋漓,激昂尽致,当与史公伯夷、屈原二传,并垂不朽。"⑤清李扶九选编,黄仁黼纂定《古文笔法百篇》将此篇归为"感慨"类并云"作者目击时艰,故言之直切痛快,令人读之亦痛快也"。⑥ 周寅宾进

---

① 顾炎武《日知录·正始》。
② 霍松林《张溥〈五人墓碑记〉鉴赏》,见西渡编《名家读名文》(下),中国计划出版社2005年,第386页。
③ 张采说:"古文之难,难于音节,其一种亢壮顿挫激昂生气,惟韩欧能之,今仅见天如耳。"(《论略·历科文针序》评语)
④ 《七录斋集论略》卷六《五人墓碑记》张采眉评。
⑤ 吴调侯、吴楚材编《古文观止》。
⑥ 清李扶九选编,黄仁黼纂定《古文笔法百篇》,岳麓书社1984年,第338页。

而指出此文很好地继承了汉代纪功碑文的传统:"这篇墓记具有纪功碑文的性质,它的体裁源出东汉的纪功碑文。《明史·文苑传序》说:'张溥、陈子龙撷东汉之芳华',正指此而言。"①同时,《五人墓碑记》更具有这样的意义:市民开始更多地进入士人的作品,引起了士人的关注,对市民的道德也予以热情的赞扬。这表明,随着城市经济的快速发展,市民正日益成为一个重要的社会阶层,同时士人的思想也发生了悄然的变化,开始眼光向下。同时,也表明了士人与市民在气节等问题上出现了倒易。

《五人墓碑记》所传达出的不畏强暴、奋起反抗的精神和正必胜邪的信念鼓舞了一代代仁人志士。"若夫五人,生于编伍之间,素不娴诗书之训,一旦公义奋发,视死如诒,不啻以死国者死周,愤毛者愤魏,使后世观之,生气犹凛凛焉,斯亦奇矣。"②每当国家民族危难时,品析《五人墓碑记》的文章就会大量涌现,如抗战时期、文革后期。

张溥的传体文,文末有"张溥曰",体仿《史记》列传。除应酬之作外,有一部分传亦内容充实,语及时事,感情真挚强烈。如《刘少司马传并赞》写到朝事及边事,感情诚挚。全文围绕刘之纶的三种身份的转变而展开叙事:少时因喜欢理学家言,被人称为刘圣人;为诸生时,率乡民抵挡敌酋,而被人称为刘孝廉;中进士后授少司马,率兵击打边敌。这三种身份的转变围绕着边事的进展而逐步展开。最后作者对刘之纶战死沙场痛心不已,感情达到高潮。③ 至此,全文刻画出了一位关心边事、勇猛作战、血染沙场的将领形象。支益《七录斋诗文合集序》云:"吾夫子传记忠孝节烈义侠诸篇,反复周详,类数千言不尽,夫亦其性气然也。"④大概也这指这类作品而言。

(五)祭文、墓志

张溥祭文中不乏应酬之作,但为其挚友之母所写祭文,及为被魏忠贤迫害的东林党人魏大中所写的祭文,内容充实,感情真挚,可谓佳作。如《哭苏太母文》感情尤为诚挚悲痛,作者先回顾与张采及其母交往之生活细节琐事,语言浅白,

---

① 周寅宾《明清散文史》,湖南人民出版社2004年,第175页。
② 清李扶九选编,黄仁黼纂定《古文笔法百篇》,岳麓书社1984年,第338页。
③ 《七录斋诗文合集·近稿》卷五《刘少司马传并赞》。
④ 支益《七录斋诗文合集序》。

情感低沉,悲伤之气,笼罩全篇。① 此文在通过日常生活细节来抒情上比较突出。又如《哭周伯母文》感情奔涌,悲慨"善人不蒙福"。张采云此篇"有声有泪,写事复真,直以司马子长举笔作哀文也"。② 再如《祭徐伯母文》祭拜好友徐汧之母,感情沉痛,文中穿插生活琐事和时事,既刻画细节,又关注大事,悲慨亲人亡逝、直臣捐弃,家愁国痛,并聚心间。③ 张溥又有《祭魏廓园先生文》祭拜天启间与杨涟、左光斗一起为魏忠贤迫害的东林党人魏大中,感慨正直遭害,斥责谗小得意。作者着力表彰魏大中"身当患难,志在澄清,排击大奸,趋死不顾"的精神,赞扬魏子敬子承父志,后继有人。同时感慨"小人虽败有余宠,君子虽进有余惧。善可为而不可为,亦已久矣"。④ 感情激烈复杂,充满了悲愤。周寅宾亦指出此文"前半部叙事结合抒情,回忆他被阉党逮捕惨死的忠烈事迹以及他的清廉正直品质,表达了极其沉痛的感情,这一部分显然受到韩愈、欧阳修祭文的影响。祭文的结尾发表议论:'古之忠臣义士,放逐流离,殒身社稷者,皆由是也。何独疑于今日哉!'、'是故小人虽败有余宠,君子虽进有余惧。善可为而不可为,亦已久矣。'这段议论非常深刻,文章没有就事论事,而是从个别到一般,通过魏大中的遭遇概括了古今忠奸斗争的一般规律。"⑤其说允当,启人实深。

张溥祭文中骈文不少,如《祭陈伯母唐太孺人文》、《祭王母沈孺人文》,而那些佳作皆为散体。可见,张溥所作祭文,出于应酬者多用骈文,而祭奠亲友及君子志士者则感情悲痛,多用散体,以便于更自由地抒发感情。

此外,张溥一些墓志类之作亦有其称道之处。张溥自云:"记死之文,贵其信也愈于生。"又云:"墓志之作,锡类之流也。"⑥故其墓志之作,坚持可信与志善两个原则。《赠文林郎张太翁封孺人苏太母合葬墓志铭》是张溥墓志铭中的佳作,为其挚友张采父母所写,感情真挚沉痛。⑦ 此篇主要从大处去写,可与《哭苏太母文》从生活细节入手者合观。《赠简讨许少微墓志》是张溥墓志中的长篇,详细记述许少微生平事迹。周钟、张采二人都对此文给予了较高评价,周钟评云"篇

---

① 《七录斋诗文合集·近稿》卷五《哭苏太母文》。
② 《七录斋集论略》卷六《哭周伯母文》。
③ 《七录斋近集》卷七《祭徐伯母文》。
④ 《七录斋诗文合集·近稿》卷五《祭魏廓园先生文》。
⑤ 周寅宾《明清散文史》,湖南人民出版社2004年,第176页。
⑥ 《七录斋近集》卷六《太学汪董之墓志铭》。
⑦ 《七录斋诗文合集·近稿》卷四《赠文林郎张太翁封孺人苏太母合葬墓志铭》。

中每于葬死处缠绵生情,结构甚密"。张采评云"此等墓文,昌黎集中不多见之"。① 《赠太仆寺卿周公来玉墓志铭》虽为代作,因对当时时事比较熟悉,所以写得正气盎然,对于宦官残害忠良无比愤恨。② 亦为墓志中佳作。《先考虚宇府君行略》悼念先父,记其家事,尤其对于先父的仁义及受人攻评铺叙较多,感情沉痛。③《杨公幹纪略》悼念友人杨公幹,述其行谊,表其节气,回忆二人交往。叙事悠缓,感情沉痛。④ 张溥此类作品受到汉魏碑文的影响,如《泰州崔侯碑记》受到蔡邕、王粲碑文之影响,张采云此篇"义极严重,文极排宕,蔡王碑文,不得齐辙"。⑤

(六)论说

张溥集中有大量论说类散文,主要为史论和时论,集中表现了张溥对历史与现实的反思与批判,也反映了当时反思与批判的思潮日益激荡,成为"近五个世纪文学一以贯之的命脉灵魂,也最能反映明清文学的文化品位和思想史意义。"⑥

1.史论

邓实先生《顾亭林先生学说》云:"故其论政,必本原经史,于古今治乱兴废得失之故,皆洞悉胸中,而后规切时弊,笔之于书,以待后王之作也。"⑦张溥史论亦类此。张溥熟读二十一史,长于论史,写作了大量史论,有《历代史论一编》、《历代史论二编》、《宋史论赞》、《宋史纪事论》、《元史纪事论》等。其史论"夙称善本",⑧具有一定的影响,故徐兆玮云:"张天如长于论史,故其文根抵盘深。"⑨

《历代史论一编》(以下简称《一编》)四卷,凡一百篇,专门评论西汉至元代的帝王,"仰首三代,俯讫元时,识昭闇之分情,见安危之易势,伸其蓄指,概布淳

---

① 《七录斋集论略》卷六《赠简讨许少微墓志》周钟、张采评语。
② 《七录斋集论略》卷六《赠太仆寺卿周公来玉墓志铭》。
③ 《七录斋诗文合集·近稿》卷六《先考虚宇府君行略》。
④ 《七录斋集论略》卷六《杨公幹纪略》。
⑤ 《七录斋集论略》卷六《泰州崔侯碑记代》张采评语。
⑥ 郭延礼主编,孙之梅著《中国文学精神》(明清卷),上海书店出版社2004年,第149页。
⑦ 邓实《明末四先生学说·顾亭林先生学说》,《国粹学报》第十七期,第6页。
⑧ 明范光宙《史评十卷》,四库全书存目丛书本。
⑨ 清徐兆玮《徐兆玮日记·己亥日记》初十日戊子。

文"。① 这样大范围、集中地逐个评价前代帝王,在张溥之前是极少见的。在封建时代,评论帝王是有犯尊讳的,而张溥写作此书,正有力地说明了晚明社会控制的松弛和思想意识的大胆活跃。《一编》意在"据古鉴今,以立时治"、"辨兴亡,察机要"。② 张溥之所以选择历代帝王为评论对象,也是看到了"天下之大势,恒重在君也",③通过纵论前代帝王,欲为统治者提供可资借鉴的榜样。

《一编》首篇《秦楚之际论》带有总论性质,论述了秦楚之际的大势,指出:"当秦楚之际,而欲以忠信得天下,斯已难矣。然而天下虽乱,大义不绝,君子不以乱易治,而以治易乱。"对秦楚之际的大势看得相当清楚,同时也道出其评论历代帝王所秉持的原则是"大义"和"是非之大者"。

张溥对于前代帝王,大胆评其功过是非,敢于直言,毫不曲饰。如《汉惠帝论》指出汉惠帝仁慈孝友,而吕后"阴贼鸷戾",高帝虽知吕后险恶而无奈。《汉景帝论》指责汉景帝"残刻少恩"、"刻薄果杀"、"废薄后,诛太子,晁错弃市,亚夫饿死",以至于引起"天怒"。《汉武帝论》认为汉武帝的治国想法本不错,但"其所以设施则非也",指责其"穷武好杀"。《汉成帝论》指出成帝"曲狗母爱,名为行孝,其所执持谬矣。……名为念母,而其非日甚者也",指责其曲拘小节而酿成大恶。《汉献帝论》指出:"天子无能,则恃大臣;大臣无能,则恃将帅。"对当时天子和大臣无能表示痛心。这一系列的评论深刻而大胆。张溥对帝王的批判是其深刻反思、大胆批判历史的结果,其后从黄宗羲,唐甄等人身上可以看出这种思想的流传过程。如黄宗羲《明夷待访录》云:"为天下之大害者,君而已矣。"④唐甄《潜书·鲜君》:"自秦以来,凡为帝王者皆贼也"、"君之无道也多矣,民之不乐其生也久矣。"⑤

在对前代帝王的评价中,《一编》深入分析了一些皇帝成功统治的原因,从中归纳出可为当代资鉴的统治法则。如《汉高帝文帝论》指出文帝"所以致治者,惟在佞幸不加大臣,威权不从中出。佞幸不加大臣,则国体正;威权不从中出,则公论明。"即远小人、重大臣、控威权之意。又认为"得天下以义,守天下以仁。得天

---

① 吕云孚《史论序》,见《历代史论一编》卷首。
② 同上。
③ 《历代史论一编》卷一《汉平帝孺子婴论》。
④ 黄宗羲《明夷待访录·原君》,中华书局2011年,第8页。
⑤ 唐甄《室语》、《鲜君》,《潜书》中华书局1963年,第196页,第66页。

下以权,守天下以经。后世人主,处变之日少,处常之日多,与学汉高,宁学文帝。何则?杀人之术,不可数试。而宁民之道,可长久不坏也"。指出欲长治久安的根本之道是"宁民"。又如《汉光武论》指出光武帝"成功若神",其成为"中兴令主"的根本原因是"自用用人,两有得焉"、"两者得而王业成"。《汉明帝论》指出明帝"有人伦之善",其"所以得成其明者,盖在是也"。可以看出,这些议论既是针对历史而发,同时也有强烈的现实针对性。晚明社会衰败动乱的一个最大原因,正是由于没有遵守那些成功的统治法则而造成的。

在《一编》中,张溥对帝王任用宦竖小人、杀戮直臣的现象屡屡予以批评,并揭示造成这种局面的最初原因,甚至追究至上一任皇帝。如《汉元帝论》针对"元帝仁弱"听小人之言枉杀大臣的情况,而愤慨指出"夫人臣莫患于无罪而君杀之,尤莫患于无罪而非其君杀之。自其君杀之,杀之止一君也;非其君杀之,君之左右皆其君矣。杀之意出于其君者,于臣之正者犹有存焉;杀之意出于非其君者,人臣之为正者,无不尽也。"即指出大权旁落,导致宦竖擅权,直臣遭殃。同时又指出造成"奄正寺人之变"的责任"非宣帝不任",即将责任进一步追究至上一任皇帝。又如《汉桓帝论》指出桓帝为"愚不可移者也",信任宦官,"杀直臣,开党锢,浊乱横虐",以至于"宦官附丽者日众,毒遍海内,悉藉帝执为虐"。因此,张溥极力强调君王应远离小人,不可使之左右。如《元论》指出"宋用一贾似道而亡其国,元历二宠后而不病于其有天下,以是见小人之祸,尤烈于女子,信然。"即认为小人之祸愈于女色。《元英宗论》指出"夫小人之在左右也,不可使之狎人主,亦不可使之惧人主,惧形既成,君不图臣,则臣先图君,必至之势也"。一针见血地指出小人必将篡乱的危害性。因此,张溥认为正邪必不两立,对正人与邪小的斗争关注较多。如《汉桓帝论》指出"夫寺人与正为仇,其大概也。正人不击之,则恶不可容;一击之,则势不并立。击之不胜,犹以为无能为而止,绝其进用之端;击之一胜,则忿忿图报,不尽空其类,杀其身,其心不快也"、"尽天下贤士号为党人,捕而诛之,若曰今而后,庶几莫予毒也已。盖阴残之人性近于杀,禁密之官,势易为祸,即君心微见一暴之明,而左右倍深十寒之力。"对正邪斗争的艰巨性、残酷性有深刻的认识,对宦官阴残好杀、凭借皇帝之力为害正人有深刻的揭露。又如《汉灵帝论》指出"呜呼!君子之尽也,不在于既衰之日,而在于将盛之时;小人之得以尽君子也,不在于其宠固之时,而反激于其危亡之隙。"对于正邪间斗争较量的复杂与残酷亦认识很深。显然,这些议论是有着很强的现实针对性的,处处投射着晚明社会的影子。晚明宦官之祸尤巨,清流与宦官间的斗争异常激烈。

《一编》对于帝后专权提出了批评,对于女主之祸认识颇深。如《汉章帝论》指责章帝宠爱窦后而造成其专权乱政,指出"自古国家倚伏之数,衰必生于盛,乱必生于治,皆有形可见,独发于闺房,积于恩爱者祸尝隐而不知",又指出"夫女主擅国权,国政必委之父兄,出纳必凭内竖,此宦官外戚所藉以纵横也。宦官用则外戚倚之,外戚用则宦官倚之,两者不相为用,则宦官图外戚,外戚图宦官,究之其人俱毙,而祸贻天子。"深刻地指出女主专权的隐秘性、连带性及其巨大的危害性。而此类事件在晚明也不断地上演着,如万历时期争贵妃深得明神宗的专宠,而前后发生的争国本、梃击案、红丸案、移宫案等宫廷闹剧对明朝廷的危害性是巨大的。又如明熹宗朱由校对其乳母客氏的专宠,以至于造成客氏与魏忠贤的交通,权倾中外,为害极大。

此外,《一编》完全站在正统之立场上,对篡权者和少数民族政权予以否定,如《魏主丕叡芳髦奂论》指责曹丕等为"无道窃国之君"、"于人伦有夷狄之行"。对于少数民族统治中国的现实愤懑不平,运用天命论的解释从根本上予以否定。如《元世祖论》指出"忽必烈非有道之君",进而从天命上认为其统治必不长久:"天既兴元,而复不生一盛德之人为创业之主,盖不得已而兴之,复不得已而欲速亡之。凡所以处夷狄强暴者理数然也"。认为元代必亡,将"以待真人之出也",①即必定让位于正统之大明王朝。以上这些论断实际上与张溥严华夷之辨的思想是一致的。

《历代史论二编》(以下简称《二编》)十卷,凡二百三十九篇,是为袁枢《通鉴纪事本末》所写的论赞,专门评论战国至五代后周期间的历史大事,起三家分晋,迄周世宗征淮南。

《二编》评论的内容仍主要是历代得失兴亡、宦官外戚之乱、农民起义、少数民族政权等。《四库全书总目·历代史论二编》提要云:"是书总论史事,起三家分晋,至周世宗征淮南。议论凡近,而笔力尤弱,殊为不称其名,题曰二编,盖尚有前编,今未之见。"笔者以为,四库馆臣"议论凡近,而笔力尤弱"之结论颇值得商榷。至于"题曰二编,盖尚有前编,今未之见"之语,颇有搪塞之意,盖一编评论帝王,直言无讳,有伤尊威,故以此语搪塞。

---

① 《历代史论一编》卷四《元顺帝论》。

实际上，《二编》中不乏评论深刻、笔力矫健的篇目。如《秦并六国》讨论秦并六国的原因，议论风发，自出新论。关于六国破灭的原因，前人论及者较多，比较有名的是汉贾谊《过秦论》和宋苏洵《六国论》、苏辙《六国论》。其中贾谊认为秦并六国之原因在于六国赂秦而破灭。苏洵观点与之相近，亦认为"六国破灭，非兵不利，战不善，弊在赂秦。"苏辙则认为其因在六国"贪疆场尺寸之利，背盟败约，以自相屠灭"。对此，张溥又作了重新探讨，自出新论，兹录如下：

> 不数年间，五国尽入于秦，论者辄咎纵约不坚，为秦蚕食。然各国势分，易离难合。秦惠文王时，苏秦为约从长，合六国以摈秦。未一年，秦以齐魏之师伐赵。苏秦去赵适燕，从约皆解。国君无自强之策，胜人之具，徒藉辩士口语要约，鬼神即亲，兄弟不能保其终岁无贰也。苏辙言秦与诸侯争天下，不在齐楚燕赵，而在韩魏之郊。商鞅收魏，范雎收韩，秦有韩魏，腹心之疾也。四国厚韩亲魏以却秦，秦必不敢逾韩魏以窥四国。信矣。然苏秦之策，秦攻一国，五国出救，约尚破散，未得坚属，欲令四国专卫韩魏，其谁听焉！
>
> 苏秦主从，张仪主衡，仪说六国事秦，适秦惠文王薨，诸侯复合从，衡人之计将立矣。终至交携援绝，次第就灭者，非仪之智高于秦，乃衡之势便于从也。秦昭襄王稷薨，孝文王柱立，三日而薨。庄襄王楚立，三年而薨。子政立，年仅十三，国事皆委于吕不韦，朱太后淫不制。秦之可乘，莫如是时。六国皆庸主，莫能发也。秦王政九年，族诛嫪毐，迁太后于雍，内乱亟矣。令六国奋扬钟鼓，暴其罪恶，以力则齐，以名则正，桀纣之亡，何尝不以强哉！政年日壮，六国日微。地近者亡，韩魏之逼于秦是也；失贤者亡，赵杀李牧是也；好小勇者亡，燕太子丹遣客刺秦王是也；弑君者亡，楚王负刍杀其弟郝，而自立是也；坐而待尽者亡，齐王建听后胜言，不修战备是也。夫楚夷秦戎，三家分晋，田氏篡齐，其子孙皆不可以得天下。燕虽召公之余，宗周已陨，较之鲁卫，其国长矣。王降则思霸，德衰则论力，六国无德与秦，更代惟力是聚，又虚拱于秦，是两亡也。

张溥在这里指出六国破灭的三个原因。其一，六国易分难合，此自然之势，故易于为秦国逐个击灭。其二，六国之主本身不奋发自强，仅依赖辩士，自然不免灭亡。其三,六国之主昏庸,屡失战机,秦国日强,六国日衰,故或地近而亡,或失贤者而亡,或好小勇者而亡,或弑君者而亡,或坐而待尽者而亡,最终为秦所并。无疑,张溥的分析和结论是深刻的,对边患重重的晚明王朝很有现实指导意义。

又如《诸葛亮出师》反驳史书所谓"诸葛亮长于治戎,短于奇谋"之说,议论纵发,反驳有力,分析平情入理,环环相扣。兹录其中一部分:

> 亮初见先主,即定计跨荆益,保严阻,外结孙权,内修政理,观变以兴汉室,其后成功及此,先主败崩,事岂可复为哉?上非光武之君,下无冯耿之将,搏攫盗贼,犹病其难。况魏方篡汉地,据中国,名称正统;司马懿、蒋济等谋国料敌,材悉倍蜀。亮欲一人制胜,天心地势,人事物力,一不与。资旅弱于少康之兴夏,志大于管仲之霸齐,数年荡定,必无其期。亮屡出而不悔者,诚谓蜀伐贼亡,不伐贼亦亡,坐而待亡,不如其伐也。以王霸杂行者师出于奇,纯乎王者师出于正,出于奇者非大胜,即大败;出于正者,无大胜亦无大败。辅英主以奇,辅弱主以正。昭烈既崩,亮敢用奇哉?魏延子午之策,仿佛孙吴,亮危而不用者,知彼知己,计虑审矣。亮所能者,日用兵而民不知兵,日调赋而国不知赋。军农并兴,若行无事,以周公之法,寓于管子之令,而天下莫能窥其间,是以神也。混一之朝,有征无战,角立之国,有战有守。蜀守国也,非战国也。后主为君,守而不足,诸葛亮为相,战且守而有余。西晋降而东,汴宋降而南,时可为十倍蜀矣,其如无亮何。

这一段分析很能表现张溥的史识,对于刘备败崩、弱主刘禅继位后,蜀国面临的困境和诸葛亮应对策略分析得非常到位,有力地驳斥了史书所谓"诸葛亮长于治戎,短于奇谋"①之说。这样的评论又岂是四库馆臣所说的"议论凡近,而笔力尤弱"呢?②

其实类似的精彩深刻的评论在《二编》中是屡见不乏的。如《豪杰亡秦》指出秦朝灭亡"其亡非一日而亡也,人君自亡之类,必先有外敌,继以内乱"。又如《废

---

① 《历代史论二编》卷三《诸葛亮出师》。
② 《四库全书总目·历代史论二编》。

帝之乱》指出"末世乱君,家祸国孽,往往而然"道出了历代政权灭亡的普遍规律。又针对有人说胡亥是暴君,而指出其顶多是一不辨鹿马的昏君,而赵高才是真正的暴君:"胡亥愚主,岂敢望始皇哉?平居不辨鹿马,患难恶闻盗贼,彼何能杀人,杀人者高也。高说李斯立胡亥,称其慈仁笃厚,胡亥未成君时尚无暴名。自高佐之,始为刻深","始皇狼心虎视,日夜谋吞六国,积二十六年,方遂其志。赵高一隐宫贱人,挈胡亥用之,其亡秦也直三年耳。干戈之取天下劳,妇寺之亡天下逸,劳者累世不决,逸者一朝立溃,是故赵高之可畏甚于始皇也"。这段论述是深刻的,其借古讽今的意图也是比较明显的。又如《高帝灭楚》认为刘邦之得天下,在于善用人,在于善取善弃,"逮身更数死,父母妻子之不保,而后其用人益坚,任术益变,非独知己也,而又知彼。非独善取也,而又善弃",指出刘邦深于用人之术,"其所恃于人者固,而更历患难者精也。然汉王杀人之术亦由是益工矣"。这样来评价刘邦是深刻大胆的,也是后代统治者所极力避讳的。又如《河决之患》主张治水应像西门豹、郑庄那样"因势利导,以富国家",应避免那种只顾目前的苟且之举。这也是深中时弊的。

在《二编》中,张溥的评论仍然是大胆犀利的。如《诸将之叛》中指出汉高祖杀戮功臣与吕后之专擅颇有关系,为韩信之死鸣不平,认为韩信是功臣亦是大臣,而"吕后今日杀信,明日即玩弄帝于股掌之中,英雄无相惜之心,而老妇有日甚之毒,即帝亦且奈之何哉","夫大臣诛而高帝崩,高帝崩而诸吕乱,势会相应,可谓无天道人事哉"。对于汉初功臣惨遭杀戮、吕后专权的揭露是大胆犀利、直言不讳的。又如《匈奴和亲》认为和亲是失策,是自降身价之举,指责汉高祖与匈奴和亲乃"君臣皆不学"的结果,是"首居下,足居上"之举。同时指出韩信、彭越等为躲避刘邦的疑忌而逃入匈奴,是刘邦统治上的败笔,"帝不能使功臣灭匈奴,而反驱功臣入匈奴,计亦悖矣"。这样大胆犀利的批评是前此很少看到的。对于昏君弱主更是指斥不遗,如《成帝淫荒》指出成帝"好文之心不胜其好色",指责其以好色而亡国。又如《董贤嬖幸》指出汉成、哀二帝因近佞幸而亡国,"成帝有赵氏,虽爱张放,其情不专,哀帝病不近嫔御,于(董)贤直以身殉,成帝好色而无子,哀帝又以不好色而无子,天果欲急亡汉而兴亡氏乎"。又如《王莽篡汉》指责"元帝病于优柔,成帝病于好色,哀帝病于男嬖",以至最终被王莽取而代之。又如《明帝奢靡》指出明帝一生有三大过:"不孝"、"无义"、"无礼"。又如《晋灭吴》指责吴主孙皓为"叔季之暴君,极天下之无志者也。"又如《刘裕灭后秦》指出暴君、弱主均可亡国,而弱主尤甚:"自古强大之国,其亡也,或以暴君,或以弱主。为桀纣而亡者,病在暴;为赧献而亡者,病在弱。然赧献之亡,反速于桀纣。国力坐诎,而君威下移也。"这些议论针砭现实的意味颇为鲜明,意在警醒统治者励精图治,自强奋发。

《二编》也体现出一定的民本色彩。如《成李据蜀》指出统治应以得民心为本:"民心去者暂胜而常败,民心附者暂败而常胜。"又如《梦逊伐西秦》指出国君应关心社稷百姓,否则难免灭亡:"天下未有国君弃社稷,历间关,犹欲中立保无恙者也。"又如《光武平赤眉》对农民起义者给与一定的理解,并非一味地指责其为盗贼:"赤眉樊崇等初起兵时,特以困穷为寇,无志于徇地攻城。"

《宋史论赞》凡四十二篇,专门评论《宋史》列传中人物,评论简明扼要,大多三言两语,重在揭示人物的是非得失与事功,其中不乏精警之语。如《后妃传》云"妇人之仁,难以断国也。"又如《南渡宗室列传》云"理度壅乱,长幼灰灭,与其多男,不如无子。"又如《石守信等列传》云:"陈桥骤变,谋非素定,一时武夫无攻城野战之劳,依附日月,志愿已极,宜太祖推诚杯酒,而石守信等涕泣解兵也。"又如《曹翰等列传》称赞汉初打破常规,不拘一格引用人才:"汉兴之初,元功佐命,多椎埋屠狗,吹箫贩缯者流,若必引绳拘墨,有伏死丘垄耳,恶能得一日之用乎?"又如《薛居正等列传》云:"秦王为天子亲弟,宰相即与通,罪不至死,何太宗恨之深也?罪无大小,怨在伤心。"又如《柴禹锡列传》云:"秦王之狱,喋血门内,而柴禹锡、赵镕独以告密迁官。天子杀弟,亦有赏乎?……呜呼!百战之烈,不如左右之亲。自古然矣。"又如《张鉴等列传》云:"大臣之选,务在中和,宋初所以致治也。"这些精警之语,诚为点睛之笔,使全文增色不少。

《宋纪事论》是张溥为陈邦瞻《宋史纪事本末》所写的论赞,凡一百零九篇。张采后来在编《七录斋近集》时将之编入卷十一至卷十五。

《宋纪事论》具有强烈的现实针对性,所谈及问题如党争、内宦用兵、新政、除奸、平民乱等皆影射明代时事。如《方腊之乱》云:"徽宗自崇宁改元,迄于宣和,荒淫怠政,几二十年。方腊始,因民不忍,造乱东南。虽术祖妖媪,左道易亡,洞谷幽深,地非四战,然祸怨蕴崇,为日久矣。……内侍弄兵,四海涂炭。……不与寺人之兴兵也。"又如《复燕云》云:"始欲望福,终乃要祸。贼臣开疆,天必不佑。"这些话如果直接用于晚明皇帝的怠政、内侍弄兵也是非常合适的。又如《群奸之窜》云:"夫安国家者,谓之大臣;亡国家者,谓之贼臣。群小贼耳,尚以大臣故,迟重不诛,此必中外贼党,为此说以中帝心。帝特妇人之仁,优游不察耳。……任贤贰矣,去邪必疑。"此又与晚明皇帝优柔寡断、任用宦官何其类似!又如《洛蜀党议》云:

> 宋庆历之有党也,始于贾昌朝、陈执中、王拱辰、钱明逸恶范仲淹、富弼等而排之,目以为党,飞章诋毁,一网立尽。此皆小人结约,急为身谋,功名累心,而恩怨日迫。明知君子有益于国,而深畏其不利于己,是以背公论,聚死党,奋发横溢而不顾也。……始以相争者为党,既而则不争者亦为党。小人之害君子,张而大之,惟恐其党名之不著;迫而乘之,又惟恐其党衅之不成也。

以此来反观晚明的党争以及谗小与党人的斗争也是丝毫不差的。

《宋纪事论》中大胆批评昏君,尤以宋高宗赵构为甚。如《宗泽守汴》云:"(赵)构性无量,几同夷虏。金人所爱,构亦爱之;金人所仇,构亦仇之。既悦汪伯彦、黄潜善,则必相秦桧。既怒李纲、宗泽,则必杀岳飞。《诗》云:有腼面目,视人罔极。构则吾不知其极矣。"又如《李纲辅政》云:"唐德宗于陆贽,用之艰难之日,弃之无事之时,后世讥其极愚。构于李纲则尤甚焉。德宗犹念母,而赵构忍忘父也。"又如《顺昌柘皋之捷》云:"而赵构不悟,倚桧腹心。今日罢锜,明日罢飞,快敌人之愤,陨先帝之业,桀纣忘身,未有愚于此者也。"又如《金亮南侵》云:"悲哉!构也。天有亡夷之心,帝无自强之志。此一君者,既不能处败,又不能处胜。"又如《建炎绍兴诸政》云:"(高宗)君心不正,辅相非人也。"又如《李纲辅政》云:"王之不明,孰有如高宗构者乎?"又如《孟后废复》指责宋哲宗:"天子不自为,而大臣代之为,下快其私,上蒙其恶,是谓极愚耳。"这样的评价是非常大胆的,是极易触犯清朝统治者忌讳的。这样的批评也是有其现实针对性的,"迨至天启、崇祯之世,已见北宋徽、钦二宗之象"。①

《宋纪事论》也与张溥其他史论保持一贯风格,对正邪之辨留意较多,如《韩侂胄专政》云:"夫内阳外阴为泰,内阴外阳为否。君子小人,所争者内外之间耳。"又如《陈亮恢复之议》云:"凡为小人,未有不恶正人。恶正人,未有不恶才士

---

① 方良《试评张溥的史学成就》,《常熟高专学报》2001年第5期。

者。何则？才与正，皆君子所有也。"主张任贤去邪，兴利除弊，如《元佑更化》云："欲任贤也，必先去邪，邪一去，贤未有不任也；欲兴利也，必先除害，害一除，利未有不兴也。"同时慨叹现实政治古今同弊，不用贤人，如《真魏诸贤用罢》云："见圣贤之书则好之，当圣贤之身则弃之，圣贤既死则慕之，圣贤生前则锢之。古今同弊，于明君尤甚焉。"又悲慨地指出负国者多为贵臣，如《文谢之死》云："负国之臣，必尊且戚；死国之臣，必卑且疏，自古然矣。"读者能够深刻地感受到，这些结论中包含着浓重的历史沧桑感。

《元史纪事论》是为陈邦瞻《元史纪事本末》所写的论赞，凡二十七篇。张采后来在编《七录斋近集》时将之编入卷十六。

《元史纪事论》主要表现了对少数民族政权的看法。主张对边夷要重安抚、勿侵扰。如《高丽之臣》云："善抚四夷者，亦在静之而已矣。"认为有礼的夷即在本质上已同于中国，《庙祀之制》云："元统初建，逮鲁曾上议，始获配享，与唐之懿安皇后配享，宪宗同称得礼，斯盖夷而中国者矣。"认为崇奉佛教是元人习俗，《佛教之崇》云："孔子作《春秋》，中国而夷则退之，夷而中国则进之，元之奉佛盖夷俗也。……彼皆守夷狄之教，以御中国之人，是以不能久也。"

《元史纪史论》也表现出一定的民本色彩。如《尚书省之复》应轻用民："太祖轻用其民，而大业成；世祖重用其民，而世祚促。民不患上用之，而患上竭之，为人君者亦何利于竭民哉。"

总之，张溥的这些史论大多三四百字，简明扼要，其意并不在单纯的评论历史事件，而是借古讽今，切中时弊，为统治者提供借鉴。这些史论不乏议论深刻、笔力矫健的佳篇，张采赞扬道"（天如）所为文既师表一时，复刻志经济，近仿眉山著史论，几伯仲之间"，①决非如四库馆臣所云的"议论凡近，而笔力尤弱，殊为不称其名"，我们应该看到四库馆臣的评论有为清代统治服务的显明目的。实际上，学者大多对张溥的史论给予了积极的肯价，如吕云孚《史论序》认为张溥史论文理兼举，"大人之作，于兹为盛"②沈兆奎认为张溥史论"叙事必详，推阐必尽，夹叙夹议，才识固驾明代文人而上。为史评家别开途径"，并对谷应泰《明史纪事

---

① 张采《知畏堂文存》卷三《天如合稿序》。
② 吕云孚《史论序》，《历代史论一编》卷首。

本末》,高士奇《左传纪事本末》体例上产生了一定的影响。① 郭豫衡先生认为这些史论是"张溥文章之更见才华者"、"更能展现他的学问和风采"②傅璇琮先生认为"张溥的史论也写得才华横溢"。③ 方良先生认为张溥《宋纪事论》、《元史纪事论》"其体例,已开清代史评著作之先河;其风格鲜明,可圈可点"。④ 华世銚先生认为"张溥的评论大多比较公正"、"张溥的史论,大多客观、公正、中肯而合乎实际"。⑤

2. 时论

关心时政是张溥为文为人的一个特点。作为复社领袖和经史学者,张溥研究经学和史学的最终目的,是有资于现世,故针对晚明社会中的诸多问题,张溥写了一些针对性很强的时论,主要以《七录斋集论略》卷一《论略》中的二十篇为主。

在此二十篇时论中,张溥主要讨论了以下四类问题:

其一,论边事。明朝的边患一直是统治者头疼的问题,"今日之事,边关为急"。⑥ 张溥认为,治理边事,对内要做好备边、任用边将事务,要时时关注山东局势。如《备边论》指出备边是"天子自为守之道",需要谨慎小心、全力以赴,若"有一之不备,祸之发也"。《两直论》指出永乐迁燕即"以去敌之近,制敌之便",认为明北直隶的建立其实与边事紧密相关。当然,备边的首要问题即是任用得力边将,故《任边将论》讨论任用边将的问题,指出帝王不善任边将的主要原因是"委寄之不专""驾驭之非术",应对边将"俾事权,绝文谇间,而示之以简佚宽厚"。以上所言其实也道出了晚明任用边将主要问题是用而又疑、任之不专,并且派宦官作监军,以监视和制约边将,结果往往贻误战机,甚至中敌方反间计。如边将袁崇焕、熊廷弼等事。同时,张溥也提出要注意山东局势,认为山东也存在着类似的边患问题,如《山东论》指出"今全盛之时,内迫于青济之矿贼,外怵于天津之馈运,日惴惴焉而计无所出",因此对于作为"要害之地"的山东,一定要关注其

---

① 《续修四库全书总目提要(稿本)·历代史论十二卷宋史论三卷元史论一卷》,中国科学院图书馆整理,齐鲁书社第22册,第95页。
② 郭豫衡《中国散文史》下册,上海古籍出版社1993年,第278页。
③ 傅璇琮等主编《中国古代文学通论》(明代卷),辽宁人民出版社2005年,第77页。
④ 方良《试评张溥的史学成就》,《常熟高专学报》2001年第5期。
⑤ 华世銚《评〈元史纪事本末〉》,《贵州师范大学学报》1997年第1期。
⑥ 《七录斋集论略》卷一《备边论》。

"地势之盛衰,亦何常之有",重视人事的作用,鼓励改善边事:"盛衰之理,虽曰天时,亦有人事"。另一方面,对外要做好治夷狄、备倭寇。如《治夷狄论》持正统华夷之辨思想,感慨汉唐宋亦有夷狄边困,指出其时夷狄之所以强大,是因为"乘其衰乱战斗之隙,自养于强大"。指出明代是以华治夷者,"明则以中国之人,正夷狄之祸,因其弊而为之君长",并认为天之于夷狄不欲其长久。联系当时女真族节节进逼构成明王朝最大边患的现实来看,张溥此文的目的在最根本处否定女真,进而为治理女真张本。张溥也批评了明朝在对待女直问题上的失策之处,如《女直论》指出"奴儿哈赤之得为中国患也,始于杀其父之无名,而终于与其爵之已重",即认为明朝对于女直首领的滥杀和给予权力过重而导致努尔哈赤成为中国之患。而边镇大臣因"没于货贿而忘远略",又加剧了女直之祸。边患的另一个方面是倭患,《备倭论》指出造成倭患的主要原因是"当夫海夷之来市也,中国之奸商,利其有而不与其直,则托之贵官以为蔽,而缙绅之豪,爱诸商之为丰殖,则宠赂章,而官邪盛。不惜困蕃人以激其怒,而乱斯作",即明朝官商联合起来欺诈来华贸易的日本商人,结果激发其怒,酿成倭乱。进而引用朱纨之语分析倭患不绝的深层原因是"去外夷之盗易,去中国之盗难;去中国之盗易,去中国衣冠之盗难"和"当时之大臣重足而立,忧不在倭而在谗。此倭患之所以累岁而不绝也"。因此,张溥认为"倭寇之盛衰,其事主于朝廷而不主于蛮夷",提出通过内修法令责成有司、外练海军抵御倭寇等途径来解决倭患。

其二,讨论民生经济问题。晚明社会日趋动荡,在赋役、蠲贷、盐法、钱楮治河等民生经济方面出现了诸多弊病,张溥站在改善民生的角度,对这些问题提出了诸多看法。如《赋役论》指出征赋税虽是国家定制,但征收方式应"因时变通",要"防其流激者重",特别是晚明"兵兴以后,籍亡而征重",征一之法、条鞭之法已"行之十余年,群弊猬起",故主张应因时改革赋役。《惩贷论》讨论对民众的蠲贷问题,认为蠲贷不能解决民众的根本问题,反而为贪官污吏钻了空子,加重了民众的负担,"数赦之令,无益于民间;追逋之切,更甚于正课",因此主张确定一定的税额,并根据年成好坏适当放宽其上缴期限:"即额中之所征,而善为之缓急",可借助"宽郡县以宽民"或"责郡县以宽民"的办法来实现。《盐法论》认为"盐者,天下之大利,而今之所简以为理者,皆朝廷降散之人。以降散不职之人,主天下无涯之利,则请托必行,而苞苴日盛,盐法之弊,长此安穷乎",主张改革盐法,改变过去"尽捐之民,则纵末作、资游惰"或"尽属之官,则夺民日用,而公室有近宝之害"的弊端。《钱楮论》探讨改革钞法,避免陷入"钱易得,则物价踊贵"或"楮多易得,则金钱贵重"的境地。此外,《治河论》讨论治河问题,此亦与民生紧密相连,明代的水患多,"秋水时至,六七月之淫雨与西北大半之水,无不助河为势,激漫平土",张溥指出指出治水不力的根本原因是"以小妨大,以私害公"。张溥的这些言论深中时弊,对于认识当时的民生问题颇有助益。

其三,诏狱和军队问题。关于诏狱问题,张溥在《诏狱论》中指出诏狱"兴狱之始,虽以诏书为名,而根连诛逮,杂出于大臣之意","五毒参至,骨肉焦毁",造成对直臣的戕害,更严重的是会造成大权旁落,权贵滥杀无辜:"夫权贵之所怒,虽微嫌而必戮;天子之所恶,虽大罪而必恕。此当时之人臣所以不畏天子而畏权贵也。刑罚之事,以权贵主之,而名法机巧之徒,伺其私意以为轻重,则正人之尽,适其爵禄之资,而丧乱莫底"。最后引用霍韬之语"欲东厂勿预朝仪,锦衣卫勿典刑狱",点明题旨,结束全文。关于军队问题,张溥在《兵论》中指出应解决好粮饷、兵士、将领的问题:"不议食而议兵,未见其有兵也;不议将而徒议兵与食,未见兵能足食,食能养兵也。"应妥善处理好"逃伍"、"叛兵",主张"将得其人,无贵乎兵之多"、"用兵之道,贵恤其死绥之义,而尤当诎其见勇之心"。

其四,教化问题。晚明社会世风日下,教化浸薄,故张溥对学校、科举、宗教、音乐等提出了诸多看法。如《建学论》有感于"学较之弊,其流日甚",引李承芳之语云"近代来,害天下之人心者,莫甚于学宫;坏天下之士习者,莫甚于科举;率天下为恶无纪极,莫甚于学官",进而打算欲复古而变之,使之渐归于正。《左道论》对佛道在当时社会中造成的弊端提出了严厉批评,视佛道为左道,认为"凡人君不务本教,而有慕于佛与老者"皆是"毒螫满怀,妄敦戒业;躁竞盈胸,谬治清静"之举,有害而无益,为乱天下。此论虽显偏激,但联系当时"以天子辨风,诸侯辨官之职,而有冀乎无为清净,则所趋者不轨"来看,张溥所论并非是哗众取宠。《乐论》针对当时"中主之性情便于声色,而迩于奇滥"、"正乐不明,则奸声因而间起",主张应近于"古乐"而远于"新声",否则"鍂之不得其正,不入于溺音,即入于左道。则狂悖之言,过愿之度,无时不作,而国亦殆"。这也是继承了古人以音乐来改善教化的思想。

总之,这二十篇时论是一组重要的文章,何宗美先生强调指出:"二十篇时论,过去很少引起关注,事实上却对做思想史研究有一定的价值",它们"探讨了明末社会的众多焦点问题","既有对现实的批判,还明显带有为朝廷献计献策的性质""是张溥经世之学的重要作品,集中体现了他'致君泽民'、'务为有用'的基本思想。"①这些分析颇为到位。

二、散文艺术特点分析

张溥以散文著名,《明史·文苑传序》将其列为明代最后一个发展阶段的代表作家之一,认为其散文是"撷东汉之芳华",体现了明代散文的"又一变"。② 这种评价是颇具只眼的,可惜言之过简,未能具体展开。实际上,张溥的散文的确体现了一些鲜明的艺术特点。

(一)融经洽史

观张溥之文,非文人之文,乃为学者之文,其为文之意,首在"以明道,以救世,以维风俗,以正政教,以表彰节义"③,故其文颇有融经洽史的特点。挚友张采云:"(张溥)所为文初似唐孙樵、樊宗师,中返于醇,仿韩欧大家,既融洽经史,遂出西汉。"④清人邹漪亦云:"天如为文,融洽经史,高出西汉。"⑤"融洽经史"四字道出了张溥散文的最大特点。

张溥十九岁为诸生时,即志在大儒,这种人生定位,相应地影响了他对散文的定位,他的散文可以说是学者之文而非文人之文。这即是说他的志趣在经史上面。随后,张溥在金沙拜访周钟后,进一步坚定了专攻经史的信心,明确地认识到"德言之途,久变极反,继此而王者,其惟六经"。⑥ 天启四年,在创立应社时,张溥又提出"读书修身"、"学问强力"⑦的宗旨,众人分治五经。崇祯二年,张溥在新成立的复社大会上,又提出"兴复古学"、"务为有用"⑧的号召。所谓"古学",指经学,即与时文相对而言。可见,重视经学是张溥一以贯之的主张,经学是其行事立命的落脚点。张溥在短短的一生中,经学著作多达十三种,其中不乏

---

① 何宗美《明末清初文人结社研究》,南开大学出版社2003年,第194页。
② 张廷玉等《明史》卷二八五《文苑传序》,中华书局1974年,第7308页。
③ 邓实《明末四先生学说·顾亭林先生学说》,《国粹学报》第十七期,第1页。
④ 张采《知畏堂文存》卷八《庶常天如张公行状》。
⑤ 邹漪《启祯野乘·张庶常传》,见《中国野史集成》第三十一册,巴蜀书社1993年,第494页。
⑥ 《七录斋集论略》卷二《房稿表经序》。
⑦ 《七录斋集续刻》卷一《娄东应社序》,天一阁藏。
⑧ 《复社纪略》卷一,见《东林本末》(外七种),北京古籍出版社2002年,第210页。

巨制，如《十三经诂释》、《五经注疏大全合纂》、《四书注疏大全合纂》、《经学古解》、《经学通解》等。故陈子龙亦指出张溥"其文原本经术而工于修词"。①

张溥对于史学，亦表现出高度的关注和浓厚的兴趣。这一方面是时代使然，另一方面也受到家学的影响，其父张翼之即专长史学，《先考虚宇府君行略》云："先君警悟善读书，少若赢疾，王父母心怜之，不忍使竟学，则弃经生业而专史书二十一史及《通鉴》《纲目》，皆手评录。"②与其父相似，张溥亦有宏大的史学著述计划，计划为二十一史皆作论断，以"鉴前毖后"；又计划自西汉至明代，对于人物、典礼、官制、漕渠、食货，夷狄，服物、宫室加以分类纂述，仿照班固《汉书》体例作一通史；又计划汇聚天下通志及郡县志，作历代通志。③ 又认为《宋史》"文出夷貉，其书阆冗"，"《元史》速成，众思寡集"，欲重新编著宋元二史。④ 现在可知，张溥著述编刊的史书有十一种之多。

总之，张溥认为经为文之根本，史又是经之辅助。特别值得注意得是，张溥将经史作"文"来看。《古文五删序》云："史与文，相经纬也。十三经而下，有二十一史，文斯具矣。"反过来说，在他看来，凡文皆史。如他打算编《历代文典》、《历代文乘》二书，其目的也是出于史的考虑：观治乱，存文献。⑤ 张溥对经史与文的这种定位，自然影响并渗透到其散文，从而呈现出融经洽史的特点。

例如，张溥集中有《论略》二十篇，其本身为时论，在对时势的论述中，自然贯穿了对历史的考察与审视，同时其经学观也时时渗透其中。如《治夷狄论》主要针对明代东北边患而发，欲从历史的审视和现实的考察中为统治者提供治理边患的依据和决策。文章首先从汉、唐、宋说起，指出"三代以下，受命之正者，无若汉、唐与宋。然创业之君，往往不能得志于夷狄"，同时强调明代初起，是振衰起弊，"以中国之人，正夷狄之祸，因其弊而为之君长"，意在说明明代为秉承正统而起。又在古今比较中指出明与汉、唐、宋在边患上有着近似的遭遇，"然而后事之失，或有同焉。己巳之变，近于澶渊之盟；庚戌之难，近于甘泉之警"。接着分析

---

① 陈子龙《安雅堂稿》卷二《张天如先生文集序》，王英志《陈子龙全集》，人民文学出版社2010年，第1052页。
② 《七录斋诗文合集·近稿》卷六《先考虚宇府君行略》。
③ 张采《论略题辞》，《七录斋论略》卷首，天一阁藏。
④ 《七录斋近集》卷三《宋元纪事本末序》。
⑤ 《七录斋近集》卷三《古文五删序》。

明代在边患上的得失。自始至末,都在华夷问题上做古今对比分析,但笼罩全文的是正统的经学观,这确定了文章的基调,即夷夏之辨,以华夏为正统,以夷狄为附庸,在文末又进一步指出"谁谓天之于夷狄,欲其长享哉? 在天者不可不信其好还,在人者不可遽谓其可忘",以一种近乎天命论的语调为华胜夷败提供依据。在这样的文章里面,很容易感受到浓郁的经学气和历史感,经学家情怀与史家眼光糅合为一。

即使以张溥所作的诗文序来看,这种特点也是比较鲜明的。如《王载微诗稿序》,首先从诗教说起,推衍以诗观风及"诗言志"之意,其云"言诗而勤以今文加之,远矣。必于人之性情观焉,然后其诗可志也"。又演绎序诗之途,其云"而序人之诗者,亦繇之平好恶,明体义,选于一指而引其万思,理不系于周访而托命,及多识其善节,则大雅之乐所以相与而诵言不废",这亦是诗如其人、知人论世之意。而在序末,张溥进而在一种历史的纵深感中阐发开去,其云"夫《简兮》之渥赭,《君子》之阳阳,古之人亦尝盛出其情,明其笑敖,以自肆于时。而思其隐忧,且有不能言者,此亦外为豫而内多所为,以累于己者也。今载翁生当国家之无事,既无往者之辈,而发舒旷绝,适全其好,篇中之辞,又安所存其悄悄乎"。① 又如《古列女传序》亦很好地表现了融洽经史的特点,序文先从传统经学的立场上指出为列女作传的意义为"列古女善恶以戒天子",继而从历史的角度考察了东汉以后序体的发展,指出东汉以后,序体转弱是时代使然:"盖东汉以后,序传体弱,录及綦缟,形容弥难。极江左之风流,殚百家之体制,不能为《硕人》一章,汉武《李夫人》一篇。岂非时乎?"②

至于张溥为一些经学和史学著作所写的序,则其中浓郁的经史意味更是无用赘言了。

故周钟《七录斋集序》指出:

> 天如所为诗文,上自秦汉,下至唐宋诸家,时犹出御之,不名一端。其所本者,六经也;所明者,道也;所用者,史汉韩欧诸家之气,而非区区规格与其辞采也。今读其集中所载,大者怀当代之深忧,明万古之理乱,可以利社稷,

---

① 《七录斋集论略》卷一《王载微诗稿序》。
② 《七录斋近集》卷三《古列女传序》。

福苍生;而其小者,虽弁词短简,偶尔酬赠之文,而仁义之旨,忠孝之思,汲汲然以天下人才为己任,而成之惟恐不至者。……天如之文,其原本在明理尽伦。

这即是说,张溥散文本于六经,文中充满仁义之旨、忠孝之思,目的在明理尽伦,同时要运用史家之气势来行文,所以,其散文自然是融经洽史了。这种融经洽史的特点,使其散文表现出"渊雅博洽"[①]、"丰蔚典赡"[②]的风貌。

(二)长于议论

张溥散文的另一个特点是长于议论。中晚明时期社会危机加重,社会控制力逐渐减弱,文士的思想非常活跃,产生了一批大思想家,如王阳明、李贽、黄宗羲、顾炎武、王夫之等。对于个体生存和社会危机的反思与批判,也成为这一时期散文的主要潮流之一。因此,这一时期的散文大多议论纵发、务为新论。当然,这种议论纵发也极易流入高谈虚论,从而遭到清代学者的诟病。但是,应该注意的是,尤其是在晚明时期,一些推崇实学、学风很扎实的学者在其散文中大量发表议论,表达了对于历史的思考、对于现实弊端的批评和改进建议,这些议论有着强烈的改良现实的用意,同时明代发达的史学也进一步推动了这种议论风发的潮流。张溥的散文即突出地表现出长于议论的特点。

张溥散文长于议论的特点首先表现在其史论散文中,张溥为《资治通鉴纪事本末》、《宋史纪事本末》、《元史纪事本末》、《宋史》、《元史》作过论正,在这些史论中,张溥纵横捭阖,议论风发的特点表现得淋漓尽致。如《秦并六国》讨论秦并六国的原因,议论深入,自出新论,重新总结出六国破灭的三个原因。又如《诸葛亮出师》对于刘备败崩、刘禅继位后,蜀国面临的困境和诸葛亮"辅英主以奇,辅弱主以正"的应对策略分析得非常到位,反驳了史书所谓"诸葛亮长于治戎,短于奇谋"之说,议论纵发,反驳有力,分析平情入理,环环相扣。[③] 故学者指出,"张天如长于论史,故其文根抵盘深",[④]张溥的史论"写得才华横溢"。[⑤] 对张溥长于议

---

① 陈玉刚《中国古代散文史》,人民日报出版社 1998 年,第 255 页。
② 陈贞慧《山阳录》,见周骏富辑《明人传记丛刊》第 127 册,明文书局 1991 年,第 635 页。
③ 详见前文《史论》部分。
④ 清徐兆玮《徐兆玮日记·己亥日记》初十日戊子。
⑤ 傅璇琮等主编《中国古代文学通论》(明代卷),辽宁人民出版社 2005 年,第 77 页。

论的一面做了充分的肯定。

在《汉魏六朝百三家集题词》中,张溥长于议论的特点也表现得很充分。这些题词,深入到作家所生活的时代和作品所处的文学史背景,评论作家之出处得失,"于集中诸人学术品诣,得失源流,皆能综其生平,得其大概,令读者如见其人,诚尚论者之先资也。"①在纵横比较中揭示作品的特点和地位,对百三家其人其文,都提出了自己的看法。这些题词与张溥的史论在性质上非常相似,不同的是,史论所评论的对象是人和事,而题词所评论的对象是人和文,这些题词多用史家之笔法,对当时之史实,重新分析其因缘,对作品之源流,力加挖掘,多有辨析。总之,题词体现了"崇论宏议,朗畅精微"②即长于议论的一面。

张溥的其他散文,亦多长于议论。如《即山集序》对友人才高运蹇、夫妇双亡倍感沉痛,在伤感悠缓的叙事中,伴随着凄凉悱恻的议论。故张采云此篇"叙事兼议论,如诉如慕"。又如《五人墓碑记》打破墓志文"主于叙事"③的常体,以议论为主导,而叙事反处于辅助地位。文中几处议论为点睛之笔,很好地深化了主题,如"嗟夫!大阉之乱,缙绅而能不易其志者,四海之大,有几人欤?而五人生于编伍之间,素不闻诗书之训,激昂大义,蹈死不顾,亦曷故哉?"强调五人与阉党斗争的大无畏精神。"今之高爵显位,一旦抵罪,或脱身以逃,不能容于远近,而又有剪发杜门,佯狂不知所之者,其辱人贱行,视五人之死,轻重固何如哉!"则通过对比,点出五人舍生取义的意义。在此基础上,最终得出"死生之大,匹夫之有重於社稷"的结论。故《古文观止》云此文"议论随叙事而入,感慨淋漓,激昂尽致"④,《古文笔法百篇》亦云此篇"言之直切痛快,令人读之亦痛快也",⑤这都点出了此文长于议论的特点。

由之可见,张溥散文的基本写作模式是,在本题上荡开一笔,通过纵横捭阖的议论,来进一步挖掘和深化本题的意义。如其文序常从大处着眼,对作者从出处大义入手,引申阐发,最终"规本德行"⑥;对于作品则挖掘其内涵与意义。其

---

① 张青选《汉魏六朝百三家集序》,道光丁亥(1827)顺德张青选刻本,上海图书馆藏。
② 杨柄锃《汉魏六朝百三名家跋后》,见光绪三年(1877)滇南唐氏寿考堂刻本,国家图书馆藏。
③ 徐师曾《文体明辨序说》,人民文学出版社1962年,第144页。
④ 清吴调侯、吴楚材编《古文观止》,中华书局1959年,第579页。
⑤ 清李扶九选编,黄仁黼纂定《古文笔法百篇》,岳麓书社1984年,第338页。
⑥ 《七录斋集论略》卷一《礼质序》张采评语。

笔法极类史传,产生了"其论弥高,其情弥远"①效果。如《杨顾二子近言序》,首以辨明杨彝之籍起笔,中间插叙杨彝、顾梦麟之深厚交谊,并由此引申出二人志向,再进而议论阐释古之至人之境界,由近及远,由小及大,通过议论和感慨加深了文章的意义。故张采评此篇云"生情取致则近,发又则遐"。② 又如张溥的寿贺序,其重心不在叙述寿主的事迹,而是通过议论来揭示寿主的独特之处,并进而上升至交友、孝道、出处等大义,由具体事情而推向广大的事理。如《吴镇朴先生六十序》为友人吴扶九之父吴镇朴所做寿序,文章通过追述吴镇朴在组织复社一事上,大力支持其子、礼待复社诸子而展开议论,由此而上升到父道、子道、友道,并将三者打通,融合为一,得出"大道之戚,在乎无徒"、"朋友之理,助乎家庭者深矣"的结论。周钟云此篇"于称寿之中,明千古之义,此真以文章为大事"。③ 又如《祭魏廓园先生文》前半部叙事结合抒情,回忆魏大中被阉党逮捕惨死的忠烈事迹以及他的清廉正直品质,表达了极其沉痛的感情。祭文的结尾发表议论:"古之忠臣义士,放逐流离,殒身社稷者,皆由是也。何独疑于今日哉!"、"是故小人虽败有余宠,君子虽进有余惧。善可为而不可为,亦已久矣。"④议论深刻,没有就事论事,而是从个别到一般,通过魏大中的遭遇概括了古今忠奸斗争的一般规律。⑤

(三)情感激昂

章学诚《文史通义·史德》云:"凡文不足以动人,所以动人者气也;凡文不足以入人,所以入人者情也。气积而文昌,情深而文挚。气昌而情挚,天下之至文也。"⑥张溥散文的主导风貌为慷慨激昂,其气慷慨,其情深沉,颇有"气昌而情挚"的意味。这在很大程度上是与明末社会危机重重有关,"明朝末年,国事日非,忠义之士,因时奋励,发为文章,颇有磅礴郁遏之气"。⑦ 身处季世、强调积极用世的文人们,已经无法飘然于事外,他们通过手中的笔表达了自救和批判的想

---

① 《七录斋集论略》卷一《太仓州志序》张采评语。
② 《七录斋集论略》卷一《杨顾二子近言序》。
③ 《七录斋集论略》卷四《吴镇朴先生六十序》。
④ 《七录斋诗文合集·近稿》卷五《祭魏廓园先生文》。
⑤ 周寅宾《明清散文史》,湖南人民出版社2004年,第176页。
⑥ 章学诚《文史通义·史德》。
⑦ 何沛雄《晚明小品论析·序》,见陈少棠《晚明小品论析》,香港波文书局1981年。

法,他们"责无旁贷地肩负起批判腐败政治、挽救民族命运、寻求社会出路的重任",他们的作品"表现出鲜明的现实批判精神和忠诚的伦理救世思想"。① 尤其是复社、几社等成员,他们的散文表现出悲壮慷慨的艺术特点,"一方面是忧时伤乱,悲愤淋漓;一方面又怀有百折不挠的坚定信念,慷慨豪壮。这种悲与壮的结合,成为复古运动第三次高潮的作家们共同的美学追求。"②张溥的散文即突出地表现了这种特点。

张溥具有"经营天下之志"③,尤严邪正之辨,其散文表现出慷慨激昂的一面,《五人墓碑记》是这方面的代表作。这是一篇扬正气、抨邪气、责弱气的时事性很强的文章,充满"亢壮顿挫,激昂生气"④。《古文观止》云其"感慨淋漓,激昂尽致,当与史公伯夷、屈原二传,并垂不朽"⑤,《古文笔法百篇》云其"直切痛快"⑥,《插图本苏州文学通史》云:"文章'激昂大义'所迸发出的刚健之声,是苏州文学史乃至中国文学史上的时代最强音之一"⑦,都表明了对这种慷慨激昂风貌的体认。又如《祭魏廓园先生文》祭奠为魏忠贤迫害的东林党人魏大中,感慨中正遭害,斥责谗小得意。作者着力表彰魏大中"身当患难,志在澄清,排击大奸,趋死不顾"的精神,赞扬魏子敬子承父志,后继有人。同时感慨"小人虽败有余宠,君子虽进有余惧。善可为而不可为,亦已久矣"。⑧ 感情激烈复杂,充满了悲愤。又如《程墨大宗序》围绕士之得志与失意展开论述,以坚定其"修身大务,而文章次之"的信念,全文"激昂有风烈"。⑨ 因之,傅璇琮先生等认为张溥"行文时贯穿其中的气势和倾泻而出的激情"⑩郭英德先生等认为张溥的"文章风格亢爽,文笔跌宕"。⑪ 即是指这一类散文而言。

---

① 傅璇琮等主编《中国古代文学通论》(明代卷),辽宁人民出版社2005年,第8页。
② 廖可斌《明代文学复古运动研究》,上海古籍出版社1994年,第359页。
③ 张采《论略题辞》,《七录斋论略》卷首,天一阁藏。
④ 张采说:"古文之难,难于音节,其一种亢壮顿挫激昂生气,惟韩欧能之,今仅见天如耳。"(《七录斋集论略》卷一《历科文针序》张采评语)。
⑤ 清代吴调侯、吴楚材编《古文观止》,中华书局1959年,第579页。
⑥ 清李扶九选编,黄仁黼纂定《古文笔法百篇》,岳麓书社1984年,第338页。
⑦ 范培松主编《插图本苏州文学通史》(第二册),江苏教育出版社,第626页。
⑧ 《七录斋诗文合集·近稿》卷五《祭魏廓园先生文》。
⑨ 《七录斋集论略》卷二《程墨大宗序》周钟评语。
⑩ 傅璇琮等主编《中国古代文学通论》(明代卷),辽宁人民出版社2005年,第77页。
⑪ 郭英德等主编《中国文学史》(下),四川人民出版社2003年,第414页。

张溥的史论亦能表现其慷慨激昂的一面。如《汉桓帝论》指出"夫寺人与正为仇,其大概也。正人不击之,则恶不可容;一击之,则势不并立。击之不胜,犹以为无能为而止,绝其进用之端;击之一胜,则忿忿图报,不尽空其类,杀其身,其心不快也"、"尽天下贤士号为党人,捕而诛之,若曰今而后,庶几莫予毒也已。盖阴残之人性近于杀,禁密之官,势易为祸,即君心微见一暴之明,而左右倍深十寒之力。"慷慨激昂地揭示了正邪斗争的艰巨性、残酷性。又如《宗泽守汴》云:"(赵)构性无量,几同夷虏。金人所爱,构亦爱之;金人所仇,构亦仇之。既悦汪伯彦、黄潜善,则必相秦桧;既怒李纲、宗泽,则必杀岳飞。《诗》云:有腼面目,视人罔极。构则吾不知其极矣。"痛斥昏君,激昂慷慨。又如《顺昌柘皋之捷》云:"而赵构不悟,倚桧腹心。今日罢锜,明日罢飞,快敌人之愤,陨先帝之业,桀纣忘身,未有愚于此者也。"对昏君赵构自毁长城,使亲痛仇快,痛慨不已。又如《真魏诸贤用罢》云:"见圣贤之书则好之,当圣贤之身则弃之;圣贤既死则慕之,圣贤生前则锢之。古今同弊,于明君尤甚焉。"慨叹现实政治古今同弊,不用贤人。

在张溥的时论中,也表现出慷慨激昂的一面。如《备倭论》云:"当时之大臣重足而立,忧不在倭而在谗。此倭患之所以累岁而不绝也。"对于小人当途、倭患不绝深表痛恨。又如《赋役论》云:"盖弊法得其人亦理,善法不得其人亦乱,所固然也。今之为上者有隋高祖无藏府库之心,而其下无苏威平代之志。即为相者有王安石制法断义之意,而承而行之者又多曾布李瑜之党。是以巧缪相因而成法尽改,必于后事日甚。议者欲稍革而无复可为,则相与诿曰:时势若斯,非人臣所敢专也。"痛慨地指出,上有改革之意,下无推行之力,相互推诿,遂使对赋役之法弊端重重。又如《诏狱论》云:"夫权贵之所怒,虽微嫌而必戮;天子之所恶,虽大罪而必恕。此当时之人臣所以不畏天子而畏权贵也。刑罚之事,以权贵主之,而名法机巧之徒,伺其私意以为轻重,则正人之尽,适其爵禄之资,而丧乱莫底。"对于大权旁落、奸小伺机揽权横行深表忧愤。又如《左道论》:"梁武帝尊事宝志,讽讲三慧,及彭城师覆,《东魏檄》责之曰:'毒螫满怀,妄敦戒业;躁竞盈胸,谬治清静。'嗟乎!此非独为梁武帝言之,凡人君不务本教,而有慕于佛与老者,皆犹是也。"慷慨直陈,对于帝王佞佛而殆政者痛慨异常。若联系到万历、天启等的怠政,就可知道张溥的这种慷慨激昂是有感而发的。

第五章　张溥诗歌论析

　　张溥不以诗名,曾自云"学诗非予能也",①然好咏不辍,集中现有诗歌五卷,凡八百七十四首,分别见《七录斋诗文合集》和《七录斋近集》。

　　张溥诗中有《辽师大捷奏凯四章》,据蒋逸雪系年是在天启六年(1626)。此诗写宁远大捷,应是张溥最早的诗歌之一。但张溥开始大量写诗却较晚,是在崇祯四年(1631)考中进士后由于应酬需要,才开始大量学作诗,此时张溥已经三十岁了。《王与游诗稿序》云:"予初不作诗,至长安不免酬答,间亦有咏。适孟朴、惠常来,九一、骏公皆作诗以见志。孟朴故诗家,善品量,予喜有助,遂多所作,大都怀人伤别之辞,欲汇之以寄与游。"②张溥所说的"初不作诗"并不是说以前不作诗,而只是偶尔为之而已。在京期间,张溥常追随马世奇学诵读。《五兄稿序》云:"辛未(1631)春,予追随君常后,连舍学诵读。"③学诵读盖学作诗及吟唱。

　　明代以八股文取士,程朱理学在思想界占统治地位,诗歌创作遭到轻视乃至贬斥。陆深亲耳听到阁老刘健云:"好笑后生辈,才得科第,却去学做诗。做诗何用?好是李杜,李杜也只是两个醉汉。撇下许多好人不学,却去学醉汉!"④王世贞亦云其年轻时,"朝士相戒毋治诗,治诗即害吏治"。⑤复社文人亦难免此重文轻诗的倾向。《静志居诗话》卷二十一"周岐"条谓:"复社诸君,多以文章经济自负,韵语不甚专心。"⑥又因为当时普遍认为"做诗有妨举业",⑦复社诸人年少时大都忙于治举子业而无暇作诗,故写诗较晚。李维桢《大泌山房集》卷二十二《桃花社集序》云:"缙绅治举子业,经术通明而不暇为诗;布衣不习举子业而为诗,经术缺如。缙绅折节布衣,以取好士声,耻于见短,而时假手布衣,以文其陋。"⑧沈

---

① 《七录斋诗文合集·近稿》卷四《宋九青诗序》。
② 《七录斋集续刻》卷三《王与游诗稿序》,天一阁藏。
③ 《七录斋近集》卷四《五兄稿序》。
④ 《停骖录》,见《古代文学理论研究丛刊》第九辑《明七子派的崛起》,第100页。
⑤ 王世贞《山泽吟啸集序》。
⑥ 《静志居诗话》卷二十一"周岐"条。
⑦ 申涵光《荆园小语》。
⑧ 李维桢《大泌山房集》卷二十二《桃花社集序》。

季友《槜李诗序》卷二十复云:"当万、天间,风雅衰落,经生有不知四声者。"①张溥交游者大多写诗亦较晚,如张采是在崇祯元年(1628)三十三岁中进士后才开始写诗的。《张受先稿再序》云:"离别之多,未有甚于兹岁(崇祯元年)者也。……逾旬日,予又先受先归,受先与九一、宗玉送予及都门之外,九一赋五言律二章。受先初未为诗,亦赋五言古体一章"。②又如张溥高弟吴伟业也是在二十三岁中进士后才大量写诗的。乾隆《镇洋县志》卷十四《杂缀类》云:"《焚余补笔》云:王中翰昊述吴梅村语:'余初第时不知诗,而多求赠者,因转乞吾师西铭。西铭一日漫题云:半夜挑灯梦伏羲。异而问之,西铭曰:尔不知诗,何用索解。因退而讲声韵之学。'"③对于此说,冯其庸、叶君远先生《吴梅村年谱》曾有所辩证,认为当有其事。④再结合张溥《王与游诗稿序》中所云"适孟朴、惠常来,九一、骏公皆作诗以见志"等语来看,吴伟业确是在中进士后因为应酬需要才开始大量作诗的。⑤又如张溥门人董说是在二十七岁才开始作诗歌的。⑥当然,张溥交游中也有学诗较早者,如好友陈子龙十五岁"始学诗赋,日诵数千言"。⑦

张溥写诗较晚,其志在大儒的人生志向和重经轻文的学术旨趣也是决定因素之一。《元文类删序》云:"士生斯世不为儒者,即为狂人,各有不得已也。狂者逃于诗歌,如信陵公子饮酒近妇人,以求速老。"⑧可见张溥志为大儒,愿意弘道而求不朽,至于"逃于诗歌"则只是此愿望无法实现下寄托性情的解脱之举。故张溥以经史为本,诗歌为末,《宋赵清献公文集序》云:"朱子称邵康节先生之学云:'其体骨在《皇极经世书》,其花草是诗。'读《清献集》,致亦犹是。"⑨张溥对经史与诗歌的态度由此可略窥一斑。又如《寿沈养仁年伯序》云:"余少失父,悲不及侍。常设想象,令余父假以长年至今日,亲见诸子成立,少者皆壮,四方贤者轩

---

① 转引自何宗美《明末清初文人结社研究》,南开大学出版社2003年,第145页。
② 《七录斋集论略》卷二《张受先稿再序》。
③ 乾隆《镇洋县志》卷十四《杂缀类》。
④ 冯其庸、叶君远《吴梅村年谱》,文化艺术出版社2007年,第42—43页。
⑤ 《七录斋集续刻》卷三《王与游诗稿序》,天一阁藏。
⑥ 刘承幹《丰草庵诗集跋》:"(董说)少未尝作诗,丙戌始为诗。"见董说《丰草庵诗集》,续修四库全书本。又据赵红娟《明遗民董说研究·董说简谱》(上海古籍出版社2006年,第499页),丙戌为顺治三年,董说时二十七岁。
⑦ 陈子龙《自撰年谱》天启二年条,见《陈子龙诗集》,第633页。
⑧ 《七录斋近集》卷三《元文类删序》。
⑨ 《七录斋近集》卷三《宋赵清献公文集序》。

骑过从,分庭列豆,时出鲜旨,讽论道义,既以诗歌,意必愉愉称善,或可忘老。"①
也可以看出,张溥是将诗歌列于"道义"之后的,即也是以经史为体骨,而以诗歌
为花草的。

一、诗歌分类赏析

张溥的诗歌从内容来看,正如其所自云"大都怀人伤别之辞",②送别和怀人
诗占了较大部分,同时唱和赠答、祝贺诗也占了较大部分,这些诗反映了张溥社
会活动的繁多。此外还有一些哀挽、怀古、咏怀、记游、题画诗。在张溥诗中,写
得感情真挚,艺术性较高的主要是送别、怀人、乐府、艳歌、哀挽、怀古、记游、题画
等诗。下面分四个方面来论析。

(一)送别怀人诗

"故人之别,原是悲哀动情"。③ 张溥尤为重视朋友之义,故其送别怀人诗,
大多写得情感诚挚。如《送王惠常南还》云:

> 望望烟赊月上更,诗寒不媚得同清。
> 遥看南北杯分度,共唱离愁酒有声。
> 来晚关河知水落,去多文字杂云生。
> 鬓星非老先冬白,惊动高名湖海情。

此诗写张溥月夜与好友兼妻弟王启荣饯别:月色如水,二人举杯赋诗,共唱
离愁,离别的诗歌亦如月光一般清冷。想想马上就要各奔东西南北分度,不免感
叹聚难如潮落,散易如云生。于是在伤感中寄予期望:我已鬓泛白星老大无为,
倒是希望你趁着年轻干一番事业,赢得高名。全诗意境清冷哀伤,充满离愁别
意。又如《送黄石斋先生》云:

---

① 《七录斋诗文合集·近稿》卷一《寿沈养仁年伯序》。
② 《七录斋集续刻》卷三《王与游诗稿序》,天一阁藏。
③ 骆玉明师鉴赏《题河梁泣别图》,《元明清诗鉴赏辞典》,上海辞书出版社1994年,第737页。

> 此别非常撼斗魁,萧然胜拜上清迎。
> 先成骨性忧天步,历尽艰危耻鸠媒。
> 投版不因知己谢,遗簪犹念圣人裁。
> 舟行半道三千里,纸剩中朝九万枚。
> 哭世森寒存谏草,祝男愚鲁种官梅。
> 张褒长啸山难负,赵概修书字未灰。
> 玉佩参差愁去住,石秤安稳待归来。
> 忠诚岂愿东溪号,澹约甘辞长命杯。
> 鬓发倍前知学到,药方多录见花开。
> 放臣祇诵承嘉惠,廖落何年会市槐。①

这是一首七言排律,凡十韵。黄石斋即黄道周,"道周以文章风节高天下,严冷方刚,不谐流俗"②,与张溥交善。崇祯十三年(1640)黄道周下狱后,张溥欲"倾身家以图之"③,结果"竟以是忧愤成疾,不及见子(黄道周)出狱而死"④。二人可谓生死之交。此诗作于崇祯五年(1632)⑤,诗中"投版""遗簪"即喻弃官;"斗魁"指北斗七星之第一至第四星,即枢、璇、玑、权,喻指德高望重或才学冠世而为众人景仰的人,此处指黄道周;"天步"指时运、国运等。张溥在这首诗中寄寓了浓重的感伤和愤慨,感伤正人离朝,"此别非常",愤慨谗小得势,"鸠媒"屡施。诗中用南北朝张褒辞官典故⑥,及宋朝赵概不计个人恩怨,力荐欧阳修的典故,以此来比喻黄道周不顾个人安危疏救钱龙锡之事。又如《寄怀杨伯祥》云:

> 送弟及江浒,凉风为余深。

---

① 此诗入选清陈济生《天启崇祯两朝遗诗》卷七《张天如诗》。
② 张廷玉等《明史》卷二五五《黄道周传》,中华书局1974年,第6595页。
③ 陈子龙《自撰年谱》,见《陈子龙诗集》,上海古籍出版社2006年,第664页。
④ 黄道周《黄石斋先生文集》卷十一《张天如墓志》注,续修四库全书本。
⑤ 按:黄道周《张天如墓志》云:"方壬申岁,公在馆甫一载,予以官,允削籍归,公投予二诗,即请假去。"《明史》卷二五五《黄道周传》复云:"(道周)崇祯二年起故官,进右中允。三疏救故相钱龙锡,降调,龙锡得减死。五年正月方候补,遘疾求去。"
⑥ 按:南北朝时张褒,梁天监御史劾其不供学士职,张褒曰:"碧山不负吾。"遂焚掉佩带的银鱼而去。

> 睹君仁义色，免彼童稚心。
> 鸟羽异南北，人情无古今。
> 长河流不息，晓夜谁知音。

张溥与友人杨廷麟在江边送别之际，留恋不已，感慨世事多变，而友情不变，时如川逝，而知音常念。又如《送谭服膺之德清》其一云：

> 独有春云下，相持各夜心。
> 人方视薮泽，君自托中林。
> 吴楚分江势，衣冠待树阴。
> 诗名吾友在，温雨故园寻。

谭服膺即谭元礼，谭元春之弟，兄弟二人均入复社，与张溥有来往。此诗写得清新尔雅，感情平静深沉，尾联韵味悠长。又如《送王复完大夫之开州》云：

> 同此岩邦内，安危视子身。
> 诗书诚上理，盗贼亦生民。
> 牧马知何地，加租愿有人。
> 旄丘葛正长，风物及今亲。

此诗为王复完赴任开州送行，提醒王复完注意体恤民情，善于治理民乱，表现出张溥对于民生的关心和重视。此诗之所以入选清陈济生《天启崇祯两朝遗诗》卷七，大约也是这个原因。

张溥有些送别诗，写得亦颇有趣味。如《送吴骏公归娶》云：

> 孝弟相成静亦娱，遭逢偶尔未悬殊。
> 人间好事皆归子，日下清名不愧儒。
> 富贵无忘家室始，圣贤可学友朋须。
> 行时襆被犹衣锦，偏避金银似我愚。

此诗写得亦庄亦谐。首联平静叙述,含有自得其乐、逢时显达之意。颈联郑重叮嘱高弟:富贵勿忘家人和朋友。颔联和尾联渐入谐趣:颔联中与高弟开起玩笑来,说人间的好事全让老弟你一个人包揽了,金榜题名,衣锦还乡,洞房花烛,当得起儒者之名。尾联进一步以师弟对比的方式开起玩笑来,说连你这样烂的小子竟然走大运而风光无限,而真才实学的我却没被别人发现啊。在玩笑中,我们可以多多少少感受到有些牢骚之意,但如果放在师弟情深、二人均高中科第春风得意的背景下来看的话,确能感受到其中的趣味。

(二)乐府艳歌诗

张溥诗中有一定数量的乐府诗,乃模仿乐府歌行之作。如《惜行》三首。其二入选清陈济生《天启崇祯两朝遗诗》和《元明清诗鉴赏辞典》①。诗云:

> 花开莺去日,石烂水清时。
> 不惮山川阻,空劳风雨随。
> 车中呼小字,桑下问柔荑。
> 一别无杨柳,临流应赋诗。

朱永平对此诗击节叹赏,做了全面的赏析,他认为"这首惜别情诗具有质朴清新,蕴藉含蓄的特点,十分耐人寻味。"全诗每两句属一个书写角度,开头"花开莺去日,石烂水清时",交待时间别具一格,作者抓住特定自然景物花、莺、石、水来点出春秋二季,实可泛指四季。"作者寓情于景,把零散的自然物象幻化成了一种新境,虚实相生,意境深邃开阔、恍惚迷离,颇具韵味"。三、四句是从道路的险阻和天气的恶劣入手的,"不惮"、"空劳"二词,突出强调女子心中的位置已为爱所主宰。五、六句是昔日送别的一个特写镜头,女子乘着车子相送,忽然在车中呼唤男子小名,男子于是动情地在桑下采了一把柔嫩的植物叶芽赠送给送行的女子表示慰问。这是女子留在男子心目中的一个不可磨灭的美好印象,作者只写了"呼小字"、"问柔荑"这种表象,实际附着在这表象后面的不尽情思是要读者去品味的,这就是本首诗的蕴藉美。最后两句,由回忆往事转回到眼前现实之中。总之,这首诗最大艺术特色是情藏字里,意在言外,不着一"情"字,而情感满

---

① 上海辞书出版社1994年,第734页。按:此为张溥唯一一首入选该书的诗。

溢。诗人的情思似露未露，余味无穷，堪称蕴藉美的范例。①应该指出，《惜行》其二是模仿五言古诗和乐府歌行之作。格调清新，感情唯美蕴藉，笔法灵动自然，无丝毫雕琢和模仿的痕迹。

《惜行》其余两首亦写得质朴真切，充满生活气息。其一云：

> 门前即大路，之子应未知。
> 行役薇或止，秋期日已亏。
> 君虽携弓矢，妾仅食粥糜。
> 但愿巾车疾，三朝新结褵。

全诗写一位痴情少女盼望客游情郎早日归家完婚的微妙心理活动。因为热切地盼望情郎归来，所以期望中交织着娇嗔的埋怨。开头两句先是埋怨并猜疑情郎怕是在外快乐的忘记了回家的路，接着三、四句少女又在心底计算了一次归期，秋天快要完了，情郎应该快回来了，用张溥自己的话说是"屈指算计，妙"。②五、六句于是开始向远方的情郎埋怨诉苦，你在外功成名就无限风光，可我在家含辛茹苦啊。最后两句，绾结上文，将无限的思念汇合成痴痴的盼望，希望情郎在三日内赶回来与她成亲。此诗多处化用《诗经》语句，如"之子"化用《小雅·鸿雁》意向和语句，"薇或止"化用《小雅·采薇》意向和语句，"新结褵"化用《豳风·东山》意向和语句。这几句化用《诗经》的句子都与盼望归来有关，化用自然，不着痕迹，巧妙地利用《诗经》原有的意境，进一步加深了《惜行》中少女盼望男子归来的意绪。

张溥又有《惜舟》三首，亦是这一类型的诗歌。其三云：

> 日出君勿顾，妾心如长河。
> 东山非所慕，蓬首不能歌。
> 水至千里曲，人难一日过。
> 盟津击舟楫，絺绤犹绮罗。

---

① 以上分析主要参录朱永平《析张溥〈惜行〉》，《名作欣赏》1989 年第 2 期。
② 赵九歌《李白诗张溥手批未刊稿》（上），《北京第二外国语学院学报》1995 年 4 期。

显然，此诗中的"东山"、"蓬首"亦化用《诗·卫风·伯兮》中语句和意向。表现了一位痴情少女对男子的思念盼望之情。笔法灵动，语言朴质。又如《孟门行》：

> 双丝系玉环，宛转生光泽。本以结同心，何知反弃掷！
> 君家美酒琥珀光，红颜少年空满堂，酒酣意气不可当。
> 君家玉堂盛孟门，孟门深谷无朝昏，中有美人啸且歌。
> 任义结客客自多，相与醉君金叵罗。
> 黄雀衔环报旧主，畏君弹射远飞去，夜深孤栖城北树。

此诗入选陈子龙《皇明诗选》、朱彝尊《明诗综》和沈德潜《明诗别裁集》。此诗以男女关系喻君臣之义，虽遭"弃掷"和"弹射"，但却忠心耿耿，不忍离去。张溥曾评李白"方知黄鹄举，千里独徘徊"云："此徘徊二字不单是说超然，兼有忍意在。"此诗之"黄雀"当与李白"黄鹄"用意同，赵九歌云："天如之于朱氏王朝，犹太白之于李家天下，因而所言当得其仿佛。"①故陈子龙评此诗云："天如忠爱，可见一斑，卒后而动圣主之思，有以也。"②沈德潜评此诗云："'夜深孤栖'，余情不尽，忠爱之心，故应如是。"③此诗在风韵上接近唐人。李雯指出此诗"得崔颢之神"。邹漪云"（天如）诗皆三唐风格"，④大概也是指这类作品。

张溥又有一些艳诗。如《次周勒卣艳诗赠陈卧子》云：

> 日暮流风暖，春深障曲池。
> 桂旌迎玉女，金笔待陈思。
> 小雅文无诽，高台人自吹。
> 莫愁家远近，香草正幽迟。

艳丽华美，动摇心魄。日暮春深，风暖曲池，玉女陈思，相逢欢会。又如《赠管君售艳诗》云：

---

① 赵九歌《李白诗张溥手批未刊稿》（上），《北京第二外国语学院学报》1995 年 4 期。
② 陈子龙《皇明诗选》，华东师大出版社 1991 年。
③ 沈德潜《明诗别裁集》，上海古籍出版社 1979 年，第 273 页。
④ 邹漪《启祯野乘》，转引陈田辑《明诗纪事》，上海古籍出版社 1993 年，第 3320 页。

> 士女添香夜有晖,星光移水博山依。
> 曲房金鸭罗浮梦,翠管珠襦芍药围。
> 人在锦屏辞赤凤,春多红雨送湘妃。
> 珊阑莫葬梨花后,晓织流黄仙子机。

士女夜话,香烟袅袅,曲房深处,湘妃仙子。美若梨花春雨,艳若流黄娟丝。又如《赠陈君伟艳诗》云:

> 细雨清风傍酒垆,短裳茹虑学提壶。
> 丽淫谁氏邯郸女,歌舞何人卫子夫。
> 千殿花开迷窈窕,十香词就濯肌肤。
> 柔荑新柳耶溪畔,笑屧全身红玉镂。

此诗用典甚多,香艳异常,"傍酒垆"指卓文君,"邯郸女"指美女,邯郸多美女。"卫子夫"则是美女之尤,能歌善舞,由歌女、夫人而成皇后。"十香词"乃香艳至极之词,源出辽赵王耶律乙辛为诬陷懿德皇后萧观音而作的香艳之诗,云女性身体的十处之香。"耶溪畔"指西施。此诗描绘历代美女及香艳之事,可谓极尽能事。

总之,张溥的这些乐府艳歌诗深受六朝乐府诗和齐梁宫体诗的影响,具有艳丽婉约的一面。

(三)哀挽怀古诗

"哀悼之诗怆以深"。① 张溥诗中一些哀挽之作,写得沉痛感人。如《哀薄少君兼感忧见赋痛》云:

> 百律鹃红烛已灭,贞心夜夜变风雷。
> 灵归何处看儿死,诗到于今似古哀。
> 此日碧镂知断绝,十年绣褥幸招来。
> 横悲只逐东流水,梁孟坟边思子台。

---

① 陈子龙《皇明诗选序》,见《陈子龙文集》,华东师大出版社1988年,第358页。

薄少君乃张溥友人沈承之妻，夫妻二人先后亡，张溥抚其遗孤，此子在九岁时不幸夭折，张溥旧痛新悲一起涌上心头，于是写下此诗。首联用"烛已灭"、"风变雷"等意向来比喻友人沈承家庭的不幸遭遇，颔联与颈联抒发浓重的哀愁，感慨友人的不幸遭遇，尾联用东流水比喻绵绵的哀愁，末句以"梁孟坟"、"思子台"两个特写景头收尾，将这一人间悲剧推至高潮。又如《哭宋华之有序》，序云："丁丑（1637）夏间，传闻华之讣信，冀其不真，比得澄岚字，则果然矣。悲不可止，先成四律，寄焚筵首，告之地下。柳州不亡，山阳若答，辄为如雨。"其四云："年年不尽坐惊蓬，五十如斯我道穷。竹简字开汲县冢，奇文赴召白瑶宫。幅巾野服王孙俭，遗桂风容叔向同。百万吴民俱巷哭，说君杀贼鬼犹雄。"哭吊亡友，悲不可止。

又如《寄张受先时闻其内艰》哀悼张采之母且安慰张采，诗云："七月风雷疑告梦，六州痛哭别倚闾。诗成不忍示朱记，扇上啼痕月上初。"对于好友之母亡逝悲痛异常，以至于诗成而悲痛难禁，不忍寄出。此时，纸扇上早已泪痕斑斑，恰如初升之月。这个比喻是贴切而奇特的。又如《吊高景逸先生四首》吊祭高攀龙。其一云：

> 屈平遗则在秋澜，此日君归天地寒。
> 止水须眉同白月，孤山草木尽芳兰。
> 魂游北禁思先帝，身入黄泉愧百官。
> 数卷流行凭后死，恨无芒剑筑京观。

天启六年，高攀龙在里闻缇骑捕讯后，为避凌辱，投水自尽。张溥得知这一消息后悲愤不已，对正人惨遭迫害表现出极大的痛惜，着力赞扬其志节高洁。又如《吊五人墓二首》，其一云："歌舞亭台一土坟，愁听鬼哭日瞳曈。要离枯骨城头月，伍相精灵江上云。南北人来祠青草，白衣冠送出河汾。豺狼从此收牙吻，不愧吴中君子军。"其二云："壮士呼声雷雨殷，阖闾城内痛如焚。牛羊晚下皆哀汝，箫鼓舡来亦吊君。诗满江州伤李白，悲同东海葬田文。老翁洒扫葵蒲扇，古道寒丘驱呐蚊。"对"开读事件"中被捕就义的五人表示深切的哀悼，赞扬其不畏权贵、勇于斗争的精神。

张溥哀挽诗除哀悼亲友外，还有一部分是对一些名将和忠臣表示哀悼和缅怀。如《吊卢大司马》吊祭本朝大司马卢象升。卢象升崇祯十年遇清兵，寡不敌众,激战至死。《明史·卢象升传》云:"师至蒿水桥,遇大清兵。象升将中军,大威帅左,国柱帅右遂战。夜半,觱篥声四起。旦日,骑数万环之三匝。象升麾兵疾战,呼声动天,自辰迄未,砲尽矢穷。奋身斗,后骑皆进,手击杀数十人,身中四矢三刃,遂仆。掌牧杨陆凯惧众之残其尸而伏其上,背负二十四矢以死。仆顾显者殉,一军尽覆。"①诗云:

桓桓卢尚书,三十握旄钺。转战楚豫间,群盗窜海碣。
天子重公才,授以大帅节。上方斩马剑,双戟列茅蕝。
长镇天雄军,永为邦之桢。胡尘卷地来,墙子岭先折。
檀车釖元戎,表饵亦无策。公时闻父丧,哀号形毁瘠。
强起整六师,同朝劝于役。公虽笃天亲,不敢忘国厄。
慷慨出九门,猛气噉狐貉。倏焉掣其肘,四顾皆巾帼。
墨缞讼至尊,壮心裹马革。捣营八阵奇,殿后万夫射。
栾技方曳柴,晋鄙何嚄唶。欲战既不可,斩䩤怒投石。
嗟哉郭尚父,坐困军容客。三辅凤鹤惊,名城弃尸积。
翰林愤上书,来参幕府画。公方袒臂呼,檄召大河杰。
十六骏骑腾,五千人饮血。绝粮已历旬,士气吞金镞。
追奔及巨鹿,杀伤鼓声竭。贾生百战余,大命于此决。
翰林夜闻变,疾驰越沙碛。仰天呼君旁,手为覆骨骼。
盥面貌若生,箭镞犹贯额。露章告禁廷,死状最明晰。
走马一匹夫,粉身辨忠赤。翰林代丧主,燕赵尽衣白。
非效栾布哀,同有张许惜。

此诗具体再现了大司马卢象升的勇猛威武、壮烈牺牲以及战争的激烈残酷,长歌当哭,情意真挚,具有史诗的意义。又如《吊于忠肃公祠》云:"梧柏风严对月明,至今两袖识书生。青山魂魄分夷夏,白日须眉见太平。一死钱塘潮尚怒,孤坟鄂渚水同清。莫言软美人如土,夜夜天河望帝京。"吊祭明代民族英雄、著名儒将于谦。"两袖识书生""钱塘潮尚怒"等语传神地表现了于谦的儒雅和刚健。又如《哭刘舆欧少司马》十首,哭吊本朝刘之纶少司马。刘之纶少随父兄务农,闲时

---

① 张廷玉等《明史》卷二六一《卢象升传》,中华书局1974年,第6766页。

卖薪市中,归而学书,铭其座云"必为圣人",里人由是皆称其为刘圣人。天启初,举乡试。崇祯元年第进士,改庶吉士。二年,由好友金声推荐被召,授兵部右侍郎。三年春,与清军激战,壮烈牺牲。《明史·刘之纶传》云:"大清兵自永平趋三屯营,骁骑三万,望见山上军,纵击之。之纶发砲,砲炸,军营自乱。左右请结阵徐退,以为后图,之纶叱曰:'毋多言!吾受国恩,吾死耳!'严鼓再战,流矢四集。之纶解所佩印付家人,'持此归报天子',遂死。一军皆哭,拔营野战,皆死之。尸还,矢饮于颅,不可拔,(金)声以齿啮之出,以授其家人。"①张溥感其忠勇,作诗哭祭之,其一云:"哀岂一年事,劳心及草虫。举朝资格内,自古涕洟中。矢竭疮痍怒,颜生沙木红。众人应富贵,生死不须同。"对刘之纶舍生忘死深表哀悼,对苟且偷生者予以讽刺。其四云:"仆仆花光绝,深寒阵夜开。书生非好事,明主正求才。雄毅犹堪鬼,岨峨不是台。经年多叹息,知者在行枚。"对刘之纶作为一介书生敢于领兵作战、为国分忧深表理解。其九云:"白发万里送,孤儿岁未占。贫穷贻后死,慷慨出群嫌。峡怒天心动,人归江色添。依然旧园里,碑版露方霑。"对刘之纶死后亲老子幼、家庭贫弱深表痛惜。此三首均入选陈济生《天启崇祯两朝遗诗》卷七。又如《吊岳武穆祠》吊祭南宋民族英雄岳飞,写得沉郁悲凉:

万古悲凉君未终,至今野老哭江东。
寻常将相谁为死,草率华夷不再雄。
铁铸狐狸羞石马,坟如明月向西风。
将携热酒浇燐白,松柏声来欲射熊。

表达对岳飞惨遭奸人杀害的悲慨,对宋朝错杀大将而节节败退的历史叹息不已。显然,"此诗不仅仅是吊古之作,而且有着强烈的感时之叹。"②抚古伤今,感慨系之。

张溥在诗中对古代高士亦加追怀,如《过严先生钓台》云:

依然西汉水,肃手拜先民。一饭皆天子,山头属故人。

---

① 张廷玉等《明史》卷二六一《刘之纶传》,中华书局 1974 年,第 6768 页。
② 何宗美《明末清初文人结社研究》,南开大学出版社 2003 年,第 264 页。

> 浙江今日有，文叔布衣新。非我披裘傲，丝竿不肯臣。

追怀颇富传奇色彩的东汉高士严子陵。严子陵以曾与汉武帝同榻而卧却不肯接受汉武帝刘秀的任职而甘愿隐逸而闻名，其高风亮节，历代铭唱。如范仲淹《严先生祠堂记》云："云山苍苍，江水泱泱，先生之风，山高水长。"张溥此诗中最后两句"非我披裘傲，丝竿不肯臣"很能表现严子陵的不慕荣华甘于隐逸的思想。

历史上那些富有传奇色彩的才女也成为张溥诗中挽吊的对象。如《吊苏小小墓》云：

> 不见人来绿尽封，碧泥红草即君容。
> 苍黄天际疑舟绝，寥落梅花伴夜慵。
> 绣领虫丝同一穴，愁歌金缕只三峰。
> 玉檀匣里飞清雪，洛甫何年更种松。

此诗挽吊苏小小。苏小小相传是南齐时钱塘名妓，才色俱佳，年十九病亡，葬于西泠桥畔。后代文人墨士对其凭吊者不乏，如李贺《苏小小》云："幽兰露，如啼眼。无物结同心，烟花不堪剪。草如茵，松如盖。风为裳，水为佩。油壁车，久相待。冷翠烛，劳光彩。西陵下，风吹雨。"徐渭《苏小小墓》云："一抔苏小是耶非，绣口花腮烂舞衣。自古佳人难再得，从今比翼罢双飞。蘋边露眼啼痕浅，松下同心结带稀。恨不颠狂如大阮，欠将一曲恸兵闱。"今人余秋雨指出："历代吟咏和凭吊苏小小的，当然不乏轻薄文人，但内心厚实的饱学之士也多的是。"[1]张溥即属于后者。张溥此诗意境孤寂清幽，流溢着淡淡哀愁，站在碧泥红草的苏小墓前，不觉感慨美丽的逝去，历史的变幻，一切在绚丽如夏花后都归于冬雪般的冷寂。除苏小小墓外，在杭州西湖还有一座美人墓，即冯小青之墓。张溥又有《吊小青》与《和吊小青》四首。冯小青，小字玄玄，才貌绝伦，明万历中生，后为冯通小妾，由于冯通妻悍妒，出外独居，不久小青郁郁而死，年仅十八。[2] 小青有诗云："冷雨幽窗不可听，挑灯闲看牡丹亭。人间亦有痴于我，岂独伤心是小青。"孤

---

[1] 余秋雨《文化苦旅·西湖梦》，东方出版中心1992年。
[2] 潘光旦《冯小青》，新月书店1940年。

寂伤感,感慨身世飘零,小青超绝的才华与凄惨的身世打动了无数文人墨客。张溥《吊小青》云:"绿练铺成怨蝃蝀,碧裳和土带腥铜。夫人盛气能飞雨,婢子微躯任落枫。三楚叶摧开绣匣,一湖凫乱起秋风。平生不惯灯前泪,为子孤心碎百红。"对冯小青的遭遇深表哀婉和同情,不觉洒泪灯下。张溥又有《和吊小青》四首,其一云:"青青此日立风前,镜里潮生落处怜。月出不知松柏暗,更移灯影照香莲。"其三云:"纵横湖水在门前,分入重闱日夜怜。薄命倚人偏恨早,清明风雨送红莲。"值得注意的是这四首诗压同韵,且第一句末尾均用"前"字,第二句末尾均用"怜"字,第四句末尾均用"莲"字。这显示了张溥于诗歌逞才争奇、驾驭熟练的一面。张溥又有《赋梦》一首,与小青亦相关,诗云:"分明题锦带,只恨酒难醒。五字惊蝴蝶,三更哭小青。人从山上立,句向月中听。流水归何处,来朝问画屏。"凄婉清冷,意蕴幽远。

总之,张溥的哀挽怀古诗,或凄婉,或慷慨,情真意切,具有较强的艺术感染力,尤其是哀吊高攀龙、卢象升、五义士的诗歌,摹写时事,慷慨悲痛,具有史诗的价值。可以说,"社会的动乱,使诗人们用自己的血和泪写出了许多爱国诗篇,慷慨悲壮,使诗风为之一变。"[①]

(四)记游题画诗

张溥记游诗中亦有一些佳作。如《同来之、孟宏、孟朴、君伟、龙渊晚眺次韵》其一:"莫言水国可无山,隐约光华在树间。数点横舟乘月往,千群流瀑似鸥闲。鱼凫队里看娇舞,芦荻声中惜醉颜。延得乱霞来席上,稻秧初放藕花湾。"[②]此诗很能表现同人野游的趣味和景色的幽美。又如《过老竹岭》其三云:"自山看上下,物物与云牵。渡坂疑追日,御风如涉渊。涧边人影瘦,石上月光全。萧瑟应无暑,沧涟且濯巅。"全诗景色静穆,物理相融,以有情之笔,构无我之境。又如《雒社晚泊游观鹅亭》云:"古寺依然王谢家,黍禾初熟市鱼虾。山阴旧榻摹残壁,白下清谈怨落花。晋代衣冠江左客,秦时阡陌邵陵瓜。庄严非复金轮相,修禊年年说永嘉。"在记游中怀古,寄寓沧桑的历史感慨。又如《同与游、孟宏、君伟湖心放舟,扶九携尊小酌迟维斗次孟宏韵》中云:"朋心十夜清鱼鸟,客傲三篇老阮嵇。淡冶诸山邀作赋,蒙茸孟夏再分题。"寥寥几句表现了西湖宴游时的意气豪迈,

---

① 《中国全史》第 16 卷赵景云等《中国明代文学史》,人民出版社 1994 年,第 220 页。
② 此诗入选清陈济生《天启崇祯两朝遗诗》。

"风神清狂,溢于笔端"①

张溥又有一些题画诗,短小精练,用语清新。如《题画梅》云:"静树同君立,清心夜入钟。遥怜一枝意,对与隔溪松。"既是对画面的深度复现,更是对其中意蕴的提升,梅之清幽高洁跃然纸上。又如《题画兰》其二云:"着纸颠颠翠色微,美人近在是烟非。也知三月春消尽,傍得阑干学鸟飞。"通过对颜色、相态、形态的描摹,再现了翠绿欲滴、俏美鲜艳、攀栏爬升的兰花可爱形象。又如《题画美人》云:"莫言蕉叶竟无花,指下新声自攫拏。忽报园中名果落,词人错欲认琵琶。"通过听觉和错觉,巧妙地将画面所要传达的意思再现出来,诗画相映成辉,使读者如置身于其中。又如《题画菊》云:"秋天领气得高凉,剪叶分花虚月长。幽冷择栖宫一亩,孤妍选物水千厢。人归雨后风偏劲,身坐霜中发更苍。次第清癯争入袖,衣冠古貌不嫌方。"通过"高凉"、"虚"、"幽冷"、"孤妍"、"劲"、"苍"、"清癯"、"古貌"等细节的刻画,将菊花的孤幽、苍劲、清古的神韵再现出来。此外,值得一提的是,张溥还有大型题画组诗《题祈世培侍御寓山诸景》,凡三十二首,对画中的三十二个景点逐一题诗,诗与画相融为一。张溥的题画诗很好地证明了诗画相通、诗是有声画、画是无声诗的文艺观点。

另外,张溥诗中还有《宋九青赋鞦韆诗三十章索序答十章以代弁言》,这组诗比较特别:其一,从用途来看是以诗作序。其二,从形式上来看,十首诗的首联上半句末尾用"争"字,下半句末尾用"明"字,颔联末尾用"卿",颈联末尾用"声"字,尾联末尾用"名"字。这种次韵的特点在张溥的组诗中表现较多,很能显示才华和技巧。如组诗其二云:"最怜春风不胜争,别有幽弹畏月明。金烬余香留惜惜,玉痕压臂任卿卿。女墙短见榴花影,高阁无言棋子声。写入清箜曲未半,凤凰虽小合呼名。"其五云:"新年杨柳怯莺争,络索风吹墙外明。油壁不来空苑囿,裙钗自古薄公卿。深心欲逐青山见,长叹微闻红豆声。堤上回车零落影,杏花如雨不知名。"其七云:"烟下穿莺若个争,提枰博得乱霞明。闲抛玉钏将惊鸟,自整花枝更问卿。小小春泥湔绣袜,亭亭一叶送秋声。遥心拂向珠帘坐,木末芙蓉不敢名。"其十云:"自选芳妍到处争,蜡花偏照水边明。博山一炷人如月,好树无枝妾共卿。试筑留风不肯立,欲敲江橘忽成声。年来空国啼羞魇,酒亦骄君竹叶名。"末字相同,而意蕴各异,驾轻就熟,纵横自如。这四首入选陈济生《天启崇祯两朝遗诗》。

---

① 何宗美《明末清初文人结社研究》,南开大学出版社2003年,第216页。

二、诗歌艺术特点管窥

清人章学诚云:"大抵学人之诗,才人之诗,诗人之诗,文人之诗,各有所长,亦各有其流弊。但要酝酿于中,有其自得,而不袭于形貌,不矜于声名,即其所以不朽之质。"①张溥之诗为学人之诗,其诗歌成就整体上亦不如其散文成就。但纵观其八百余首诗歌,张溥诗歌亦"有其自得"之艺术特点:

(一)诗风趋求平易

张溥诗歌在诗风上表现出"有意趋于平易"②的特点。其诗风趋于平易,一方面是因为不满于竟陵派幽僻峭诡的诗风,而以平易予以拨正;另一方面也是受其史学观的影响。张溥认为经史皆文,他对史学语言提出的标准是"贵核"、"欲清"、"文无多言,清通简明"(《七录斋诗文合集·史绪序》),③对史学语言的这种要求,也自然影响到了他对诗歌语言的要求,故其诗风趋于简明平易。若再联系他先质后文的文学思想来看,则其诗风趋于质素平易也就更容易理解了。

如《题画梅》云:"静树同君立,清心夜入钟。遥怜一枝意,对与隔溪松。"语言清新自然,明白如话,无需典故,无需藻饰,用白描之法将画面再现于读者眼前。又如《过严先生钓台》云:"依然西汉水,肃手拜先民。一饭皆天子,山头属故人。浙江今日有,文叔布衣新。非我披裘傲,丝竿不肯臣。"此诗就刘秀(字文叔)与严光之事成文,没有铺陈典故,而是用尽量平易的言词将严子陵的精神气韵表现出来。又如《送谭服膺之德清》云:"独有春云下,相持各夜心。人方视薮泽,君自托中林。吴楚分江势,衣冠待树阴。诗名吾友在,温雨故园寻。"全诗平易自然,淡泊温润,无雕琢之迹,既表送别之情,又寄期待之意。又如《送王复完大夫之开州》云:"同此严邦内,安危视子身。诗书诚上理,盗贼亦生民。牧马知何地,加租愿有人。庑丘葛正长,风物及今亲。"全诗明白如话,为王复完赴任之际对其叮咛之语,希其体恤民情,宽仁待民。又如《送锺百里之任山阴》云:"著作盈高宇,枯心静不删。崎岖向岁暮,郁雅坐书间。误字刊当净,奇人缘自悭。风霜开夜悟,草木待朝班。不识河梁道,无忘蘦莱颜。箕冠称盛会,应接始著山。"全诗较为古

---

① 章学诚《校仇通义·韩诗编年笺注书后》。
② 郭预衡《中国古代文学史长编》第四册,上海古籍出版社2007年,第182页。
③ 参见《张溥思想探析》部分。

朴平易,其中"河梁道"、"蘴菜颜"等语,颇能显示出平易的特色。又如《寄张受先时闻其内艰》中云:"七月风雷疑告梦,六州痛哭别倚间。诗成不忍存朱记,扇上啼痕月上初。"直诉悲情,语言平易,扇上泪痕如初升之月的比喻,取诸目前,十分贴切。又如《寄怀马君常》云:"怀君不可说,明月应自知。温饱非所志,艰难幸勿辞。高秋慎风露,正色修文词。报答千里意,忧乐无穷期。"没有艰深的典故和怪僻的词语,而是用平易的话语表达对好友的思念和叮嘱:我之思君,明月可证。君须奋进,勿辞艰难。多多保重,文须尚节。虽隔千里,忧乐俱同。又如《江雨怀受先》云:"别君几两月,草草待江浔。新雨知无恙,他乡共一心。读书防骤暑,话汝在高岑。却寄还愁促,今宵恐没参。"全诗描述作者在雨夜怀念已分别数月的好友,絮絮道来,如诉家常,提醒友人防止中暑,此时纸短情长,临近拂晓,仍觉得时间仓促,未表达完心中的思念,全诗内容平易,感情温婉。又如《送侯豫瞻北上》其一云:"春气吴山早,风来水国徐。社村今日酒,牀笏旧时书。燕子迎新舫,桃花奉板舆。尚持司马节,矜重佩金鱼。"此诗为送别侯豫瞻北上应考,前六句点名送别的季节与地点,末二句寄以期翼,全诗较为清新平易。

(二)取法对象多元

邹漪云张溥"诗皆三唐风格。"[1]实际上,张溥的诗歌风格于唐诗之外,还受到汉魏、六朝诗风的影响。如《甘霖应祷诗》为五言古诗,是张溥诗中最长的一首,凡六百六十字。此诗列于《七录斋诗稿》卷一首位,应是张溥早年的一首诗作。这说明张溥早年作诗时是以汉魏古诗为学习对象的。古诗一般没有格律,不限长短,不讲平仄,用韵也相当自由,比较适合初学者。但从这首五言古诗押韵比较严格来看,作者显然在用韵方面刻意做过努力。

张溥的乐府艳歌诗,亦表现出深受汉魏乐府及齐梁宫体诗影响。如《惜行》三首、《惜舟》三首,其格调及韵味极类汉魏乐府诗。又如《赠管君售艳诗》、《赠陈君伟艳诗》、《次周勒卤艳诗赠陈卧子》等艳诗则又表现出受齐梁宫体诗的影响。再如一些五言、七言古诗,如《寿计母汝太君七十》等,风格古朴,也可以看出明显地受到汉魏古诗的影响。

当然,张溥诗歌更多的是表现出近体的气息,受到唐诗的影响较多。如《哭沈青屿先生五言排律三十二韵偶读杜律依律和之》为五言排律,系模仿杜甫排

---

[1] 邹漪《启祯野乘·张庶常传》,《中国野史集成》第三十一册,第494页。

律。证明了张溥对唐代诗歌的着意接受。张溥又有《拟唐人六赠诗十二首》,则已完全是唐人风味了,如《花篮》云:"一筐烟露为春携,可许流丝障绿泥。料得醒时将斲草,好人衣服也提提。"《梳奁》云:"试掠新年不敢啼,春归薄练燕风低。漆光照得同心结,此日萧娘正及笄。"清灵明快,无雕琢之痕迹。又如《送申素公之任万安》:"高调吹寒别路深,名城缓带坐天琛。庐陵文圣来传草,江右诗宗弹入琴。每爱同声称座下,偏怜细语到庼荫。桑园少长愁人各,春水来时送客襟。"对仗工整,用律熟练,很有些唐人的意味。又如《再赋送孙孟朴》:"君来携得许多情,君去无端托姓名。尽夜酒来伤语促,连朝花发及秋清。频呼装剑愁风厉,欲往停车听鸟鸣。此去论心期四月,偪寒拨火岁将盈。"清新自然,亦是典型的三唐风格。张采云张溥"诗率笔题咏,皆三唐风格"①,大概也是就这一类诗歌而言。

(三)诗歌风格多样

张溥诗歌在题材方面较为多样,如对于友情、气节、义士的赞美,对于亲友、名将、忠臣、义士、才女的哀挽,对于朝廷事功的描写,对于亲友的祝福,对于爱情、美人委婉的描摹等,故其诗歌风格也相应地表现出多样化,既有激昂刚健、不屑雕琢语言的一面,又有典雅崇正的一面,还有清丽细腻、唯美动人的一面。

与其散文风貌有某种一致性,张溥诗歌风格较为突出的一点是激昂刚健。如《辽师大捷奏凯四章》其二:"明月城头击筑中,大旗云外白杨风。师行吉日旋抽马,夷乐鉦铙贡雁翁。"全诗风格古朴刚健,在短短的几句中揭示了将士勇猛作战、凯旋而归的情景。此外,吊祭爱国将领及义士的一系列诗歌在整体上也表现出激昂慷慨的风格,颇具艺术感染力。如《吊岳武穆祠》云:"万古悲凉君未终,至今野老哭江东。寻常将相谁为死,草率华夷不再雄。铁铸狐狸羞石马,坟如明月向西风。将携热酒浇磷白,松柏声来欲射熊。"诗中对于南宋抗金英雄岳飞冤屈而死,深表悲痛,感慨名将亡而战事殆,用"万古"、"悲凉"、"江东"、"明月"、"西风"等意向表现出激昂刚健的风格。又如《吊高景逸先生四首》吊祭投水而亡的东林党人高攀龙,其一云:"屈平遗则在秋澜,此日君归天地寒。止水须眉同白月,孤山草木尽芳兰。魂游北禁思先帝,身入黄泉愧百官。数卷流行凭后死,恨无芒剑筑京观。"用屈原自沉汨罗的典故及香草美人的传统意向,表现了高攀龙的气节,全诗悲慨深沉,风格劲健。又如《吊于忠肃公祠》:"栝柏风严对月明,至今两袖识书生。青山魂魄分夷夏,白日

---

① 张采《知畏堂文存》卷八《庶常天如张公行状》。

须眉见太平。一死钱塘潮尚怒,孤坟鄂渚水同清。莫言软美人如土,夜夜天河望帝京。"此诗吊祭明代爱国将领于谦。于谦曾以石灰自喻,其《石灰吟》云:"粉身碎骨浑不怕,要留清白在人间。"张溥此诗以激昂刚健之风格从一个侧面表现了人们对于一代儒将于谦的推重和伤悼。又如《吊卢大司马》为一长篇五古,在描述卢象升洒血沙场、壮烈牺牲的过程中,表现出激昂慷慨的风貌。"慷慨出九门,猛气嗷狐獌"、"十六骏骑腾,五千人饮血"、"绝粮已历旬,士气吞金铁"、"盥面貌若生,箭镞犹贯额"传神地表现出卢大司马勇猛悲壮和将士破釜沉舟的精神。又如《哭刘与欧少司马十首》哭祭在与清军激战中牺牲的本朝少司马刘之纶,"矢竭疮痍怒,颜生沙木红"、"吊尽中原客,惟兹独夏春"、"岂为蓬飞尽,精神到土荄"、"雄毅犹堪鬼,岨峨不是台"、"揽辔山河在,浇坟蝇蚋贪"、"莫饮荆轲酒,空留司马衫"等语表现出慷慨激昂的风格。又如《吊五人墓二首》吊祭在与阉党斗争中献身的五位普通市民,风格亦激昂刚健。其一云:"歌舞亭台一土坟,愁听鬼哭日方曛。要离枯骨城头月,伍相精灵江上云。南北人来祠青草,白衣冠送出河汾。豺狼从此收牙吻,不愧吴中君子军。"诗中用春秋时期侠士要离、具有豪侠精神的吴国大夫伍子胥的典故,以及"愁听鬼哭"、"枯骨"、"精灵"等意向表现出五人的侠义慷慨精神,全诗于悲悼中透出激昂刚健之气。

张溥送别友人诗中亦表现出激昂慷慨的风格。如《送黄石斋先生》为送别外贬之友人黄道周,感情强烈,风格激昂刚健。"先成骨性忧天步,历尽艰危耻鸠媒"、"张褒长啸山难负,赵概修书字未灰"等语传达出对黄道周遭遇不平的愤慨。又如《送魏中严给谏归闽》中"欲回天地心,万言岂云赘。西钟戒履霜,今且悲日嚏"亦表达出对魏呈润直言进谏而遭贬的忧愤。

于激昂刚健之外,张溥诗歌亦表现出典雅崇正的一面,这主要表现在一些对朝廷盛典的描写、对亲友的祝寿以及与同人的雅集诗上。如《朝日歌》颂赞帝王祭日盛典,全诗写得典雅肃穆,如"大次虔周典,成山肃汉仪"、"制作严三正,功劳感四时"、"光华沐宝鼎,志气格神芝"、"王宫星夜炳,群祀礼相随"等句描摹出祭日大典上隆重端肃的气氛。又如《宋位宇年伯六十偕序》为宋位宇祝寿,全诗亦写得典雅崇正,如"醻雅情何际,称人辞有条"、"风来志清穆,礼至息华雕"、"典章开赤闉,烟水度青绡"、"策府弘苍字,词家丽汉箫"、"凭楼迎绛气,齐案醉明霄"等句很能表现这一面。又如《夏日陪刘映薇父母集弇山次受先二律》云:"胜水烟鱼任主宾,莲花选静得高人。园非旧日名偏古,山近天然石不尘。薜屐三峰闲竹杖,凉舟一叶放秋麟。纵恣宇宙存风雅,新露蕉香念此辰。"全诗表现夏日与刘士斗、张采雅集情景,写得雍容典雅。

在表现一些女性题材时,张溥的诗歌则表现出清丽唯美的一面。如《惜行》三首,仿汉乐府而作,表现一位女子对游子痴痴的相思,清新唯美,为张溥诗中之佳作。其一云:"门前即大路,之子应未知。行役微或止,秋期日已亏。君虽携弓矢,妾仅食粥糜。但愿巾车疾,三朝新结褵。"其二云:"花开莺去日,石烂水清时。不惮山川阻,空劳风雨随。车中呼小字,桑下问柔荑。一别无杨柳,临流应赋诗。"《惜舟》三首亦是这种风格,表现女子与游子的分别与思念,清丽感人。如其三云:"日出君勿顾,妾心如长河。东山非所慕,蓬首不能歌。水至千里曲,人难一日过。盟津击舟楫,缔纷犹绮罗。"又如《宋九青赋鞦韆诗三十章索序答十章以代弁言》其二:"最怜春气不胜争,别有幽弹畏月明。金烬余香留惜惜,玉痕压臂任卿卿。女墙短见榴花影,高阁无言棋子声。写入清筐曲未半,凤凰虽小合呼名。"诗中"金烬余香"、"玉痕压臂"、"惜惜"、"卿卿"、"榴花"、"清筐"等语将诗中女主人公烘托而出,全诗清丽唯美。其五又云:"新年杨柳怯莺争,络索风吹墙外明。油壁不来空苑囿,裙钗自古薄公卿。深心欲逐青山见,长叹微闻红豆声。堤上回车零落影,杏花如雨不知名。"全诗描摹出一幅清丽唯美的画面:春天的杨柳,空空的苑囿,痴痴的等待,淡淡的失落,茫茫的细雨,渐行渐远的油壁车。又如《题画美人》其二:"自小矜庄是内箴,博山赢得佛前茶。真人不向丹青立,犹恨朦胧隔一纱。"清丽朦胧,唯美感人,勾勒出无限的遐想空间。又如《和吴中翰虞姬墓诗》:"墓头诗满墨余腥,一剑芳魂目不瞑。自是史迁成小记,到今文字似排青。"抒发淡淡的哀伤,唯美感人,陷入历史的沉思之中。又如《吊苏小小墓》、《吊小青》、《和吊小青》,表达对前代才女的追怀和伤感,清丽唯美,"不见人来绿尽封,碧泥红草即君容"、"平生不惯灯前泪,为子孤心碎百红"、"青青此日立风前,镜里潮生落处怜"等句颇能传达出这种神韵。

张溥的一些题画诗,亦写得清丽唯美,如《题文寿承姑苏画景三首·半塘寺》云:"何地无芳草,离城折木华。临桥三笑影,系树七香车。塔贮名经字,莲开女子花。西湖如髣髴,浓淡自成家。"用文字表现出来的苏州半塘寺,似乎比画更唯美。又如《题祁世培侍御寓山诸景三十二首·小斜川》:"偏于曲径见垂虹,一片疏梅四望同。滴露清晨怀淡漠,石钟山下起秋风。"此为祁彪佳寓园里小景小斜川所题,画面清丽唯美。

第六章　张溥的影响和意义

张溥为晚明风云人物，有"江南士林领袖"[①]、"东南坛坫主盟"[②]、"明季部党之魁"[③]、"命世大儒"[④]、"有道之士"[⑤]、"间代之逸才"[⑥]之誉，在晚明党社、学术及文学方面兼领一时风气，颇具影响，时人云"天如之名满天下"[⑦]，可见一斑。

与张溥在明末的显赫地位和巨大影响形成鲜明对比，清代官方评价体系对张溥持否定贬斥的态度，敕修《四库全书》时将其别集及大部分著述列为禁书，严加查禁。如《清代禁毁书目（补遗）》云："溥颇负才名，而交通声气，为周延儒营求复相，人品不足取。诗文俱有违悖处，应请销毁。"[⑧]四库馆臣对张溥的评价也以否定意见为主。如《四库全书总目·春秋三书》存目提要云："其学问则多由涉猎，未足专门。"《四库全书总目·历代史论二编》云："议论凡近，而笔力尤弱，殊为不称其名。"《四库全书总目·历代名臣奏议》云："溥所去取，颇乏鉴裁。"[⑨]清人对明人的贬诋，很容易让人想到唐人对齐梁士人的批评诋毁，其心理或亦如是："夫唐人文章去徐（陵）、庾（信）最近，穷形尽态，模范是出，而敢于毁侮，殆将讳自所来，先避寻斧欤？"[⑩]

历史的起伏令人感慨。张溥生前名闻天下，然而英年早逝，门绪式微[⑪]，

---

① 张岱《石匮书后集·张溥》，《明人传记丛刊》第104册，明文书局1991年，第339页。
② 唐文治《张天如先生遗像记》，《唐文治文选》，上海交大出版社2005年，第387页。
③ 《春秋三书》，永瑢等《四库全书总目》卷三十，中华书局1965年。
④ 钱谦益《太仓张氏寿宴序》，《初学集》，上海古籍出版社2003年，第1065页。
⑤ 陈际泰《张天如七录斋叙》，《太乙山房文集》，四库禁毁书丛刊补编本。
⑥ 周锺《七录斋集序》，《七录斋诗文合集》卷首。
⑦ 黄道周《黄石斋先生文集》卷十一《张天如墓志》，续修四库全书本。
⑧ 姚觐元编，孙殿起辑《清代禁毁书目（补遗）·清代禁书知见录》，商务印书馆1957年，第189页。
⑨ 清永瑢等《四库全书总目》，中华书局，1965年，第250页，第765页，第502页。
⑩ 张溥《庾开府集题辞》，殷孟伦注《汉魏六朝百三家集题辞注》，人民文学出版社1960年，第290页。
⑪ 吴伟业《清河家法述》（《吴梅村全集》，上海：上海古籍出版社1990年，第609页）载，张溥死后二十年（顺治十七年），仆人陈三欺压张溥妻王氏及继子张永锡、女婿吴孙祥者，于是由吴伟业出面，联系张溥故旧数人，庭审陈三，整顿家法，迫其交还霸占之财产。张溥身后家庭之衰落，由此可见一斑。

鲜乏表彰者,又时值易代鼎革之际,遂不免令人有"功半而人亡,身没而言隐"①之叹,再加之清廷严禁结社②,对于明末结社者贬斥有加,敕修《四库全书》时对明人学风和著述亦极力贬斥,将明人尤其是晚明士人文集大多列为禁书,故张溥的面目便逐渐模糊起来,其殁后声名已与生前之影响不可同日而语。恰如高燮所云:"然以数公之文章,当时声誉倾一世,而亡国以后,人多忌讳,遂致散佚,可叹也。"③

前述明清官方、士人对张溥褒贬不一,毁誉各异,其评价颇值得玩味,于其中可看出时代风气、各自立场、喜好及意图。运用现代眼光来重新审视,张溥的影响和意义至少有四个方面(社会活动,政治斗争,学术活动,文学及文集整理)不容忽视。

一、社会活动方面

"张溥一生业绩,主要是组织文社。"④在社会活动方面,张溥创建了中国古代第一大文社——复社⑤,并以复社主盟的身份,培养、团结、奖掖了一大批优秀士人,在中国古代社团史上具有重要的影响和意义。

张溥以超常的气魄和能力打破门户之见,统合诸社于复社的壮举在中国古代社团史上是空前的。何宗美指出:"张溥主盟复社,标志着全国性文人社团正式形成""这种结社,其人数之众,分布区域之广,持续时间之长,活动声势之浩大,在中国古代历史上是绝无仅有的。"⑥复社当之无愧地成为了中国古代第一大文社,其在地域、规模、影响上都是首屈一指的。从地域上来看,复社成员分布于明代十三个省级行政区、六十余府、八十多个县。⑦ 从规模上来看,蒋逸雪《复

---

① 《七录斋近集》卷三《皇明经世文编序》。
② 清顺治九年(1652),礼部题奉钦依条约八款,颁刻学官,谓之新卧碑。末款云:"生员不许纠党多人立盟结社,把持官府,武断乡曲,所作文字,不许妄行刊刻,违者听提调官治罪。"托津等《钦定大清会典事例(嘉庆朝)》卷三一一《礼部·学校·训士规条》,台北:台湾文海出版社,1991年,第3717页。
③ 高燮《〈安雅堂稿〉序》,《高燮集》,中国人民大学出版社1999年,第47页。
④ 郭预衡《中国古代文学史长编》第四册,上海古籍出版社2007年,第181页。
⑤ 参见丁国祥《复社研究》,凤凰出版社2011年。王恩俊《复社与明末清初政治学术流变》,辽宁人民出版社2013年。
⑥ 何宗美《明末清初文人结社研究》,南开大学出版社2003年,第139页,第147页。
⑦ 何宗美《明末清初文人结社研究》,南开大学出版社2003年,第147页。

社姓氏考订》统计有姓氏可考的复社成员为三千二十五人,日本学者井上井《复社姓氏校录》统计为三千四十三人。① 实际上,这仅是其中一部分,据《复社纪略》《复社纪事》,复社成员当不下于一万人,这个规模是庞大的,"汉、唐而下,迄于明季,党社成员之众,而又班班可考,殆无有逾于复社者矣。"②

随着晚明社会的日趋动乱以及朝廷内部及朝野间斗争的日趋激烈,复社由初期以文会友的文社逐渐变成了影响朝廷政局和人事选拔的在野社会政治集团,具有极大的影响力。在人才培养选拔方面,复社的规模和影响日益扩大,对朝廷的科举选拔人才产生了极大的影响。凭藉复社的影响,士子一旦加入复社则功名有了几分保障,若再能得到张溥等人的月旦品评,则几至中捷。③《明史》本传云:"溥亦倾身结纳,交游日广,声气通朝右。所品题甲乙,颇能为荣辱。"④品题之后,张溥等又通过公荐、转荐、独荐等形式积极向主考官推荐人才,至发榜时竟"十不失一",故"为弟子者争欲入社,为父兄者亦莫不乐其子弟入社"。⑤ 社友吴应箕亦云:"吾党自庚午(1630)后,汇聚之士,半为升用,其本末固已见于天下矣。"⑥日本学者井上井对复社士人科考中捷率作过详细的统计,认为会试的场合,五科有35％,乡试的场合有15—18％的高比例。⑦ 复社培养和推荐的士人竟占朝廷整个科举录取数的15—35％,可见复社在当时的影响之大。

可以说,张溥通过复社团结、培养、奖掖了一大批士人,这些士人在明清之际的舞台上扮演着显赫的角色。如钱谦益、周延儒、黄道周、吴伟业、陈子龙、夏允彝、夏完淳、黄宗羲、张采、杨廷枢、吴应箕、顾杲、陈贞慧、侯方域、冒襄、倪元璐、冯元飏、冯元飓、徐汧、马世奇、张国维、姜埰、姜垓、吴昌时、魏学洢、陈际泰、文震孟、熊开元、杨彝、谭元礼、张泽、周锺、周镳、方以智等。其中钱谦益与张溥为通家之好,吴伟业为张溥高弟,钱、吴名列"江左三大家"中。陈子龙、夏允彝为几社领袖,夏完淳是张溥弟子。方以智、陈贞慧、侯方域、冒襄是复社中的后起之秀,

---

① 转引自小野和子《明季党社考》,上海古籍出版社2006年,第258页。
② 蒋逸雪《张溥年谱》,齐鲁书社1982年,第129页。
③ 《复社纪略》卷二:"远近谓士子出天如门者必速售,大江南北争以为然。"陆世仪《复社纪略》卷二,《东林本末》(外七种)本,北京古籍出版社2002年,第231页。
④ 张廷玉等《明史》,中华书局1974年,第7405页。
⑤ 陆世仪《复社纪略》卷二,《东林本末》(外七种)本,北京古籍出版社2002年,第232页。
⑥ 吴应箕《国门广业序》,《楼山堂集》卷一七,见《续修四库全书》本。
⑦ 转引自小野和子《明季党社考》,上海古籍出版社2006年,第275页。

并称为复社四公子。黄宗羲为张溥好友,名列清初思想启蒙三大家之中。周延儒与张溥有师友之谊,其东山再起与张溥甚有关系。黄道周与张溥为生死之交。谭元礼、张泽为张溥好友,是竟陵派主要作家。张溥团结的这一大批优秀士人,在科举入仕后,于改善明末吏治方面起了一定的积极作用,并与在野复社士人遥相呼应,进一步扩大了复社的影响,遂有"复社声气遍天下"之说。① 乃至在朝权贵对复社亦有所忌惮,"在廷宰辅,往往畏忌社中之人,惟恐得罪清议,甚至京师坐次有复社相公,竟席不敢言天下事。"②而在野极有势力的豪绅也极想加入复社,却并不一定能轻易加入,如时相温体仁的弟弟温育仁欲加入复社结果却遭拒,因而作《燕子笺》以泄愤。

  在影响政局方面,张溥也起了一定作用。如张溥进入翰林院后,因遭到温体仁的排挤,而授意门人吴伟业上疏参劾温体仁。在家闲居时期,张溥亦能运用复社影响及所交接之人脉影响政局。如张溥与吴昌时、钱谦益等人谋议,最后竟让周延儒成功复出,担任时相。张溥对政局的影响由此可见一斑。故《复社纪略》云:"天如虽以庶常在籍,骎骎负公辅之望。"③今人容肇祖感叹道:"这样看来,张溥真不愧是一个在野的政党首领了。"④

  张溥的作用和重要性在其死后也得到了充分的反映。张溥死后,复社出现群龙无首的局面,很快解体、湮灭。杜登春云:"呜呼!泰山其崩,梁木其坏,复社之大局与国家之大运同归瓦裂矣,岂不痛哉!"张溥之死使复社中人"忧社局之将衰,叹孤儿之无倚。"⑤故有学者发出"复社墟,而明社屋,诸贤殉节以死者,不可胜数。国运文章,同归于尽,悲夫!悲夫!"的感叹。⑥蒋逸雪指出:"复社之立,倡自张天如溥,天如云亡,社事几近解体,偶亦见声应气求之迹,然已不似畴昔之堂堂正正矣。"⑦谢国桢亦云:"因天如死了之后,复社里没有相当的领袖,所以有复社分局的

---

① 陆世仪《复社纪略》卷二,见《东林本末》(外七种),北京古籍出版社2002年,第231页。
② 《复社姓氏》,转引自谢国桢《增订晚明史籍考》,上海古籍出版社1981年,第227页。
③ 陆世仪《复社纪略》卷二,《东林本末》(外七种)本,北京古籍出版社2002年,第241页。
④ 容肇祖《明代思想史》,齐鲁书社1992年,第344页。
⑤ 杜登春《社事始末》,见谈蓓芳整理《陈子龙集·附录》,海南国际新闻出版中心出版1996年,第495页。
⑥ 唐文治《张天如先生遗像记》,王桐荪等选注《唐文治文选》,上海交通大学出版社2005年,第387页。
⑦ 蒋逸雪《张溥年谱》,齐鲁书社1982年,第129页。

局面出来。"①然而令人感慨的是,明朝灭亡以后,认为复社亡国的论调一度甚嚣尘上。于是明哲保身者不敢再谈社事,唯恐惹祸上身。陈鼎《东林列传》自序云:"国亡之后,学者竟以东林为祸窟,缄口结舌,不敢道焉。或有耆老齿及者,后生小子辄摇首顿足,其畏也若洪水猛兽,决逸而来,逃死不暇,局势之变,乃至于此。"②而投机者则又以骂复社为进身之阶,纷纷往复社身上泼脏水。世态炎凉,一至于此!

二、政治斗争方面

在政治斗争方面,张溥与阉党权奸展开激烈斗争,显示出士人高度的责任感、正义感和节操,其敦风厚俗、激励士气、感召人心的作用不容忽视。

邓实指出:"士君子生值衰时,目睹朝政之昏乱、金人之弄权得志,举世混浊,不得不以昭昭之行自洁。……然其霜雪正气,郁为国光。其于一代之人心风俗,深有所感,常收其效于易代之后。历代专制之极,君昏于上,率兽食人,而民不至相食于下,以人于禽兽者,实赖二三正类匡救扶持之力。"③作为复社领袖,张溥尤为崇尚气节,积极投身于与"进声色,罗货利,结党复仇,隳三百年之帝基"之阉党权奸的斗争中,④显示出一介士人高度的责任感、正义感和古君子之风。

明代阉祸流毒甚巨,尤以晚明为烈。《四库全书总目·明史》云:"盖貂珰之祸,虽汉唐以下皆有,而士大夫趋势附膻,则惟明人为最夥,其流毒天下亦至酷。"⑤《四库全书总目·明宫史》复云:"盖历代奄寺之权,惟明为最重,历代奄寺之祸,亦唯明为最深。二百余年之中,盗持魁柄,浊乱朝纲,卒至于宗社丘墟,生灵涂炭,实为汉唐宋元所未有。"⑥明末时期,正人与阉党权奸间的冲突日益激烈。整个社会弥漫着同情忠臣义士、怨恨阉党权奸的气氛。如魏大中、黄尊素被阉党杀害后,在两浙地区"虽樵夫牧竖,皂隶庸丐,语及忠臣义士,靡不嗟咨涕洟,如不获见其人也;语及于阉儿媪子,靡不呼号骂詈,恨不得食其肉也。"⑦有鉴于此,张溥在复社定社之初,

---

① 谢国桢《明清之际党社运动考》,上海书店出版社2006年,第138页。
② 转引容肇祖《明代思想史》,齐鲁书社1992年,第348页。
③ 邓实《复社纪略跋》,《东林本末》(外七种),北京古籍出版社2002年,第287页。
④ 孔尚任《桃花扇小识》,见《桃花扇》,北京:人民文学出版社1959年,第3页。
⑤ 清永瑢等《四库全书总目》,中华书局1965年,第416页。
⑥ 同上,第705页。
⑦ 钱谦益《山东道监察御史赠太仆寺卿黄公墓志铭》,《牧斋初学集》,上海古籍出版社1985年,第1282页。

宣布秉承东林遗风,崇尚气节,主张"兴复古学""务为有用",这里的"有用"含培养人才、整顿吏治两层用意,这样的目标必然只能通过结社和科举入仕来完成。一旦复社中人通过科举入仕后,必然要与朝廷中的阉党群小发生冲突展开斗争,在野的复社中人也必然会响应和参与。故以张溥为领袖的复社及其前身应社与阉党权奸展开了不屈不挠的斗争。如天启六年苏州"开读之变"中,应社中"行为士先者,为之声义"。①张溥密切关注此事,后写作了《五人墓碑记》来表彰此事。天启七年,张溥与张采起草檄文,率诸生驱除魏党头目顾秉谦离娄,郡中人士立碑记之,一时士气大振。同时张溥在当时不避阉党忌讳,公然祭奠高攀龙、魏大中等人,可谓"文章气节,足动一时"。崇祯四年,张溥中进士后与权奸温体仁、蔡奕琛展开了争锋相对的斗争,前后相持数年,最后以温体仁的下台而告终。崇祯十一年复社顾杲、黄宗羲等一百四十二人联名作《留都防乱公揭》驱逐魏阉余党阮大铖。可以看出,在张溥等人的领导和组织下,复社诸人无论是在野还是在朝,都与阉党权奸展开了不屈不挠的斗争。在士大夫们苟且退避,屈服于阉党的时候,包括复社同人在内的广大士人、百姓却掀起了置生死于不顾、激烈反对阉党的浪潮,极大地弘扬了正气,打击了邪恶势力的气焰。颜佩韦、马杰、沈扬、杨念如、周文光等五义士"激昂大义,蹈死不顾"的气节,正是复社所追求和弘扬的。

如此看来,复社由最初以文会友的文社走向影响朝廷政局的政治集团,这与张溥等人为复社所定宗旨紧密相关,也反映出士人极强的责任感、正义感和崇高节操。故谢国桢认为"吾国民族不挠的精神却表现于结社"。②不仅如此,吾国民族不屈不挠的精神更表现在广大士人通过结社借助群体力量来与阉党权奸展开可歌可泣的斗争上。这对于弘扬正气、引导舆论产生了深远的影响。故在此大无畏斗争精神的感召下,"弘扬忠义、鞭挞奸邪,便成为整个时代的最强音。"③

张溥组织复社与阉竖进行斗争的意义,得到了研究者的褒扬,张宪博先生指出:"作为一个政治活动家,张溥领导复社进行斗争所做出的历史贡献,已经远远超过了他的学术成就。"④张溥及其社友反对阉党统治及异族入侵的反抗精神对

---

① 《七录斋集论略》卷六《五人墓碑记》,四库禁毁书丛刊本。
② 谢国桢《明清之际党社运动考·自序》,上海书店出版社2006年,第1页。
③ 何宗美《明末清初文人结社研究》,南开大学出版社2003年,第191页。
④ 张宪博《东林党、复社与晚明政治》,万明主编《晚明社会变迁问题与研究》,商务印书馆2005年,第546页。

后代文社产生了一定积极影响,如南社即受到复社的较大影响,"成员有一千一百余人,以诗文鼓吹反清革命,主要活动于当年复社、几社举社的上海、苏州,其声势与性质皆与复社有相似处"。①

三、学术方面

在学术方面,张溥所倡导的实学风气对清代朴学产生了较大影响。

张溥等人在结立应社后,提出人主一经,众人合治五经的做法,这种由专深到博通的学风对清代经学产生了一定的影响。蒋逸雪先生认为:"应社合一人专主一经,而众人合主五经,既能由一经而通五经,而亦由通五经而更精深一经,这也应是清代经学所以发达的渊源。"②蒋寅先生指出:"张溥所揭应社的宗旨——'志于尊经复古',回归以程朱理学为指导思想,以济世致用为基本宗旨的儒学传统。其核心是首先回到经学,以经学充实理学的知识基础,以实证性的考据方法重建经学和实学的方法论。"③

张溥亦是实学风气的倡导者和力行者,张溥青少年时期七录七焚的扎实学风成为美谈,他在复社成立的章程中又说:"溥不度德,不量力,期与四方多士共兴复古学,将使异日多务为有用。"这里提出的"兴复古学"、"务为有用"也是张溥摈弃虚浮学风、推崇实学的一种表现,这种实学之风与清代朴学完全是相通的,成为清代朴学的潜流之一。张溥成为明清学术转变的重要过渡者之一。孙立先生认为张溥主盟的复社"已经开启了其后乃至整个清代尚实崇古的学术风气"。④ 何宗美先生对此有详尽深刻的论述。他指出复社的学术和学术思想出现了划时代的三点变化:"一是治学思想之变,由空谈心性的思辨之学转而为'务为有用'的实用之学;二是治学领域之变,由理学转而为以经、史为主体兼包天文、历算、象数、舆地、水利、吏治、礼法、财赋、艺文等博物之学;三是治学方法之变,由讲说、静观、体悟的内向之学转而为纂辑、考证、训诂、辨伪、勘察的向外之学。这几种变化意味着复社在明末清初学术史上完成了一次学术思潮的大转

---

① 何宗美《明末清初文人结社研究》,南开大学出版社2003年,第425页。
② 蒋逸雪《张溥年谱》,齐鲁书社1982年,第11页。
③ 蒋寅《在传统的阐释与重构中展开:清初诗学基本观念的确立》,《中国社会科学》2006年第6期。
④ 孙立《明末清初诗论研究》,广东高等教育出版社2011年,第322页。

折,标志着明代学术之终结和清代学术之开端。在此过程中,张溥的作用和地位尤为重要,从理学到经学,从宋学到汉学,张溥是一个不可或缺的重要环节。他兴复古学、务为有用的学术思想,精研经史、宏大广博的学术建构,钞录纂辑、考辨得失的学术方法,成为清初学术的基本特点和总体精神。……从某种意义说,张溥及其复社诸学者实为清代实学之奠基人。"[1]由此可对张溥主盟下的复社学术和学术思想的嬗变以及张溥在嬗变过程中的作用略窥一斑。

四、文学及文集整理方面

此外,张溥通过文学交游、创作及文集整理等活动,对明末文学产生了较大的影响。

文学活动是复社的活动之一,"社内不仅切磋时文,关心政治,而且雅尚文学、交流情感"。[2] 作为复社领袖的张溥,在当时的文坛上极有声望。《明史》本传云张溥"诗文敏捷,四方征索者,不起草,对客挥毫,俄顷立就,以故名高一时"。[3] 陈子龙亦云:"夫天如之文章,天下莫不知其能。"[4]

张溥领导的复社培养了一大批士人,极大地促进了文学的繁荣。"明末崇祯时期,复社在文学上如同其在政治上一样形成了声气倾动海内的局面。"[5]一般来看,"散文创作繁荣之地往往即为文社活跃之处"、"明末清初一个文学大家通常是由一个社团或文人群体烘托而出。"[6]张溥凭借自身的影响力和广泛的交游活动,对文学活动起到了一定的促进活动,他游历于吴中、京师、云间、白下、上江、江右、杭州、商丘、莱阳等地,成为联络各地文人群体的重要纽带。同时,张溥本人也成为众多文学活动的中心人物,对文学传承也起到了一定作用。并且在这一时期,张溥与竟陵派代表作家谭元春及其弟谭元礼有过一定交往,后来谭元春兄弟亦加入复社。陈广宏师指出这其实更多的是一种文化或文学交流活动:"(谭)元春加入复社,与其说具有政治的内涵,不如说是具有社会文化的内涵来得更为恰切;尤其是复社同

---

[1] 何宗美《明末清初文人结社研究》,南开大学出版社2003年,第205页。
[2] 傅璇琮等主编《中国古代文学通论》(明代卷),辽宁人民出版社2005年,第217页。
[3] 张廷玉等《明史》,中华书局1974年,第7406页。
[4] 陈子龙《七录斋集序》,《陈子龙全集》,人民文学出版社2011年,第782页。
[5] 何宗美《复社的文学思想初探——以钱、张、吴、陈等为对象》,《中国文学研究》,2004年第2期。
[6] 何宗美《明末清初文人结社研究》,南开大学出版社2003年,第144页。

时也是一个文学社团,对谭元春这样一位文坛巨子来说,参加复社的活动更多地出于文事上的考虑,也是很自然的事。张泽于崇祯癸酉(1633)秋序刻《谭友夏合集》,表明复社中人恰恰也是从文学上来论定竟陵之功的。"①

特别是张溥在崇祯五年冬弃官归娄后,太仓成为了复社的文学活动中心之一,"在文学上与二张、吴伟业常有过往的人物,……有苏州顾梦麟(麟士)、王启荣(惠常)、太仓吴克孝(人抚)、长洲徐汧(九一)、许元溥(孟宏)、吴县杨廷枢(维斗)、吴江吴䎖(扶九)、吴昌时(来之)、孙淳(孟朴)、沈初馨(青芝)、沈应瑞(圣符)、昆山王志庆(与游)、王志长(平仲)、常熟杨彝(子常)、嘉定侯峒曾(豫瞻)等二十多人,由此形成了一个成员较为固定、情趣彼此投合的娄东诗人群体。"②而且,在这一时期,在张溥等人的影响和指导下,后起之秀接踵而起,出现了由周肇、王揆、许旭、黄与坚、王撰、王昊、王抃、王曜升、顾湄、王摅等人组成的"太仓十子"诗人群体,他们多为张溥弟子。

在文集整理方面,张溥收集整理了汉魏六朝一百零三家别集,在文献传承保存上有极大的意义。杨柄锃《汉魏六朝百三名家跋后》云此集"自汉贾长沙至隋之薛河东,上下二千年中得其专门名家者裒为巨册,至百有三人之多,其间汉魏则崇论宏议,朗畅精微;六朝则绮靡缘情,浏亮体物。馨艺苑之精华,综辞林之根柢,几于无体不备,无美不收,其嘉惠士林,可云富矣。"③由此百三家集,可以概见汉魏六朝文学的全貌。故四库馆臣对此书尽管不无微词,但还是肯定了此书"州分部居,以文隶人,以人隶代,使唐以前作者遗篇,一一略见其梗槩"的优长之处。④刘跃进先生亦指出"在编排上,此书按人辑录,以时代先后编排,得以考见先唐作家遗篇及文风变迁之道""中古作家专集的辑校,虽有后出转精者,但还没有人能像张溥那样如此系统地校辑先唐作家专集"。⑤ 除了文献整理的意义外,更值得一提的是每集前的《题词》,是对作家全人全文的总评,"将文学创作、社会生活、人格修养和世界观价值观联系起来,是对古典文论的充实",⑥将一百零一

---

① 陈广宏《竟陵派研究》,复旦大学出版社2006年,第27—58页。
② 何宗美《明末清初文人结社研究》,南开大学出版社2003年,第211页。
③ 《汉魏六朝百三家集》卷首,光绪三年(1877)滇南唐氏寿考堂刻本,国家图书馆藏。
④ 清永瑢等《四库全书总目》,中华书局1965年,第1723页。
⑤ 刘跃进《中古文学文献学》,江苏古籍出版社1997年,第56页。
⑥ 曹虹《介于社党之间的文人组织》,丁国祥《复社研究》弁首,凤凰出版社2011年,第3页。

篇《题词》合起来则是一部简明汉魏六朝文学史,可谓张溥文学批评方面的代表作。其"家家有题辞,人人有论述,分之为作家各论,合之则为文学史。在十七世纪中叶,出现了这样一部具有文学史规模的作品,是值得我们研究与重视的。"①张溥《汉魏六朝百三家集》尤其是《题词》已成为研究汉魏六朝文学不可或缺的参考资料。二十世纪六十年代初,殷孟伦又作《汉魏六朝百三家集题辞注》,更加方便了学人的使用。张溥通过对汉魏六朝别集的整理和品评以及自身对汉魏文学的喜爱从而对汉魏文风起到一定的推扬作用。在专书方面,张溥推重《史记》和《汉书》,尤其是《汉书》,故有当时家家置《汉书》一本之说。② 这种影响若放在明清之际文学发展特点的大背景下来看,更容易理解,因为"明清之际文学发展的最大特点是声气之变推进文学之变。其表现往往是,一二魁杰率先振起,并时羽翼同声相应,天下操觚谈艺之士翕然从风。"③

在文学创作上,张溥的散文有较高的成就,《明史》本传云张溥"撷东汉之芳华",为"文士卓卓表见者",④曹虹先生亦云张溥等人的散文"几乎成为明文的终极"。⑤ 张溥散文尤以《五人墓碑记》为代表。《五人墓碑记》对清李玉《清忠谱》有一定影响。何宗美指出:"《清忠谱》的基本思想与复社领袖张溥《五人墓碑记》一脉相承,亦或说,张溥的《五人墓碑记》实早已为《清忠谱》的创作奠定了思想的基础。"⑥同时,张溥的史论对后代也产生了一定的影响,其史论表现出卓越的史识、秉笔直书、褒善贬恶的春秋笔法,是其散文中很见思想的一种,"风格鲜明,可圈可点"。⑦ 受到了后代学习者的喜欢,如钱基博学习史论时就以之为学习材料。⑧

综上所述,张溥是晚明社会中一位具有多方面影响的重要人物,他的影响和

---

① 《汉魏六朝百三名家集·出版说明》,江苏古籍出版社2002年。
② 朱彝尊《静志居诗话》卷十九张溥条,人民文学出版社1998年,第574页。
③ 何宗美《明末清初文人结社研究》,南开大学出版社2003年,第220页。
④ 张廷玉等《明史》,中华书局1974年,第7309页。
⑤ 曹虹《介于社党之间的文人组织》,丁国祥《复社研究》弁首,凤凰出版社2011年,第3页。
⑥ 何宗美《明末清初文人结社研究》,南开大学出版社2003年,第277页。
⑦ 方良《试评张溥的史学成就》,《常熟高专学报》2001年第5期。
⑧ 刘桂秋《无锡时期的钱基博和钱锺书》(上海社会科学院出版社2004年,第217页)云:"钱基博十二岁,始从二伯父钱熙元问业,仍学史论。授以《评议东莱博议》及明张溥《历代史论》。"

意义表现在建立复社、组织斗争、学风影响、文学活动及文集整理等多个方面,不宜局限于某一方面,故张采云"天下万世,自有知张子者,如知张子,定不专以文章推。"①相比来看,友人黎遂球对张溥的评价较为全面,其云张溥"所赏誉者文章,所勉劝者忠孝,所激扬者廉耻节介,所论述而使人知所法则者往史,所精衡者经术,所表章者前乎此者之圣贤,所兴起者后乎此者之学人。与人同功,而不难独任其过;见人一善,则必欲尽得其美。遇人饥而思推食,寒思解衣,于人之父母则必欲其尊荣,于人之子弟则必欲其才器。在他人或以文章之名为利,在天如则以文章之名为义。其慕义也,虽在水火而必蹈。其去不义也,虽临之以鼎镬刀锯而不改。"②

---

① 张采《西铭近集序》卷三,《知畏堂文存》,四库禁毁书丛刊本。
② 黎遂球《祭张天如文》卷二十五,《莲须阁集》,四库禁毁书丛刊本。

结　语

张溥英年早逝,年止四十,然而此四十年却极不平凡。

张溥童年是在屈辱中度过的,种种生活的磨难激励成全了张溥,这似乎又应了孟子"天将降大任于斯人也,必先苦其心志,劳其筋骨,饿其体肤,空乏其身,行拂乱其所为,所以动心忍性,曾益其所不能"①的古语。十六岁丧父后,张溥离开大家庭,奉母出居西郭,开始走向人生独立。青少年时期,张溥肆力苦读,每部书均七录七焚,其七录斋得名即因于此。十九岁时,张溥为诸生,声闻籍甚,志为大儒,并结交张采。二人共学七录斋中,切磋琢磨,相互砥砺,并先后请益于杨彝、顾梦麟、周钟等人,不但在学问上获得极大的长进,更重要的是找到了志同道合者,为创立应社奠定了基础。天启四年,二十三岁的张溥与张采、周钟、杨彝、顾梦麟等十一人创立了应社,以合治五经为要务。天启五年至六年,张溥亲眼目睹了魏阉残害东林诸君子和朝中正人,对之痛恨不已,对趋附魏阉的无耻士大夫和文人尤为痛恨,在"开读事变"后,张溥为颜佩韦等五人作了《五人墓碑记》,高扬五人痛击魏阉、视死如归的侠义精神和高尚气节,痛斥了那些丧失气节的士大夫。此篇文章标志着张溥的思想进入了一个新的阶段,即欲通过兴复绝学来改善士风,改良弊政。于是,崇祯元年,张溥与熊鱼山、孙淳等创立了复社,并将已经发展壮大的应社合入复社中。同年,张溥以谭恩贡入太学,在京师召开了成均大会,结立燕台社,提出"尊遗经,砭俗学,俾盛明著作,比隆三代,其在吾党"的号召。在京期间,结交了众多社团领袖,扩大了影响,张溥一时声气遍布海内。崇祯二年,张溥主持召开尹山大会,提出兴复古学、务为有用的口号,合南北十七家文社入复社。复社成为了全国性的社团,一时名震天下,士子纷纷以加入复社为荣。复社本是以揣摩时艺为主的社团,但随着社团成员的增多、影响的增大、社中成员入朝者增多及与阉党权奸矛盾的激化,复社逐渐成为了一个政治性的社团。崇祯三年、四年,张溥连中举人、进士,选庶吉士,入翰林院,遂以经营天下为志,欲大展作为,对朝中弊端屡屡直陈,对权贵亦多有冲击,于是受到温体仁等的

---

① 《孟子·告子下》。

结 语

排挤,结果在崇祯五年冬弃官回娄,不复仕出,专心于社事和奖掖后进。崇祯六年,张溥主持召开虎丘大会,为复社最盛大之社事。此后,由于受到在温体仁授意下的温育仁、周之夔、陆文声、张汉儒、徐怀丹者的不断攻讦,张溥处境日艰,社事活动亦渐入低潮。崇祯十年,温体仁被罢,复社形势稍稍好转。张溥又组织了虎丘大会,一时照耀江左。于是张溥又与钱谦益、吴昌时等密谋周延儒复相,以扭转形势。崇祯十四年,周延儒复相,立即兑现了对复社的部分政治承诺,朝政为之一新。就在此时,张溥历尽劫波,心力憔悴,溘然离世。张溥殁后,家庭迅即败落,嗣子懦弱无能,未能继承张溥遗风,甚至竟遭到家奴的欺压,而由吴伟业出面予以斥责。家道零落之状,于此可见一斑。

张溥作为明代第一大文社复社之领袖、著名的社会活动家和学者,推贤如流,宽于待人,乐于奖掖后进①,前后组织过多次社团集会,中进士后在翰林院呆过两年,故其交游颇广,朝野俱有其友声。其所交游中在明末清初产生较大影响者不下百人,如钱谦益、徐光启、周延儒、黄道周、艾南英、吴伟业、陈子龙、夏允彝、夏完淳、黄宗羲、张采、杨廷枢、吴应箕、顾杲、陈贞慧、侯方域、冒襄、方以智、倪元璐、冯元飏、冯元飂、徐汧、马世奇、张国维、姜垓、姜垓、吴昌时、魏学洢、陈际泰、罗万藻、章世纯、文震孟、黎遂球、熊开元、项煜、徐孚远、杨彝、顾梦麟、宋玫、杜麟征、何楷、谭元礼、张泽、周钟、周镳、徐弘祖、赵自新、吕云孚、朱隗、刘城、董说等。其中钱谦益与张溥为通家之好,吴伟业、董说等为张溥高弟,徐光启、周延儒与张溥有师友之谊,陈子龙、夏允彝为几社领袖,夏完淳是张溥弟子,黄宗羲为张溥好友,黄道周与张溥为生死之交,方以智、陈贞慧、侯方域、冒襄是复社中的后起之秀,合称为明季四公子。谭元礼、张泽为张溥好友,是竟陵派主要作家。可见,张溥是晚明社会中一个关键点,通过此点,可将众多晚明及清初士人联系起来。

作为复社领袖、学者、文学家,张溥的思想有值得关注之处。在人生观、价值观、伦理观方面,张溥以圣人、君子、大儒为理想人格,以道德、气节为价值追求,以人伦亲情、朋友同人之义为其行事的出发点,并以此将君臣大义、人伦亲情、朋友之义贯穿起来。张溥持正统的儒家观点,主张积极用世。在社会、政治思想方面,张溥主张致君泽民,而以泽民为先,表现出以泽民为特征的民本思想。主张

---

① 张采《祭天如兄文》:"天如赋性忠义,志笃孝友,其孜孜善类,护持正人,与引迪后进,几于饥不及餐。"吴伟业《复社纪事》:"先生性好士,穷乡末学,粗知好古攻文,辄许与不置口,赖其奖擢成名者数十百人。"

任贤去邪,兴利除弊。华夷之辨甚严,具有具有强烈的现实针对性。重视个人价值,持男女平等思想,对古代列女给予理解和同情。

在学术思想方面,张溥尊经重史,期复古道,师法古人,同时又持变化之观点;主张用世传世救世;主张学问应以培养气质为先,以学问脱人于贫贱;主张才学并重,注重学术积累与临摹;主张分类治学,强本务根,泛览博采,古今比较,由博返约;对佛道二教予以反对和批判。同时,张溥以复古为革新,注重从历史的教训和榜样中获取有资于现世的方法,其复古并不在机械地模拟文辞和形式上,而是继承其中的"道"和"理",并强调要适时变通。在经学思想方面,主张兴复古学(即经学),主张博通治经,打破门户之见,主张众人合作治经,并试图将汉学与宋学调和起来,主张应根据时势有所变化,不应拘泥。在史学思想方面,以经为本,以史为用,持强烈的用世史学观,提出应借鉴近史,有资于现世,其史学思想中贯穿着强烈的华夷之辨。在治史中,主张合观折中,以知源流、明是非。值得注意的是,张溥以经史为"文",这对其诗文的风格和特色产生了直接的影响。在文学思想方面,主张经学为文之根本,主张文章要寄托身心,主张"居今之世,"必须"为今之言"。张溥在兴复古学的旗帜下,关注现实,揭露时弊,写出了大量反映时事的作品,表现出高度的现实主义精神。在著作观上,具有自觉的著述意识,主张著书贵能用世,有益国家。在诗学思想上,对流行一时的竟陵派诗歌的不足和贡献提出了看法,在诗歌上推重后七子的王、李,但并不人云亦云,而是注重长期的体验与识见。推重温柔敦厚的诗教,但又指出应"温柔敦厚而不愚"。论诗着眼于才力、性情、学问和世运等几个方面,特别强调"性情"。在古文观上,主张文以载道,文质相符,主张文章须有深致与情思,主张文须有气,文须有法。主张作文应向前贤学习,而不趋附于今之浮躁文风。论文时提出肥瘦动留之说,以"雅"为评价古文的主要标准。

张溥以散文见长。陈子龙云:"天如之文章,天下莫不知其能。"[①]张溥散文依文体可大致分为六类:题词,以《汉魏六朝百三名家集题词》(简称《题词》)为代表;序跋,主要为诗文序、寿贺序;尺牍;记、传、祭文、墓志;论说,包括史论和时论,史论,以《宋史纪事论》、《元史纪事论》等为代表;时论,以《论略》为代表。《题词》将品人论文融合为一,处处洞见卓识,篇篇新见迭出。又于其中寄予深沉感

---

① 陈子龙《七录斋集序》,《七录斋集论略》卷首。

慨,多用史家之笔法,颇似史论。可以说,文学家之感受、史学家之眼光、文史兼融之笔法,在《题词》中得到了充分的展现。《题词》表现出四个鲜明的特点:其一,史的意识时时贯穿其中。其二,尤重治乱兴亡之迹。其三、以古励今。其四,在形式上骈散结合,偏重于骈,与《汉魏六朝百三家集》的整体风貌相一致。张溥序跋作品有十五卷之多,占全集的大多半,作序秉持"当"与"尽"之原则,其文序深于论人,表现出典雅的风格。张溥文序贯彻文以载道之宗旨,其用意并不在于论文,而是意在揭示作品中所蕴涵的道德、用世之深意,并进而由此推至最高之境界。张溥的诗序则集中表达了对诗歌的看法,主张诗文应有有余之思,幻眇之致,认为圆与枯是诗歌的极致,并表达了对当时诗歌流派如七子派、公安派、竟陵派的看法。张溥保留下来的尺牍不多,但谈其想法者较多,少做作,比较真实地反映了其想法。张溥记体方面的散文,以《五人墓碑记》代表,其摹写时事,抒发议论,高扬节气,寄慨深微,是张溥散文中的杰作。此外,张溥为其挚友之母及为东林党人魏大中所写的祭文,内容充实,感情真挚,可谓佳作。另外,张溥集中有大量论说类散文,主要为史论和时论。这些散文集中地表现了对历史与现实的反思与批判。张溥又作有大量史论,如《历代史论一编》、《历代史论二编》、《宋史论赞》、《宋史纪事论》、《元史纪事论》等。其史论"夙称善本",[①]影响较大,这些史论大多三四百字,简明扼要,其意并不在单纯评论古代的历史事件,而是借古讽今,切中时弊,为统治者提供借鉴。这些史论不乏议论深刻、笔力矫健的佳篇,决非如四库馆臣所云的"议论凡近,而笔力尤弱,殊为不称其名",我们应该看到四库馆臣的评论为清代统治服务的局限性。实际上,很多学者对张溥的史论给予了积极的肯定。此外,关心时政是张溥为文为人的一个特点。作为复社领袖和经史学者,张溥研究经学和史学的最终目的,是有资于现世,故针对晚明社会中的诸多问题,张溥写了一些针对性很强的时论,以《论略》二十篇为主,主要讨论了四类问题:边事、民生经济、诏狱和军队、教化。综合起来看,张溥的散文表现出融经治史、长于议论、情感激昂的艺术特点。

张溥不以诗名,然好咏不辍,集中现有诗歌五卷,凡八百七十四首,分别见《七录斋诗文合集》和《七录斋近集》。复社文人有重文轻诗的倾向,张溥开始大量写诗也较晚,是在崇祯四年(1631)三十岁考中进士后由于应酬需要,才开始大量学作诗

---

① 明范光宙《史评》十卷,四库全书存目丛书本。

的。张溥写诗较晚,其志在大儒的人生志向和重经轻文的学术旨趣是决定因素之一。张溥的诗歌从内容来看,正如其所自云"大都怀人伤别之辞",①送别和怀人诗占了较大部分,同时唱和赠答、祝贺诗也占了较大部分,此外还有一些哀挽、怀古、咏怀、记游、题画诗。张溥诗中,写得感情真挚,艺术性较高的主要是送别、怀人、乐府、艳歌、哀挽、怀古、记游、题画等诗。张溥重视朋友之义,故其送别怀人诗,大多写得情感诚挚。其诗中还有一定数量的乐府诗,乃模仿乐府歌行之作,如《惜行》三首。又作有一些艳诗,如《次周勒卣艳诗赠陈卧子》。这些乐府艳歌诗深受六朝乐府诗和齐梁宫体诗的影响,具有艳丽婉约的一面。此外,张溥一些哀挽诗,亦写得沉痛感人,如《哀薄少君兼感忱见赋痛》。除哀挽亲友外,张溥还对名将、忠臣、义士、才女表示哀悼和缅怀。如《吊岳武穆祠》、《过严先生钓台》、《吊苏小小墓》等。总之,张溥的哀挽怀古诗,或凄婉,或慷慨,情真意切,具有较强的艺术感染力,尤其是哀吊高攀龙、卢象升、五义士的诗歌,摹写时事,慷慨悲痛,具有史诗的价值。张溥记游诗中亦有一些佳作。如《同来之、孟宏、孟朴、君伟、龙渊晚眺次韵》。张溥的一些题画诗,短小精练,用语清新,如《题画梅》。综合来看,张溥诗歌表现出的三个艺术特点。其一,诗风趋求平易,与竟陵派幽僻峭诡的诗风不尽相同,表现出欲以平易拨正竟陵诗风的意图。其二,取法对象多元,张溥诗歌有意识地取法汉魏、六朝、唐代诗歌,其诗歌不同程度地表现出汉魏、六朝、唐代诗歌的特点。其三,诗歌风格多样,既有激昂刚健、不屑雕琢语言的一面,对于友情、气节、义士予以高度的赞美;又有典雅崇正的一面,如对朝廷事功的描写,对友人的祝寿诗;又有清丽细腻、唯美动人的一面,对于爱情、美人委婉的描摹。

张溥在明末影响巨大。《明史·张溥传》云其"名高一时"。《复社纪略》卷二云其"虽以庶常在籍,骎骎负公辅之望。"②黄道周云其"名满天下",③又云其"一代文章百世师"。④ 吴伟业云"煌煌张夫子,斯文绍濂洛。"刘城云其"声施华夏"、"虽不作相,有相之功"。⑤ 韩芹城云其"其人如日,其道如山"。⑥ 朱彝尊称其"一

---

① 《七录斋集续刻》卷三《王与游诗稿序》,天一阁藏。
② 《复社纪略》卷二,《东林本末》(外七种),北京古籍出版社2002年第231页,第241页。
③ 黄道周《黄石斋先生文集》卷十一《张天如墓志》,续修四库全书本。
④ 黄道周《哭张西铭二章》其二,续修四库全书本。
⑤ 刘城《峄桐文集·祭张天如文》,四库禁毁书丛刊本。
⑥ 张溥《历代史论一编四卷二编十卷》卷首,四库全书存目丛书本。

言以为月旦,四海重其人伦"。① 蒋逸雪称其"身隐田庐,望重天下"。②《苌楚斋五笔》称其"于明末创立复社,主持其事,名声震天下"。③ 然而,另一方面,由于张溥英年早逝,殁后门绪式微,鲜乏表彰者,又时值易代之际,于是不免"功半而人亡,身没而言隐",④再加之清廷严禁结社⑤,对于明末结社者贬斥有加,敕修《四库全书》时对明人学风和著述亦极力贬斥,将明人尤其是晚明士人文集大多列为禁书,故张溥在清人的评价体系中仅占据着微弱的位置,张溥的面目亦逐渐模糊起来。恰如高燮所言:"然以数公之文章,当时声誉倾一世,而亡国以后,人多忌讳,遂致散佚,可叹也。"⑥

运用现代眼光来重新审视,张溥的影响和意义至少有四个方面不容忽视:其一,在社会活动方面,创建了中国古代第一大文社,培养、团结、奖掖了一大批优秀士人,在中国古代社团史上具有重要的影响和意义。其二,在政治斗争方面,与阉党权奸展开斗争,显示出士人高度的责任感、正义感和节操。其三,在文学文献方面,通过交游、社集、选文,对文学活动起到了极大的促进作用,其作品摹写时事,议论纵发,感情诚挚,在文学史上占有一席之地,同时其收集整理汉魏六朝一百零三家别集,在文献传承上亦有极大的意义。其四,在学术方面,其倡导的实学风气对清代学风具有一定影响,张溥既是实学风气的倡导者和力行者,也是明清学术转变的重要过渡者之一。"从某种意义说,张溥及其复社诸学者实为清代实学之奠基人。"⑦

综上所述,我们认为,张溥是明末文学中一个不可或缺的关键点,明人对此其实已有明确的表述。而清人出于种种非文学和非学术的原因,却将此点扭曲或贬低了。通过进一步的还原研究,我们竭力重新揭示和发掘张溥应有的影响

---

① 朱彝尊《静志居诗话》,人民文学出版社1990年,第574页。
② 蒋逸雪《张溥年谱》,齐鲁书社1982年。
③ 刘声木《苌楚斋五笔》卷四,转引自《中华大典·文学典》(明清分典),凤凰出版社2005年。
④ 《七录斋近集》卷三《皇明经世文编序》。
⑤ 清顺治九年(1652),礼部题奉钦依条约八款,颁刻学宫,谓之新卧碑。末款云:"生员不许纠党多人立盟结社,把持官府,武断乡曲,所作文字,不许妄行刊刻,违者听提调官治罪。"见托津等《钦定大清会典事例(嘉庆朝)》卷三一一《礼部·学校·训士规条》,台湾文海出版社1991年,第3717页。
⑥ 高燮《〈安雅堂稿〉序》,见《高燮集》,中国人民大学出版社1999年,第47页。
⑦ 何宗美《明末清初文人结社研究》,南开大学出版社2003年,第206页。

和意义。或许,我们的还原与标示还有待继续靠近他的本来位置,但明清文学坐标系上无法缺少张溥这一关键点则是不容置辩的事实。窃以为,将张溥列入明代文学最后一个发展阶段的代表人物之一是适当的,以晚明而言,张溥"已足笼盖一代,为文苑之杰"。[①] 艾南英、张溥、陈子龙、夏完淳应是明末文学中被并列提及的四家。

---

① 陈子龙《安雅堂稿》卷二《张天如先生文集序》,王英志《陈子龙全集》,人民文学出版社 2010 年,第 1053 页。

附　录

附一　张溥著述考证与提要

张溥英年早逝,年仅四十。但其读书治学,用力颇勤,著述颇富,《明史》本传云张溥殁后,崇祯诏征其遗书,多达"三千余卷"。① 徐汧《春秋三书序》亦云张溥"著书百种"。② 张溥一生治学著述,功力主要在经史两部(吴伟业《哭志衍》云"煌煌张夫子,斯文绍濂洛。"张岱云:"《纪事本末》一书评骘允当;小论发前人所未发,追步龙门矣。"③),此是其学问之根柢处。同时,由于他是复社领袖及选文大家,故其自著和选编的集子也较多。此外,子部方面也有一些。然而张溥殁后门绪式微,又值明清易代,清廷严禁结社,于明末结社者痛加贬斥,敕修《四库全书》时将其大部分文集及著述列为禁书,故其著作散佚严重,世人罕能窥其全目。《明史·艺文志》仅著录九种,《四库全书》仅收录一种,《四库全书总目》仅存目三种。今人蒋逸雪《张溥年谱》著录二十三种。《江苏艺文志》对张溥著作做了比较全面的统计,列出张溥著作目录为:经部八种,史部十三种,子部一种,集部十六种。④ 本文在此基础上详加考查,据史志著录和国内馆藏,共考得张溥著述五十四种(本文"著述"依张舜徽《中国古代史籍校读法》所论古代书籍的写作体例,含著作、编述、钞纂三类。⑤),其中经部十六种,史部十四种,子部二种,集部二十二种(含评点类三种)。此外,因张溥暴病而亡,"未成中废者,不下数种"(《七录斋近集·凡例》)。除著述外,又考得张溥编刊者七种。另有托名张溥所作者二种。现按经、史、子、集四部对其著述的基本内容、价值、书目著录、刊刻整理、版本存佚进行全面的考述,藉以知人论世。

---

① 张廷玉等《明史》,中华书局1974年,第7406页。
② 《四库全书存目丛书》经部第125册。
③ 《吴梅村全集》,第19页。张岱《石匮书后集》卷五八《列传·张溥》,见周骏富辑《明人传记丛刊》第104册,明文书局1991年,第399页。
④ 许培基《江苏艺文志》(苏州卷)第二分册,江苏人民出版社1996年,第1587页。
⑤ 张舜徽《中国古代史籍校读法》,中华书局,1962年,第199页。

本考述谨以实见版本为主,尚未寓目或亡佚者,参照权威书目及相关研究结果。

经部①

1.《易经注疏大全合纂》六十四卷首一卷《周易系辞注疏大全合纂》四卷

《易经注疏大全合纂》六十四卷首一卷《周易系辞注疏大全合纂》四卷,张溥纂,崇祯七年(1634)李可卫刻本。著录于《千顷堂书目》、《中国古籍总目》、《中国古籍善本总目》、《中国善本书提要》、《江苏艺文志》,哈佛大学汉和图书馆、北京大学图书馆、南开大学图书馆等藏。台北成文出版社1976年据明正雅堂刻本影印出版,见严灵峰编《无求备斋易经集成》。

张溥著有《五经注疏大全合纂》,吴门宝瀚楼刊本,《易经注疏大全合纂》即其一,乃针对《五经大全》之不足所作。《明会要》卷二十六《学校下》云:"(永乐)十五年四月丁巳,颁《五经》、《四书》、《性理》大全于两京六部、国子监及天下府、州、县学。谕礼部曰:'此书,学者之根本,圣贤精蕴,悉具于是。其以朕意晓天下学者,令尽心讲明,无徒视为具文也。'于是古注疏遂不复用。"②圣意指示下的《五经大全》、《四书大全》、《性理大全》改变了明代儒学的基本趋向,使明代儒学偏于程朱义理,南怀瑾先生指出:此种导向"使朱明一代的儒学,偏向专注于性理的探讨,推极崇高而不博大了"。③同时由于《四书五经大全》仓促成书,抄袭过多,已为晚明学者所诟。顾炎武《日知录》卷十八"四书五经大全"条批评道:"当日儒臣奉旨修《四书五经大全》,……所费国家者不知凡几。将谓此书既成,可以章一代教学之功,启百世儒林之绪。而仅取已成之书,钞誊一过,上欺朝廷,下诳士子。……呜呼!经学之废,实自此始。"④

有鉴于此,张溥遂以《注疏》与《大全》合纂,"参伍诸家之注疏,而通其得失",⑤强调综观,表现出欲贯通汉学与宋学的博综的学术旨趣。参诸张溥诗文集,张溥于《易经》用力颇勤。应社初立时,诸同人合治五经,张溥与朱隗则主治《易经》。张溥文集中论《易》之作亦颇多。

---

① 参见陆岩军《张溥经部史部著述考》,《经学文献研究集刊》第十四辑。
② 龙文彬《明会要》,世界书局1956年,第419页。
③ 南怀瑾《原本大学微言》,《南怀瑾选集》(第十卷),复旦大学出版社2003年,第444页。
④ 顾炎武著、栾保群、吕宗力校点《日知录集释》,上海古籍出版社2006年,第1043页。
⑤ 顾炎武著、栾保群、吕宗力校点《日知录集释》,上海古籍出版社2006年,第985页。

2.《书经注疏大全合纂》五十九卷/三十四卷

《书经注疏大全合纂》,张溥纂,明末刊本,有五十九卷本及三十四卷本二种。著录于《正雅堂古今书目》①《中国古籍总目》、《中国古籍善本总目》、《江苏艺文志》。五十九卷本为明崇祯九年舒濂溪刻本,北大图书馆、哈佛大学汉和图书馆等藏。首卷为《书经注疏大全合纂序》、蔡沈《书经集注序》、孔颖达《尚书正义序》、《书经注疏大全姓氏》、孔安国《尚书序》、《书说纲领》(题"明后学张溥删阅")、《书经图》。三十四卷本为明崇祯四至十七年刻本,北大图书馆、上海图书馆等藏。

张溥《书经注疏大全合纂》亦为其《五经注疏大全合纂》之一,综合《大全》《注疏》而成。书首《书经注疏大全合纂序》,提出反对两种读《书》之倾向:"过信不择"与"过疑而辨"。故治《书》之法应为:对于汉孔安国的书传,可认为简略而不能断其为伪,对于宋蔡沈《书集传》可对其阙略者予以补充,但不能对其已有者予以苛责,这应为治诸经之通法,"此又读诸经皆然,不第一《尚书》矣。"显然,比起只偏重于一家者而言,此法更为执中公允,表现出张溥兼容并包、求真朴实的学术趋向。

3.《诗经注疏大全合纂》三十四卷

《诗经注疏大全合纂》三十四卷,张溥纂。著录于《明史·艺文志》、《千顷堂书目》、《江南通志》、《钦定续通志》、《钦定续文献通考》、《经义考》、《四库全书总目》、《中国古籍善本总目》、《中国善本书提要》、《江苏艺文志》等。是书现有明崇祯刻本,北京大学图书馆藏,四库全书存目丛书据此影引出版(见经部第69—70册)。

张溥《诗经注疏大全合纂》亦为其《五经注疏大全合纂》之一。首载张溥《诗经注疏大全合纂序》,次载孔颖达《毛诗正义序》、郑玄《诗谱序》、朱熹《诗经集传序》,次引用先儒姓氏、诸国世次图、作诗时世图、诗经大全图、诗经大全纲领。据《正雅堂古今书目》,《诗经注疏大全合纂》列于《易经注疏大全合纂》、《书经注疏大全合纂》后,且下标"嗣出",可知应刊于崇祯九年后一两年间。从题名即知,此书为钞纂类著述。《四库全书总目提要》卷十七云:"明永乐中修《五经大全》,《诗》则取鄱阳朱克升疏义,增损刘瑾之书,悬为令甲,经学于是益荒。溥是书杂

---

① 《历代史论二编》目录下有《正雅堂古今书目》,见四库全书存目丛书史部289册,第142—143页。

取《注疏》及《大全》合纂成书,差愈于科举之士株守残匮者。然亦抄撮之学,无所考证也。"①所论大抵不错,但张溥此书之意义亦不容一笔抹杀。

张溥主张《大全》与《注疏》"两者若五官并列,不容偏废","不读《注疏》,无以知经学之渊流;不读《大全》,无以正经义之纰缪"。成化弘治以来学者尚尊《大全》,兼通《注疏》,但"久而讲说滋烦""《大全》亦复不论",竟至"久悬学官,庋而不观"。有感于此,张溥遂加以综合,"去其重复,标以异同,使读者耳目清明,知所指向"②。显然,张溥意在综合众家来考察《诗经》,"比类而观,著彼之失,明此之得",表现出欲调和汉学、宋学的倾向。故是书融合《大全》和《注疏》,欲多存其文,"使学者于《诗》首先观《序》,而后《辨说》,于本诗先观《传》《笺》《疏》,而后《集传》及诸儒",从而比勘"古今异同,汉宋曲直"③。据书前自序,此书先由张溥友人徐时勉"先为标指考训",而后由张溥总其成。

4—5.《礼记注疏大全合纂》《春秋注疏大全合纂》

《礼记注疏大全合纂》、《春秋注疏大全合纂》,张溥纂。二书著录于《正雅堂古今书目》,然于书名下均标"嗣出"二字,则二书嗣后是否出版不得而知。查"日本所藏中文古籍数据库",名古屋爱知大学简斋文库藏有《五经注疏大全合纂》,明张溥纂,崇祯七年序,吴门宝翰楼刊本,亦阙《礼记》、《春秋》。④

6.《朱订瀛洲渡周易》八卷

《朱订瀛洲渡周易》八卷,张溥纂,明崇祯间刻本,日本尊经阁藏。

7.《四书注疏大全合纂》三十六卷

《四书注疏大全合纂》三十六卷,明张溥纂,含《大学注疏大全合纂》一卷、《中庸注疏大全合纂》一卷、《论语注疏大全合纂》二十卷、《孟子注疏大全合纂》十四卷。著录于《明史·艺文志》、《千顷堂书目》、《正雅堂古今书目》、《经义考》、《好古堂书目》、《中国古籍总目》、《中国古籍善本总目》、《江苏艺文志》等。是书现有明崇祯间吴门宝翰楼刻本,华东师大图书馆、南京图书馆等藏。又有明崇祯九年

---

① 纪昀《四库全书总目提要》,河北人民出版社2000年,第482页。
② 张溥《五经注疏大全合纂序》,《易经注疏大全合纂》卷首,明崇祯七年(1634)李可卫刻本。
③ 张溥《诗经注疏大全合纂序》,《诗经注疏大全合纂》卷首,明崇祯刻本。
④ 日本所藏中文古籍数据库 http://kanji.zinbun.kyoto-u.ac.jp/kanseki?record=data/FA007182/tagged/0070025.dat&back=1。

(1636)刻本,日本内阁文库、日本静嘉堂等藏。

张溥《论语注疏大全合纂序》对当时粗疏逞意的治经学风有深入的揭示:"今游五都之市,观浩瀚之书,其纵横成列者皆讲诂也。讲诂不足,又益以标意,托诸贵人,假之名旧,一句之中妄分脉络,一字之内谬设主宾,使程、朱复生,起而见之,未有不恶其烦,投畀水火也。"这是宋学的弊端。有学者起而纠正这种学风,却又矫枉过正,"闻有愤而投袂者,欲追迹周秦,纵览百代,于《四书讲义》直弃不观,谓但读本文文字已足,又恐非中正,不足定学者准绳"。故而张溥提出一种融合《大全》与《注疏》的方法:"莫若取《大全》限之,过者俯焉,不及者企焉。亦可多不贵,少不恨矣。既览《大全》,复观《注疏》,前人之阙,足于后人,后人之善,本于先哲,一书具见,起予不远。"①沿循这一理路,张溥既肯定朱子《孟子集注》的学术价值,认为"《集注》出则大义不疑,群言皆废矣",又对宋儒"言性善,称仁义,存心养性,知言养气之大者"加以"裁剪而出之"。② 张溥既肯定程朱对《大学》《中庸》的发明表彰,使其"绝而复续,暗而复明,其施为甚巨,表论最微,功又在他书之上",又指出当时研究《大学》《中庸》的不足,或割裂汉学和宋学,或是繁复解说,"言之弥多,去之弥远"。由此,张溥试图融合汉学和宋学之争,认为"汉之言《中庸》者,礼也;宋之言《中庸》者,理也。礼理一也,而学者二之"。③ 故张溥综合剪裁,合纂《注疏》《大全》,以救其弊。其合纂方式主要为释文、集注、注、疏、音义等。

8.《春秋三书》三十一卷

《春秋三书》三十一卷,张溥著,含《春秋列国论》二十四卷、《春秋四传断》六卷、《春秋书法解》一卷。著录于《明史·艺文志》、《千顷堂书目》、《江南通志》、《钦定续通志》、《钦定续文献通考》、《经义考》、《四库全书总目》、《中国古籍总目》、《中国古籍善本总目》、《江苏艺文志》等。④ 是书现有明末刻本(中国科学院图书馆藏,《四库全书存目丛书》据此影印出版,见经部第 125 册)、明嘉显堂刻本

---

① 张溥《论语注疏大全合纂序》,明崇祯间吴门宝翰楼刻《四书注疏大全合纂》本。
② 张溥《孟子注疏大全合纂序》,明崇祯间吴门宝翰楼刻《四书注疏大全合纂》本。
③ 张溥《中庸注疏大全合纂序》,明崇祯间吴门宝翰楼刻《四书注疏大全合纂》本。
④ 按,《四库全书总目》、《钦定续通志》作"春秋三书三十二卷",《钦定续文献通考》作"春秋三书三十三卷"。误。应为三十一卷。作三十二卷者主要是从目录上统计的,而《四传断》据目录是七卷,但目录明言"卷之六缺",而正文实有六卷。作三十三卷者,盖将《四传断》中卷之三上下、卷之五上下各看作两卷之故。

(作三十二卷,南京图书馆藏)等。

《四库全书总目提要·春秋三书》云:"是书第一编曰《列国论》,凡二十四卷。第二编曰《四传断》,凡七卷。第三编曰《书法解》,凡一卷。同时徐汧、张采为之序。采又有《例言》,称《列国论》中尚缺《杂国》一题,《四传断》中僖公阙十余年,文公全阙,襄公以下亦全阙。采间为补之。《书法解》为目多端,仅成一则。溥与采倡立复社,声气交通,蔓延天下,为明季部党之魁。其学问则多由涉猎,未足专门。其所撰述,惟《汉魏六朝一百三家集》搜罗放佚,采撷繁富,颇于艺苑有功。然在当时,止与梅鼎祚《文纪》诸书齐驱并驾,较之杨慎、朱谋垏《考证》,已为少逊矣。至于经学,原非所擅长,此书为未成之本,亦别无奥义。采等以交游之故,为掇拾补缀而刊之,实不足以为溥重也。"①

按,张溥此期治《春秋》,与崇祯重《春秋》之学有关。明倪会鼎云:"(九年)时上重《春秋》之学。"②四库馆臣之评价大抵不差,然亦有贬低之嫌。至云张溥"其学问则多由涉猎,未足专门"、"至于经学,原非所擅长"则几近强诬。张溥实以经史和选文名家,其治学博观约取,甚下功夫。可以说,"作为复社经学的代表人物和明清之际经学的奠基者之一,张溥更是肆力于经学,勤苦批读,著述甚丰,并形成了具有划时代意义的经学思想"③。然此书实为未成之本,张采为"表厥苦心",为之董理补订。

9.《四书尊注大全》二十卷

《四书尊注大全》二十卷,张溥撰,吴伟业参补,含《大学大全讲意》一卷、《中庸大全讲意》二卷、《论语大全讲意》十卷、《孟子大全讲意》七卷。著录于《江苏艺文志》、《中国古籍总目》。是书现有明崇祯间刻本,与明张明弼辑《尺木居辑诸名公四书尊注讲意》二十卷合刻,中科院图书馆藏。

10.《新刻易经娜嬛》四卷首一卷

《新刻易经娜嬛》四卷首一卷,张溥撰,李光祚校,明刻本,著录于《中国古籍总目》,日本内阁文库藏。

---

① 纪昀《四库全书总目提要》,河北人民出版社2000年,第796页。
② 倪会鼎《明倪文正公(元璐)年谱》,台湾商务印书馆1978年,第99页。
③ 何宗美、刘敬《明代文学还原研究——以〈四库总目〉明人别集提要为中心》,人民出版社2014年,第381页。

11.《四书考备》十二卷

《四书考备》十二卷,张溥撰,明崇祯间刊本,著录于《中国古籍总目》,日本尊经阁藏。

12.《张天如先生汇订四书人物名物经文合考》十二卷

《张天如先生汇订四书人物名物经文合考》十二卷,张溥撰。著录于《续修四库全书总目提要》、《中国古籍总目》、《中国古籍善本总目》、《江苏艺文志》。是书现有明崇祯五年(1632)刻本,浙江省图书馆、日本内阁文库等藏。

《续修四库全书总目提要》云:"《汇订四书人物名物经文合考》十二卷。明张溥辑,卷首有吴伟业序、溥自序及凡例。按郭青螺考圣门人物而遗七十二朝人物,薛方山考七十二朝人物而遗名物,陈牛杓考名物而遗七十二朝人物,至于经传及论注之异同,诸书更少论及。兹书合而考之,每页截分上下二层,上层汇集名物典故,下层汇集人物经义,循《学》《庸》《论》《孟》之次,相连编入,遇有疑义,为之标注。诸所援引,虽见该博,亦嫌泛滥。"①

13.《张太史家传四书印》十三卷《四书字句辨疑》一卷《初学文式》一卷

《张太史家传四书印》十三卷《四书字句辩疑》一卷《初学文式》一卷,张溥,明刻本,著录于《中国古籍总目》,日本内阁文库藏。

14.《十三经诂释》

《十三经诂释》,张溥著。著录于王祖畲《太仓州志·艺文》、《江苏艺文志》。张采《庶常天如张公行状》云:"所著……经则十三经各有诂释。"②黄道周《张天如墓志》云:"公所著,有……《十三经注疏》。"③是书今未见。

15.《张天如先生校正孝经忠经小学》三种

《张天如先生校正孝经忠经小学》三种,合刻本,张溥校正,日本前田育德会尊经阁藏。卷之首《张天如先生校正标题孝经集注详解》,卷之二《张天如先生校正标题忠经集注详解》、《张天如先生校正文公小学音注句解》十卷。

16.《太史张天如详节春秋纲目左传句解》六卷

《太史张天如详节春秋纲目左传句解》六卷,元朱申撰,张溥等评,清韩炎重订。著录于《中国古籍总目》。是书现有清光绪五年(1879)宝兴堂刻本(北大图书馆

---

① 中国科学院图书馆整理《续修四库全书总目提要》(经部),中华书局1993年,第941页。
② 张采《知畏堂文存》卷八《庶常天如张公行状》。
③ 黄道周《黄石斋先生文集》卷十一《张天如墓志》,续修四库全书本。

藏)、清光绪间善成堂刻本(上海图书馆藏)、五云堂刊本(东京大学东洋文化研究所藏)、清洛阳成文信刻本(大连图书馆藏)、清燕台文胜堂刻本(大连图书馆藏)。

是书辑诸名家评点,首《重订春秋左传句解原叙》,末署"苍山魏邦达题"。下有《诸名家评点春秋纲目左传句解姓氏》,共列胡寅、张溥等二十七人。每卷下题"太史张天如详节春秋纲目左传句解卷之某　长洲韩炎慕庐甫重订"。

史部①

1.《通鉴纪事本末》二百三十九卷

《通鉴纪事本末》二百三十九卷,宋袁枢撰,明张溥论正。著录于《正雅堂古今书目》、《郑堂读书记》、《江苏艺文志》、《中国古籍总目》。是书现有明末正雅堂刻本(上海图书馆藏)。据《正雅堂古今书目》,应刊于崇祯九年后)、清康熙二十四年(1685)太仓张氏刻本(国家图书馆藏)、清同治十三年(1874)江西书局刻本(纪事本末五种本,上海图书馆藏)、清光绪十三年(1887)广雅书局刻本(纪事本末汇刻八种,上海图书馆藏)、清光绪二十四年(1898)湖南思贤书局刻本(纪事本末五种本,上海图书馆藏)、清光绪十四(1888)年上海书业公所铅印本(历朝纪事本末七种本,上海图书馆藏)、清光绪二十五年(1899)上海慎记书庄石印本(历朝纪事本末九种本,上海图书馆藏)。

是书以宋袁枢《通鉴纪事本末》为本,起三家分晋,迄世宗征淮南。张溥于每页上方标出事纲,以"便观览";于每篇末施以论正,以"辨臧否",并改篇为卷,"亦颇便于观者"。② 张溥后将这些论正抽出汇集为《历代史论》二编。卷首《通鉴纪事本末序》云:"国之有史,史之有《通鉴》,《通鉴》之有纪事本末,三者不可缺一也。国史因人,《通鉴》因年,本末因事,人非纪传不显,年非《通鉴》不序,事非本末不明。学者欲观历代之史,则必先观《通鉴》,既观《通鉴》,不能即知其端,则必取本末以类究之。……余生也晚,不敢妄作,窃依本书,私用辅益,标事纲于上方,便观览也,附末论于事讫,辨臧否也。稽之国史十七,梗概略张;证以朱子《纲目》,书法不悖。《诗》云:他山之石,可以攻玉。余殆兢兢焉。《通鉴》前编,尚恨简脱,宋元通鉴,迄无善本,余有志而愧不敏也。无《通鉴》何以有纪事本末,曷少俟诸?"据是可知,张溥有宏大系统之著史计划,拟重著宋元通鉴,进而著宋元纪

---

① 参见陆岩军《张溥经部史部著述考》,《经学文献研究集刊》第十四辑。
② 周中孚著,黄曙辉、印晓峰标校《郑堂读书记》,上海书店出版社2009年,第313页。

事本末。

2.《宋史纪事本末》一百九卷

《宋史纪事本末》一百九卷，明冯琦原编，陈邦瞻纂辑，张溥论正。著录于《明史·艺文志》、《郑堂读书记》、《江苏艺文志》、《中国古籍总目》。是书现有明崇祯刻本（复旦大学图书馆藏）、清康熙十八年（1679）刻本（上海图书馆藏）、清同治十三年（1874）江西书局刻本（纪事本末五种本，上海图书馆藏）、清光绪十三年（1887）广雅书局刻本（纪事本末汇刻八种本，上海图书馆藏）、清光绪二十四年（1898）湖南思贤书局刻本（纪事本末五种本，上海图书馆藏）、清光绪十四年（1888）上海书业公所铅印本（历朝纪事本末七种本，上海图书馆藏）、清光绪二十五年（1899）上海慎记书庄石印本（历朝纪事本末九种本，上海图书馆藏）。

《宋史纪事本末》是继《通鉴纪事本末》所作，起太祖代周，迄文谢之死。约万历二十三年（1595），由陈邦瞻在冯琦、沈越未完稿的基础上增订完成。万历三十三年（1605），由刘曰梧、徐申校订刊行，分二十八卷。约崇祯十年（1637）间，张溥重新将《宋史纪事本末》改篇为卷，分为一百九卷重新刊刻。①并于书眉上标事纲，每卷末施以史论性的论正，以"张溥曰"低二格标出。后张采将这些论正编入《七录斋近集》第十一至十五卷，名为《宋纪事论》。张溥《宋元纪事本末序》云编著此书之动机为"读史至宋，踧乎伤之。代侔汉唐，而文出夷貊，其书阘冗，不足述也"，故"欲取脱脱一书，剪裁繁漏，别韩老同传之非，去琬琰滥收之谬，然后大采遗文，博收典故，断以己意，成一制作。"即感于华夷之辨，欲重编一部宋史，已搜集了部分史籍，"访求几载，国野并存。大者五六，小者十数"。先论正是书，以"寄以论难，弥纶目前，纲纪有待"。而其最终目的则在于取资近世，借古鉴今："周书戒王，殷鉴不远，汉臣进规，引秦为喻。人君善监者，必自近始，即宋元未竟之编，亦何不可资金镜，御不若乎？"

3.《元史纪事本末》二十七卷

《元史纪事本末》二十七卷，明陈邦瞻原编，臧懋循补辑，张溥论正。著录于《明史·艺文志》、《郑堂读书记》、《江苏艺文志》、《中国古籍总目》。是书现有明末张溥刻本（复旦大学图书馆藏，续修四库全书据此影印，见史部第389册）、清康熙十八年（1679）刻本（上海图书馆藏）、清同治十三年（1874）江西书局刻本（纪

---

① 陈邦瞻编《宋史纪事本末·出版说明》，中华书局1977年，第3—4页。

事本末五种本,上海图书馆藏)、清光绪十三年(1887)广雅书局刻本(纪事本末汇刻八种本,上海图书馆藏,上海古籍出版社 1994 年影印)、清光绪二十四年(1898)湖南思贤书局刻本(纪事本末五种本,上海图书馆藏)、清光绪十四年(1888)上海书业公所铅印本(历朝纪事本末七种本,上海图书馆藏)、清光绪二十五年(1899)上海慎记书庄石印本(历朝纪事本末九种本,上海图书馆藏)。清代以来,重刻者多用张溥本,以同治年间江西书局校刻的《纪事本末五种》本最为通行。①

《元史纪事本末》是陈邦瞻继《宋史纪事本末》后作,起江南群盗之平,迄诸师之争。初稿完成后,由臧懋循予以订补。万历三十四年(1606),《元史纪事本末》六卷刊行。万历三十五年(1607),黄吉士重刻,改《元史纪事本末》为四卷。约崇祯十年(1637)间,张溥鉴于"《元史》速成,众思寡集",②欲重写《元史》。故张溥先对《元史纪事本末》"寄以论难",加以论正,重新刊版,以篇为卷,分为二十七卷。是书每卷于书眉上标事纲,卷末以"张溥曰"论正,每篇论正约六百余字。后张采将之抽出编入《七录斋近集》第十六卷,名《元史纪事论》。

4.《历代史论一编》四卷《二编》十卷

《历代史论一编》四卷《二编》十卷,明张溥著。著录于《续修四库全书总目提要》、《江苏艺文志》、《中国古籍总目》。另,《千顷堂书目》、《四库全书总目》仅著录"《历代史论二编》十卷",《明史·艺文志二》著录"《史论二编》十卷"。是书现有明崇祯刻本(杭州大学图书馆藏。四库全书存目丛书据此影印出版,见史部第289 册)。另有明崇祯刻一编四卷清洪祖年批点本及清潘霨批并跋本(四川省委党校图书馆、苏州图书馆藏)、清光绪刻一编四卷本(南京图书馆藏)、清刻本二编十卷本(南京图书馆藏)、清光绪五年(1879)西江裴氏历代史论刻本(内有张溥宋史论三卷《元史》论一卷。上海图书馆藏)。

是书《历代史论一编》论人,评论汉至元代 110 位帝王治国得失,所谓"责在君父"。③《二编》论事,类纪事本末体,起于春秋末年之三家分晋,终于后周世宗柴荣出征淮南,评论春秋末至五代末的历史大事,此即《通鉴纪事本末》之张溥论正。书首有社友韩四维《史论二编序》。

---

① 陈邦瞻编《元史纪事本末·出版说明》,中华书局 1979 年,第 3 页。
② 张溥《宋元纪事本末序》,《宋史纪事本末》,上海古籍出版社 1994 年,第 1 页。
③ 吕云孚《史论序》,《历代史论一编二编》卷首,四库全书存目丛书本。

《四库全书总目》与《续修四库全书总目提要（稿本）》各载《历代史论二编》和《宋史论·元史论》的提要，一贬一褒，相映成趣。《四库全书总目·历代史论二编》云：

> 是书总论史事，起三家分晋，至周世宗征淮南。议论凡近，而笔力尤弱，殊为不称其名，题曰二编，盖尚有前编，今未之见。

《续修四库全书总目提要（稿本）·历代史论宋史论元史论》云：

> 溥于袁枢《通鉴纪事本末》、陈邦瞻《宋史纪事本末》、《元史纪事本末》三书每卷为论一篇，以著其兴替之故，得失之林。与三书标题一一相应，其体盖出于正史序论及《通鉴》之"臣光曰"，扩而充之，叙事必详，推阐必尽，夹叙夹议，才识固驾明代文人而上，为史评家别开途径。其后谷应泰《明史纪事本末》、高士奇《左传纪事本末》，皆自为之论，是深有取于其例也。四库史评类存目有《历代史论二编》十卷，起三家分晋，至周世宗征淮南，明为《通鉴本末》之论。《明史·艺文志》但称《史论二编》十卷，岂当时传刻未全者欤？观其统名二编，则后有宋元之论可知。馆臣不察，谬曰："尚有前编，今未之见。"就使未见溥文，岂并著书亦未之省邪？而顿鄙夷之曰："议论凡近，笔力尤弱。"诚无异于冥行索途，安问南北？其论既附三书以行，不须重复著录，故取凌刻足本，以正前编之误，而仍入之存目中。①

按，四库馆臣所云"题曰二编，盖尚有前编，今未之见"之语，并非未见一编，而实因一编评论帝王，有伤尊威，故以此语搪塞。四库馆臣实已见一编。清姚觐元编，孙殿起辑《清代禁毁书目（补遗）·清代禁书知见录》："《历代史论》二本。查《历代史论》系明张溥撰，卷四内《元顺帝论》甚为偏驳谬戾，应请抽毁。"②此书目系乾隆四十七年（1782）五月刊发，由四库馆提调办事翰林官五泰、瑞保等负

---

① 中国科学院图书馆整理《续修四库全书总目提要（稿本）》，齐鲁书社1996年，第22册，第95页。
② 姚觐元编，孙殿起辑《清代禁毁书目（补遗）·清代禁书知见录》，商务印书馆1957年，第36页。

责,其所云《元顺帝论》即见于《历代史论一编》卷四。

5.《历代名臣奏议》三百二十卷

《历代名臣奏议》,明黄淮、杨士奇等辑,张溥删正,明崇祯八年(1635)刻本。著录于《八千卷楼书目》、《中国古籍总目》。是书现有崇祯八年(1635)张溥刻本(三百二十卷,复旦大学图书馆、上海图书馆藏;三百十九卷本,复旦大学图书馆藏)、明崇祯刻清聚英堂印本(浙江省图书馆、中山大学图书馆藏)。

《历代名臣奏议》有二种,一为明永乐十四年(1416)内府刊三百五十卷本,一为明崇祯八年(1635)张溥节录三百十九卷本。《历代名臣奏议》原由黄淮、杨士奇等奉敕编,汇编自商周至宋元历代奏议,分三百五十卷,刊于永乐十四年,《四库全书总目·历代名臣奏议》三百五十卷云其为"古今奏议之渊海""自汉以后收罗大备,凡历代典制沿革之由,政治得失之故,实可与通鉴、三通互相考证。"然印止数百,后颇稀见。至明末时,《历代名臣奏议》已"世无其版",张溥慨叹"生长三十年未尝一见,询之郡县学官掌故,有愕不知为何书者","镌版不行,受读无路,绝而不问,同于禁书"。崇祯四年(1631),张溥游京师时才"始获寓目"。崇祯五年(1632)冬回乡后,"访之藏书家,多云无有"。后来偶得同社友人藏本,然"字间摩脱难识,最后得太原藏本相雠正,乃竟读"。鉴于此书难觅,为便于流传,张溥仿"纂取大全,删括性理"之法,"卒依原卷,标指详略,踰二年成刻"。崇祯八年(1635),张博将之删节为三百十九卷本刊行。张溥在序中强调了奏议的史料价值和政治价值,认为奏议可作"信史"①,"非独察古镜今,亦急教谏也"。张溥在删节《历代名臣奏议》的同时,也产生了编辑编年奏议的想法,拟"设去群书杂说,家居私策诸文,专引奏对,据《纲目》之例,具列月日,粲然明书,使人因事惕息,以用某言兴,用某言败,亦足以训度"。②

《四库全书总目·历代名臣奏议》云张溥删节重刊本"卷目均依其旧,所不同者此本有《慎刑》一门,张本无之,张本有《漕运》一门,此本无之。不知为张溥所改移,为传本互异。然溥所去取,颇乏鉴裁,至唐宋以后之文,尽遭割裂,几于续

---

① 蒋复聪《影印历代名臣奏议序》:"古代禁网太密,率以忌讳,于是史册所记,非失诸讳饰,即忽于简略,史实沈埋,不知凡几。但自古明君以求言为治道,贤臣以极谏为忠节,故凡史官所不敢记者,皆见于奏议,奏议实代表正确之舆论,最可信之史实也。"《历代名臣奏议》,台湾学生书局1964年影印,第2页。

② 张溥《历代名臣奏议序》,崇祯八年(1635)张溥刻《历代名臣奏议》本卷首。

凫断鹤,全失其真。"按,四库馆臣所论,实则"以非足本而致有误述"①。今据邓广铭先生所藏的永乐本《历代名臣奏议》(上海古籍出版社 1989 年据此影印)、台湾"中央"图书馆藏永乐本《历代名臣奏议》(台湾学生书局 1964 年影印)应为六十六门。与复旦馆藏《历代名臣奏议》三百二十卷相比,二者门类不同的是:永乐本多出《慎刑》、《夷狄》二门,合《经籍》、《图谶》为一门。二本均有《漕运》门,与四库馆臣所论不同。复旦大学图书馆又有《历代名臣奏议》三百十九卷,比三百二十卷本少最末一门《御边》。

6.《南史》八十卷

《南史》八十卷,唐李延寿撰,张溥评点。著录于《中国古籍总目》。张溥《南史序》云:"又见二十一史之书,卷目浩大,世鲜终读,兼南板漫灭,非本难致,好古之士,依代购募,尝恨未全。遂谋之友人,统刊全史,悬于吴门,通邑大都,可共观览。《南史》先成,简首略意,间有评骘,恐伤本书,不敢谬附,但立题识,托赏好而已。"道出了编刊原因和体例。是书现有明娄东张氏刻本,上海图书馆藏。书眉镌批语,或为内容概要,或为与《宋书》、《梁书》对校异文。

7.《南北史同异》

《南北史同异》,张溥著。著录于王祖畬《太仓州志·艺文》、《江苏艺文志》。是书今未见。

8.《合锓纲鉴通纪今古合录注断论策题旨大全》二十卷卷首一卷

《合锓纲鉴通纪今古合录注断论策题旨大全》二十卷卷首一卷,张溥辑。著录于《江苏艺文志》、《第二批辽宁省珍贵古籍名录》。是书现有明崇祯刻本,大连图书馆藏。

9.《史记珍抄》五卷

《史记珍抄》五卷,明张溥辑。著录于《江苏艺文志》、《中国古籍总目》。是书现有明末刻本,大连图书馆藏。

10—12.《历代文典》《历代文乘》《崇祯文典》

《历代文典》、《历代文乘》、《崇祯文典》,张溥编。《历代文典》、《历代文乘》著录于《正雅堂古今书目》、王祖畬《太仓州志·艺文》。《崇祯文典》著录于王祖畬《太仓州志·艺文》。黄道周《张天如墓志》云:"公所著,有《春秋三书》、《十三经

---

① 蒋复聪《影印历代名臣奏议序》,《历代名臣奏议》,台湾学生书局 1964 年影印。

注疏》,纂《史论》、《七录斋集》、《文典》、《文乘》。"①张采《庶常天如张公行状》云:"史则有《历代文典》、《文乘》及《崇祯文典》,尚未成集。"②邹漪《启祯野乘卷七·张庶常传》亦云:"其(张溥)立志宏远如此,所著有《七录斋集》、《史论一编二编》及《论略》、《春秋三书》、《十三经合纂》、《历代文典》、《文乘》、《通鉴纪事本末》、《宋元纪事本末》、《古文五删》、《汉魏百名家》、《历代名臣奏议》等书行世。"③张溥《古文五删序》亦云:"余窃有志欲总括历代,为《文典》、《文乘》二书。《文典》体仿编年,必关国家治乱,王朝掌故,文始采列,论政事则如西汉议郊庙、议匈奴;论人物则如赵宋弹王吕、弹京桧。上自天子,下逮布衣,诏表撰述,大事备存。其文详于温公《通鉴》、马氏《通考》,又微加折衷,志其短长。《文乘》体同《文选》,各以类从,神经怪牒,朽书断简,靡不征讨,琢磨陶汰,取于极精,不敢滥入。"④由此可见,《历代文典》为编年体,收录与国家治乱相关之文章,并加以分析评论。《历代文乘》体同《文选》,以类系文,范围极广,选取极严。两部大书,一纵一横,经纬相成。据《正雅堂古今书目》及邹漪《张庶常传》可知二书已刊出,而据张采《庶常天如张公行状》则为尚未成集,不知何者为是。今三书皆未见。

13.《皇明经济书》二十二卷

《皇明经济书》二十二卷,张溥辑。著录于《千顷堂书目》、王祖畲《太仓州志·艺文》、《江苏艺文志》。是书今未见。

14.《国表社目》

《国表社目》,张溥著。著录于谢国桢《增订晚明史籍考》,云:"《国表社目》,明太仓张溥天如著。按是书见程穆衡《梅村诗笺》引用书目,惜未见。"⑤按,陆世仪《复社纪略》卷一有社目,盖为该书。

子部

1.《七录斋类书》五百余卷

《七录斋类书》五百余卷,张溥辑。张采《七录斋近集·凡例》云:"天如集类

---

① 黄道周《黄石斋先生文集》卷十一《张天如墓志》,续修四库全书本。
② 张采《知畏堂文存》卷八《庶常天如张公行状》。
③ 邹漪《启祯野乘卷七·张庶常传》,见周骏富辑《明人传记丛刊》第127册,明文书局1991年,第268—270页。
④ 《七录斋近集》卷三《古文五删序》,复旦大学图书馆藏。
⑤ 谢国桢《增订晚明史籍考》,中华书局1964年,第244页。

书大小百余种,分部割缀,每自呼曰《大类书》。今余同顾麟士修辑,删复刘繁,可五百余卷,题曰《七录斋类书》,而梓工不办,未能即出问世,如得同志共襄,亦嘉惠后学一助也。"据《正雅堂古今书目》著录《七录斋类书》(卷数未标),则应已刊出。是书今未见。

2.《新刻张天如太史评释孔圣家语》五卷

《新刻张天如太史评释孔圣家语》五卷,唐颜师古注题,明张溥订定,清刊一册,公文书馆 木村蒹葭堂本 内阁文库 298—19①。

集部

别集类

1.《张太史七录斋初集》七卷

《张太史七录斋初集》七卷(又名《七录斋集》六卷《论略》一卷。以下简称《七录斋初集》),张溥撰。著录于《贩书偶记》、《清代禁书知见录》、《中国古籍善本书目》、《江苏艺文志》、《中国古籍总目》。

是书天头镌周锺、张采批语,卷端题"娄东张溥天如著,同盟周锺介生、张采受先阅"。凡七卷,首为《论略》一卷,有论 20 篇,论及治夷狄、两直、灾异、备边、女直、治河、宗室、马政、任边将、备倭、赋役、征贷、诏狱、音乐、钱楮、左道、建学、山东、盐法、兵员等,皆关明季社会之大事。次为《七录斋集》六卷,卷一至三为书序,卷四为寿序,卷五为寿贺序,卷六为墓志记说制词祭文。是本既名"初集",则应为张溥古文辞首次结集,于考察张溥早期之交游、思想、散文成就颇有帮助。卷首陈子龙序云:"天如之文章,天下莫不知其能"、"天如之书,正不掩文,逸不逾道,彬彬乎释争午之论,取则当世,不其然乎?彼其命志良不虚者,要亦乘时鼓运之事也。"周立勋序云张溥为"弘亮博达"之君子,是书"网罗旧声,考其得失,连缀当世之务而整齐之,班班如矣"、"循循古学,形之简编,赞明大道,体达国政",为"治世之言"。《续修四库全书总目提要(稿本)》云:"盖溥以博洽见称,曾编刻《汉魏六朝一百三家集》行世,故其为文,无窒塞艰涩不可句读者。由于多见古书,熏蒸沈浸,吐属自无鄙语。譬若世禄之家,天然无寒俭之气也。昔桓谭见扬子云善为赋,欲从之学。子云曰:'能读千首赋,则善为之矣。'溥固不止读千篇文,宜其

---

① http://kanji.zinbun.kyoto-u.ac.jp/kanseki?record=data/FANAIKAKU/tagged/3163010.dat&back=1。

善为文也。是书首卷《论略》，如《治夷狄论》、《备边论》、《任边将论》、《备倭论》、《女直论》诸篇，皆论当时外患，有关治术，又不能仅以文士目之矣。"①其影响与成就可略窥一斑。

是书现存明崇祯吴门童润吾刻本（以下简称童刻本）和明末金陵傅少山刻本（以下简称傅刻本）。童刻本现藏于台湾"中央"图书馆、北京大学图书馆等馆。1977年，台湾《清代禁毁书丛刊》第一辑据"中央"图书馆藏本影印出版，题名《七录斋论略》。1997年，大陆《四库禁毁书丛刊》据北京大学图书馆藏本影印出版，题名《七录斋集》六卷《论略》一卷（见集部第182册）。傅刻本现藏于中国人民大学图书馆、山西省图书馆等馆，《中国人民大学图书馆藏古籍善本书目》和《山西省图书馆藏古籍善本书目》均著录为"明天启傅少山梓"。查检中国人民大学图书馆藏本，有"金陵傅少山梓"牌记，然无刻书年月，其行款与内容与童刻本完全一致。目前可见的对傅刻本的最早著录当属孙殿起《贩书偶记》、《清代禁书知见录》，二书均载："七录斋初集文六卷论一卷，明娄东张溥撰，无刻书年月，约天启间金陵傅少山刊，内有周锺、张采批评。"②"约天启间"应为孙殿起推测，误。据卷首陈子龙序中"天如虽贤，得位而名益彰"和周立勋序中"天如张子者，今既贵……而又见用于圣明之世"等语，可知是本应刊于崇祯四年（1631）张溥中进士后不久，而非"约天启间"。

是书校刊不尽精严：其一，正文有阙略，如卷二《管陈二子合刻序》有目而无文。其二，目录与正文顺序不符，如卷二《周氏一家言序》在目录上列于《房稿遵业序》下，而正文中却列于《房稿是正序》下；《徐朱二子合刻序》目录上列于《焚言序》下，而正文置于卷末。诸如次类较多。其三，目录与正文标题不一致，如卷二《王慎五稿序》，目录"五"作"吾"；卷五《张孚先母夫人六十序》，目录"孚"作"受"；《周氏一家言序》，目录无"序"字。诸如此类亦多。

附《续修四库全书总目提要（稿本）·七录斋文集》：③

七录斋文集　明启祯间刊本

---

① 中国科学院图书馆整理《续修四库全书总目提要（稿本）》第4册，齐鲁书社1996年，第438页。

② 孙殿起《贩书偶记》，上海古籍出版社1982年，第327页。

③ 中国科学院图书馆整理，齐鲁书社，第4册，第438页。

明张溥撰。溥有《诗经注疏大全》,已著录。明之末年,中原云扰,大江以南,文社极盛,最著者艾南英倡豫章社,衍归有光之说,而畅其流风。陈子龙倡几社,承王世贞之说而条其滥觞。溥与张采倡复社,声气蔓衍,几遍天下。是书前有周立勋序,称其意量和雅,文理粲备,体法详掩,治世之言。陈子龙序称其正不掩文,逸不逾道。盖溥以博洽见称,曾编刻《汉魏六朝一百三家集》行世,故其为文,无窒塞艰涩不可句读者。由于多见古书,熏蒸沈浸,吐属自无鄙语。譬若世禄之家,天然无寒俭之气也。昔桓谭见扬子云善为赋,欲从之学。子云曰:"能读千首赋,则善为之矣。"溥固不止读千篇文,宜其善为文也。是书首卷《论略》如《治夷狄论》、《备边论》、《任边将论》、《备倭论》、《女直论诸篇》,皆论当时外患,有关治术,又不能仅以文士目之矣。溥年止四十而卒,以倡社嗣东林为执政所恶,未克尽其才,惜哉!集以七录名者,盖溥幼时读书必手钞,钞已朗诵一过,即焚之又钞,如是者六七始已。右手握管处,指掌成茧,冬日手皲,日沃汤数四,后名其读书之斋曰七录斋,遂以名其集云。

2.《七录斋文集论略》二卷《续刻》六卷《别集》二卷

《七录斋文集·论略》二卷《续刻》六卷《别集》二卷(以下简称《七录斋续集》),张溥撰。现存明末刻本,凡一函六册十卷,天一阁博物馆藏。是本原为萧山朱别宥收藏,后转赠天一阁。是本国内其它图书馆无藏,国外仅日本内阁文库藏,颇为稀见,著录仅见于《中国古籍善本书目》[1]、《中国古籍善本总目》[2]、《尊经阁文库汉籍分类目录》[3]、《日藏汉籍善本书录》[4]、《中国古籍总目》[5]。

据卷首张采《论略题辞》"天如成进士,既读书石渠,归"及张采《知畏堂文集·论略题辞》"要此万世之业,非计日可蹴,详其概,志天如归来著述如此"[6],可知是本刊于崇祯五年(1632)冬张溥归乡之后,为《七录斋初集》后之续刻,其中

---

[1] 中国古籍善本书目编委会《中国古籍善本书目》,上海古籍出版社,1998年,第868页。
[2] 翁连溪编校《中国古籍善本总目》,线装书局,2005年,第1478页。
[3] 福井保编纂《尊经阁文库汉籍分类目录》,内阁文库,1956年,第484页。
[4] 严绍璗《日藏汉籍善本书录》,中华书局,2007年,第1791页。
[5] 中国古籍总目编委会《中国古籍总目·集部》第2册,中华书局,2012年,第969页。
[6] 张采《知畏堂文存》十二卷《诗存》四卷,四库禁毁书丛刊本。

有53篇不见于他集。

一、二册为《七录斋论略》二卷，卷端题"娄东张溥天如著 同盟周锺介生张采受先阅"，卷一凡29篇，2篇新出，余则又见《七录斋初集》和《七录斋诗文合集》；卷二凡27篇，3篇新出，余则又见《七录斋诗文合集》。三、四册为《张太史七录斋续刻》，未分卷，有序、记、启、题、引、墓志、祭文七体，正文据版心可厘为六卷。卷一凡10篇，9篇新出，1篇又见《七录斋诗文合集》；卷二凡10篇，9篇新出，1篇又见《七录斋诗文合集》；卷三凡10篇，均新出；卷四仅3篇，2篇新出，1篇又见《七录斋诗文合集》；卷五凡7篇，4篇新出，3篇又见《七录斋诗文合集》；卷六凡15篇，7篇新出，8篇又见《七录斋诗文合集》。五、六册为《七录斋别集》二卷，卷一卷端题"娄东张溥著　门人吕云孚挍"，凡26篇，又见《七录斋诗文合集》；卷二卷端题"娄东张溥天如著　门人陈许廷灵茂较"，凡32篇，7篇新出，余则又见《七录斋诗文合集》。

从《续刻》卷四仅3篇、卷六未标卷终来看，是本应为残本，然颇为珍稀，为学界所较少寓目，如蒋逸雪《张溥年谱》①、谢国桢《明清之际党社运动考》②、孙肃《明诗话全编·张溥诗话》③、何宗美《明末清初文人结社研究》④、丁国祥《复社研究》⑤等论及张溥时均未见此书。仅见于是本的53篇文章，涉及张溥交游、社事、思想、创作等，具有一定的研究价值。如《吴骏公稿序》、《吴骏公稿再序》二文有助于了解张溥与其高足吴伟业的交游及吴伟业家世。《娄东应社序》、《席社序》、《社籍序》、《剑光社刻序》、《杨伯祥稿序》等论及应社、席社、复社、剑光社、日社，是研究晚明文社的重要资料。又如《韩张甫稿序》云"夫古之善读书者，戒人无读唐以后书。排而远之，则曰无读汉以后书。又其上者，并其汉而去之。著论弥高，则选书弥峻。……不鉴于古，无以知今，不察于今，必不勇于尊古，学者之恒势也"及《屠幼绳稿序》云"夫通达之士，取鉴前识，复资今用"云云，藉此可考察张溥鉴古知今、察今尊古、取鉴前识、复资今用的复古思想的实质，可体察其强烈的用世之意。又如《王与游诗稿序》云"诗则至人之言也，至人之言，其直不迫，其

---

① 蒋逸雪《张溥年谱》，商务印书馆1946年。
② 谢国桢《明清之际党社运动考》，商务印书馆1934年。
③ 孙肃《张溥诗话》，见吴文治《明诗话全编》，凤凰出版社1997年。
④ 何宗美《明末清初文人结社研究》，南开大学出版社2003年。
⑤ 丁国祥《复社研究》，凤凰出版社2011年。

讽无隐,诗义备矣"、"文不逆性,况诗乎"、"夫惟学立于诗之上者,偶发为诗,无乎不神"等可反映张溥的诗学观,又藉"予初不作诗,至长安不免酬答,间亦有咏",可知张溥自崇祯四年春入京会试后始作诗,此对其诗歌系年断限颇为重要。再如《徐位甫近稿再序》云"予近论文,每言古、雅、灵、确四字",对研究其散文观颇有帮助。

3.《七录斋诗文合集》十六卷

《七录斋诗文合集》十六卷,张溥撰,明崇祯九年刻本。著录于《贩书偶记》、《中国古籍善本书目》、《江苏艺文志》、《中国古籍总目》。1997年,大陆《续修四库全书》据北京大学图书馆藏本影印出版(见集部第1387册)。据卷首周锺《七录斋集序》、支益《七录斋诗文合集序》,可知此集收录张溥天启七年(1627)至崇祯九年(1636)间作品,反映了张溥此期诗文创作与思想。

是本凡十六卷,依次为《古文近稿》六卷、《古文存稿》五卷、《馆课》一卷、《论略》一卷、《诗稿》三卷。《古文近稿》卷一凡24篇,20篇新出,4篇又见《七录斋续集》;卷二凡26篇,1篇新出,25篇又见《七录斋续集》;卷三凡26篇,8篇新出,17篇又见《七录斋续集》,1篇又见《七录斋近集》;卷四凡24篇,23篇新出,11篇又见《七录斋续集》;卷五凡18篇,9篇新出,4篇又见《七录斋续集》,5篇又见《七录斋近集》;卷六凡18篇,14篇新出,4篇又见《七录斋近集》。《古文存稿》五卷,除一篇又见《七录斋近集》外,余则又见《七录斋初集》。《馆课》一卷、《论略》一卷,均又见《七录斋续集》。《诗稿》三卷新出,计诗490余首,诗体有古诗、律诗、绝句,以七律居多,内容涉及送别、唱和、记游、感怀、祝寿,以送别、唱和最多,颇有助于了解其诗歌创作成就。

《七录斋诗文合集》除十六卷本外,又有十三卷本、十四卷本、十五卷本。

《七录斋诗文合集》十三卷本,台湾"中央"图书馆藏,除卷首无周锺《七录斋集序》、集中无三卷诗稿外,内容、行款均与十六卷本前十三卷相同,二者应出同一版本,十三卷本盖为十六卷本去掉三卷诗稿后所剩。1977年,台湾《明代论著丛刊》据十三卷本影印出版,题名《七录斋诗文合集》(从题名"诗文合集"亦可见应含诗稿)。

《七录斋诗文合集》十四卷本,著录于崔建英辑《明别集版本志》[①]。现有明

---

① 崔建英辑《明别集版本志》,中华书局2006年,第170页。

崇祯九年刻清增修本,中国科学院文献情报中心藏。是本含《诗稿》二卷,《存稿》五卷,《近稿》六卷,《馆课》一卷,比十六卷本少一卷《论略》及一卷《诗》。

《七录斋诗文合集》十五卷本,题为《七录斋集》十二卷《诗》三卷。著录于《明史·艺文志》卷九十九、《千顷堂书目》卷二十七。是本今未见。

4.《七录斋近集》十六卷

《七录斋近集》十六卷,张溥撰,明崇祯十五年吴门正雅堂刻本,凡一函五册,复旦大学图书馆藏。据笔者查阅所及,《七录斋近集》尚未发现国内外其它图书馆有藏,亦不著录于《明史·艺文志》、《千顷堂书目》、《郑堂读书记》、《四库全书总目》、《续修四库全书》、《四库禁毁书丛刊》、《四库未收书辑刊》、《中国古籍善本书目》、《中国古籍善本总目》、《明别集版本志》、《江苏艺文志》、《日藏汉籍善本书录》等书,仅著录于孙殿起《贩书偶记续编》①、《清代禁书知见录》②、《中国古籍总目》,颇为稀见。

是集卷首依次列张采《西铭近集序》、《凡例》、钱谦益《嗣说》、张采《祭天如兄文》。张采《西铭近集序》云:"此我亡友张子遗集也。不名遗集者,先是张子裒其古文辞,比次连类,名曰《近集》,授诸书史矣。殁前二日,犹手执雠校,则后死者不忍有芟益,故仍其自名。"张采编制《凡例》又云:"是集定于天如生前,缮写且毕,梓工亦举十之一,余不过为任雠较,不忍有所增损。而迟之匝岁者,殁后零落,难应匠事尔。"复据张采《祭天如兄文》末署时间"壬寅六月",可知此书崇祯十四年(1641)五月张溥殁前开刻,至十五年六月后刊竣,为张溥生前最后一本诗文集。据张采《凡例》"天如前有史论,自为专集,鄙意谓合则全美,分即碎金,故取其诸史论,连缀集末,亦可称史论后集,仍不碍汇前成部",可知是集前九卷为张溥生前亲自校定,后七卷则由张采取其史论,连缀集末,这也体现了张采的编辑眼光。

是集主要收录其后期诗文,前二卷为诗,凡386首,后十四卷为文,凡406篇。卷一为古诗、绝句及五律,凡182首,其中五言古诗11首,七言古诗13首,五绝2首,五律97首,七绝59首;卷二为七律,凡204首;卷三为文序,凡33篇;卷四为文序、贺序,凡30篇;卷五为寿序,凡18篇;卷六为寿序、墓志铭,凡17

---

① 孙殿起《贩书偶记续编》,上海古籍出版社1980年,第213页。
② 孙殿起《清代禁书知见录》,商务印书馆1957年,第14页。

篇；卷七为传、记、赞、祭文、题词、跋，凡27篇；卷八、九为古名家集题词（即《汉魏六朝百三家集题辞》），凡101篇；卷十为《宋史论赞》，凡42篇；卷十一至十五为《宋纪事论》，系为陈邦瞻《宋史纪事本末》所写的论正，凡109篇；卷十六为《元史纪事论》，系为陈邦瞻《元史纪事本末》所写的论正，凡27篇。

是集除11篇重出《七录斋诗文合集》外，其余诗文皆为新出，集中反映了张溥后期诗文风貌和成就，可谓研究张溥最重要、最珍稀之材料。然为学界较少寓目，如孙肃《明诗话全编·张溥诗话》、谢国桢《明清之际党社运动考》、何宗美《明末清初文人结社研究》、《文人结社与明代文学的演进》①、丁国祥《复社研究》、廖可斌《明代文学复古运动研究》②、李圣华《晚明诗歌研究》③等论及张溥时均未见此书。

5.《七录斋诗稿》三卷

《七录斋诗稿》三卷，张溥撰，约顺治间张溥之子张永锡刊本④。著录于《贩书偶记续编》、《江苏艺文志》。是书今未见。

6.《张天如诗》一卷

《张天如诗》一卷，张溥撰。著录于《启祯两朝遗诗》、《江苏艺文志》。

陈济生编《启祯两朝遗诗》卷七录《张天如诗》一卷，选录张溥诗37首，即《送田晋宇从杨夫子归里》、《送赵方旭限韵》、《寄八兄九兄》、《寄无近弟》、《送李豫石归里侍养》二首、《送黄石斋先生》、《送许荆巖归里》二首、《送熊鱼山给谏归楚》二首、《送王复完大夫之开州》、《哭刘与鸥少司马》三首、《送周梅骨将军》、《送宋九青奉伯母讳奔祥符》二首、《同来之孟宏孟朴君伟龙渊晚眺次韵》、《和泛月》、《宋九青赋秋千诗索序答以代弁言》选四首、《惜行》、《分赋小飞》、《吴门陪冯邺仙给谏赋追别》、《秋怨次孟宏韵》、《夏日子常麟士见过受先辈同集赋纪》、《秋夜同豫瞻人抚骏公僧弥集受先斋》、《题瓶菊》、《送王与游北发》、《别闽中李畏庵》、《送侯豫瞻北上》、《东郊饯刘明府次受先韵》、《送姜燕及夫子还朝》、《送李玉完师还朝》，俱出自《七录斋诗文合集》。是书现有《启祯两朝遗诗》清初刻本，国家图书馆藏。中华书局1958年据此影印出版。

---

① 何宗美《文人结社与明代文学的演进》，人民出版社，2011年。
② 廖可斌《明代文学复古运动研究》，上海古籍出版社，1994年。
③ 李圣华《晚明诗歌研究》，人民文学出版社，2002年。
④ 孙殿起《贩书偶记续编》，上海古籍出版社，1980年，第213页。

总集类

7.《汉魏六朝一百三家集》一百一十八卷

《汉魏六朝一百三家集》一百一十八卷,张溥辑。著录于《明史·艺文志四》、《四库全书总目》、《钦定续通志》、《钦定续文献通考》、《好古堂书目》、《中国古籍总目》等。

是书为张溥集部中影响最大、流传最广者,被清人曾国藩誉为数十种"本根之书"之一①。张溥"少嗜秦汉文字",有感于汉魏六朝"千余年间,文士辈出,彬彬极盛,而卷帙所存,不满三十余家",于是"遍求义类,断自唐前,目成掌录,编次为集,可得百四五十种"(《汉魏六朝百名家集叙》),又受张燮编《七十二家集》激发,在自己已有编集的基础上,主要根据明张燮《七十二家集》,又参考冯惟讷《古诗纪》、梅鼎祚《历代文纪》中作品较多者,选取汉贾谊至隋薛道衡共一百零三人,"有集则加订正,亡集则遍搜罗,人自成编,题词弁首"(张采《庶常天如张公行状》),每集末附著者本传,将其诗文汇成一编。《四库全书总目·汉魏六朝百三家集》提要指出其得在于"州分部居,以文隶人,以人隶代,使唐以前作者遗篇,一一略见其梗概。……原原本本,足资检核,实远胜其它作",其失在于"务得贪多,失于断限,编录亦往往无法,考证亦往往无明"。《四库全书总目·春秋三书》存目提要亦云:"《汉魏六朝一百三家集》搜罗放佚,采摭繁富,颇于艺苑有功。"按,四库馆臣对张溥编辑整理百三家集的评论,大致允当。但却忽略了重要的一点,就是张溥于每集前所写的题词。从这些题词可以看出,张溥"不是纯客观地介绍资料,而是有所'送疑取难'的","对百三家其人其文,都提出了他自己的看法,家家有题辞,人人有论述,分之为作家各论,合之则为文学简史。在十七世纪中叶,出现了这样一部具有文学史规模的作品,是值得我们注意和研讨的。"②故百三家集除保存一代著作,便于流传和阅读的文献价值外,其题词所表现出的文学史价值和文学理论价值亦不可忽略。

是书现主要有明崇祯刻本、《四库全书》本、《摛藻堂四库全书荟要》本、光绪三年滇南唐氏寿考堂刻本、光绪五年彭懋谦信述堂重刻本、光绪十八年善化章经

---

① 曾国藩《复李续宜》:鄙人尝谓古今书籍浩如烟海,而本根之书,不过数十种。"经"则《十三经》是已,"史"则《廿四史》暨《通鉴》是已,"子"则《十子》是已,"集"则《文选》《百三名家》暨唐宋以来专集数十家是已。

② 《后记》,见殷孟伦《汉魏六朝百三家集题辞注》,人民文学出版社2002年,第324页。

济堂刻本、光绪十八年长沙谢氏翰墨山房刻本、清述古山庄刻本、1917年上海扫叶山房石印本、1918年四川官印局印本、1925年上海扫叶山房石印本以及清钞本(清王振声跋)等。

8.《汉魏六朝百三家集题辞》一卷

《汉魏六朝百三家集题辞》一卷,张溥撰。著录于《江苏艺文志》。

《汉魏六朝百三家集》刊出后,清代学者又将其中的题辞抽出单列一集,题名《汉魏六朝百三家集题辞》刊行。现有嘉庆七年(1802)刻本(南京图书馆藏)、道光七年(1827)清芬阁张氏刻本(上海图书馆藏)、道光十四年(1834)海宁顾干校刻本(上海图书馆藏)。今人殷孟伦1935年开始为《汉魏六朝百三家集题辞》作注,后由人民文学出版社1960年出版,使其流传更为广泛。然需指出的是,殷氏《汉魏六朝百三家集题辞注》重在注释典故、文义,而于版本似较少留意,底本选择未佳,不是以最早的《汉魏六朝百三家集》明崇祯刻本和同时之《七录斋近集》为底本,而是以清光绪乙卯信述堂翻刻本为底本,故文字多有出入。上海师大曹旭教授有感于此,近期对《汉魏六朝百三家集题辞》重新校笺,拟由人民文学出版社出版,其研究成果值得期待。

9—13.《古文五删》五十二卷

《古文选删》五十二卷,张溥辑。著录于《千顷堂书目》卷三十一、《明史·艺文志四》。现有明末段君定刻本,复旦图书馆等藏。

是书含《文选删》十二卷、《广文选删》十四卷、《唐文粹删》十卷、《宋文鉴删》十二卷、《元文类删》四卷等五种,为张溥对自汉至元文选所做的系统删选。首《古文五删序》云:"余窃有志欲总括历代,为《文典》、《文乘》二书。……二书若成,识大识小,文或无憾。乃年来探览,功未及半,又代必搜人,人必搜集,十年聚书,犹惧不给,何容旁皇津梁。苟且问俗,则姑褰当代所通,点次流传,急资世用。若梁昭明《文选》、姚宝臣《唐文粹》、吕伯恭《宋文鉴》、苏伯修《元文类》四书,世代编次,号为楚楚。而两汉颇见阙略,则刘梅国《广文选》,庶附《文选》以行。遂并删正,名五删云。"此述其编辑由来。可知张溥有宏大的纂著计划,本拟"代必搜人,人必搜集",欲编历代文集,然一时难以竟功,故先"姑褰当代所通",作《古文五删》以"点次流传,急资世用"。张溥编《古文五删》时,对汉至元的著作总体持一种价值递降的文学史观,"推而上之,先汉,次魏,再次则晋,又次则六朝,即言六朝,陈隋逊梁,梁逊齐,齐逊宋",并认为这是时代不同所造成的,"风气使然,其权岂在文人哉"。张溥对汉代文章评价最高,认为"汉文光岳气完,不得节录"。

《文选》三十卷,梁昭明太子萧统编。张溥鉴于士人认为《文选》"难读","一苦赋多,一苦注繁",于是对赋和注做了删减,又认为"西汉以上,文辞寂寥,屈、宋、卜、李,何必附齐、梁以行"(《文选删序》),于是将西汉以上文删去,编为《文选删》十二卷。《广文选》六十卷,明刘节编。张溥对其中"不中格"之文多加删减,如"文如宣王《石鼓》;碑如《刘熊》《景岩》《魏大飨碑》;赋如长卿《美人》、张敏《神女》、灵运《江妃》、张衡《骷髅》;对如吾丘《宝鼎》;问如《月令问答》;封事如刘向《星孛》、杨赐《青蛇》、翼奉《徙都》;疏如赵充国《西羌事宜》;赞如麋子仲等《八赞》;七如傅毅等《七激》;册如宋公晋公《九锡文》;诔如《元后诔》;书如陈余《遗章邯》、阎忠《说皇甫嵩》;连珠如扬雄等二十首,谓不中格,皆从芟置"(《广文选删序》),遂删编为《广文选删》十四卷。《唐文粹删》一百卷,宋姚铉编。张溥认为《唐文粹删》"厌心者少","其可置弗道者,又何多篇也"(《唐文粹删序》),遂删编为《唐文粹删》十卷。《宋文鉴》一百五十卷,宋吕祖谦编。张溥删编为《宋文鉴删》十二卷。《元文类》七十卷,元苏天爵。张溥对其评价较高,"今观《文类》所取,准诸史官。其殆先获我心乎",间为论次调整,"杂著第一,题跋次之,序记又次之",删编为《元文类删》十卷。

14.《程墨表经》

《程墨表经》,张溥编,为时文选编。著录于《复社纪事》、《复社纪略》。吴伟业《复社纪事》云:"先生归,尽发箧中书,视其传写之踳驳,笺解之纰缪,点定而钩贯之。于制举艺别芟订以行世,颜曰《表经》、曰《国表》,昭本志也。"①陆世仪《复社纪略》卷一云:"岁戊辰(1628),诸家房选出,若马君常、宋羽皇、吴峦稚、项仲昭、荆石兄辈,各有选本,千子皆无讥焉,独取天如所选《表经》诋毁之。"②张溥《程墨表经序》云:"况会当隆平,不羞庸庸之实而逐谰谰之声,即非上喆,所以自勉,兼失人臣报国之意,罚莫重焉。此予一编之尤慎也夫。"是书今未见。

15.《国表》

《国表》,张溥等编,为时文选编。著录于《复社纪略·复社总纲》:"(崇祯)五年:张溥给假葬亲,归。虎丘大会,张溥为盟主,合诸社为一,定名复社,刊国表社

---

① 吴伟业《复社纪事》,见李学颖集评标校《吴梅村全集》,上海古籍出版社1990年,第600页。

② 陆世仪《复社纪略》,见《东林本末》(外七种),北京古籍出版社2002年,第206页。

集行世。"①是书为社友时文选集,前后凡四集,由熊开元主持,张溥与周锺等人具体负责选辑。张溥集中有《国表小品序》《国表序》《国表又序》《国表四集序》。是书今未见。

16.《增补举要录》

《增补举要录》,张溥纂辑。著录于雷梦辰《清代各省禁书汇考》②:"《举要录》,明末娄东张溥纂辑。"

据张溥《增补举要序》,是书为制义类选集。序云:"二三场之不得其说也,皆由于人之易视之,其易视之者,非以为不足学也,以为学之而不及于用,则相与弃之也。……君子常伤其身之已荣,而言之无体,则智识浅寡,同于堙暧,安在有达人之名乎?予与介生诸子思所以救之,则将因人之读,而广为之数,然约之归指,则已疏矣。……由是踵旧文而增之益之,庶有当焉。然而本学不明,以末事为功者,极天下之智,亦及末而止,则予之选,犹其末者而已。"是书今未见。

17—18.《七录斋评选皇明易会》《七录斋评选易会四编》

《七录斋评选皇明易会》《七录斋评选易会四编》,张溥评选。著录于《正雅堂古今书目》③。二书今未见。

二书均为时文选集,张溥《易会序》云:"《易会》之选,始于丙寅之(1626)秋,迄今日而始见成事。其为时不已过哉?且选文之说,其初之欲予从事于此者,将合乎乙丑(1625)之文。今又舍所谓乙丑者,而从事乎戊辰(1628)之文,三年之内所谓废兴者屡矣。""及受先之临汝,而大士(陈际泰)、文止(罗万藻)尽其存者以相与。不踰月而道吉(万应隆)、眉生(沈寿民)、伯宗(刘城)、儆子(徐贞一),各以其方之文至,予乃同云子(朱隗)、石香(吕云孚)讫其事而断然行之。"张溥《易会三编序》亦云:"往余选《易会》,阅三年告成。……乃冬归里,《易会》二选,已斑斑四方。逾年三选继出。……二集之选,半出于孟朴藏箧,石香处卿偕余弟无近佐成其政,今之执选者人犹是也,文则小变矣。"可知,《七录斋评选皇明易会》由张溥编选于1626—1629年间。后由孙淳、吕云孚等评选《易会二编》(1629)、《易会三编》(1630)。此后,张溥又评选《易会四编》(即《七录斋评选易会四编》)。

---

① 陆世仪《复社纪略》,见《东林本末》(外七种),北京古籍出版社2002年,第196页。
② 雷梦辰《清代各省禁书汇考》,书目文献出版社1989年,第180页。
③ 《正雅堂古今书目》,张溥《历代史论一编》四卷《二编》十卷,四库全书存目丛书本,第142—143页。

19.《张太史评选秦汉文范》十三卷

《张太史评选秦汉文范》十三卷,张溥辑。著录于《江苏艺文志》。现存明末正雅堂刊本,中国人民大学图书馆藏。尚未寓目。

评点类三种

张溥另有评点类著述三种,即《分类补注李太白诗》二十五卷《分类编次李太白文》五卷、《玉尺堂辑宋大家颖滨苏文澜》一卷《苏文汇》四卷《苏老泉文》一卷、《新刻谭友夏合集》(卷四张溥评点)。

1. 分类补注李太白诗二十五卷文五卷

《分类补注李太白诗》二十五卷,唐李白撰,宋杨齐贤集注,元萧士赟补注。分类编次李太白文五卷,唐李白撰,明郭云鹏编次,明嘉靖二十二年郭云鹏宝善堂刻本,明张溥批,中国社会科学院文学研究所藏。暂未寓目。

赵九歌《李白诗张溥手批未刊稿》(上下)①选辑注释了张溥的部分批语。并据批语中的"甲辰二月廿三夜记"之语认为甲辰即是万历三十二年(1604),断定此即批太白诗之年。按:误。万历三十二年张溥年仅三岁,安能批点太白诗。此或张溥笔误,或赵九歌转录致误。所辑批语对分析张溥的政治思想和文学主张很有帮助。其批语亦表现出张溥持传统的儒家价值观、具有强烈的入世思想的一面。

2. 玉尺堂辑宋大家颖滨苏文澜一卷苏文汇四卷苏老泉文一卷

国家图书馆有《玉尺堂辑宋大家三苏文澜卷之首》,一卷,二册,原题:

古吴张溥天如甫评定

苏老泉

又有《玉尺堂辑宋大家东坡苏文汇卷之一》,四卷,五册②。原题:

娄东张溥天如父评定

门人吴伟业骏公父点释

苏东坡

又有《玉尺堂辑宋大家颖滨苏文澜卷之五》,一卷,一册。原题:

娄东张溥天如父评定

---

① 《北京第二外国语学院学报》,1996年4—5期。

② 按:文汇似为文澜。接下来几卷名为:玉尺堂辑宋大家东坡苏文澜卷之二、玉尺堂辑宋大家东坡苏文澜卷之三、玉尺堂辑宋大家东坡苏文澜卷之四。

门人吴伟业骏公父点释

苏颖滨

是书《序》首残。序为"樵李陆时雍昭仲氏撰"。《凡例》下题"玉尺堂澹如子识"。此书眉评颇多,无评人名。篇后评语标评人名,如李赞宇、陈明卿等。予疑评语似托名张溥者,非张溥作。待考。

3. 新刻谭友夏合集(卷四张溥评点)

《新刻谭友夏合集》二十三卷,明谭元春撰,明张溥、徐汧、张泽等评,崇祯六年张泽刻本。《续修四库全书》据此影印出版,见第1385册。

此书由竟陵派作家张泽与张溥、徐倩、张采等二十余位复社魁目评点。整个评点、刻印诸事物由张泽主持,参评者二十二人,依卷分评。其中张溥评点第四卷。按:据《新刻谭友夏合集》卷二《奉和座主李太虚翰林黄鹤楼放歌》,李太虚即李明睿,亦是张溥、吴伟业的座师,则张溥与谭元春当为同门。

此外,又有托名张溥之作者二种:

1. 新编排韵增广事类氏族大全十卷增补皇明人文一卷

是书著录于王重民撰《中国善本书提要》:①

新编排韵增广事类氏族大全十卷增补皇明人文一卷(订正)

十一册(国会)

日本翻刻本 [十三行二十四字(21.2×15.6)]

原书不著撰人姓氏。按此本与《日本访书志》卷十一所载日本五山版本,分卷同,行款不同,盖为另一刻本。卷末附《增补皇明人文》一卷,题"太仓天如张溥订正,潭阳玉我陈国旺绣梓",全书总目又题作"精刻张翰林重订京本排韵增广事类氏族大全",则此本为日本翻明书林陈玉我刻本,所谓张溥重订者,当为陈氏所托也。万历三十七年陈氏积善堂刻本,已将所增《皇明人文》,散附各韵之后;此本犹未合并,则玉我所据,尚为旧本。余未见万历二年陈昆泉刻本,若昆泉所刻为未合并之本,则合并之事,当始于万历三十七年陈奇泉矣。偶绎此本人文内,有周尚文小传,再检积善堂本亦有之,绎其语气似是自传。兹逐录于后,启读书知之人者寻览焉。

周尚文字载道,号中洲,江西安仁人。早岁颖悟异常,聪明特达,闾里奇之。

---

① 上海古籍出版社1983年,第366页。

及因屡试不达,遂怂志游闽书市,日以著述为事。考古索今,比时声誉益隆,四方同侪者,咸曰:"嘉惠来学,先生之功大矣。"

考同治《上饶县志·选举表》,有周尚文,称"正德间贡成均,官贵州通判",时代相值,疑即其人。然《义行传》引《高洲周氏族谱》云:"尚文别号双溪,少颖敏,以明经举进士,官国子监祭酒",则与《自传》"屡试不达"之言不合。观《选举表》不著其举进士之年,恐《族谱》有溢美。然游食书林之后,稍获声誉,得侪下僚,如《县志》所称官贵州通判之类,则非不可能之事也。

2. 玉堂对类十九卷卷首一卷

是书著录于王重民撰《中国善本书提要》:①

玉堂对类十九卷卷首一卷(撰辑)

六册(国会)

明存诚堂刻本 [十三行二十七字(2.5+18.3×11.6)]

卷内书题作:"新刻张天如先生增补注释启蒙会海玉堂对类",书题后题:"艺林存诚堂黄尔昭绣梓";按天如为张溥字,当是伪托,盖即尔昭所为也。考其内容,大致与正统十二年司礼监所刊《对类》相同,《卷首》一卷即《习对发蒙格式》;所以删去卷二十者,因卷二十为《巧对门》,此本眉栏已有《巧联摘锦》故也。原书不记剞劂年月,然所托之张溥,应在启、祯间矣。

另外,张溥又曾编刊者多种,现可知者有九种:

1. 礼书一百五十卷(张溥刊)

《礼书》一百五十卷,宋陈祥道撰,明崇祯五年娄东张溥刊,十行二十字,小字双行行二十字,白口,左右双边,单黑鱼尾,上海图书馆藏。《正雅堂古今书目》载"批评礼书乐书",盖指此书。

首盛顺伯《礼书叙》。次为张溥《礼书序》,不见于张溥文集,可备辑佚。

每卷下题:

礼书卷第某

宋陈祥道用之编

明张溥西铭阅

盛顺顺伯参

---

① 上海古籍出版社1983年,第373页。

张溥殁后,是书曾被缮写进于崇祯帝。吴伟业《复社纪事》云:"取先生所纂《五经注疏大全》及《礼书》、《乐书》、《历代名臣奏议》数百卷,缮写进览。"

2. 乐书二百卷(张溥刊)

乐书二百卷,宋陈旸撰,明崇祯张溥编刊。《正雅堂古今书目》载"批评礼书乐书",盖指此书。是书著录于《明代版刻综录》、《四库简明目录标注》。张溥殁后,是书曾被缮写进于崇祯帝。见吴伟业《复社纪事》。

3. 读史管见三十卷(张溥刊)

《读史管见三十卷目录二卷》,宋胡寅撰,明崇祯八年张溥刻张氏后人重印本,九行二十字,白口,左右双边,北大、无锡市图书馆等藏。是书又见《正雅堂古今书目》。是书乃张溥为胡寅《读史管见》重新编次刊刻,书首有《宋胡致堂先生读史管见序》:"旧刻《管见》二版皆灭没伪落,予间较定,复为分著年月,标括伦旨,编次一目,通见长短。……世有患《通鉴》、《纲目》繁重难举者,此三十卷足以应之矣。"

按:是书不见于《江苏艺文志》张溥著录。

4. 南史八十卷(张溥刊)

《南史》八十卷,凡二十四册,唐李延寿撰,娄东张溥评点,明娄东张氏刻本,上海图书馆藏。九行十九字,左右双边,白口,单黑鱼尾。书眉上时有批语,或为内容概要,或为与《宋书》、《梁书》对校异文。首有张溥《南史序》,不见于张溥文集。可备辑佚。

按:是书不见录于《江苏艺文志》。

5. 古列女传七卷(张溥刊)

《古列女传七卷》,汉刘向撰,续一卷,明末张溥刻本,九行十八字,白口,左右双边,上海戏剧学院图书馆、扬州市图书馆藏。是书著录于《正雅堂古今书目》、《四库简明目录标注》。

书首《古列女传序》云:"刘子政《列女传》八卷,后一卷,或云项原作也。《颂》出刘歆,文辞不逮《传》远甚。子政睹赵卫侈放,列古女善恶以戒天子,先世贤者能言其义,然长序事,善说诗,学者无称焉。……子政《新序》、《说苑》,剽攻诸子,错综记事,间有微长。及采次列女,则几乎雅矣。……子政大儒,纯经术,出其余才,遂成此书。即跌宕微逊字长,其整齐风雅,固扶风父子之先驱也。解《诗》如《芣苢》、《柏舟》、《大车》等篇,与毛苌乖异。余闻齐鲁韩之学不传久矣。庶几于

《列女传》见一二焉,不犹逾乎亡也哉。《孝经》每章引《诗》,义指颇浅,不如此《传》之深。《诗》固宜于妇人欤?"

按:是书不见录于《江苏艺文志》。

6. 明辨类函六十四卷(张溥刊)

《明辨类函六十四卷》,凡二十四册,明崇祯五年张溥刻本,上海图书馆藏。十行二十字,白口,单黑鱼尾,左右双边。原题"新安詹景凤东图父著　淮阴朱维藩价卿父订　景陵锺惺伯敬父校"。首张溥《明辨类函》,不见于张溥文集。可备辑佚。

按:是书不见录于《江苏艺文志》。

7. 两汉文选四十卷(张溥鉴定)

《两汉文选四十卷》,明张采辑,周钟、张溥鉴定,明崇祯刻本。是书著录于王重民撰《中国善本书提要》:①

两汉文选四十卷

二十册(北大)

明崇祯间刻本　[九行十九字(20.4×13.6)]

原题:"吴下张受先辑,周钟介生、张溥天如鉴定。"书题据张溥序,卷内则分题为《西汉文》二十卷,《东汉文》二十卷。张溥序云:"两汉文世无佳选,曩闻梅禹金先生本最善,惜未见也。比归家,受先《汉文选》成,读之叹其神绝,然不观梅氏本,心终不安。千里寓书朗三,索其故稿。朗三者,先生孙,学行能广大其先人者也。朗三郑重祖父旧书,向度藏之,以予与受先之请,始出相示,读之益叹受先之选,精尤绝伦,与梅氏合辙也。"张溥力辨张采选辑时未见梅鼎祚本,正恐欲辨反生后世之疑也。卷内有"慎余堂藏书印"印记。

张溥序

自序[崇祯六年(一六三三)]

又《纪事》

8. 鱼山剩稿八卷(张溥编)

《鱼山剩稿》八卷,凡三册,熊开元著,张溥等编,清初刻本,九行二十字,左右双边,白口无鱼尾。上海图书馆藏。《四库禁毁书丛刊补编》据此影印出版,见第

---

① 上海古籍出版社1983年,第454页。

75 册。卷一原题:"嘉鱼熊开元著,门人张溥、赵庾编。"后面七卷所题不同。卷二题"嘉鱼熊开元著,仲弟熊升元编。"卷三题"嘉鱼熊开元述,门人吴克孝编。"卷四题"嘉鱼熊开元著,门人沈应瑞编。"卷五题"嘉鱼熊开元著,门人郑敷教编。"卷六题"嘉鱼熊开元著,门人许元溥编。"卷七题"嘉鱼熊开元著,门人李逊之编。"卷八题"嘉鱼熊开元著,门人王志长编。"

按:是书不见录于《江苏艺文志》。

9. 庄子南华真经三卷(张溥参正)

《庄子南华真经》三卷,谭元春评阅,张溥参正,明万历①刻本,上海图书馆藏。九行十八字,左右双边,白口,单黑鱼尾。首张溥《庄子序》,不见于张溥文集,可备辑佚。又张溥集中亦曾提及注庄子《南华经》之事。《近集·和叶润山先生素园秋兴十首》其五云:"心随流水何时尽,道在空山与子旋。金井树边抛一卷,南华欲注第三篇。"

《子藏》第七五册《庄子南华真经》三卷(明)谭元春评阅,张溥参正,据明崇祯八年刊本。

---

① 按:疑为崇祯八年。《江苏艺文志》:"庄子南华真经3卷,子部道家类,存,明谭元春评,张溥参正,明崇祯八年张溥刻本。"

附二　张溥著作禁毁调查

《四库全书》对明人著作销毁较多,而尤以晚明为烈。《四库全书总目·乾隆四十一年十一月十七日奉上谕》云:"第其中有明季诸人书集,词意牴触本朝者,自当在销毁之列。"馆臣奉行以人废书原则,"其人实不足齿,其书岂可复存!"①张溥身处明末,又是复社领袖,提倡气节,重华夷之辨,文中多处涉及时事、边事,故其大部分作品在清代敕修《四库全书》时被列为禁书也是意料之中的事。《清代禁毁书目(补遗)》云:"溥颇负才名,而交通声气,为周延儒营求复相,人品不足取。诗文俱有违悖处,应请销毁。"②因此,张溥的作品在清初中期遭到禁毁的情况是比较严重的。《四库全书》中仅著录张溥著作四种,其中完整收录仅一种即《汉魏六朝百三家集》,另外三种存目即《历代史论二编》、《春秋三书》、《诗经注疏大全合纂》。其余的基本上都被列入了禁毁之列。

现以孙殿起《清代禁书知见录》、施廷镛编著《清代禁毁书目题注·外一种》、清姚觐元编,孙殿起辑《清代禁毁书目(补遗)·清代禁书知见录》、雷梦辰《清代各省禁书汇考》为考察范围,对其著录的张溥遭禁之书统计如下。

孙殿起《清代禁书知见录》(第14页)著录的张溥之书有:

七录斋初集文六卷论一卷

明娄东张溥撰,无刻书年月,约天启间金陵傅少山刊。内有周钟、张采批评。

七录斋近集十六卷

明娄东张溥撰,无刻书朝代,约崇祯壬午同里张采刊,卷十一至卷十五宋史纪事论,卷十六元史纪事论。

七录斋集十三卷

明娄东张溥撰,无刻书年月,约崇祯间刊。

七录斋集十六卷

明娄东张溥撰,无刻书年月,约崇祯间男永锡刊。古文近稿六卷,古文存稿五卷,诗稿三卷,馆课一卷,论略一卷。

---

① 清永瑢《四库全书总目》,中华书局1965年,第3页。
② 清姚觐元编,孙殿起辑《清代禁毁书目(补遗)·清代禁书知见录》,商务印书馆1957年,第189页。

施廷镛编著《清代禁毁书目题注·外一种》①著录的张溥之书有：

（第10页）张溥七录斋集

（第163页）历代名臣奏议，太仓张溥辑，崇祯八年张序，正雅堂藏版，明张溥删正，三百五十卷。三百五十卷先分六十六类，每类以时代为次，八千卷楼书目作三百二十卷（栋亭）；历代名臣奏议，明太史张溥辑，三百廿卷。

清姚觐元编，孙殿起辑《清代禁毁书目（补遗）·清代禁书知见录》②著录的张溥之书有：

（第17页）抽毁书目：

历代史论二本。查历代史论，系明张溥撰，卷四内，元顺帝论甚为偏驳谬戾，应请抽毁。

（第45页）军机处奏准全毁书目：

七录斋集，明张溥撰。

（第122页）外省移咨应毁各种书目：

历代名臣奏议，太仓张溥集。

（第132页）以上一十三种，查有违碍谬妄感愤语句，应请销毁。

（第138页）应缴违碍书籍各种名目：

七录斋稿，明张溥著。

（第189页）补遗一：

七录斋集六本

查七录斋集，系明庶吉士张溥撰。溥颇负才名，而交通声气，为周延儒营求复相，人品不足取。诗文俱有违悖处，应请销毁。

（第193页）补遗一：

七录斋集四部共二十八本，又未订一部，又不全本一本。

雷梦辰《清代各省禁书汇考》③著录的张溥之书有：

（第15页）"乾隆四十六年六月十六日奏准。陕甘总督李侍尧奏缴三十六种。"中有"《通鉴纪事本末》、《元史纪事本末》"二种。

（第22页）"乾隆四十三年二月初三日奏准。湖广总督三宝奏缴二十五种。"

---

① 北京图书馆出版社2004年。
② 商务印书馆1957年。
③ 雷梦辰《清代各省禁书汇考》，书目文献出版社1989年。

中有"明经济书　张溥辑。内载边防事,有违碍。"

（第43页）"乾隆四十□年□月□□日奏准。湖北巡抚姚成烈奏缴一百六十八种。"中有"七录斋一部　刊本系张溥著。计三本。止存一卷三卷四卷。"

（第80页）"乾隆四十六年十一月初六日奏准。两江总督萨载奏缴三十三种。"中有"历代名臣奏议　一部二十种,不全,太仓张溥辑。"

（第114页）"乾隆四十□年□月□□日奏准。江西巡抚郝硕奏缴一百六十八种。"中有"七录斋集一部十本。"

（第171）页"乾隆四十四年四月初八日奏准,江苏巡抚杨魁奏缴新书十四种又重复应毁书二百四十九种。"中有"七录斋集十部"。

（第180页）"乾隆四十四年十二月二十六日奏准。江苏巡抚杨魁奏缴二十种。"中有"举要录　明末娄东张溥纂辑。"

（第236页）"乾隆四十二年十一月初二日奏准。浙江巡抚三宝奏缴六十五种。"中有"七录斋集十四部刊本。是书,明张溥著。今续查出十四部。内九部全。一部六册。又三部各四册。又一部三册。俱不全。"

从以上禁毁著录来看,一方面禁毁得比较厉害,另一方面也可看出禁毁得不太彻底,其实也不可能彻底,如江苏仅查出《七录斋集》十部,实际上民间士人所收藏的《七录斋集》远大于这个数。所以到嘉庆、道光年间文网稍弛后,张溥一些作品又被逐渐印行。

附三 张溥年谱简编①

万历三十年,壬寅(1602),一岁

[时事]二月,神宗暴病,谕辅臣沈一贯撤矿税诸太监、停江南织造、江西烧造,及病愈而悔,命追回前诏,于是税使肆虐如故。三月,云南腾越民变,反抗税监孙隆。广东、广西以矿税相继激起民变。言官请罢矿使,不理。九月,江西景德镇万余名瓷工起义,烧厂房、税署,殴打税监潘相,潘相出逃,击毙潘相爪牙陆太守。②

三月二十三日,张溥出生于南直隶太仓州(今江苏太仓市)。

张溥世系:

曾祖张鲸。

祖父张仲,号筠泉,以长子官,赠资政大夫工部尚书,娶于方氏,生三子:张辅之,张相之,张翼之。

大伯张辅之,字尔赞,号容宇,万历十四年进士,官至南京工部尚书。生四子:张洪、张灏、张深、张沆。

二伯张相之,号襄宇,病殁,无子,惟有三女。

父张翼之,字尔漠,号虚宇,为太学生。娶陆氏,陆氏无子,未几患弱疾亡。后娶同邑大儒潘先生女潘氏,又纳侧室叶氏、汪氏、金氏三人。生十子:张质先;张泳,字幼涛;张溰,字孝白;张京应,字公硕;张涟,字漪若;张源,字来宗,;张浚,字禹疏;张溥,字天如;张樽,字子厚;张王治,字无近,号敉庵,曾出继给王昆湖。张溥排行第八,再加上堂兄张洪、张灏,故在门内排行第十。

张溥娶昆山大理正卿王公孙汝皋女王氏,纳侧室董氏。抚养子一,名张忱,后夭。生一子,寻夭。生一女,字嘉定太学生侯岐曾孙侯檠。生一遗腹女,寻夭。无后,立其次兄张泳之幼子为嗣,钱谦益名其永锡,字式似。张永锡聘华乾龙女,生二子:张玉璇、张玉衡。③限于资料,其后世系流传不详。但据唐文治《张天如

---

① 作为研究基础,笔者已编纂《张溥年谱》,约15万字,限于篇幅,此处仅列《张溥年谱简编》。本谱参阅蒋逸雪《张溥年谱》及柯昌礼《〈张溥年谱〉补正》,而重在补充其不足。

② 按,《时事》部分主要参考吴文治《中国文学史大事年表》,黄山书社1993年。以下不再一一说明。

③ 《历代名臣奏议》卷首题识。复旦大学图书馆藏普通古籍。

先生遗像记》,1933年间尚有张溥十世孙张亮孙在世。

是年,乡贤王世贞卒已十三年。王世贞字符美,号凤洲,又号弇州山人,太仓人。张溥对此乡贤时表仰慕之情。见《王子彦稿序》、《徐母王太君五十序》、《刘中斋先生诗集序》。

是年,友人张采七岁。张采字受先,太仓人,与张溥合称"娄东二张"。二人关系最密。张采传附《明史·张溥传》下。

是年,友人杨廷枢八岁。杨廷枢字维斗,长洲人,与张溥共倡复社,契合无间。见《杨年伯母侯太孺人六十序》。

是年,友人吴应箕九岁。吴应箕字次尾,贵池人,善今古文,意气横厉一世。崇祯时与顾杲、黄宗羲等为《留都防乱公揭》讨阮大铖。

是年,友人黄道周十八岁。黄道周字幼玄,人称石斋先生,福建漳浦人。与张溥交善,其入狱后张溥力为营救。张溥殁后,黄道周为其撰墓志。

是年,友人钱谦益二十一岁。钱谦益字受之,号尚潮,又号牧斋,晚号蒙叟、东涧遗老,常熟人。参与张溥密谋周延儒复出之事。张溥殁后,为其立嗣,撰《嗣说》。

是年,友人文震孟(1574—1636)二十九岁。

是年,李贽(1527—1602)于狱中自杀,年七十六。

是年,胡应麟卒(1551—1602)。

是年,祁彪佳生(1602—1645)。

万历三十一年,癸卯(1603),二岁

[时事]九月,徐州、亳、睢诸州民以水灾虐政,无以为生,纷纷起义,旋皆败。十一月,京中发生妖书案,下"妖人"皦生光于狱,株连甚众。

三月,袁中道中举人。

秋,钟惺乡试中式。

是年,徐光启再至南京,从西教士罗如旺诱说,入天主教。

是年,顾宪成议修复宋人杨时之东林书院。

万历三十二年,甲辰(1604),三岁

[时事]五月,建州女真入贡。八月,大学士沈鲤、户部尚书赵世卿等极言矿税之害,不理。

是年,无锡重修东林书院成,顾宪成、高攀龙在东林书院开讲。

三月,徐光启登进士第。

是年,许孚远卒(1535—1604)。

是年,陈贞慧生(1604—1656)。

是年,陈确生(1604—1677)。

万历三十三年,乙巳(1605),四岁

[时事]十一月,皇长孙朱由校生。十二月,诏罢矿税。

是年,屠隆卒(1542—1605)。

万历三十四年,丙午(1606),五岁

[时事]三月,云南民变,指挥贺世勋率冤民万余人,杀税监杨荣及其党二百余人。是年,蒙古五部喀尔喀上汗号于努尔哈赤,尊称为神武皇帝。

七月,大学士沈一贯、沈鲤并致仕。

是年,顾宪成、高攀龙在常熟作讲演。

是年,门人吴继善生。

万历三十五年,丁未(1607),六岁

[时事]五月,以李廷机、叶向高等三人并礼部尚书兼东阁大学士,预机务。六月,南畿宁国等府,湖广黄州等府,浙江严州等处大水灾,湮没人畜无数。七月,京师大雨。十月,山东旱饥。

是年,从蒙师刘振溪学。见张采《庶常天如张公行状》、《刘公子像赞》。

是年,徐光启入翰林院,与利玛窦合译《几何原本》成。

是年,友人宋玫生。宋玫字文玉,别号九青,莱阳人,诗文与张溥齐名,郑澹石诗云:"剖斗折衡为文章,天下娄东与莱阳。"

是年,友人姜垛生(1607—1673)

是年,友人沈寿民生(1607—1675)

是年,顾允成卒(1554—1607)

万历三十六年,戊申(1608),七岁

[时事]六月,南畿大水;锦州、松山兵变,反对税监高淮;辽东总兵李成梁以议弃六堡,被劾罢官。七月,郴州矿工起事。是年建州卫努尔哈赤等入贡。努尔哈赤与明辽东副将及抚顺所备御盟,立碑于沿边。

约是年,张溥日可诵数千言。见张采《庶常天如张公行状》。

六月,友人陈子龙(1608—1647)生。陈子龙字人中,又字卧子,号大樽,松江华亭人。崇祯间与夏允彝等创立几社,与复社相呼应。与张溥交善。张溥殁后,陈子龙继续领导二社。

万历三十七年,己酉(1609),八岁

[时事]四月,倭扰温州。五月,福建大水灾。六月,甘肃地震。八月,江西大水灾,湖广、四川、河南、陕西、贵州大风灾。十二月,徐州人起事,杀如皋知县。

五月二十日,门人吴伟业(1609—1671)生。吴伟业字骏公,号梅村,与张溥同里,师事张溥。崇祯四年,师弟二人同中进士,传为佳话。

是年,锺惺、袁中郎、潘之恒等人于南京结冶城大社。

万历三十八年,庚戌(1610),九岁

[时事]四月,京畿、山东、河南、陕西、四川大饥。五月,河南人陈自管等起事,旋败。十一月,南京工部员外郎李之藻等参用利玛窦等所传西洋历法据以修历,西历入中国自此始。是年,因军饷缺乏,诏谕朝臣筹划,并规定"不得请发内帑"。时内府所入矿税甚多,而神宗拥为己有,不肯移作国用。是年,因参用外僚李三才事,台谏中齐、楚、浙三党,攻击东林,党争渐起。

三月,钱谦益、锺惺登进士第。王志坚登进士第,旋在南京兵部任职,组织读史社。

是年,友人黄宗羲生(1610—1695)。黄宗羲字太冲,号南雷,学者称梨洲先生,浙江余姚人。与张溥交善。

是年,乡贤王锡爵卒(1534—1610)。王锡爵字元驭,号荆石,为张溥乡贤。

是年,袁宏道卒(1568—1610)。袁宏道字中郎,号不公,公安(今属湖北)人。万历进士。官至吏部郎中。十六岁为诸生时,即结社于城南。为"公安派"创始人,主张"性灵说"。

是年,《金瓶梅》刊成问世。

万历三十九年,辛亥(1611),十岁

[时事]五月,东林党争起。六月,河决徐州,南北畿及湖广大水。八月,河南大水灾。九月,山西平遥地震。

是年,陆世仪生(1611—1672)。陆世仪,字道威,号桴亭,太仓人。早年曾加入复社,后因故退出,著有《复社纪略》四卷,详述复社始末。

是年,冒襄生(1611—1693)。冒襄字辟疆,号巢民,江苏如皋人。为复社后起之秀,与陈贞慧、侯方域、方以智合称"四公子"。明末举副贡。明亡后隐居不仕。

是年,李渔生(1611—1679)。

万历四十年,壬子(1612),十一岁

[时事]三月,首辅叶向高屡劝神宗力革弊政,不理。四月,南京各道御史联衔上疏言:朝廷、地方大员缺位甚多,台省空虚,诸务废弛,皇帝深居二十余年,未尝一接见大臣,天下将有陆沉之忧。疏上,不理。八月,河大决徐州。

是年,张溥受业于张露生,师弟教学相长。见《张露生师稿》、张采《庶常天如张公行状》、张采《张露生稿序》。

五月,顾宪成卒(1550—1611)。

是年,高攀龙继主东林书院。

是年,徐光启被命治历法,笔述《泰西水法》。

是年,钱澄之生(1612—1693)

是年,钱陆灿生(1612—1698)

是年,张尔岐生(1612—1677)

万历四十一年,癸丑(1613),十二岁

[时事]二月,叶向高主持会试。三月,以闽浙沿海有倭寇出没,敕沿海加强戒备,并加淮、扬田赋以供经费。春,廷臣交章请福王离京师赴封地,传旨谓福王"庄田非四万顷不可"。五月,神宗戒廷臣结朋党。八月,方从哲、吴道南入阁。

春,周顺昌登进士第,授福州推官。

是年,顾炎武生(1613—1682)。顾炎武,初名绛,又名继绅,字忠清,自署蒋山佣。明亡,改名炎武,字宁人,号亭林。江苏昆山人。十七岁时入复社。

万历四十二年,甲寅(1614),十三岁

[时事]三月,皇子福王常洵赴洛阳就国。五月,福建税使高寀,怙恶苛暴并通倭,造船入海贸易,不给商民贷款,激起民变。大学士叶向高、方从哲等劾高寀。不理。八月,大学士叶向高以上言多不用,至是,致仕归。方从哲遂独相。

是年,吴县周顺昌作《福州高珰纪事》,揭露税监在地方上横行事。

是年,袁叔度(无涯)刻百二十回《水浒》。

是年,袁中道刻所著《珂雪斋近集》二十四卷。

是年,陆圻生(1614—1673)。

是年,申时行卒(1535—1614)。

万历四十三年,乙卯(1615),十四岁

[时事]五月,"梃击案"发生。神宗不见朝臣已二十五年,因此案牵涉贵妃、

太子,始召见廷臣一次。是年,李三才被劾有盗皇木建私宅等事,落职为民。是年,努尔哈赤正式建立八旗制度。

是年,梅鼎祚卒(1549—1615)。

是年,龚鼎孳生(1615—1673)

是年,周肇生(1615—1683)

万历四十四年,丙辰(1616),十五岁

[时事]正月初一,努尔哈赤在赫图阿拉(今辽宁新宾)称大汗,国号金,史称后金,建元天命,金后改为清,是为清太祖高皇帝。同月,努尔哈赤致书朝鲜,谓倘助明,以兵相加。

春,阮大铖、黄尊素登进士第。

是年大饥。见《吏科右给事中宋公柱石墓志铭》。

是年,张大复、归昌世、顾咸正等在故里昆山组织雪堂社。

是年,黄宗炎生(1616—1686)。

万历四十五年,丁巳(1617),十六岁

[时事]三月,江西大水。七月,贵州苗民起事被官军讨平。是年,考察京官,尽斥东林。内外缺官日增,吏、兵两科无人掌印,官员数十人领文书不得,无法赴任。

四月,张溥丧父。见《先考虚宇府君行状》。其父之死,实乃家庭间数年隐痛所致。张溥大伯张辅之放纵家奴欺凌张溥父,前后达数年,张溥父郁郁而终。见陆世仪《复社纪略》卷二。

是年,友人张采、管士琬亦丧父。见《张受先稿再序》。

是年,张溥奉母金氏出居西郭,颜其室曰七录斋。见张采《太仓州志·人物志·张溥》、张采《祭张伯母金太君文》。七录斋之得名,见张采《庶常天如张公行状》、万斯同《明史稿》。

是年,汤显祖卒(1550—1617)。

万历四十六年,戊午(1618),十七岁

[时事]三月,后金可汗努尔哈赤以"七大恨"誓师告天,起兵反明,围抚顺城。九月,因辽师乏饷,有司请发各省税银,不理;旋诏加全国田赋。

是年,读龙起泫稿。见《龙重儒稿序》。

是年,友人侯方域(1618—1654)生。侯方域字朝宗,商邱人,与桐城方以智、如皋冒襄、宜兴陈贞慧称四公子，以清议自持，作复社之嗣响。

是年，柳如是生（1618—1664）。本姓杨，名爱，后改姓柳，名隐，又改名是，字如是，又字蘼芜，自号河东君，江苏吴江人。与张溥、陈子龙均有交往，后归钱谦益。清兵南下，劝钱谦益殉国，钱不从。钱死后，柳如是因家族争产纠纷自缢。

是年，宋征舆生（1618—1667）

是年，施闰章生（1618—1683）

万历四十七年，己未（1619），十八岁

[时事]三月，杨镐之师与后金战，大败。六月，努尔哈赤率兵六万攻开原，城陷，总兵官马林战死。改命熊廷弼经略辽东。七月，后金攻陷铁岭。八月，言官纷纷弹劾杨镐，乃逮杨镐下锦衣卫狱论死。十二月，再加全国田赋，以补辽饷。

是年，徐光启始纂著《农政全书》。

是年，沈德符著《万历野获编续编》十二卷。

九月，王夫之生（1619—1692）。王夫之字而农，号薑斋，别号夕堂、一壶道人等，晚年隐居衡阳之石船山，学者称船山先生。湖南衡阳人。明末著名哲学家、文学家。

明神宗万历四十八年，明光宗朱常洛泰昌元年（八月—十二月），庚申（1620），十九岁

[时事]正月，后金兵侵朝鲜，朝鲜遣使求援。三月，再加全国田赋亩二厘以补辽饷。七月，神宗朱翊钧卒。皇太子朱常洛以遗诏名义罢矿税、榷税及监税宦官。发内库银二百万两充边赏。八月，皇太子朱常洛即帝位，是为光宗。诏改明年为泰昌元年。光宗病，服太监崔文昇药，更重；又服鸿胪寺丞李可灼所进红丸。九月初一，光宗服红丸二粒后卒。是为"红丸案"。同月，光宗选侍李氏仍居乾清宫，廷臣恐李氏操纵朝政，迫使移居哕鸾宫，是为"移宫案"。皇长子朱由校即帝位，是为熹宗，诏明年改元为天启。赐太监魏进忠世荫，封乳母客氏为奉圣夫人。进忠旋升任司礼监秉笔太监，改名忠贤。十月，熊廷弼整顿辽东防务，而屡为朝臣所劾，改命袁应泰经略辽东。十二月，方从哲致仕。

是年，张溥始交张采，二人相交近二十二年，私交最密，生死不渝。见张采《祭天如兄文》、陆世仪《复社纪略》卷一。

是年，张溥补博士弟子。见张采《庶常天如张公行状》。

感慨泰昌天启之际，变乱良多。见《徐闇伯泰掖先生七十双寿序》。

是年黄与坚生(1620—1701)

是年张煌言生(1620—1664)

明熹宗天启元年,辛酉(1621),二十岁

[时事]二月,言官请究"梃击""红丸""移宫"三案,魏忠贤等闻而衔之。三月,后金兵攻陷沈阳,总兵贺世贤、尤世功等战死。又陷辽阳,经略袁应泰自杀。后金迁都辽阳。六月,复起用熊廷弼经略辽东,以兵部尚书王象乾总督蓟辽军务。是年,叶向高还朝入阁为首辅,熹宗从其请,发内库银二百两充饷。

是年,春夏际,东林党人刘宗周、邹元标、叶向高等入朝主事。刘宗周疏劾魏忠贤、客氏,遭停俸半年之罚。见徐定宝等《黄宗羲年谱》。

春夏,王家颖、何南春、蔡申诸子立社约,请张溥、曹穋叕写之。见《曹穋叕稿序》。

是年,邹元标入朝,任吏部左侍郎,改左都御史,请召用高攀龙、赵南星等。

是年,曹汝珍刊其行卷,传颂海内。见《曹汝珍年兄古文集序》。

是年,与邑人顾梦麟游。见《寿顾岫云先生七十叙》。

是年及翌年,友人金坛周钟提倡复兴五经。见《房稿表经序》。

天启二年,壬戌(1622),二十一岁

[时事]正月,后金兵渡辽河,陷西平堡,广宁降,巡抚王化贞退至大凌河,遇熊廷弼,同走入关。二月,下王化贞、熊廷弼于狱。以孙承宗为兵部尚书兼东阁大学士,预机务。三月,熹宗听魏忠贤言,举办内操,演习火器。

春,倪元璐、黄道周、王铎登进士第,元璐授编修。

是年,友人徐枋生(1622—1694)

天启三年,癸亥(1623),二十二岁

[时事]正月,阉党顾秉谦、魏广微俱以附魏忠贤入阁。二月,遣宦官为"较事",刺探边事,将士忧惧。御史周宗建上疏直攻司礼秉笔太监魏忠贤,被夺俸,于是党祸萌。四月,刑部尚书王纪为魏忠贤所逐,朱国祚疏救,魏忠贤不悦,朱国祚遂致仕。八月,御史胡良机复请罢内操,不理。十二月,以魏忠贤提督东厂。

是年,张溥邀张采、管士琬至七录斋共读。三人均为万历四十五年失怙者,同病相怜,相互激励。一年后,管士琬有事离去。而二张一直在七录斋共读。直至天启七年(1627),前后凡五年。见《张受先稿再序》、张采《祭天如兄文》。此期有"娄东二张"之号,见万斯同《明史稿·张溥传》。

此期,张溥母对张采关爱有加。见张采《祭张伯母金太君文》。

是年,张溥始交孙淳。见《国表序 代张受先》。

是年,袁中道卒(1570—1623)。袁中道字小修,公安人。万历进士,授徽州府教授,历国子监博士,官至南京礼部郎中。为公安派代表作家之一。

是年,高攀龙返无锡,重举东林社。

天启四年,甲子(1624),二十三岁

[时事]六月,左副都御史杨涟劾魏忠贤二十四大罪,熹宗反慰忠贤而斥涟,于是御黄尊素等相继上疏,国子祭酒蔡毅中又率师生千余人请究魏忠贤罪,忠贤虽怒,尚未敢遽兴大狱,仅传旨切责。七月,工部郎中万燝劾魏忠贤,忠贤方恶廷臣交章劾己,思借万燝立威,乃矫旨廷杖一百,斥为民,越四日卒。十一月,左副都御史杨涟、吏部侍郎陈于廷、左佥都御史左光斗,皆以忤魏忠贤削职为民。魏忠贤因杨涟劾己,首辅韩爌不援,深恨之,爌遂致仕。是年秋冬,首辅叶向高、吏部尚书赵南星,左都御史高攀龙先后罢黜,杨涟、左光斗亦削籍。代之以阉党人物,天下大权悉归魏忠贤。

夏秋之交,魏奄祸起。见陈子龙《自撰年谱》天启四年条。

秋,张溥与澹人、介生、简臣、受先、实君、梅先及其兄禹疏饮酒秦淮舟中,指画当世之务。见《吴澹人别言序》。

秋,张溥同沈承在南京会晤周钟。见《即山集序》。

十月,友人沈承卒。见《王慎五稿序》。

冬,二张又"过唐市,问子常庐",与杨彝、顾梦麟定交,以年推杨彝为长,约举应社。创应社于苏。见张采《杨子常四书稿序》、朱彝尊《静志居诗话》卷二十一。此期,二张共学七录斋,经常向杨彝、顾梦麟二人请教经义,来往甚多。见《顾麟士四书说约序》。

是年,阉党王绍徽以东林一百零八人比拟《水浒》人物,编成《点将录》。

是年,邹元标卒(1551—1624)。邹元标字尔瞻,号南皋,吉水人。万历进士,观政刑部。为东林党首领之一,与赵南星、顾宪成号为"三君"。

是年,钟惺卒(1574—1624)。钟惺字伯敬,号退谷,竟陵人。万历进士。累官至福建提学佥事。与同里谭元春同为竟陵派创始人,评选《古诗归》、《唐诗归》。

天启五年,乙丑(1625),二十四岁

[时事]三月,金初都辽阳,称东京,至是迁都辽阳,后名盛京。七月,左光斗、杨涟、魏大中等以揭发魏忠贤罪恶,同被杀害。八月,杀熊廷弼,传首九边。同

月,下令拆毁天下东林讲学书院。十二月榜示东林党人姓名,时以被指为东林受拷掠而死者甚多。是年,阉党翻"三案",借以攻击东林。

是年,奄祸益炽。见陈子龙《自撰年谱》天启五年条。

七月,吏科都给事魏大中卒于狱。张溥作《祭魏廓园先生文》。

此期,张溥治举益力。见《顾麟士四书说约序》、张采《庶常天如张公行状》。

十月。薄少君卒。张溥收抚友人沈承之遗孤。此期吕赓虞与沈承交善,沈亡后,屡寄书于张溥,寄恻怆,道往故。见《即山集序》、王家祯《研堂见闻杂录》。

十二月,阉人榜示东林姓名于天下。张溥对此有所记述,《周孟岩先生七十序》云:"寅卯之交(1626—1627),点将天鉴诸书,流布官府,犹宋元佑党碑也。"

约是年,吴伟业投师张溥。详见《张溥生平考述》。

是年,计东生(1625—1676)

天启六年,丙寅(1626),二十五岁

[时事]正月,金帝努尔哈赤率军十余万攻宁远,袁崇焕集军民死守孤城,以西洋炮击退之。努尔哈赤负重伤,退往沈阳。二月,魏忠贤再起大狱迫害忠良。三月,各边镇设监军太监。八月,努尔哈赤死。九月,努尔哈赤第八子皇太极嗣位,是为太宗,改明年年号为天聪。十月,进魏忠贤爵上公,加赐庄田一千顷。

春,宁远围解,作《辽师大捷凯歌四章》以贺。

三月,左都御史高攀龙在里得捕讯投水死。张溥作《吊高景逸先生诗》。

三月,逮周顺昌,激起苏州民变,史称"开读之变"。市民颜佩韦、杨念如等人率众围攻锦衣卫,并击毙一堤骑。不久,魏忠贤捕杀颜佩韦、杨念如、周文元,马杰、沈杨五人。张溥《五人墓碑记》记之,又见《朱彦兼稿序》。

七月,颜佩韦等五人被诛。见《古今图书集成·方舆汇编职方典》卷687。

在"开读之变"前后,结识杨公幹、徐汧及吴澄所。见《杨公幹纪略》、《祭徐伯母文》、《吴澄所孺人六十寿序》。

自是年起至庚午(1630),前后五年,张溥与杨维斗相交甚密。见《杨年伯母侯太孺人六十序》。

春,张溥始交曹开远。见《寿曹伯母张孺人五十序》。

八月,杨廷枢母五十,作《杨伯母侯太君五十序》。

九月,张采母七十大寿。张溥托请朋友为之写寿词。见《答宋宗玉书》。

季冬,友人沈承《即山集》出版。沈承死后,张溥与周钟等商议刊刻其遗稿,并为其作序,得毛一鹭捐资以助剞劂,《即山集》(毛孺初评选)六卷于此年冬出版。

是年,张采将第四女许张溥所抚子,称姻家。见张采《张觞童圹铭》。

是年,周钟母徐氏五十,作《周伯母徐太君五十序》。

是年,作《答钱彦林书》、《与宋宗玉书》、《答宋宗玉书》、《与胡悦之书》、《答陈大士书》。

天启七年,丁卯(1627),八月思宗即位沿用,二十六岁

[时事]五月,后金攻宁远,明宁远总兵袁崇焕于城外死战,后金军败。又攻锦州,不克而去。时谓"宁锦大捷"。八月,明帝熹宗朱由校卒,弟思宗朱由检嗣位。九月,贬魏忠贤凤阳守陵,十一月,自缢死。十二月,奉圣夫人客氏全家斩于市。

春,张溥访朱陛宣、朱镒父子。见《朱彦兼稿序》。

秋,二张赴乡试。张采中举,张溥落榜。见《张受先稿》。

乡试期间,张溥始交陈子龙、邓林桢、王微等。见《鸿胪寺少卿济川邓公墓志铭》、《王慎五稿序》、陈子龙《自撰年谱》。

秋,艾南英举于乡。因对策有讥刺魏忠贤的话,罚停考三科。

冬,二张驱顾。见陆世仪《复社纪略》。

腊月,张采北上,张溥送至湑墅,张采以老母托于张溥。见张采《祭天如兄文》。

冬,周钟选《陈大士传稿》。见《陈大士会稿序》。

是年,周钟选社十三子文。见陆世仪《复社纪略·复社总纲》。

是年,春作《祭周二南先生》,冬作《哭周伯母文》。

是年,作《赠简讨许少微墓志》。

是年,作《行卷香玉序》。

明思宗崇祯元年,戊辰(1628),二十七岁

[时事]正月,磔魏忠贤及其党崔呈修秀尸。鉴忠贤之祸,诏"中官非奉命不得出禁门"。二月,禁章奏冗蔓。戒朝官交结内侍。四月,以袁崇焕为兵部尚书,总督蓟辽。六月,削冯铨、魏广微籍,阉党官员均罢去。十一月,陕西以连年荒歉,官吏暴虐,饥民纷纷起义,白水王二倡导于先,府谷人王嘉胤、宣川王左挂,安塞高迎祥、汉南王大梁先后响应,高迎祥称闯王,王大梁称大梁王。十二月,前

大学士韩爌还朝，复入阁为首辅。

春初，张溥与杨维斗、徐位甫日游江上。见《徐位甫稿序》。

春，张溥初识周娄滨。见《周别驾娄滨六十寿序》。

三月，周顺昌由朝廷"赠恤"。见《明通鉴》。

四月，葬颜佩韦等五人于魏忠贤废祠基旁。见《古今图书集成·方舆汇编职方典》卷687。

春，张采成进士，张溥以覃恩选贡入太学，为成均大会，并结燕台社。见张采《庶常天如张公行状》、陆世仪《复社纪略》卷一、《复社纪事》。

春，徐汧、金声为庶吉士。周镳成进士

在京时，张溥与杨伯祥交善，从游者数十辈，结江北应社。见《江北应社序》。又与李豫石连舍读书，谈论岭南名贤。见《李宝弓司李稿序》。又与严渡定交。见计东《上太仓吴祭酒书》。

是年，诏许艾南英会试，不第。

是年，张溥初识王志庆。见王志庆《祭张天如文》(《娄水文征》卷36)。

是年，张溥与杨廷枢见王佐。见《王佐之稿序》。

秋，张溥与张采先后归。是年适张溥母五十，张采中进士回来后上堂拜贺。见《哭苏太母文》、张采《庶常天如张公行状》。

秋，艾南英来娄论学，不合。见《复社纪略》卷一、《复社纪事》。

十一月，张采作临川令，张溥送至钱塘而别。

是年，作《寿钱书弢年伯五十序》、《诗经应社序》、《祭王崑湖文》、《孟晋堂稿序》、《张伯母膺封序》、《祭魏廓园先生文》。

是年，张采刻全稿，张溥序之。见张采《自题文稿》、张溥《张受先稿再序》。

约是年，编选《表经》、《国经》。见《复社纪事》。

是年与下年之间，张溥见杨子常、顾麟士，劝其著书以慰四方求问者，两人笑而不应。见《顾麟士四书说约序》。

崇祯二年，己巳(1629)，二十八岁

[时事]正月，诏定魏忠贤逆案。三月，以杨鹤为三边总督，攻义军。九月，言官极论杨镐失陷封疆罪，遂杀杨镐。十二月，明嗣宗中金反间计，下袁崇焕于狱。是年，李自成参加高迎祥部起义军。

是年，张溥在吴江开尹山大会，合诸文社而一之，名曰复社，声势动朝野。张采《庶常天如张公行状》、陆世仪《复社纪略》卷一。

春,杨公斡亡,朱隗、石兄丧母,宋华之丧父。见《国表序代张受先》。

四月,张采第四女殇。见张采《祭天如兄文》、张采《殇女矿铭》。

是年,《复社国表》成,作《国表序》、《国表序代张受先》。

十月,张溥撰《五人墓碑记》,文震孟隶书碑额"五人墓记",章美书碑文,马士鲤镌字。十月立碑。张溥故居《五人墓记》拓本《五人墓记》末题"崇祯二年孟冬既望立石"。又,见黄家龙《〈五人墓碑记〉中又一时间错谬问题》。

十二月,周延儒作礼部尚书兼东阁大学士,入参机务。

是年,作《诗经应社序》、《沈伯母五十序》、《苍崖子序》。

是年,作《太仓州志序代》。复旦馆藏张采《太仓州志》有张溥《重刻太仓州志序代作》,旁有批语:代州守刘彦心蓼也,时崇祯己巳岁。

是年,黄虞稷生(1629—1691)

是年,朱彝尊生(1629—1709)

崇祯三年,庚午(1630),二十九岁

[时事]正月,金兵攻陷河北迁安、遵化、滦州、永平等地。三月,陕北义军自神木渡河入山西。六月,义军王嘉胤部破府谷,延安柳树涧人张献忠以米脂十八寨应之,自称八大王。七月,明思宗以"谋叛罪"杀袁崇焕,兄弟妻子流三千里,籍其家,无余资,天下冤之。十二月,加田赋。

六月,温休仁入阁。

九月,周延儒入首辅。

秋,乡试。张溥为经魁,社友中杨维斗、吴伟业、陈子龙、吴昌时、彭宾、万寿棋、吴继善、吴克孝、蒋楚珍、文用昭、杨伯祥、丁维熙等多人中式,为金陵大会。在南京开金陵大会。此年复社在南京首次举行社集,称"国门广业社"。张溥亲临南京主持。见陆世仪《复社纪略》卷二、朱彝尊《静志居诗话》。

黄宗羲参加庚午同年雅集,宿于张溥处。见黄宗羲《思旧录·张溥》。

庚午雅集中,张溥与杨伯祥谈话。见《文用昭稿序》。

秋,张采自临川病归,途中得张溥中捷喜信。回乡后,张溥以所抚侄女字于张采长子,两家再度联姻。见张采《祭天如兄文》。

乡试后,张溥携诸子东归,与陈子龙谈话。见《云间几社诗文选序》。

是年,其弟张王治亦参加考试,初遇复落,后选为明经。见《无近弟稿序》。

冬末,张溥入京会试。临走前,嘱王家颖、张王治,可邀孙淳共读。见《四子合稿序》。

于赴京途中,遇杨维斗。见《许年伯母诸太孺人寿序》。

是年,张溥曾游江阴。途中与吕云孚笑谈。见黄与坚《吕石香先生墓志铭》。

是年,作《王佐之稿序》。

是年,冯舒、冯班、陈瑚、陆世仪拒不加入复社。

是年,蒲松龄生(1630—1715)

崇祯四年,辛未(1631),三十岁

[时事]六月,王嘉胤败于阳城,为部下叛徒所杀。王自用被推为首领,联合高迎祥、张献忠等三十六家,号二十万人。会于山西,李自成入高迎祥部,亦参与谋划,是为农民军由分散走向联合之始。九月,总督陕西三边军务侍郎杨鹤,因主张对起义军采取"剿抚并用",被劾"主抚误国",下杨鹤于狱。以巡抚洪承畴总督三边军务,洪改用以剿为主策略。复派太监监边镇。

正月,翰林院编修黄道周疏救钱龙锡,调外。

正月,张溥与诸子成立日社。见《杨伯祥稿序》。

会试前,张溥与诸子之交游。见《徐及申先生稿序》。

在京,从游者众多。见《江北应社序》。

二月,会试,座主为周延儒、何如宠,张溥为会魁,吴伟业为会元,刻稿由张溥鉴定,引起李明睿不满。见陆世仪《复社纪略》卷二。

三月十五日殿试,吴伟业中榜眼,授翰林院编修;张溥廷推善文章,授庶吉士,守正不阿,权贵嫉之。见陆世仪《复社纪略》卷二、张采《庶常张公天如行状》。

会试,复社中张溥、吴伟业、杨廷麟、马世奇、杜麟征、姜垓、左懋第、周之夔、刘士斗、夏曰瑚、杨以任、成德、管正传、曹汝珍等中进士。张溥、杨廷麟、马世奇等选为庶吉士。见陆世仪《复社纪略·复社总纲》

四月,徐光启作廷试读卷官,对张溥试卷颇为欣赏。张溥随后拜侍徐光启,徐氏勉以经世大义。又与徐天麟同去向徐光启请教西历疑难。见《徐文定公农政全书序》。

春,张溥追随君常学诵读。见《五兄稿序》。

胪唱后一日,友人徐天麟来访。见《徐陵如稿序》。

中式后,张溥与诸子游京师,拟立燕台之社,后未果。见陈子龙《壬申文选凡例》。

陈子龙离京,与张溥告别,欲选诗文。见《云间几社诗文选序》。

此时吴伟业初不作诗,凡求赠诗,则多转求张溥,张溥亦在此期开始大量写诗。吴伟业后受张溥激发,开始有意作诗。见《王与游诗稿序》、乾隆《镇洋县志》卷十四《杂缀类》。

在京师,得见《历代名臣奏议》,爱之而未得。见《历代名臣奏议序》。

春,好友孙淳、王惠常先后来娄。见《四子合稿序》。

五月,作《王與遊詩稿序》。

七月,张溥鼓动吴伟业参劾温体仁,吴伟业觉得立朝未稳,而又师命难违,于是改参蔡奕琛。温体仁大怒,将欲重处。周延儒从中曲解之。温体仁、蔡奕琛忌恨之。

八月,有借吴伟业会试卷攻讦首辅周延儒者,崇祯帝阅其卷,批"正大博雅,足式诡靡"八字,人言始息。

八月后,门人吴伟业蒙崇祯帝赐假归娶,当世荣之。离京时,张溥以诗赠行。见《送吴骏公归娶》。

九月,作《重九前二日同孟朴、张甫(韩四维)集骏公斋坐月限韵送惠常》。

是年,周之夔授苏州府推官。

是年,刘士斗授太仓州知州。张溥作《送刘瞻甫父母之任娄东》。

是年,张采护送张溥母金氏入京就养。与徐汧母交善。见《祭徐伯母文》、张采《祭天如兄文》。

张采护送张溥母入京,其母遂疏于照顾,七月,张采母苏氏逝世。张溥九月得知讣信,悲而作《哭苏太母文》以祭之,复有唁诗《寄张受先》。十一月,张采父母合葬,张溥又作《赠文林郎张太翁封孺人苏太母合葬墓志铭》。

是年,熊开元归楚,张溥作诗送之。见《送熊鱼山给谏归楚》、《明史·熊开元传》。

是年,作《进士题名记》、《送陈平人学宪之粤西》、《楊伯祥稿序》、《龙重儒稿序》。

是年,夏完淳生(1631—1647)

是年,徐乾学生(1631—1694)

崇祯五年,壬申(1632),三十一岁

[时事]二月,义军攻陷郦州。三月,义军攻陷华亭。七月,命曹化淳提督京营戎政。金兵攻扰宣府。

正月,黄道周削籍归,张溥为诗送之。见《送黄石斋先生》、黄道周《张天如墓志铭》。

春,伦百式、周縈甫,以故城一邑之文,请张溥编次。张溥作《江北应社序》。

春,养子张忱殁于京,悲痛莫名。见张采《张殇童墓圹铭》。张溥悲而作《哀溥少君兼感忱儿赋痛》。

五月,徐光启兼东阁大学士,预机务。

秋,徐汧妻病亡。张溥与母往吊。徐汧奉母归,张溥与其母欲同归,后事阻未果,徐汧先行。

秋,倪元璐请休沐归里第,未几,其四十生日,张溥作《寿倪鸿宝先生四十序代》。

冬,张溥得假归乡,于京口复遇徐汧。连舟东下,抵关,方分路。见《祭徐伯母文》。

冬,周宗建下葬,张溥作《赠太仆寺卿周公来玉墓志铭代》。

是年,陈子龙等成《壬申文选》。

张采时病,张溥母金氏往视之。见张采《祭张伯母金太君文》。

张溥归后,肆力著述,学者争及门,人益忌之。见《复社纪略》、张采《庶常天如张公行状》。

是年,黄道周因数次疏,语刺大学士周延儒等。

是年,作《云间几社诗文选序》、《吏科右给事中宋公柱石墓志铭》、《杨公幹纪略》。

崇祯六年,癸酉(1633),三十二岁

[时事]五月,遣太监陈大金等分监曹文诏、左良玉、邓玘军,为内中军。六月,首辅周延儒致仕。八月,金兵攻略山海关。十一月,义军高迎祥、李自成、张献忠、罗汝才等渡黄河、陷渑池。

正月,弟张王治入京应试。见《无近弟稿序》。

三月,张溥为主盟,约复社士子为虎丘大会,盛况空前,"三百年来从未一有此"。见陆世仪《复社纪略》卷二。

春,交吴锺峦,力为引掖。见《复社纪略》、《题赠吴峦穉之光州司》。

夏,作《寿吴年伯母汤太夫人寿序》。

六月,周延儒罢,温体仁为首辅。其弟温育仁为《绿牡丹传奇》讥刺复社,张溥与张采赴浙晤学臣黎元宽,毁刊本,执温育仁家人下于狱。

秋,太仓岁歉,张采为《军储说》以救荒,张溥作跋语,苏理刑周之夔作《军储说》以之构陷二张及刘士斗。

秋，由竟陵派作家张泽与张溥、张采等二十余位复社魁目评点的《新刻谭友夏合集》刊行。其中张溥评卷四。

孟秋，作《寿李母沈太君五十序》、《寿李母五十》。

十月，徐光启卒(1562－1633)。

十二月，刘士斗改署昆山县事，旋又去职，张溥深惜之。

冬，作《寿程母李太夫人八袠序》。因程畸人远仕，为能回家，故次年举行祝寿，张溥前去为程畸人母祝寿。

是年，谭元春游吴门。

是年，友人王志坚卒(1576－1633)。志坚字弱生，又字闻修，号淑士，昆山人。

是年，张溥向文湛持、项煜推荐杨廷枢、陈际泰、吴锺峦。见《复社纪略》卷二。

是年，作《书军储说后》、《先考虚宇府君行略》、《陈大士文集序》、《寿文湛持先生六十序》、《甫里三节母合传》。

是年，为黄宗羲母作四十寿序。按：今张溥集中不见此文。见黄宗羲《南雷文钞·家母求文节略》。

崇祯七年，甲戌(1634)，三十三岁

［时事］六月，高迎祥等被陈奇瑜、洪承畴等战败，损失惨重，避如陕西兴安车厢峡。十二月，五省总督洪承畴调集豫、楚、蜀诸军自出潼关，欲聚歼灭义军，高迎祥、李自成等遂入终南山。后高迎祥等自陕西如河南。

三月，太仓知州刘士斗为忌者所论，罢去。张溥与张采、吴伟业等约士斗游东郊。张采有《东郊四首》、张溥有《东郊饯刘明府次受先韵》纪之。

春。侯峒曾入都，张溥作诗《送侯豫瞻北上》送之。侯峒曾，字豫瞻，嘉定县人，天启五年成进士。

夏，黄宗羲来访。见黄宗羲《思旧录·张溥》。

八月，作《吴长孺五袠序》，见《寿吴太母陈孺人七袠序》。

八月，作《冏卿陆太和先生七袠序》。

秋，吴伟业还朝。陈子龙以诗赠行。自四年八月至此共三年里居。

秋，周铨中举，作诗文贺之。有《周简臣稿序》、《次韩芹城韵贺简臣登贤书》、《又次王与游韵贺周简臣》。

冬,陈木叔母七十,作《陈母应太夫人七十寿序》。

是年,祁彪佳从常熟密札致苏州推官,嘱调护张溥等。①

是年,会葬天启遇难君子魏大中,赴会者达千人。按:张溥曾于崇祯元年作《祭魏廓园先生文》。

崇祯八年,乙亥(1635),三十四岁

[时事]三月,张献忠以洪承畴率兵至,西入陕西与高迎祥、李自成等合。九月,高迎祥、李自成为洪承畴所败,走河南,与张献忠会。十二月,卢象升遣将击败高迎祥、李自成于确山。

正月初四,张溥与张采拜徐汧母。时徐母五十九岁,徐汧命张溥豫作《百岁诗》。

正月初三城隍庙遭火灾,二月重建城隍庙,张溥作《重建城隍庙殿疏》,刘士斗引十二事自责。见《重建城隍庙殿疏》。

夏,作《历代名臣奏议序》。是年,刊刻《历代名臣奏议》三百二十卷。

七月,周之夔作《复社或问》,指斥张溥"讦为僭端"。

冬,东林受害诸臣子孙聚首南京,掀起南京反阉党的斗争。复社南京社集自此正式卷入党争

是年,钱澄之游上海回安徽,途经太仓访张溥。

是年,周仲琏任太仓知州。

是年,京察,张溥欲排斥李明睿。见《复社纪略》卷二。

是年,作《寿吴太母陈孺人七袠序》、《吴禹玉先生榮封序》。

是年,刊刻《庄子南华真经》三卷。

是年,刊刻《读史管见三十卷目録二卷》,作《宋胡致堂先生读史管见序》。

是年,徐汧母卒,作《祭徐伯母文》。

是年,姚宫端、文相国离世。见《祭徐伯母文》。

崇祯九年,丙子(1636),三十五岁

[时事]四月,皇太极祭告天地,受尊号,称太宗皇帝,改大清,改元崇德,追上祖宗庙谥,率遵汉制。六月,清兵入喜峰口。七月,高迎祥在陕西周至为巡抚孙传庭所败,被俘,送京师,磔死。部下奉李自成为闯王。

是年,陈子龙与郑元勋同北上就试。陈子龙编次所作为《平露堂集》。

---

① 吴文治《中国文学史大事年表》,黄山书社1993年,第2424页。

二月，陈启新以建言为给事中。

春，陈履谦、张汉儒疏讦钱谦益、段式耜。见吴伟业《复社纪事》。

夏，张采在茅山，病重几死。仲驭、介生哭于床头。张采拟将妻儿托付于张溥。见张采《祭天如兄文》。

六月，《七录斋诗文合集》刊布。卷首有周钟《七录斋集序》和支益《七录斋诗文合集序》。

八月，蔡奕琛嗾周之夔具呈应天府。

九月，出游苏、锡、江阴，十月始归。作《吊五人墓》、《锡山道中买泉》、《雉社晚泊游观鹅亭》及《澄江夜行忆韩芹城》、《丙子十月横塘送葬展现李长蘅画扇》、《泊舟雉社遲張甫不至戲拈遲字韻》等诗。

是年，柳如是十九岁，见张溥，"缱绻而别"，后移居云间。见钮琇《觚剩》。

是年，黄宗羲来太仓。

是年，复社在南京举行社集。

是年，作《寿大中丞钱昭自先生六袠序》、《胡母周太夫人五十寿序》、《唐母方孺人传》、《吴纯祜稿序》、《杨年伯母侯太孺人六十序》。

崇祯十年，丁丑(1637)，三十六岁

[时事]二月，兵部尚书杨嗣昌建"十面网"围攻起义军及增兵加饷等议，乃加征"剿饷"。张献忠入潜山，为史可法所败。五月，李自成等为孙传庭所败，走秦川，入四川。

二月，周之夔具《复社首恶紊乱漕规逐官杀弁朋党蔑旨疏》。二张惴惴几蹈不测。见陈子龙《自撰年谱》。

春，陈子龙、曹溶登进士第。

春，宋华之亡，作《哭宋华之有序四首》。

三月，顾梦麟父顾岫云先生七十，张溥作《寿顾岫云先生七十叙》以贺之。

三月，陆文声疏讦复社，一时告讦四起。见《明史纪事本末·东林党议》、文秉《烈皇小识》。

倪元珙、冯元飏因不承温体仁意，被谪。见《明史·温体仁传》。

二张日处危疑震惊中，"两人如几上肉"。见王志庆《祭张天如文》、张采《祭天如兄文》、杖登春《社事始末》。

六月，司礼监曹化醇使人发张汉儒、陈履新阴事，讦之东厂太监王之心与锦衣卫掌印指挥吴孟明,拷讯得实,立枷长安门,钱谦益之狱乃解。

六月,罢温体仁。

八月,以薛国观为礼部左侍郎兼东阁大学士。

八月,作《陆母周太君八十序》。

秋,与社友吴应箕等晤于虎丘,始一展眉。见夏燮《吴次尾先生年谱》。

九月,黄道周疏劾杨嗣昌夺情,触上怒,降江西布政司都事。

十月,应天巡抚张国维具疏回奏。

十月,张溥母金孺人六十。钱谦益、张采及吴越数十州之士,前来祝寿,钱谦益受众人请拟写寿词《太仓张氏寿宴序》。

是年,作《太学汪董之墓志铭》、《南大司寇岱芝姚公墓志铭》。

是年,谭元春卒(1586—1637)。

是年,陈贞慧、周筋、构朗中至娄。见陈贞慧《山阳录》。

崇祯十一年,戊寅(1638),三十七岁

[时事]正月,洪承畴败李自成于梓潼,自成走洮州三月,曹变蛟败李自成于洮州,自成走岷州。左良玉败张献忠与南阳,献忠走穀城。八月,清遣多尔衮、岳託等分路攻明。十月,洪承畴、曹变蛟又大败李自成于潼关。

八月,魏阉余党阮大铖窜伏南部,潜谋不轨,复社顾杲、黄宗羲等百四十二人乃为《留都防乱公揭》以逐之。

九月,谪少詹事黄道周为江西布政司都事。

十月,应天巡按张国维奏覆周之夔疏讦案。

是年,黄与坚为张溥、张采所知。见黄与坚《知畏堂集序》。

是年,徐孚远、陈子龙、宋征璧辑《皇明经世文编》成。张溥作《皇明经世文编序》。

是年,万斯同生(1638—1702)。

崇祯十二年,己卯(1639),三十八岁

[时事]正月,改任洪承畴为蓟辽总督。六月,明军各地练兵,加征"练饷"七百三十万两,合"辽饷"、"剿饷"共增田赋一千六百七十万两。民不聊生,益多入义军。

一月,《留都防乱公揭》刊刻。

八月,庶吉士郑鄤磔于市。

冬,杨廷麟至太仓,与张溥、吴伟业会饮十日。程嘉燧为廷麟画《髯将军图》,

钱谦益为作短歌,伟业为作《临江参军》一诗。

是年,张溥得子。见《行状》。

是年,嫡母潘氏亡。见吴伟业《张母潘孺人暨金孺人墓志铭》。

是年,作《贺申君美年伯荣封序》。

是年,作《李少司空诔》。

是年,徐光启《农政全书》由陈子龙等整理刊刻,张溥作《徐文定公农政全书序》。

是年,顾炎武《肇域志》、《天下郡国利病书》成。

是年,张溥为王志长所辑《周礼注疏删翼》作序。

是年,陈继儒卒(1558—1637)。继儒字仲醇,号眉公,麋公,华亭(今上海松将)人。隐居小昆山,杜门著述。

崇祯十三年,庚辰(1640),三十九岁

[时事]三月,明罢各镇监军太监。十月,张献忠复反,杀熊文灿。十二月,李自成重入河南,时河南旱饥,起义军以"迎闯王,不纳粮"号召群众,饥民多从李自成,势复振,遂攻宜阳,破永宁。

春,方以智、吕阳、邹式金、来集之、赵进美、周亮工、黄周星登进士第。

四月,黄道周下狱。

五月,顾梦麟《四书说约》二十卷成,张溥作《顾麟士四书说约序》。

六月,薛国观免。见蒋平阶《东林始末》。

是年,有托名徐怀丹者制《复社十大罪檄》。见杨彝《复社事实》。

夏,召开秦淮大会。见杜登春《社事始末》。

七月,张溥欲倾身家以谋解黄道周于难。见陈子龙《自撰年谱》。

冬,张溥派吴羽三捎信于董说,让其来娄加入门下。后因亲老家贫路遥未能如命。见董说《祭张夫子文》。

是年,孙淳自昆山回嘉兴,作别张溥诗。孙淳《玉蜂塔下别天如》。

是年,子殇。《行状》:"公一子,才二岁,先公一年殇。

是年,作《张大中丞生祠记》。

是年,董说二十一岁,到昆山,经吴羽三介绍,受业于复社领袖张溥门下,并约于此年参加复社。是年作《西游补》。见吴文治《中国文学大事年表》、赵红娟《董说简谱》。

是年,陈维崧至昆山会见张采。

是年，张溥到绍兴访祁彪佳。

是年，陈贞慧、侯方域在南京，召阮大铖家戏班演《燕子笺》剧，贞慧痛斥大铖党阉罪。

崇祯十四年，辛巳(1641)，四十岁

[时事]正月，李自成攻破洛阳，杀福王朱常洵，发王府金赈灾民。六月，两畿、山东、河南、浙江、湖广旱、蝗，饥民纷纷起事。

正月，薛国观辨诬。见蒋平阶《东林始末》。

正月，董说再至太仓见张溥，张溥对其病情甚为关心。见董说《祭张夫子文》。

二月，黄道周戍辰州卫。

二月，诏起周延儒。见《明史·周延儒传》、蒋平阶《东林始末》。

四月，张溥与张采重订共读之约。见张采《祭天如兄文》。

约四月，张采病好转。见张采《祭张伯母金太君文》。

约四月，张溥编次所著为《七录斋近集》。

五月，张溥让吴羽三再次捎信于董说，约其来娄。见董说《祭张夫子文》。

五月初八日丑时，张溥卒。见陈子龙《哭张天如先生二十四首》、《复社纪事》。

张溥死后，陈子龙作骚体文《愍昧》、孙淳作《悲娄吟》，吊祭张溥。

八月，董说与友人严既方前往吊唁，作《祭张夫子文》，并代同社作《祭西铭张先生文》、《谒于忠肃庙为西铭先生祈嗣疏》。见董说《丰草庵前集》卷一、赵红娟《董说简谱》。吊祭后归途舟中，董说欲续《天问》以抒忧愤，被严既方劝止。见董说《闵未孩稿序》。

无子，明年，钱谦益等为立嗣。女一，张采初为许字嘉定侯檠，后嫁吴孙祥。

张溥卒，而严旨追究犹未竟。十一月，旨责二张及钱谦益回话。见吴伟业《复社纪事》、万斯同《明史稿张溥传》。

十一月，原任刑部侍郎蔡奕琛被逮，诬奏"复社杀臣，谦益教之"，上下旨曰："张溥、张采、钱谦益殊干法纪，俱著回将话来"。钱谦益作《遵旨回话疏》，极言其与复社无涉。张采亦作《具陈复社本末疏》予以辩白。结果"上览其词直，置弗问，而奕琛坐本罪论戍"。

十二月，戍黄道周、解学龙。

是年，作《恭贺阳羡周老师再召北上仍次前韵》、作《辛巳中春望后赠调阳金公六十寿》。

是年,徐霞客卒(1586—1641)。

崇祯十五年,壬午(1642)

[时事]二月,李自成破襄城。明释孙传庭于狱,命总督三边军务代汪乔年。六月,清遣还明使,致书明帝,约以平等相交,及岁币疆界事。

约三月,张溥妾生一女,寻复殇。见张采《祭天如兄文》。

五月,张采邀钱谦益等人为张溥立继子,起名曰永锡,字之曰式似,取《诗经》"孝子不匮,永锡尔类"及"教诲尔子,式穀似之"之义。见钱谦益作《嗣说》、张采《祭天如兄文》、吴伟业《清河述家法》。六月,《七录斋近集》刊。见张采《西铭近集序》。

八月,崇祯问张溥,周延儒为之开脱。见《明史·黄道周列传》。

八月,黄道周被释,复为少詹事。

十月二十七日,张溥下葬于昆山三十保。会葬者甚众。门人私谥曰仁学先生。董说代表同社撰祭词。见董说《祭西铭先生闻文》。在归途中同严卜何、陈玉仍相期为六经开山创作经学文字,欲继承张溥未竟之志。见董说《棟花矶随笔》卷下、赵红娟《董说简谱》。

陆圻至昆山作诗吊唁张溥。见朱彝尊《静志居诗话》。

是年,张采编纂《太仓州志》成。

是年,李雯、郑元勋等谋重振复社,在苏州虎丘集会,查继佐、陆圻、杜濬等与会。

是年,张溥母金氏殁。见吴伟业《张母潘孺人暨金孺人墓志》。

张溥殁后二十年(顺治十七年),仆人陈三欺压张溥妻王氏及继子张永锡、女婿吴孙祥者,于是由吴伟业出面,联系张溥故旧数人,庭审陈三,整顿家法,迫其交还霸占之财产。见吴伟业《清河家法述》。

附四　序跋·诗文集评

1. 陈子龙《七录斋集序》

士顾不当自重乎？天下事固非一，而能言之家恒绌，有以也夫。方其属辞比事，戛戛乎难之矣。而奋功之士则非之，是贤于博奕耳。何益？壮夫不为也。儒者尤以甚辞伤朴破道，乌用是洋洋者？二者交讥，盖其深哉！要之已甚，然亦作者之过也。

夫七十子之伦，独游、夏为文学，然皆笃实衷雅，不倍于大道，夫子称之不衰。繇此观之，不可以一二论也。鲁有左丘明，汉有司马迁，唐有韩愈，三子者所谓能言之家，非耶？然左氏所序论，必自号君子，迁书比《春秋》，愈曰"我孟轲也"，岂真许之哉？要其志不苟矣。其它苦靡不振，或失名亏身。当涂之士程其功实，儒者訾不纯备，不为求全之事也。然文辞亦略可概见，欲绳诸无倍要难。

呜呼！世无圣人，遂难折衷乎。予不敏，然有友数人，皆天下贤士。有张天如溥者，其一也。夫天如之文章，天下莫不知其能，予独疑其所繇者异观。夫文贵不羁之体，而道符和平之旨。故文之工者，必振荡咤嗟，挟其不平之心，而穷于所往，然必以为违弃精神。观其要妙憔悴，未尝不谓离道也。及乎心安意弛，恺悌仁人之言发而条直淡薄，难为工美，修辞者所不道。是二体者立，故文士则骋其放轶，荐绅则乐其便近。文章日衰，而道亦以散。

今观天如之书，正不掩文，逸不踰道，彬彬乎释争午之论，取则当世，不其然乎？彼其命志良不虚者，要亦乘时鼓运之事也。国家景命累叶，文且三盛：敬皇帝时，李献吉起，北地为盛；肃皇帝时，王元美起，吴又盛。今五六十年矣，有能继大雅，修微言，绍明古绪，意在斯乎？天如勉乎哉！

我闻献吉陵厉近敖，元美博泛近通，然要皆贤者。天如处二者之间，以投世用，自为过之，免于交讥。虽然，天如虽贤，得位而名益彰。夫士伏处下贱，修行不出于家，折枝之功，其道无繇。如此欲为名声，而又不屑以文士自见，不可得也。世有奇伟之士，而仅号曰文士者，岂独古之人不幸乎？

云间社盟弟陈子龙题于采山堂中

（《七录斋集论略》卷首，又见《陈忠裕全集》卷二十五）

2. 陈子龙《张天如先生文集序》①

亡友张天如先生有敦敏之姿，宏远之量，英骏之才，该博之学。弱冠而名满天下，士趋之若流水。登朝之后，贤士大夫依为君宗。其文原本经术而工于修词，班马贾郑，鲜有兼长，而并擅其美，诚继绪之儒，名世之士也！然而见嫉群枉，阻于谗慝，不得进用，年四十而没，海内咸为流涕。既没之后，尚有构蜚语，指为党人者，赖天子明圣，事得昭白。而御史刘公上言："窃见故庶吉士张某天才醇茂，文章尔雅，笃行好学，博闻强记，九经诸史，咸有论著，前言往行，多经删述，可为直谅多闻，古之益友，不幸夭死。昔司马相如没，汉武帝遣近臣所忠就其家录遗书。夫相如词赋之雄耳，人主犹痛惜其才，而况某之所著，表章圣学，敷阐治道，诚宜命有司悉录其书，以备乙夜之览。臣不忍使圣朝右文之化，有逊古昔，谨昧死以闻。"天子览其奏，异之，发德音，征其书上秘府，无逸。嗟乎！尊贤尚学，三代以后，未有过于主上者也。而天如生当时，通籍十载，不得一侍黼扆，备顾问，虽曰宵人蔽之，然孰非命哉？

夫天下有小贤，有大贤。智效一能，才办一官者，小贤也。人主用之，则职务有所修，政有所理。德高而能下士，才广而能进善者，大贤也。人主用之，则天下之才俊汇升迭进，众贤和于朝而天下大治。裘有领，网有纲，夫大贤者，亦霸王之纲领也。若天如，则无愧乎大贤矣。泛爱宽众，推贤乐善，见人之美，竭口扬之；见人之困，倾身济之；见人之过失，规诱而矫正之。故士之欲自振拔者，恒愿游其门，而数年以来，其所匡正人心，奖诩善类，成人之德行者，不知其几。夫国医之门多危疾，大匠之手无弃材，其势然也。昔孔子闲居而叹曰：使铜鞮伯华而无死，天下其有定矣！其为人也，有道而能下人，此周公旦之所以得士治周也。假令天如履文昌，登三事，与闻国政，必能使庙廊多俊乂，巖穴无逸民，天下怀才抱道之彦，翘首跂足，咸愿共出而图我君矣。中岁奄夺，功业不遂，无公旦之勋而有伯华之恨，岂不痛哉！

天如志大才敏，尝与予言，愿以暇日汇《五经》之源流，辨百氏之同异，发金匮之藏，为国家成正史，然后约于性命之旨，以上继邹鲁之传，盖日孜孜而未已也。若天假之年，其所著述岂止于此？然即其所至，已足笼盖一代，为文苑之杰矣。

---

① 按，陈子龙《张天如先生文集序》不见于张溥诸集，从文首"亡友张天如先生"来看，应为《七录斋近集》所写之序。

昔贾生与文帝接席抵掌,倾耳其言者数矣。退而上书,娓娓以数千计,不之用也。迨生既没,而帝思其言,分王齐淮南,仅用其一策耳。天如以射策为天子所拔,然未尝亲承颜色,奉属车,有谠言密计以结主知也。且积毁之言,几烁金石,而乃深加悼惜,求其遗书,以备采择,知人大度,岂不远过孝文哉!燕昭市骏马之骨,而千里之马至。天如身虽困厄,而其言得用,且使天下晓然知明主好士之笃,用贤之诚,争自洗濯,以效命于上,即天如以人事君之志已遂矣,可以无憾矣。

(陈子龙《安雅堂稿》卷二)

3. 周立勋《七录斋集序》

士之负奇异、能文章者,天下喟然叹息而归之,岂独其言而已哉?风教醇深,人怀正尚,议论典轨,家罕悖闻,盖所系若斯之重也。昔荀卿氏原本王道,诵述儒法,至兢兢矣。流为李斯,圣学大坏,六艺从此缺焉。岂非指涉乖谬,习之者遂以甚其祸乎?扬雄之《拟经》,韩愈之《原道》,似是之间耳。后世爱好其书,推许作者,无它,往而不返者之将为天下裂也。有能绍明绝业,扶藉微言,虽重进之何伤?

今天下廓如,学无异指,所患者人安简易,无斐然述作之意,而谓词赋小道,儒者羞称,抑何陋乎!夫歌颂功德,昔人所荣,文采不彰,有识叹愧,幸会明时,致身通显,而撰次昭烁,离离当代,斯不亦盛美之事与?

天如张子者今既贵,然予与交十年,既睹其行事,复观其著书,盖弘亮博达君子也。赠人以言,与臣忠也,与子孝也。网罗旧闻,考其得失,连缀当世之务而整齐之,班班如矣。予见夫世之学者,守其一经,不思远览,谓不在学官者不讲也。一旦遭际遇,称号名公卿而自视诎然,亦复无所嗟,恨岂少哉?若乃循循古学,形之简编,赞明大道,体达国政,天如者足以观矣。

嗟乎!人固不可不自见于后也。然或忧伤失志,语涉憔悴,上采前代,下观近世,有所刺讥以寓意乎,则文词深切,又不可以概见也。历观古人多有然者,盖感慨系之矣。

天如意量和雅,非有不平之遇颣激其中,故其为文,条理綮备,体法详淹,而又见用于圣明之世,所云治世之言者,非耶?以视穷愁著书,则何如哉?

华亭社盟弟周立勋题

(《七录斋集论略》卷首)

4. 周钟《七录斋集序》

天如为诸生时,即有集行于时,学士家咸乐讽咏之。及成进士,官石渠。归,所著益广,乃辑前后所为古文及诗,梓之以传,盖诸体备矣。

予读而叹曰:立言之道,未有盛于此者也。天下义理归于文字,文字归于六经。自六经以降,作者言人人殊,然其大旨不谬于圣人,莫不足以匡风俗,正人心,宣王教,明礼乐,镜善败之繇,稽治乱之数,故垂之数千百年,其说可与天地终始而不废。及道风凋丧,大义渐湮,士多泛滥辞章,罕究实用,有譔述虽广,号为雅赡,而无一言之几于道。若士有志通经,固守章句而文采不振,以致两家之士交讥。揆其所至,各守偏曲,未为通论也。夫姚宋不著于文章,刘柳无称于事业,自昔所叹。予亦以为迁、固之文章无程、朱之理学,程、朱之理学无迁、固之文章,兹事难兼,亦天所限,求其并至,实待旷才。

国朝文凡数变:当高皇帝定鼎,青田、金华首参帷幄之谋,其文虽沿迹南宋,然典正醇深,一代开创之功不可掩也。至敬皇帝时,海内熙洽,士皆喜为诗文,北地、信阳以秦汉之高响,涤胡元之旧习,天下靡然从风,以为古学始复。顾是时,明兴已及百年矣。迨肃皇帝之世,右文崇化,怀才之士咸思鼓吹风雅,助扬休景,说者方于汉之建元、宋之庆历,人文于兹为盛。然七子之流,推毂必首元美。今读其集,即有儗议未化,至于兼总条贯,备有众体,其才固非余子能及。晚年犹悔不从经学入,谓少时为词章所累。信乎文本于经,舍是求工,未有极其至者也。

天如生于元美之乡,而才繇天授,智禀无师,凡经函子部,迄历代掌故家言,君子小人所以进退,夷狄盗贼所以盛衰,兵刑钱谷之数,典礼制作之大,无不博极群书,涉口成诵。至其援笔为文,气高风逸。昔人所谓研京十年,练都一纪者。天如授牍如宿成,文不加点,高昒遐瞩,千里之外,万年之遥,若在眉睫。体含自然之华,动有烟云之气。诚文家之乐事,间代之逸才矣。

夫古今论文,歧指殊趋,溯厥源流,两言可尽:成法在古,变化繇心而已。故舍古法,乱;泥古法,亡。繇《左》、《国》而有《史》、《汉》,繇《史》、《汉》而有韩、欧诸家。其法未尝不相贯,而神明之能,各有独至,不可相袭。天如所为诗文,上自秦汉,下至唐宋诸家,时狎出御之,不名一端。其所本者,六经也;所明者,道也;所用者,史汉韩、欧诸家之气,而非区区规格与其辞采也。

今读集中所载,大者怀当代之深忧,明万古之理乱,可以利社稷,福苍生;而其小者,虽弁词短简,偶尔酬赠之文,而仁义之旨、忠孝之思,汲汲然以天下人才为己任而成之,惟恐不至者。有令人诵之而顽者兴,懦者立,贪者廉,砥行立节之士欢欣鼓舞而不能自已者,此尤其性情所形,非徒求工于文者所能至也。夫圣贤之言,见于《诗》、《书》、《礼》、《乐》、《语》、《孟》之书者,皆其迹也。而所存于中,则惟是望天下以孝友忠恕之道、仁人君子之行,使感之有以通,触之有以悟。故教化因是而行,人心因是而正。昔人有读集至百余卷,不见一阐明理学之言,以为世道大忧。天如之文,其原本在明理尽伦。予故曰:立言之道,莫盛于此。岂后世能言之士可得而相絜哉?

嗟乎!惟天生才实艰,士或少负述作之志而困于忧愁患难,恒不能竟其所学。及既通显,又有狱讼簿书兵农钱谷之司,虽欲成一家之言,而亦有不暇。至于官以读书为职,又性好专一,无寒暑昼夜少间,即欲无所表著于后世,得乎?则天如之得以竟其著述,不可谓非天之善成也。天如将益肆力经史之学,以补前贤未及。求之古人,未知谁匹;要在昭代,则北地、琅琊之间,固非所以相处矣。

崇祯丙子夏六月金坛社弟周钟顿首拜譔

(《七录斋诗文合集》卷首)

5. 支益《七录斋诗文合集序》

南荣越来学老聃,夔立蛇进而后敢问,聆一高论,若饥十日得太牢。公明宣师事曾子,三年不成诵,学其居宫庭,接宾客,立朝廷。刘献子曰:"入孝出弟,忠信仁让,教学之本。倪不能然,虽下帷针股,蹴踏从师,止为土龙乞雨。"魏照曰:"经师易获,人师难遭。"不信然欤?夫子少负士安"书淫",幕府"书橱",杜镐万卷不是过。立身忠孝,敦廉养耻,言不违理,行不逾则,道充身安,铢轩冕,尘金玉。百城之表,无殊乐令。杨万里一见张魏公,终身厉清直之操。从夫子游,大约先修品地,次通经术,尤耻独为君子。讲说经传,可与侍中大春纷纶夺席;敦尚友谊堪同朱晖楼护养身信心。死生贫富贵贱间,往往得夫子交道焉。至撰文赋诗,楮不加点,笔无停毫,江洪、萧文琰共叩铜钵,响绝即就。语语六通三明,登峰造极。起衰济变,唐拟昌黎;行道救时,宋方永叔。或为赤城云霞,或为涂山圭璧,或为太羹玄酒,或为凤舞鸾翔。斟酌百氏,制成一家。夏侯湛温润,见孝弟之性;许景先丰美,得中和之气。吾夫子传记忠孝节烈义侠诸篇,反复周详,类数千言不尽,夫亦其性气然也。史称马融所注有《孝经》、《论语》、《诗》、《易》、《三礼》、《尚书》、《列女传》、《老子》、《淮南》、《离骚》,所撰有赋、颂、碑、诔、书、奏之属,凡二十一篇。后世多之。

夫子年未强仕,著述删正,周匝经史。生平不知碁局几道,樗蒱齿名。宾宴之时,不辍书卷。周公旦朝读书百篇,暮见七十士,庶几近之。语云:"虱箸头而黑,麝食柏而香,素丝之质,附近朱蓝。"益佣赁作食,窃听户壁,已几十年,驱车入穴,捣虀噉杵,诚未梦见万一为高业弟子。然式瞻仪度,亲承音旨,酰酱既加,酸咸异味,屏去帖括,访逸酉阳,映月望星,然糠自照。捧夫子十年之笔,集成二十余卷,先梓公宝。挍雠三五,不愧宋次道家书,或得效升平里西堂藏书,经史子集各置三本。任昉家贫,聚书万卷,益蓍是集,作万卷家藏,护以竹漆,百年如新。当不异《黑水碑》《商山记》传入新罗诸国,岂若唐山人瓢中故纸,浮沉江汉间也。虽然,竟夫子之业而续行之,可充曹氏书仓。

门人支益谨序

(《七录斋诗文合集》卷首)

6. 张采《论略题辞》

天如成进士,既读书石渠。归,语予云:"经学微渺,未有究畅,欲用昔人限年法,几年月毕一经,统几年月毕诸经,令各就本绪。则如《三传》、《三礼》者,虽分专家,义原一贯,当复施条序归于易简。"又以为[一]穷经则王道明,通史则王事著。明王道者,可与立体[二];著王事者,可与适用[三]。则取二十一史明白譔次。凡一世代,凡一君与其臣之系兴亡者,皆列论断,以申耒鉴后[四]。至于《宋史》败烂,拟重加笔削,自为文献[五]。

又以为古今势殊,不达于今为泥古。自高皇帝以来,断自神祖止[六],大之人物、典礼、官制、漕渠、食货,外而夷狄,细至服物宫室,放班孟坚《汉书》体[七],(裁)为一书[八]。

又以为治天下者,当有经营天下之志。五方风气繇来不齐[九],其间户口钱谷,形势沿革,定有纲领,则聚天下[十]通志及郡县志[十一],与近日所饬赋役全书,汇为一处。如[十二]京省则[十三]立总论,合计几府几州,县则分立散论,务于荒遐备举,莫或隐匿,则亦可谋体用合具者矣[十四]。

同时闻者,疑为工力有数,难以兼[十五]及,予乃欣然[十六],遂期其成[十七]。盖相与十余年来凡有所期[十八],无不底成者。况官以读书为职,则神闲[十九];藏书多,又虚心集益,则易有功;闭门下帷,昼夜寒暑无间,则清静专一[二十];忠孝性至,则好恶正。此事不推天如则何人哉[二一]?

乃解装出所著诗文,阅其当篇小目,宜有千余纸,奴子疎悫,亡去稿一匦,两人惋惜弥久。即所存诸论、议、策、说,并馆阁试文,小加点次,名曰《论略》行世。余皆引端未究,要此万世之业,非一时之观览也。述其概,豫为同志共期尔。[二二]

盟弟张采受先题。〔二三〕

（天一阁藏《七录斋文集论略》卷首，又见《知畏堂文集》卷五，文字有异）

【校】

〔一〕"复施条序归于易简，又以为"，《知畏堂文集》本作"当条序成列，融于大通。又谓"。

〔二〕《知畏堂文集》本无"可"。

〔三〕《知畏堂文集》本无"可"。

〔四〕"以申苕鉴"，《知畏堂文集》本作"冀鉴前毖"。

〔五〕《知畏堂文集》本无"于"。"败烂，拟重加笔削，自为文献"，《知畏堂文集》本作"裁自脱脱，义例庸略，拟笔削以章定献"。

〔六〕"祖"，《知畏堂文集》本作"庙"。

〔七〕《知畏堂文集》本无"汉书"。

〔八〕"裁"，《知畏堂文集》本作"勒"。

〔九〕《知畏堂文集》本无"繇来"。

〔十〕"天下"，《知畏堂文集》本作"二京各省"。

〔十一〕"郡"，《知畏堂文集》本作"府州"。

〔十二〕"为一处，如"，《知畏堂文集》本作"节目"。

〔十三〕《知畏堂文集》本无"则"。

〔十四〕"则亦可谋体用合具者矣"，《知畏堂文集》本作"庶几指掌可视"。

〔十五〕"难以兼"，《知畏堂文集》本作"似难连"。

〔十六〕"予乃欣然"，《知畏堂文集》本作"独予会意"。

〔十七〕"遂"，《知畏堂文集》本作"锐"。

〔十八〕"十余年来凡有"，《知畏堂文集》本作"读书"。

〔十九〕"神闲"，《知畏堂文集》本作"志专"。

〔二十〕《知畏堂文集》本无"清"、"专"。

〔二一〕"此事不推天如则何人哉"，《知畏堂文集》本作"兼此数长，即孟坚而上，何不可就"。

〔二二〕"非一时之观览也，述其概，豫为同志共期尔"，《知畏堂文集》本作"非计日可躐，详其概，志天如归来著述如此"。

〔二三〕《知畏堂文集》本无"盟弟张受先题"。

7. 张采《西铭近集序》

此我亡友张子遗集也。不名遗集者,先是张子裒其古文辞,比次连类,名曰《近集》,授诸书史矣。殁前二日,犹手执雠较,则后死者不忍有芟益,故仍其自名。工竣,开览横涕,已三叹曰:"天于张子,谓之何哉!富以才,赊以志,独啬其年,使才不竟用,志不丽业,倏忽莫测以死,则所以生张子者奚居[一]?"

张子结发读书,抗言忠孝,尝思簪笔柱下,策天人治安,庶几倾否保泰。适官吉士,交游贤豪,遂欲有所发舒,即口语不能无上下,而赤狐黑乌,且逐逐其侧。张子曰:"君子几,不如舍。"于是将母归[二]。归发所庋书可万卷[三],哦咏其中。数年来,自纂辑经史诸集外,凡所著篇什,已一再成集矣[四]。今学士家,刻意论譔,辄闭门构思,方其经营惨澹,人影摈绝[五],而名山矜胜,尝味一脔。张子日高起,夜分后息。起即坐书舍,拥卷丹黄,呼侍史缮录。口占手注,旁侍史六七辈不暇给。又急友声,书生故人子挟册问询[六],无用剥啄,辄通坐恒满。四方尺牍,且咄咄酬应,而张子俯仰浩落,未尝踰时废翰墨。

今阅兹集者,第见仪观都美,慎静尔雅。复按节度字,周情孔思,欣此良工敦琢,抑知皆得诸广坐对客,谈谐繁溷之下者乎?倘假之年,申厥才志[七],将备顾问,佐论思;次则屈轶指佞,謇謇螭陛,为一代名臣,岂仅文章显?即文章,龙门而下,张子曾不谓极,方拟修宋元二史,编集本朝故实,成一家言,传之后世[八],而竟止此,天其谓之何哉!

然文章不同禄位,非狐乌所能厄[九]。天下万世,自有知张子者,如知张子,定不专以文章推[十],则亦可无复问天矣。

友弟张采题于知畏堂[十一]

(《七录斋近集》卷首,又见张采《知畏堂文集》卷二,顾沅《吴郡文编》卷二三二,文字有异)

【校】

〔一〕"奚",《吴郡文编》本作"何"。

〔二〕《吴郡文编》本无"将母"。

〔三〕《吴郡文编》本无"归""可"。

〔四〕《吴郡文编》本无"矣"。

〔五〕"摈",《吴郡文编》本作"屏"。

〔六〕"问询",《吴郡文编》本作"询问"。

〔七〕"申",《吴郡文编》本作"伸"。

〔八〕《吴郡文编》本无"传之后世"。

〔九〕"厄",《吴郡文编》本作"扼"。

〔十〕"定",《知畏堂文集》本作"实",《吴郡文编》本无"定"。"推",《吴郡文编》本作"显"。

〔十一〕《知畏堂文集》本、《吴郡文编》本无"友弟张采题于知畏堂"。

8. 张采《天如稿序》

天如器识百倍予,相与晨夕。知不及,则益知不足,驽马逐骥,日瞠乎后。然正不仅以文,文者,小道,天如视同敝帚,攻其所轻而勉,或庶几凡所谓者。天如性近于君子,而又克砥为君子,克砥无多让,性近则天人悬,钝者屈矣。

天如小予六年,所读书较予不下多几万卷,卒未尝有骄色。天如静无侈言,难于发人过。予遇事风起,多失当,天如退而规诸是。两人行止弗离,偶一事不经折衷,则数日不决。为文一首,不质对,终不轻出,予因受节度。乃天如固有大者,正身修学,于凡经史之言,日不去目,漏过子刻,犹极庄敬。盖其所躬行,雅与古人亲,故若对师友,悦而忘厌尔。

天如少孤,事母尽色养,与诸兄弟处,小大有伦,美恶有方。即今一日中,不在膝下,则坐斗室。其于迩声色、殖货利不啻不好,且又恶焉。七录斋中,几案尘积,绝无耳目玩,或童子跛倚酣睡,未尝顾问。及骤闻孝弟忠信之言,五伦攸系之事,辄正襟谛听,流连不能已。闻之其数岁时候已如此。此无他,专内者遗外,志大者略小,其天质然也。

天如素爱君烈文才,及君烈夫妇相继殁,遗腹孤不及匝岁,寒月单覆,往之交君烈者,散莫恤。天如携归,抚育过所生,复择予幼女字。嗟夫!贵贱之际,人辄忘交,况乎其生死。且死者未尝有知己之言者乎?以人之子为我子,而家之中无不以为我子焉。难矣!

且文虽小道,天如之文其于十三经之表明与二十一史之诠次,皆有撰述。每云:"此书必十年可以见端,欲观厥成,其三十年乎?"夫三十年则天如道明德立,功用岂止经史?然以天如之才,而自期之远且久者,是亦可以戒人之妄为而欲速者矣。

予幸先售,闻报日,天如忘戚而喜过予,经纪诸事,若身被。及言至予北上,则念我老母倚闾,且谓六年同守晦明,寒暑共之,辄数行泣。予临发时,适天如选明经,捷骑张皇。天如挥不顾,同予舟至吴门,盘桓累日。别语予:"来年三月,偕维斗、来燕,当与子及九一聚首春明。"来年三月,未识同在春明否?预作此期待,不啻我骰子佩矣。会集稿告成,因属予序。今天下文家,不得天如序则同废弃。予序天如文,殆植表泰岱,因高见末矣。

(张采《知畏堂文集》卷三)

9. 张采《天如合稿序》

天如非名士,盖贤士也。余习久,故知之深。然两人相爱敬,不啻家兄弟者,非久之难,所以习之者难也。忆投分时,余二十许,天如尚未弱冠,时所称说,犹仅文章。既延余读书七录斋。所谓七录斋者,旧槛垩壁,非有完美。终岁黾勉其中,正言端行,则古昔称先王,切切忠孝廉节,辩论既多,长短乃著,则惟觉天如心平且性厚。夫人日事诵读,身叛其义者,繇天分薄劣,故矜己凌物,令人望而却,况与久处。且弗求友声,况于载籍。维心平而性厚,则五经六艺,如受师说,领家训,通诸讲习,因以畜德。故天如孳孳道古,使人忘其淹雅,乐其渊懿矣。且人伦之际,天如所处极难,乃事事反躬,上笃祖宗,近念父母,每语余云:"一手不仁,将累全体。"斯言至痛,其不闻者,则以为雍雍默默已尔。

若夫修明教术,推前引后,凡在门下,咸同忧喜。即小善微长,欣赏累日,以故从游遍天下,又心性然也。天如材质通敏,凡古今载纪,无不泛滥辞章,考厥故实。所为文既师表一时,复刻志经济。近仿眉山著史论,几几伯仲,要此非其所止。余尝谓昌黎韩子,振起衰敝,然道不甚行,门人张籍之徒,犹未尽帖服,贻书规讽。殁四百年,得欧阳子而后推尊于人人。吾党相期,虽不以韩欧为归,第以文词论,则韩欧之后,能不以继绪之事,任诸天如乎?虽然,天如为此非易,丙夜篝灯,冬雪呫唔不休,孟坚以夜勤为一月得四十五日,庶几当之。又两人读书后,必相对反复,至晚必较一日所课,出其余以及,余犹得兼有臭味。兹乡举《周礼》所称贤能,诚无负行,见诸天下,坚所守而日进,将圣人可学,愿毋以为讳。此举子业,虽先资,直同敝帚,何足定天如衡量。

(张采《知畏堂文集》卷三)

10. 陈际泰《张天如七录斋叙》

天下所为尊重天如,莫不北面人师,事同资敬,非独以其文学。天性树敦,彝伦攸叙,以为有道之士也。与张受先先生共操讽动人心之权,一时丕变。其规模圣贤,凡言语造作,出其中之诚然介然不欺者,顿五指而归之,而不能尽,以是知人心之有至,而教之者之功,固已远矣。

天如为文,固无异天如之为人也。博极群书,即碎智苟见,有字墨可求者,无不毕牢而制乏,而要归原于经术制义。制义初行世者,奇肆博丽,事绝人区。既而体约之于广大高明、敦厚精微,旨约之于仁义道德、忠孝气节。依经起义,杀史见极,相题之轻重缓急先后,不为凌兢鼓动以亏疎其自然之致,所持坚正,不为造次苟且。故虽么小之题,一以重大之辞临之,其意虽为代言,直自欲作经,非徒表一代大家而已。一时同人十余辈,予唱汝和,天下皆知有娄上之书,天如能已见于天下,而其道固已上遂矣。

辛未,天如战胜而喜。天如有道之士,区区得失,岂足动心?盖为其道喜也。年来文字诡故不情,上之人申功令以禁僻违,而有悍君子者,跳往助之,诸之是也。顾其持说失当,而又与之以多私,阴伺天下之变,得其开阖而可入,因次为利,其规有成,祸固不小。以奇胜之,是其藉以相攻者也,不如以正胜之。彼曰:吾成弘也。而此曰:此固成弘也。成弘一也,将之以有本之学、有物之言,则空疎之成弘绌矣;将之以正大之心、仁厚之品,则诡持之成弘绌矣;又将之以矜贵之度、深悠之致,则迂腐之成弘亦绌矣。正之正者胜,则伪正之焰可以少衰,而天下学术人心庶有豸与。此天如所为喜也,朝廷申饬功令,伪奇者斥,伪正者亦斥。而天如与其同人独登,则天下之风将有所移。

嗟夫!天如如此,则夫不异其所为者,亦必有所恃,其喜岂独一人也哉?

(陈际泰《太乙山房文集》)

11. 陈子龙《皇明诗选·张溥〈孟门行〉》

张溥,溥字天如,太仓州人,崇祯辛未进士,改庶吉士。卒特诏征其遗书著述,为天下所称,有集行世。

孟门行

双丝系玉环,宛转生光泽。本以结同心,何知反弃掷?
君家美酒琥珀光,红颜少年空满堂,酒酣意气不可当。
君家玉堂盛孟门,孟门深谷无朝昏,中有美人啸且歌。
任义结客客自多,相与醉君金叵罗。
黄雀衔环报旧主,畏君弹射远飞去,夜深孤栖城北树。
卧子曰:天如忠爱,可见一斑,卒后而动圣主之思,有以也。舒章曰:得崔颢之神。

(陈子龙《皇明诗选》卷一)

12. 吴调侯、吴楚材《古文观止·五人墓碑记》

议论随叙事而入,感慨淋漓,激昂尽致,当与史公伯夷、屈原二传,并垂不朽。

(吴调侯、吴楚材《古文观止》卷十二)

13. 李扶九、黄仁黼《古文笔法百篇·五人墓碑记》

评解:作者目击时艰,故言之直切痛快,令人读之亦痛快也。《观止》评:"议论随叙事而入,感慨淋漓,激昂尽致,当与史公伯夷、屈原二传,并垂不朽。"然笔亦似之。凡作文不着痛痒,又死抱题目,题外无余情,不足取也,故选此以开人心胸。

(清李扶九选编,黄仁黼纂定《古文笔法百篇》卷十五)

14.《明史·艺文志·张溥》

溥诗文敏捷。四方征索者,不起草,对客挥毫,俄顷立就,以故名高一时。

(《明史》卷二八八文苑四)

15. 朱彝尊《静志居诗话·张溥》

张溥,字天如,太仓州人,崇祯辛未进士,改庶吉士,有《七录斋集》。

天如狎主复社,以附东林,声应气求,龙集凤会,一言以为月旦,四海重其人伦。书叠刻而百函,宾昼日以三接。由是青衿胄子,白蜡明经,登李元礼之门,不啻虹户,为柳伯骞所识,胜于笃金。列郡人文,一时风尚,口谈朝事,案置《汉书》,头包露额之巾,足着踏艰之履,和歌下里,拥歌东川。俄而哲人其萎,践康成之妖梦;天子有诏,求司马之遗书。党论日兴,清流酿祸,周之夔弹之于始,阮大铖厄之于终,而邦国因之殄瘁矣。

(朱彝尊《静志居诗话》卷十九)

16. 张采《庶常天如张公行状》

(天如)所为文初似唐孙樵、樊宗师,中返于醇,仿韩、欧大家,既融经治史,遂出西汉,诗率笔题咏,皆三唐风格。

(张采《知畏堂文集》卷八)

17. 黄道周《张天如墓志》

受先既成进士,公益自奋,必以文章廉隅,砥砺天下,其摈不与者疾之若仇。……哲人所托,亦各有在。峙为义山,渟为理海。渟峙既翻,乾坤颠沛。念我哲人,唶焉发慨。西无华峨,东无泰岱。人无天如,精华尽晦。

(黄道周《黄石斋先生文集》卷十一)

18. 黎遂球《祭张天如文》

天如所赏誉者文章,所勉劝者忠孝,所激扬者廉耻节介,所论述而使人知所法则者往史,所精衡者经术,所表章者前乎此者之圣贤,所兴起者后乎此者之学人,与人全功,而不难独任其过。见人一善,则必欲尽得其美;遇人饥而思推食,寒思解衣。于人之父母则必欲其尊荣,于人之子弟则必欲其才器。在他人或以文章之名为利,在天如则以文章之名为义。其慕义也,虽在水火而必蹈;其去不义也,虽临之以鼎镬刀锯而不改。

(黎遂球《莲须阁集》卷二十五)

19. 董说《祭西铭先生文代同社》

先生之道,弥纶天地,幽赞神明;先生之文,下振汉唐,上凌姬嬴。

(董说《丰草庵前集》卷一)

20. 董说《谒于忠肃庙为西铭先生祈嗣疏代同社》

窃见西铭张子,寰中冰鉴,当代范模。鸟策纵横,甲乙丙丁四部;麟书褒贬,君臣父子三纲。九千仞华壁之巅,声名并峻;五万里雕城之外,教化齐遥。批丹悃,则采夺朱霞;懔白诚,则光凝素月。讲堂击鼓,邈董春之威仪;寒谷吹灰,鄙孔公之严削。

(董说《丰草庵前集》卷一)

21. 邹漪《启祯野乘·张庶常传》

所为文,融洽经史,高出西汉,诗皆三唐风格。尝言昔称三不朽,要各有类。如德则修身及家均天下,否者备顾问奏对三雍,为国家作述礼乐,昭宣教化;功则为社稷臣,勒铭旗常,否者表章六经,裁量子史,俾后学有所依仿,稽勋亦不在挞伐下;言则冠豸螭陛,屈轶指佞,言行道亦行,否者著成一家,藏诸名山,使千万世知有其人,比于龙门扶风。……读先生之遗书,上追典诰,下斥齐梁,岂非一代宗工乎?

(邹漪《启祯野乘》卷七)

22. 陈贞慧《山阳录·张太史溥》

张太史溥

天如好读书奥丽,喜宾客,绁卷十行俱下,削稿无元不窥,所雠有《十三经注疏》、《通鉴纪事本末》、《历代名臣奏议》、《汉魏百名家》,凡数百卷,其文丰蔚典赡,兼家丞、庶子之长。崇帧丁丑,余与仲驭、朗三诗酒娄上,见其宾客辐辏,幨帷如云,口授吟谣,手校坟典,筝歌赏笑,五官并应,绝叹为二刘更生。未几,而玉陨兰摧,同辈伤焉。然至甲申三月,三光雾涨,九庙烟飞,风流都尽矣。天如之死,未为不幸也。

赞曰:琴觞昔夜,纵酒娄东。周梅今日,泉穴相从。

(陈贞慧《山阳录》)

23. 张岱《石匮书后集·张溥》

张溥,字天如,南直太仓人。崇祯辛未进士,选翰林院庶吉士,授编修。溥才情藻发,为江南士林领袖。所阅书极多,而《纪事本末》一书评骘允当;小论发前人所未发,追步龙门矣。所著有《七录斋集》。

石匮书曰:曹能始藏书甚富,为艺林渊薮。其自所为文,填塞堆砌,块而不灵,与经笥、书橱亦复无异。书虽多,亦何贵乎多也!顾麟初、陈明卿、张天如所阅诸书,亦卓荦有致,而《懒真草堂》、《无梦园》、《七录斋》诸集食生不化,亦未见其长。炮夫烹割,调剂五味,宾主乐之;虽终日劳劳,与炮夫竟何补哉!

(张岱《石匮书后集》卷五八)

24. 黄宗羲《思旧录·张溥》

天如好读书,天资明敏,闻某家有藏书,夜与余提灯而往观之。其在翰苑,声价日高,奉之者等于游、夏。门无益友,天如亦自恃其才,下笔丰艳,遂无苦功入细。尝以泥金扇面,信笔书稿,故所成就,不能远到,为可惜也。

(黄宗羲《黄宗羲全集》卷一)

25. 钱谦益《太仓张氏寿宴序》

天如以命世大儒,在承明著作之庭,讲道论德,离经辨志,昌明《伐木》、《菁莪》之谊于斯世。

(钱谦益《初学集》卷三十九)

26. 黄道周《哭张西铭二章》其二

其二

可怜北斗掩光仪,已见明河藻雪时。
人事总从丹史过,君心不与青蝇知。
十年著作千秋秘,一代文章百世师。
缟带难将娄海泪,蛮烟瘴岭共相思。

(《黄漳浦集》卷四十七)

27. 陈子龙《哭张天如先生》其十二

其十二

文章弘丽润岩廊,下笔如云扫七襄。

自是才高人莫学,一时枚马有兼长。

(陈子龙《陈子龙诗集》卷十七)

28. 陈际泰《复张天如书》

天如才情,准可上下千古,纵横万里,深微宏奥之中,终不掩其俊鹘摩空之致。此道可以千年而神不去者,则天如岂有朽日哉?

(陈际泰《太乙山房文集》)

29. 吴伟业《哭志衍》

煌煌张夫子,斯文绍濂洛。

五经叩钟镛,百家垂矩矱。

海内走其门,鞍马填城郭。

(吴伟业《吴梅村全集》卷一)

30. 归庄《哭张十翰林四十六韵》

文扫千人队,诗轻万户侯。茂先传博奥,平子振风流。

望国人文聚,公门桃李稠。开樽虽北海,解榻必南州。

天下才无匹,人伦鉴莫俦。林宗学士冠,曼倩大臣优。

道广疑朋党,名高长官仇。文章秘府步,姓氏废官留。

(归庄《归庄集》卷一)

31. 王家祯《研堂见闻杂录》

明季戊辰、己巳之间,天如张公、周介生,倡为复社,一时主盟,如维斗杨公、勒卣周公、卧子陈公、彝仲夏公,其余皆海内人望,文章为天下冠冕。燕、赵、豫章,声气毕达,所牢笼天下士,率取其魁杰。以故仰其盟者,如泰山北斗,而士一如登龙门。

(王家祯《研堂见闻杂录》)

32. 林则徐《娄水文征序》

太仓在明称极盛,弇州兄弟飙举于前,天如、骏公诸君泉涌于后,其时水道通达,田野沃衍,为东南上腴。

(林则徐《娄水文征序》)

33. 冯煦《蒿庵论词》

昔张天如论相如之赋云:"他人之赋,赋才也;长卿,赋心也。"予于少游之词亦云:他人之词,词才也;少游,词心也。

(冯煦《蒿庵论词》第六条)

34.《七录斋集论略》眉评集录

周钟曰:林氏逊其高古,苏氏逊其详洽,论家之观,至此极矣。张采曰:诸论必籀本原而言,间尽神妙,多读书者知之,即多读书而未精者亦不知之。

(《治夷狄论》眉评,《七录斋集论略·论略》卷一)

周钟曰:从来论三礼废兴,无此深晓。

(《礼质序》眉评,《七录斋集论略·论略》卷一)

张采曰:正议弘雅,足冠《一统志》,不为独系一邑也。篇中感慨曲折,悲作者之难,失者之易,苏子之记藏书山房犹不能及。

(《太仓州志序 代》眉评,《七录斋集论略·论略》卷一)

周钟曰:皆是至论,皆是创论。

(《房稿遵业序》眉评,《七录斋集论略·论略》卷一)

周钟曰:每论必有甚系,真可谓择言而发。

(《张草臣诗序》眉评,《七录斋集论略·七录斋集》卷一)

周钟曰:可作劝学箴。

(《华方雷稿序》眉评,《七录斋集论略·七录斋集》卷一)

张采曰:即虞山娄东生情,取致则近,发又则遐。

(《杨顾二子近言序》眉评,《七录斋集论略·七录斋集》卷一)

周钟曰:天如之文强人气骨,正人学问,往往而然。

(《宋宗玉稿序》眉评,《七录斋集论略·七录斋集》卷一)

周钟曰:无限深广之理,悉以翱翔出之。

(《苍崖子序》眉评,《七录斋集论略·七录斋集》卷一)

张采曰:瑞卿为福邻土,近日救荒,复有奇政,觉此,信名篇足配巨。

(《王邑侯稿序》眉评,《七录斋集论略·七录斋集》卷一)

张采曰:维系风纪,发扬徽物,大家集中仅有之作。

(《房稿和吉言序》眉评,《七录斋集论略·七录斋集》卷一)

周钟曰:若概作序文读过,则接目而美尽矣。惟其反复深思,验之已得,言提其耳，无时可忘也。

（《房稿是正序》眉评，《七录斋集论略·七录斋集》卷一）

张采曰：小雅怨诽而不乱，斯文有焉。

（《周氏一家言序》眉评，《七录斋集论略·七录斋集》卷一）

张采曰：古文之难，难于音节，其一种亢壮顿挫激昂生气，惟韩欧能之，今仅见天如耳。

（《历科文针序》眉评，《七录斋集论略·七录斋集》卷一）

张采曰：合二首观之，朋友之道始极。

（《广应社再序》眉评，《七录斋集论略·七录斋集》卷一）

张采曰：实意美辞，自生不穷，故开文展纸，已满意于天下矣。

（《五经征文序》眉评，《七录斋集论略·七录斋集》卷一）

张采曰：天如序言每备数体，如此文已兼传记矣。

（《焚言序》眉评，《七录斋集论略·七录斋集》卷一）

周钟曰：他人之为文，文而已；天如之为文，无非情也，情弥长则文弥曲矣。

（《王慎五稿序》眉评，《七录斋集论略·七录斋集》卷一）

张采曰：即此可悟作诗之理，序者欲着一狭肠不得，下一俗笔不得。

（《王载微诗稿序》眉评，《七录斋集论略·七录斋集》卷一）

周钟曰：古人赠别之言，从无此深重。

（《曹忍生稿序》眉评，《七录斋集论略·七录斋集》卷一）

周钟曰：使人增论交之重，知文章之深，皆此篇开之也。

（《刘伯宗稿序》眉评，《七录斋集论略·七录斋集》卷一）

周钟曰：郑重真切，无一溢言。张采曰：时文不过近便说法，知世之为水火者误也。

（《诗经应社序》眉评，《七录斋集论略·七录斋集》卷二）

张采曰：杂之西汉《艺文志》，何可复辨？

（《诗经应社再序 代》眉评，《七录斋集论略·七录斋集》卷二）

张采曰：每出一言必有远大之指、不易之论，殆非泛作。

（《国表小品序》眉评，《七录斋集论略·七录斋集》卷二）

张采曰：此亦所谓质言。

（《三科文治序》眉评，《七录斋集论略·七录斋集》卷二）

张采曰:切论深于痛哭。

(《易文观通序》眉评,《七录斋集论略·七录斋集》卷二)

张采曰:儒者不杂引一说,即为博丽,终必要之于正者,此也。

(《房稿霜蚕序》眉评,《七录斋集论略·七录斋集》卷二)

周钟曰:文澜不穷,至理则一。

(《房稿香却敌序》眉评,《七录斋集论略·七录斋集》卷二)

张采曰:悱恻已甚。

(《房稿文始经序》眉评,《七录斋集论略·七录斋集》卷二)

张采曰:文道中不可无此一篇。

(《钱元玉王开度合刻序》眉评,《七录斋集论略·七录斋集》卷二)

周钟曰:清峻遥深,至此已极,然而无非情也。

(《贺鲁缝稿序》眉评,《七录斋集论略·七录斋集》卷二)

张采曰:每怀云子读礼之忧,怒焉如祷,读此又下数行矣。

(《许伯赟稿序》眉评,《七录斋集论略·七录斋集》卷二)

周钟曰:当观其一篇整散往歇,情深于文。

(《易会序》眉评,《七录斋集论略·七录斋集》卷二)

周钟曰:天下有一文而寿万年如日月者,此之谓乎?

(《程墨表经序》眉评,《七录斋集论略·七录斋集》卷二)

张采曰:大声言之,又慎心出之,君子之文也。

(《房稿表经序》眉评,《七录斋集论略·七录斋集》卷二)

张采曰:寂寂数言耳,他人累楮青白正不能及。周钟曰:文亦似诸经之断例。

(《卯辰程墨表经序》眉评,《七录斋集论略·七录斋集》卷二)

张采曰:实有期久之忧,故诵不嫌数,岂概同于简首之弁言哉?

(《行卷大小山序》眉评,《七录斋集论略·七录斋集》卷二)

张采曰:忧时悯俗之意,出之简约,其言转深。

(《增补举要录序》眉评,《七录斋集论略·七录斋集》卷二)

周钟曰:其矫首不顾,控送自如之致,自命古人不浅。

(《黎左严稿序》眉评,《七录斋集论略·七录斋集》卷二)

周钟曰:言史文精隐厚密,必身为之,始详知之。张采曰:此种皆天如旧作,要其论辨自不可废。

(《史绪序》眉评,《七录斋集论略·七录斋集》卷二)

周钟曰:晋魏间镂鍱之文,天如欲去之,予不忍也。

(《云簪社序》眉评,《七录斋集论略·七录斋集》卷二)

张采曰:有性度,有真理,其洁练不凡,皆古文中创调。

(《序沈去疑稿》眉评,《七录斋集论略·七录斋集》卷二)

张采曰:竹书木简,以此为颜,亦李阳冰之字也。

(《行卷小开序》眉评,《七录斋集论略·七录斋集》卷二)

周钟曰:激昂有风烈。

(《程墨大宗序》眉评,《七录斋集论略·七录斋集》卷二)

张采曰:论皆自出韵必独。

(《小题觚序》眉评,《七录斋集论略·七录斋集》卷二)

周钟曰:谓之受先序可,谓之自序亦可,再更一手,即失其情矣。

(《张受先稿序》眉评,《七录斋集论略·七录斋集》卷二)

周钟曰:凄清忧越,《渭阳》之诗,不是过也。

(《张受先稿再序》眉评,《七录斋集论略·七录斋集》卷二)

张采曰:触类而发,无不归之仁孝,应氏之仅纪风俗亦浅矣。

(《横溪录序》眉评,《七录斋集论略·七录斋集》卷三)

张采曰:言甚精而不愚,文尔雅而有式。

(《国表序》眉评,《七录斋集论略·七录斋集》卷三)

周钟曰:言情至此,破涕为笑。

(《国表序 代张受先》眉评,《七录斋集论略·七录斋集》卷三)

周钟曰:间似皮陆,其一种幽削之气,皮陆又不能有。

(《夏胈公稿序》眉评,《七录斋集论略·七录斋集》卷三)

周钟曰:字必妍练,复有至性,矫然而出。

(《徐锡余稿序》眉评,《七录斋集论略·七录斋集》卷三)

张采曰:喻于刘勰之论、陆机之赋,正足颉颃。

(《彭燕又稿序》眉评,《七录斋集论略·七录斋集》卷三)

周钟曰:善读善解,神情并至。张采曰:宋人之理,汉人之文。

(《行卷扶露序》眉评,《七录斋集论略·七录斋集》卷三)

周钟曰:感慨今昔,辞旨辛切。

(《吕赓虞稿序》眉评,《七录斋集论略·七录斋集》卷三)

张采曰:长歌短咏,类有离忧者,要其义重矣。

(《钱仲芳稿序》眉评,《七录斋集论略·七录斋集》卷三)

周钟曰:韩柳集中每有发动奇藻之文,天如此种亦其一致。

(《问奇选序 代》眉评,《七录斋集论略·七录斋集》卷三)

张采曰:胪事详博,区义幽广,古来序《易》者无之。

(《大易文苞序》眉评,《七录斋集论略·七录斋集》卷三)

周钟曰:文字极锻鍊,极隐博,然议正体弘,练不伤神,隐不失法。

(《后场名山业序》眉评,《七录斋集论略·七录斋集》卷三)

张采曰:于小见大,于谐取正,君子终日禊说,而不离道,信哉!

(《行卷香玉序》眉评,《七录斋集论略·七录斋集》卷三)

张采曰:质文兼之,质文之中,喜怒又兼有之。

(《潘殿虎稿序》眉评,《七录斋集论略·七录斋集》卷三)

周钟曰:此又似东汉之文,绵丽详缛,字必含义。

(《人文聚序》眉评,《七录斋集论略·七录斋集》卷三)

周钟曰:以诗喻文,足矣,又以诗教人,渊乎。

(《试牍正风序》眉评,《七录斋集论略·七录斋集》卷三)

周钟曰:高论足壮人魄。张采曰:叙事兼议论,如诉如慕。

(《即山集序》眉评,《七录斋集论略·七录斋集》卷三)

周钟曰:骚雅之原,丽则之本,读之有正志焉,非徒怀《卿云》也。

(《顾重光稿序》眉评,《七录斋集论略·七录斋集》卷三)

张采曰:子厚之文,其辞愈炼,其韵愈清。

(《洛如社序》眉评,《七录斋集论略·七录斋集》卷三)

张采曰:发人深。

(《贺玄生稿序》眉评,《七录斋集论略·七录斋集》卷三)

周钟曰:小篇难此境界,庐山之容形生于咫尺。

(《远斋近艺序》眉评,《七录斋集论略·七录斋集》卷三)

周钟曰:即其奥致曲意,自贵一家,此天如旧文,所以不可删也。

(《行卷玄笈序》眉评,《七录斋集论略·七录斋集》卷三)

周钟曰:起手邢宛转入寿处,无数议论波澜。须观其承递生情处。

(《何新泉夫妇八十序》眉评,《七录斋集论略·七录斋集》卷四)

周钟曰:天如为寿序,每篇生义,抑扬顿挫,无非发人孝弟,正未易轻读。

(《顾母柴太君六十序》眉评,《七录斋集论略·七录斋集》卷四)

周钟曰:于称寿之中,明千古之义,此真以文章为大事。

(《吴镇朴先生六十序 代》眉评,《七录斋集论略·七录斋集》卷四)

周钟曰:读此文而不感且泣者,必非人子。

(《何母毛太君六十序》眉评,《七录斋集论略·七录斋集》卷四)

张采曰:其理必周,万世岂止文字之久长。

(《钱昭自先生五十序》眉评,《七录斋集论略·七录斋集》卷四)

周钟曰:写事诠情极雅,老杜怀朋友能作一笔否?

(《赵荆璞先生六十序》眉评,《七录斋集论略·七录斋集》卷四)

张采曰:使予为此,非不有其情,其如格格不出,何独天如代予言,则次第如画,横观古今,惟司马、欧阳足称耳。

(《龚南虞六十序 代张受先》眉评,《七录斋集论略·七录斋集》卷四)

张采曰:古今纪贤母者散在列传,未有专文,得此则五伦之书粲然矣。

(《王母俞太君八十序》眉评,《七录斋集论略·七录斋集》卷四)

张采曰:笔前之意有甚重者,故设辞无不矜慎。

(《张孚先母夫人六十序 代》眉评,《七录斋集论略·七录斋集》卷四)

周钟曰:心精辞绮。

(《徐母八十序 代》眉评,《七录斋集论略·七录斋集》卷四)

张采曰:凡为人子、为人臣者,不可不日夕讽咏斯言。

(《许给谏母夫人七十序 代》眉评,《七录斋集论略·七录斋集》卷四)

张采曰:其文足列学宫。

(《吕翁七十序》眉评,《七录斋集论略·七录斋集》卷四)

周钟曰:寿言之作,盛于昭代,求其正大风雅,温柔敦厚,天如之文,足教天下矣。

(《蔡翁蔡母六十序》眉评,《七录斋集论略·七录斋集》卷四)

周钟曰:精理大义不谓于寿言中遇之。

(《徐伯母朱太君五十序》眉评,《七录斋集论略·七录斋集》卷四)

周钟曰:本之相如封禅文,若其正言,尤文字光辉之所出也。

(《赵怀翁先生六十序》眉评,《七录斋集论略·七录斋集》卷四)

张采曰:予母与杨、周、徐三伯母寿言,皆天如旧作,天如以未达为嫌,欲不入集。然其隐深之思,奥诘之言,留之亦适为重,乌可逸也。

(《周伯母徐太君五十序》眉评,《七录斋集论略·七录斋集》卷四)

周钟曰:雅切,移他人不得。

(《钱如春六十序》眉评,《七录斋集论略·七录斋集》卷四)

周钟曰:大都神仙之字,恢异之语,寿言中变体,不可不存也。

(《顾春宇七十序》眉评,《七录斋集论略·七录斋集》卷四)

周钟曰:本领深,义力厚,抒情之真,犹其余也。

(《张伯母膺封序》眉评,《七录斋集论略·七录斋集》卷五)

张采曰:风纪之论,可寿百世,文之裁减照应,无不极神。要之天如为贞女节士传序,尤其所长。

(《贺黄母旌节序》眉评,《七录斋集论略·七录斋集》卷五)

张采曰:传循良者古有之矣,求其抑扬风雅之涂,振踔仁义之圃,未或逮于斯篇。

(《贺常熟杨邑尊荣封序》眉评,《七录斋集论略·七录斋集》卷五)

周钟曰:壮丽郁古,亦东西京文字之追琢者。

(《贺崇明熊邑师荣荐恩封序 代》眉评,《七录斋集论略·七录斋集》卷五)

周钟曰:真典则之文,一字不误引,一笔不乱行,此丘明之内传,非外传也。

(《贺太仓刘州尊满秩序 代》眉评,《七录斋集论略·七录斋集》卷五)

张采曰:文辞藻出,稍近六朝,然其吐纳生韵,目非近人所有。天如旧作如此类者甚多,存其一以见古文不妨多体也。

(《贺许司李满秩序 代》眉评,《七录斋集论略·七录斋集》卷五)

周钟曰:此真可谓雅洁,用人理财一段,说来极合。

(《贺王元涵计部生日序 代》眉评,《七录斋集论略·七录斋集》卷五)

张采曰:天如诸简牍,皆随手散去,鲜有存者,偶于箧中得其数札,皆五六年以前者,中有佳论,聊为指出,未可便付水火耳。

(《答许子洽》眉评,《七录斋集论略·七录斋集》卷五)

张采曰:语绝钩棘,然小文无害。

(《征刻易会小引》眉评,《七录斋集论略·七录斋集》卷五)

周钟曰:语不多而情已甚。

(《刘公子像赞》眉评,《七录斋集论略·七录斋集》卷五)

张采曰:此等墓文,昌黎集中不多见之。周钟曰:篇中每于葬死处缠绵生情,结构甚密。

(《赠简讨许少微墓志》眉评,《七录斋集论略·七录斋集》卷六)

张采曰:太史记游侠刺客仅一偏过激之论,此独本至性,据实事为文,义颜孔扬,与日月争光可也。

(《五人墓碑记》眉评,《七录斋集论略·七录斋集》卷六)

张采曰:义极严重,文极排宕,蔡王碑文,不得齐辙。

(《泰州崔侯碑记 代》眉评,《七录斋集论略·七录斋集》卷六)

张采曰:安整该核。

(《论表策说》眉评,《七录斋集论略·七录斋集》卷六)

周钟曰:四六之文,贵议论,贵丰骨,非徒华美也。天如诸作仅以酬应,而声律清和,字句香洁,其思长,其骨古,便为韵言开辟,才真不可测也。

(《赠大理卿制 代》眉评,《七录斋集论略·七录斋集》卷六)

张采曰:哀死之言,尚于感人,谁能为此绵切?至其标举,独陈大事,尤得古人简要之体。

(《祭钱中丞文 代王处卿》眉评,《七录斋集论略·七录斋集》卷六)

张采曰:质古如琅琊诸石铭。

(《祭侯太夫人文》眉评,《七录斋集论略·七录斋集》卷六)

张采曰:有声有泪,写事复真,直以司马子长举笔作哀文也。

(《哭周伯母文》眉评,《七录斋集论略·七录斋集》卷六)

周钟曰:此亦《天问》《招魂》之类,屈宋骚瑟,莫有继者。

(《祭刘公子文》眉评,《七录斋集论略·七录斋集》卷六)

张采曰:无字不澄练秀洁,文之正处每有凄戛之韵。

(《祭金母文》眉评,《七录斋集论略·七录斋集》卷六)

张采曰:直如古鼎文,祭文中未见有之。

(《祭杨伯母文》眉评,《七录斋集论略·七录斋集》卷六)

周钟曰:韵言皆奥,绝似骚赋。

(《祭赠公葛心云文 代》眉评,《七录斋集论略·七录斋集》卷六)

张采曰:读者玩其嘉藻,饮其芳流,足以蠲尘涤烦矣。若夫辛婉之思,又其发乎情也。

(《祭方孺人文》眉评,《七录斋集论略·七录斋集》卷六)

周钟曰:似庾子山。

(《祭许少微封公文》眉评,《七录斋集论略·七录斋集》卷六)

宋九青曰:述古妙在能详,行文妙在能断,不详不足以生文之力,不断不足以归文之气,至矣。

(《先资其言拜献身以成信论》眉评,天一阁藏《七录斋论略》卷一)

参考文献

论　著

1. 张溥. 七录斋集六卷论略一卷[M]. 四库禁毁书丛刊本.
2. 张溥. 七录斋近集十六卷[M]. 复旦大学图书馆藏善本.
3. 张溥. 七录斋诗文合集[M]. 续修四库全书本.
4. 张溥. 七录斋文集论略二卷续刻六卷别集二卷[M]. 天一阁藏善本.
5. 张溥. 汉魏六朝百三名家集[M]. 南京:江苏古籍出版社,2002.
6. 张溥撰,曾肖点校. 七录斋合集[M]. 济南:齐鲁书社,2015.
7. 张燮辑. 七十二家集[M]. 续修四库全书本.
8. 殷孟伦. 汉魏六朝百三家集题辞注[M]. 北京:人民文学出版社,1960.
9. 张采. 知畏堂文存十二卷诗存四卷[M]. 四库禁毁书丛刊本.
10. 张采. 周礼注疏十八卷首一卷[M]. 四库存目丛书本.
11. 陈子龙. 陈子龙全集[M]. 北京:人民文学出版社,2009.
12. 陈子龙. 陈子龙诗集[M]. 上海:上海古籍出版社,2006.
13. 陈子龙. 陈子龙文集[M]. 上海:华东师大出版社,1988.
14. 吴伟业著,李学颖校点. 吴梅村全集[M]. 上海:上海古籍出版社,1990.
15. 艾南英. 天佣子集[M]. 四库禁毁书丛刊补编本.
16. 黄道周. 黄石斋先生文集十三卷[M]. 续修四库全书本.
17. 谭元春. 谭元春集[M]. 上海:上海古籍出版社,1998.
18. 谭元春. 新刻谭友夏合集[M]. 续修四库全书本.
19. 王夫之. 船山全书[M]. 长沙:岳麓书社,1996.
20. 王阳明. 王阳明全集[M]. 上海:上海古籍出版社,1992.
21. 黄宗羲. 黄宗羲全集[M]. 杭州:浙江古籍出版社,2005.
22. 计东. 改亭文集十六卷诗集六卷[M]. 四库存目丛书本.
23. 周顺昌. 周忠介公烬余集[M]. 丛书集成新编本.
24. 袁宏道撰,钱伯城笺校. 袁宏道集笺校[M]. 上海:上海古籍出版社,1981.

25. 夏完淳著,白坚笺校. 夏完淳集笺校[M]. 上海:上海古籍出版社,1991.

26. 周同谷. 霜猨集[A]. 丛书集成新编[M]. 台北:台北新文丰出版公司,1986.

27. 张鉴. 冬青馆甲集八卷乙集六卷[M]. 续修四库全书本.

28. 汤显祖著,徐朔方笺校. 汤显祖全集[M]. 北京:北京古籍出版社,1999.

29. 全祖望,朱铸禹. 全祖望集汇校集注[M]. 上海:上海古籍出版社,2000.

30. 钱谦益著,清钱曾笺注,钱仲联标校. 钱牧斋全集[M]. 上海:上海古籍出版社,2003.

31. 杨凤苞. 秋室集[M]. 续修四库全书本.

32. 顾炎武. 顾亭林诗文集[M]. 北京:中华书局,1959.

33. 李梦阳. 空同集[M]. 四库全书本.

34. 李贽撰,刘幼生等整理. 李贽文集[M]. 北京:社会科学出版社,2000.

35. 高燮. 高燮集[M]. 北京:中国人民大学出版社,1999.

36. 钱谦益. 列朝诗集[M]. 北京:三联书店,1989.

37. 朱彝尊. 明诗综[M]. 北京:中华书局,2007.

38. 陈济生. 天启崇祯两朝遗诗[M]. 北京:中华书局,1958.

39. 黄宗羲. 明文海[M]. 北京:中华书局,1978.

40. 陈子龙. 明经世文编[M]. 北京:中华书局,1962.

41. 陈田. 明诗纪事[M]. 上海:上海古籍出版社,1993.

42. 周维德. 全明诗话[M]. 济南:齐鲁书社,2005.

43. 朱彝尊. 静志居诗话[M]. 北京:人民文学出版社,1990.

44. 陈子龙. 皇明诗选[M]. 上海:华东师大出版社,1991.

45. 朱隗. 明诗平论二集二十卷[M]. 四库禁毁书丛刊集部第169册.

46. 钱谦益. 列朝诗集小传[M]. 上海:上海古籍出版社,1983.

47. 沈德潜. 明诗别裁集[M]. 北京:中华书局,1975.

48. 李扶九选编,黄仁黼纂定. 古文笔法百篇[M]. 长沙:岳麓书社,1984.

49. 黄淮、杨士奇编. 历代名臣奏议[M]. 上海:上海古籍出版社,1989.

50. 张慧剑编著. 明清江苏文人年表[M]. 上海:上海古籍出版社,1986.

51. 倪会鼎. 倪元璐年谱[M]. 北京:中华书局,1994.

52. 蒋逸雪.张溥年谱(修订本)[M].济南:齐鲁书社,1982.

53. 蒋逸雪.张溥年谱[M].北京:商务印书馆,1946.

54. 冯其庸、叶君远.吴梅村年谱[M].北京:文化艺术出版社,2007.

55. 梁家勉.徐光启年谱[M].上海:上海古籍出版社,1981.

56. 陈广宏.钟惺年谱[M].上海:复旦大学出版社,1993.

57. 洪思等.黄道周年谱[M].福州:福建人民出版社,1999.

58. 黄炳.黄宗羲年谱[M].北京:中华书局,1993.

59. 徐定宝等.黄宗羲年谱[M].上海:华东师范大学出版社,1995.

60. 周可真.顾炎武年谱[M].苏州:苏州大学出版社,1998.

61. 张西堂.王船山年谱[M].台北:文海出版社,1972.

62. 陈乃乾.明徐阳公先生孚远年谱[M].台北:台湾商务印书馆,1980.

63. 丁文江.明徐霞客先生宏祖年谱[M].台北:台湾商务印书馆,1978.

64. 张廷玉等.明史[M].北京:中华书局,1974.

65. 谷应泰.明史纪事本末[A].历代纪事本末本[M].北京:中华书局,1997.

66. 龙文彬.明会要[M].北京:中华书局,1956.

67. 中央研究院历史语言研究所.明实录[M].台北:中央研究院历史语言研究所,1983.

68. 夏燮著,王日根等校点.明通鉴[M].长沙:岳麓书社,1999.

69. 谈迁.国榷[M].北京:中华书局,1958.

70. 唐甄.潜书[M].北京:中华书局,1963.

71. 王鸿绪,周骏富.明史稿列传[M].台北:明文书局,1991.

72. 王世贞.嘉靖以来首辅传[M].四库全书本.

73. 柏杨.中国历史年表[M].长沙:湖南出版社,2006.

74. 王昶.嘉庆直隶太仓州志六十五卷[M].续修四库全书本.

75. 张采.太仓州志[M].复旦大学馆藏善本.

76. 王祖畲.太仓州志[M].台北:成文出版社,1975.

77. 程穆衡.太仓风俗记[A].中国风土志丛刊[M].南京:广陵书社,2003.

78. 俞天倬.太仓州儒学志四卷[M].四库未收书辑刊本.

79. 赵翼著,王树民校证.廿二史札记校证[M].北京:中华书局,1984.

80.顾炎武著,黄汝成集释,栾保群、吕宗力校点.日知录集释(全校本)[M].上海:上海古籍出版社,2006.

81.白寿彝主编.中国通史(明代卷)[M].上海:上海人民出版社,1999.

82.汤纲、南炳文.明史[M].上海:上海人民出版社,2003.

83.牟复礼、崔瑞德编.剑桥中国明代史[M].北京:中国社会科学出版社,1992.

84.孟森.明清史讲义[M].北京:中华书局,1981.

85.黄仁宇.万历十五年[M].北京:中华书局,2007.

86.陈寅恪.柳如是别传[M].北京:三联书店,2001.

87.范景中等编纂.柳如是事辑[M].北京:中国美术学院出版社,2002.

88.张撝之等主编.中国历代人名大辞典[M].上海:上海古籍出版社,1999.

89.樊树志.晚明史[M].上海:复旦大学出版社,2003.

90.谢国桢.增订晚明史籍考[M].北京:中华书局,1964.

91.潘荣胜.明清进士录[M].北京:中华书局,2006.

92.陈贞慧.山阳录[A].明代传记丛刊第127册[M].台北:明文书局,1991.

93.陈去病.五石脂[M].南京:江苏古籍出版社,1999.

94.钮琇.觚賸[M].重庆:重庆出版社,1999.

95.章学诚.湖北通志检存稿・湖北通志未定稿[M].武汉:湖北教育出版社,2002.

96.邹漪.明季遗闻[M].四库禁毁书丛刊本.

97.邹漪.启祯野乘[M].四库禁毁书丛刊本.

98.顾公燮.消夏闲记摘抄[M].涵芬楼秘笈第二集.

99.徐鼒.小腆纪传[M].北京:中华书局,1958.

100.徐鼒.小腆纪年附考[M].北京:中华书局,1957.

101.史惇.恸余杂记[M].四库禁毁书丛刊本.

102.佚名.研堂见闻杂录[A].台湾文献史料丛刊第五辑[M].台北:大通书局,1987.

103.李逊之.三朝野纪[M].续修四库全书本.

104.王应奎.柳南随笔续笔[M].上海:上海古籍书店,1983.

105. 温睿临.南疆逸史[M].北京:中华书局,1959.

106. 文秉.烈皇小识[M].续修四库全书本.

107. 文秉.先拨志始[M].上海:上海书店,1982.

109. 黄宗羲.明夷待访录[M].北京:中华书局,2011.

110. 计六奇.明季北略[M].北京:中华书局,1984.

111. 计六奇.明季南略[M].北京:中华书局,1984.

112. 吴应箕.启祯两朝剥复录[M].续修四库全书本.

113. 吴应箕.熹朝忠臣死节列传[A].东林本末(外七种)[M].北京:北京古籍出版社,2002.

114. 陆世仪.复社纪略[A].东林本末(外七种)[M].北京:北京古籍出版社,2002.

115. 吴山嘉.复社姓氏传略[M].上海:中国书店,1991.

116. 吴伟业.复社纪事[A].东林本末(外七种)[M].北京:北京古籍出版社,2002.

117. 杜登春.社事始末[A].陈子龙撰,谈蓓芳整理.陈子龙集附录[M].海口:海南国际新闻出版中心,1996.

118. 蒋平阶.东林始末[A].东林本末(外七种)[M].北京:北京古籍出版社,2002.

119. 黄煜.碧血录[A].东林本末(外七种)[M].北京:北京古籍出版社,2002.

120. 胡秋原.复社及其人物[M].台北:学术出版社,1968.

121. 王耘壮.东林与复社[M].台北:大通书局,1984.

122. 朱倓.明季社党研究[M].北京:商务印书馆,1945.

123. 谢国桢.明末清初的学风[M].上海:上海书店出版社,2004.

124. 谢国桢.明清之际党社运动考[M].上海:上海书店出版社,2006.

125. 何宗美.明末清初文人结社研究[M].天津:南开大学出版社,2003.

126. 何宗美.明末清初文人结社研究续编[M].北京:中华书局,2006.

127. [日]小野和子著,李庆等译.明季党社考[M].上海:上海古籍出版社,2006.

128. 丁国祥.复社研究[M].南京:凤凰出版社,2011.

129. 王恩俊.复社与明末清初政治学术流变[M].沈阳:辽宁人民出版社,2013.

130. 王春瑜.中华文化通志·社团志[M].上海:上海人民出版社,1998.

131. 钱基博.明代文学[M].北京:商务印书馆,1933.

132. 宋佩韦.明文学史[M].北京:商务印书馆.1934.

133. 吴志达.明清文学史·明代卷[M].武汉:武汉大学出版社,1991.

134. 吴志达主编.中华大典·文学典(明清文学分典)[M].南京:凤凰出版社,2005.

135. 徐复观.中国文学精神[M].上海:上海书店出版社,2004.

136. 钱仲联.明清诗文研究资料集[M].上海:上海古籍出版社,1986.

137. 陈文新.明代诗学[M].长沙:湖南人民出版社,2000.

138. 陈伯海等主编,朱易安.中国诗学史(明代卷)[M].福州:鹭江出版社,2002.

139. 陈广宏.竟陵派研究[M].上海:复旦大学出版社,2006.

140. 邓绍基等.20世纪中国文学研究·明代文学研究[M].北京:北京出版社,2001.

141. 罗时进.明清诗文研究新视野[M].台北:文史哲出版社,2004.

142. 廖可斌.明代文学复古运动研究[M].上海:上海古籍出版社,1994.

143. 孙海洋.明代辞赋述略[M].北京:中华书局,2007.

144. 孙立.明末清初诗论研究[M].广州:广东高等教育出版社,2011.

145. 周寅宾.明清散文史[M].长沙:湖南人民出版社,2004.

146. 李圣华.晚明诗歌研究[M].北京:人民文学出版社,2002.

147. 陈平原.从文人之文到学者之文:明清散文研究[M].北京:三联书店,2004.

148. 陈少棠.晚明小品论析[M].香港:香港波文书局,1981.

149. 冯小禄.明代诗文论争研究[M].昆明:云南人民出版社,2006.

150. 傅承洲.明代文人与文学[M].北京:中华书局,2007.

151. 郭英德.明清文学讲演录[M].桂林:广西师大出版社,2005.

152. 郭预衡.中国散文史[M].上海:上海古籍出版社,2000.

153. 张伯伟.中国古代文学批评方法研究[M].北京:中华书局,2002.

154. 文学遗产编辑部. 世纪之交的对话——古典文学研究的回顾与展望[M]. 上海：上海古籍出版社，2000.

155. 王桐荪等选注. 唐文治文选[M]. 上海：上海交通大学出版社，2005.

156. 范文澜. 文心雕龙注[M]. 北京：人民文学出版社，1958.

157. 郭绍虞. 照隅室古典文学论集[M]. 上海：上海古籍出版社，1983.

158. 袁震宇，刘明今. 中国文学批评通史（明代卷）[M]. 上海：上海古籍出版社，1996.

159. 郭绍虞校释. 沧浪诗话校释[M]. 北京：人民文学出版社，1961.

160. 徐师曾. 文体明辨序说[M]. 北京：人民文学出版社，1962.

161. 穆克宏等. 魏晋南北朝文论全编[M]. 南京：江苏教育出版社，2004.

162. 商传. 中华文化通志·明代文化志[M]. 上海：上海人民出版社，1998.

163. 陈文新. 中国文学编年史[M]. 长沙：湖南人民出版社，2006.

164. 何宗美、刘敬. 明代文学还原研究——以《四库总目》明人别集提要为中心[M]. 北京：人民出版社，2014.

165. 陈宝良. 明代儒学生员与地方社会[M]. 北京：中国社会科学出版社，2005.

166. 赵园. 明清之际士大夫研究[M]. 北京：北京大学出版社，1999.

167. 赵园. 制度·言论·心态：明清之际士大夫研究续编[M]. 北京：北京大学出版社，2006.

168. 黄明光. 明代科举制度研究[M]. 桂林：广西师大出版社，2000.

169. 陈宝良. 明代社会生活史[M]. 北京：中国社会科学出版社，2004.

170. 张显清. 明代后期社会转型研究[M]. 北京：中国社会科学出版社，2009.

171. 张显清，林金树. 明代政治史[M]. 桂林：广西师范大学出版社，2003

172. 钱茂伟. 国家、科举与社会[M]. 北京：北京图书出版社. 2004.

173. 李纪祥. 明末清初儒学之发展[M]. 台北：文津出版社，1992.

174. 林存光、侯长安. 儒家政治文化：与权力对话[M]. 济南：山东教育出版社，2011.

175. 刘志琴. 晚明史论：重新认识末世衰变[M]. 南昌：江西高校出版社，2004.

176. 柴德赓. 史学丛考[M]. 北京:中华书局,1982.

177. 陈鼓应. 明清实学思潮史[M]. 济南:齐鲁书社,1989.

178. 容肇祖. 明代思想史[M]. 上海:上海书店出版社,1990.

179. 嵇文甫. 晚明思想史论[M]. 上海:东方出版中心,1996.

180. 龚鹏程. 晚明思潮[M]. 北京:商务印书馆,2005.

181. 钟彩均. 明清文学与思想中之主体意识与社会(学术思想篇)[M]. 台北:中央研究院中国文哲研究所,2004.

182. 史小军. 复古与新变:明代文人心态史[M]. 石家庄:河北教育出版社,2001.

183. 周明初. 晚明士人心态及文学个案研究[M]. 上海:东方出版社,1997.

184. 夏咸淳. 情与理的碰撞:明代士林心史[M]. 石家庄:河北大学出版社,2001.

185. 徐林. 明代中晚期江南士人社会交往研究[M]. 上海:上海古籍出版社,2006.

186. 熊月之、熊秉真. 明清以来江南社会与文化论集[M]. 上海:上海社会科学院出版社,2004.

187. 周志文. 晚明学术与知识分子论丛[M]. 台北:大安出版社,1999.

188. 万明主编. 晚明社会变迁问题与研究[M]. 北京:商务印书馆,2005.

189. 王国良. 明清时期儒学核心价值的转换[M]. 合肥:安徽大学出版社,2002.

190. 王凯旋. 明代科举制度考论[M]. 沈阳:沈阳出版社,2005.

191. 释圣严. 明末佛教研究[M]. 台北:东初出版社,1987.

192. 朱鸿林. 明人著作与生平发微[M]. 桂林:广西师大出版社,2005.

193. 朱东润. 陈子龙和他的时代[M]. 上海:东方出版中心,1999.

194. 朱万曙,徐道彬. 明代文学与地域文化研究[M]. 合肥:黄山书社,2005.

195. 黄卓越. 明中后期文学思想研究[M]. 北京:北京大学出版社,2005.

196. 周群. 儒释道与晚明文学思潮[M]. 上海:上海书店出版社,2000.

197. 吴承学、李光摩. 晚明文学思潮研究[M]. 石家庄:河北教育出版社,2002.

198. 方光华. 中国思想学说史·明清卷[M]. 桂林:广西师大出版社,2008.

199. 敏泽主编.中国文学思想史[M].长沙:湖南教育出版社,2004.

200. 林保淳.经世思想与文学经世:明末清初经世文论研究[M].台北:文津出版社,1991.

201. 何冠彪.明末清初学术思想研究[M].台北:台湾学生书局,1991.

202. 杨义.重绘中国文学地图——杨义学术演讲集[M].北京:中国社会科学出版社,2003.

203. 张灵聪.从冲突走向融通:晚明至清中叶审美意识嬗变论[M].上海:复旦大学出版社,2000.

204. 安平秋、章培恒主编.中国禁书大观[M].上海:上海文艺出版社,1990.

205. 永瑢等.四库全书总目[M].北京:中华书局,1965.

206. 黄虞稷.千顷堂书目[M].上海:上海古籍出版社,2001.

207. 陈梦雷.古今图书集成[M].北京:中华书局、巴蜀书社.

208. 杜信孚.明代版刻综录[M].南京:江苏广陵古籍刻印社,1983.

209. 崔建英辑.明别集版本志[M].北京:中华书局,2006.

210. 缪咏禾.明代出版史稿[M].南京:江苏人民出版社,2000.

211. 李慈铭.越缦堂读书记[M].上海:上海书店出版社,2000.

212. 孙殿起.贩书偶记[M].上海:上海古籍出版社,1982.

213. 孙殿起.贩书偶记续编[M].上海:上海古籍出版社,1980.

214. 殷梦霞.日本藏中国罕见地方志丛刊续编[M].北京:北京图书馆出版社,2003.

215. 叶德辉.书林清话[M].沈阳:辽宁教育出版社,1998.

216. 叶树声,余敏辉著.明清江南私人刻书史略[M].合肥:安徽大学出版社,2000.

217. 姚觐元编,孙殿起辑.清代禁毁书目(补遗)[M].清代禁书知见录[M].北京:商务印书馆,1957.

218. 施廷镛编著.清代禁毁书目题注·外一种[M].北京:北京图书馆出版社,2004.

219. 邵懿辰撰,劭章续录.增订四库简明目录标注[M].上海:上海古籍出版社,1979.

220. 翁连溪编校.中国善本总目[M].北京:线装书局,2005.

221.王重民撰.中国善本书提要[M].上海:上海古籍出版社,1983.

学位论文

1.莫真宝.张溥文学思想研究[D].北京:首都师范大学,2008.

2.柯昌礼.汉魏六朝百三家集题辞中的人物批评[D].上海:上海师范大学,2006.

3.邵清风.论张溥的文学思想及其成因[D].杭州:浙江大学,2004.

4.翁宏霖.复社领袖张溥及其经世思想研究[D].台北:台湾大学,2006.

5.曾肖.复社与文学新探[D].南京:南京大学,2005.

后　记

　　十余年前，出于对大学生活的向往，我离开任教五年的中学，考入西北师范大学文学院攻读中国古代文学硕士学位，在导师蒲秋征先生、伏俊琏先生的精心指导下研读魏晋南北朝文学。蒲先生治学严谨，待我甚厚，呵护备至；伏先生热诚谦和，耳提面命，鼓励有加。毕业后，有幸再入复旦大学骆玉明先生门下研读元明清文学。先生渊深和蔼，诲我良多，身处骆门，如沐春风。在先生的建议下，兼考虑到魏晋南北朝文学与元明清文学的结合点，我最终选取了曾编纂《汉魏六朝百三名家集》的张溥作为博士论文的研究对象。张溥为晚明复社领袖、著名学者、文学家，在晚明党社、学术及文学方面兼领一时风气，可谓晚明风云人物。由于张溥身后家世衰落，又值明清鼎革，复社式微，社友零落，加之清廷禁止结社，并对明季士人著作厉加查禁，故清代官方评价体系对张溥则持否定贬斥的态度，张溥的面目遂逐渐模糊起来。有鉴于此，我通过博士论文首次对张溥的生平、思想、交游、诗文、著述作了较为全面的研究，进而阐释其思想，评析其著作，对其诗文成就及社会活动的意义做了较为中肯的探讨。选择张溥作为研究对象，使我对于纷乱动荡、名士辈出的晚明，有了更多切身的感受。面对他们，我总是难以克制自己的思考和追问：一介文士，在历史的舞台上究竟需要怎样的演出，才是最好的谢幕？

　　自2008年任职上海交通大学以来，虽教学任务繁重，经济压力颇巨，但初心难改，念兹在兹，仍利用课余时间进行张溥的相关研究。然资性驽钝，所获无多，所可言者，寥寥几项。其中"张溥研究"获得2010年教育部青年项目立项（现已结项），"张溥《七录斋集》四种校笺"获得2014年国家社科一般项目立项，"基于本体知识库的复社张溥年谱长编研究"获得2015年上海交通大学文理交叉项目立项，在《兰州学刊》《经学文献研究集刊》等刊物发表阶段性成果《百年来张溥研究综述》《张溥〈七录斋集〉四种考论》《论张溥的散文观》《张溥经部史部著述考》《"天如之名满天下"：复社主盟张溥晚明之影响探微》《"娄东二张"交游考》《论张溥的诗学观》等文章数篇。

　　本书即是在博士论文和教育部青年项目的基础上修订而成，并有幸获得上海交通大学·"娄东文化研究院"的出版立项资助。感谢人文学院杨庆存院长、古代文学学科带头人许建平教授、朱丽霞教授积极牵头多方协调,促成上海交通大学与太仓市协商共建娄东文化研究院,为我们搭建了极其宝贵的学术平台。在未来十年中,我愿积极依托这一学术平台,全身心投入到张溥及复社的相关研究中,拟编著出版《张溥〈七录斋集〉四种校笺》《张溥年谱长编》《张溥评传》《张溥研究资料汇编》《复社成员传考》等专著,为推进张溥及复社研究,为细化晚明文学研究略尽绵薄之力。

世间万事,因缘际会。这本小书的完成,离不开父母和妻子的默默支持,离不开女儿每晚"爸爸,要记得早点休息哦"的温馨关心,也离不开骆门诸位同门的热诚激励。这本小书得以面世,也离不开责编黄韬先生的精心校刊。此刻,心中惟有感动和谢意:谢谢您们!

明清诗文,浩如烟海。蒋寅先生曾说:"选择明清诗文作为研究课题,就意味着要准备打持久战。"这是研究中的甘苦之言。我亦有同感。以后的日子,唯愿淡然而坚定,集中精力,持之以恒,在学术的征途上留下自己的一串脚印。

陆岩军
2016 年 6 月记于上海交大

图书在版编目(CIP)数据

张溥研究/陆岩军著.-上海：上海三联书店,2016.6

ISBN 978-7-5426-5609-4

Ⅰ.①张… Ⅱ.①陆… Ⅲ.①张溥(1602-1641)-人物研究 Ⅳ.①K825.6

中国版本图书馆CIP数据核字(2016)第128715号

张溥研究

作　　者：陆岩军
责任编辑：黄　韬
装帧设计：梁业礼
出版发行：上海三联书店
(201199)中国上海市都市路4855号2座10楼
http://www.sjpc1932.com
印　　刷：虎彩印艺股份有限公司
版　　次：2016年6月第一版
印　　次：2016年6月第一次印刷
开　　本：1/16开
字　　数：400千字
印　　张：25.375
书　　号：ISBN 978-7-5426-5609-4/K·380
定　　价：68元